事業再編シリーズ❷

会社合併の理論・実務と書式〔第3版〕

―労働問題、会計・税務、登記・担保実務まで―

編集代表 今中利昭　編集 赫 高規・竹内陽一・丸尾拓養・内藤 卓

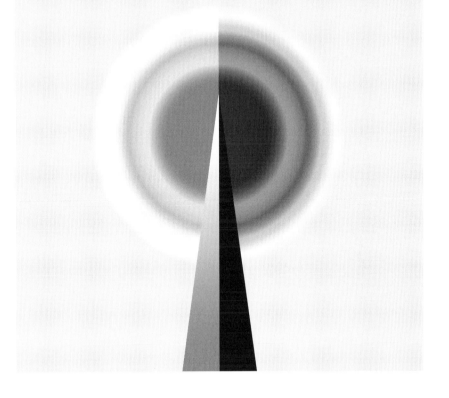

発行 民事法研究会

第3版はしがき

　本書の初版は平成21年（2009年）7月2日であり、当時、『会社分割の理論・実務と書式〔第4版〕』を平成19年（2007年）6月27日に刊行しており、その事業再編法の姉妹編として編集発刊したものである。その後、この姉妹編の第三弾として平成22年（2010年）5月13日に『事業譲渡の理論・実務と書式』の初版を発刊した。これにより、われわれ執筆陣による事業再編法が一応の完成をみた。その後、平成25年（2013年）2月18日に『会社分割の理論・実務と書式〔第6版〕』を、平成27年（2015年）5月15日に『事業譲渡の理論・実務と書式〔第2版〕』を刊行した。

　以上のとおり、現在経済社会におけるわが国内における事業再編に必要な法分野の理論と実務・書式は完備されたものと考えている。

　なお、本書の改訂内容は、以下のとおりである。

　〔第1章〕～〔第4章〕の各章においては、株式買取請求の撤回制限の実効化、簡易合併における株式買取請求の不許、合併の差止請求制度の対象拡大等の平成26年の会社法改正に対応した。

　〔第5章〕においては、平成25年の「企業結合に関する会計基準」「企業結合会計基準及び事業分離等会計基準に関する適用指針」の改正等に対応した。

　〔第6章〕においては、みなし共同事業要件における経営参画要件に関する裁判例の解説を加えた。

　〔第7章〕においては、字句等小さな訂正にとどめた。

　〔第8章〕においては、平成26年の会社法の改正、平成28年の商業登記規則の改正等に対応するとともに、コラムを追加した。

　以上のとおり、本書の改訂第3版は各種会社の合併に関する最もアップ・ツー・デートな理論的実務書として出版することを目的としたものである。これにより本書を活用されることによって会社合併に関する法律関係の全容を理解され得るものと確信しているところである。前記の『会社分割の理

論・実務と書式〔第6版〕』および『事業譲渡の理論・実務と書式〔第2版〕』と併用していただければわが国におけるすべての事業再編の実現に支障がなくなるものと考えている。

　本改訂版の出版は、超多忙な各編集者並びに執筆者の強い意思によるところであって、常に特別な支援と協力をされた民事法研究会・田口信義社長と編集部の担当者に心から感謝したい。

　平成28年5月吉日

　　　　　　　　編集代表者　今中利昭
　　　　　　　　編集者　赫　高規　竹内陽一
　　　　　　　　　　　　丸尾拓養　内藤　卓

編集にあたって

　21世紀も早9年が経過し、この間における地球規模に及ぶ変革と過剰流動性の招来および国際社会と国内社会の差別化の進行は、経済社会の危機的状況を現出する結果となった。

　かかる情勢にあって、その鎮静化と安全性を求めなければならないはずの法制度も、時流の激動の影響を受け、法改正と新法ラッシュが継続しているわけである。このような中にあって平成18年（2006年）5月1日には新会社法が施行され、有限会社法が廃止され、持分会社（合名会社・合資会社・合同会社）が新設された。それに先立つ平成17年（2005年）8月1日より有限責任事業組合契約法が施行され、有限責任事業組合（LLP）の創設が認められたわけである。新会社法においては「第5編　組織変更・合併・会社分割・株式交換及び株式移転」（企業再編・企業買収）がまとめて編別され、その中核として「合併」が規定された。会社の合併も会社の種類の変更と合併方式の多様化が求められることとなり、企業再編成における位置づけは、会社分割制度と併用することによって、その成果が発揮されることとなってきたものである。

　編集代表者は、民事法研究会から平成13年（2001年）6月に『会社分割の理論・実務と書式』を発刊し、以後平成14年（2002年）7月に第2版、平成16年（2004年）9月に第3版、平成19年（2007年）6月に第4版を執筆者の協力を得て発刊して今日に至っている。

　この今度は、『会社分割の理論・実務と書式』の姉妹本として本書の出版を企画したわけである。したがって、その出版の目的は先の姉妹本の出版目的と同一であり以下のように要約できる。

　第1に、企業の戦略として会社合併制度をいかに利用するかを計画立案する立場の企業経営者の判断資料として活用するに役立つこと、

　第2に、現実に企画立案された会社合併を実行する担当者の具体的な事例における合併手続確定の作業に役立つこと、

第3に、具体的な合併手続作業の際に必要な書式の参考となるモデル書式を備えること、

　第4に、会社合併に際し合併会社の労働関係が変動することに伴い、労働契約が理論的にどのように変動し実務的にどのように取り扱われるかを明らかにすること、

　第5に、会社合併における企業の会計処理および会社合併の際に課税される税制面の理解を十分に達成して、企業再編成に対処しうること、

　第6に、会社合併に際して、合併会社が有し、または設定した担保関係の変動とその登記および会社合併の登記関係を十分に理解するとともに、その手続の経過と書式を明示すること、

　第7に、各法律関係の理論面においても十分に批判に耐えうるものとすること。

　以上の諸目的を達成するために、
　　第1章　会社合併の法理と法的諸問題
　　第2章　組織再編手法の1つとしての合併選択のポイント
　　第3章　会社合併の類型別による法律と実務
　　第4章　会社合併の瑕疵と紛争
　　第5章　会社合併の会計処理
　　第6章　会社合併の税務
　　第7章　会社合併の労働問題
　　第8章　会社合併の登記・担保実務

と章立てし、第1章ないし第4章を弁護士法人関西法律特許事務所の所属弁護士が担当し、第5章・第6章は竹内陽一税理士監修のもと、鳥山昌久公認会計士、浅野洋税理士、第7章は丸尾拓養弁護士、第8章は内藤卓司法書士が担当することとした。

　また、各節の執筆担当者は執筆者紹介欄に記載して、その文責を明らかにした。

　以上の目的と内容をもって編集されたものであり、姉妹書である『会社分

割の理論・実務と書式〔第4版〕』と併用してご活用いただければ、現下の事業再編の指針として大いに役立つものと自負しているところである。

　本書の企画・編集・出版に関し格別の協力を惜しまなかった民事法研究会・田口信義社長並びに編集部の首藤葉子氏に心から感謝いたします。

　平成21年6月吉日

　　　　　　　　　編集代表者　今中利昭
　　　　　　　　　　編集者　辻川正人　山形康郎
　　　　　　　　　　　　　　赫　高規　竹内陽一
　　　　　　　　　　　　　　丸尾拓養　内藤　卓

第1章　会社合併の法理と法的諸問題

I　合併の意義 …………………………………………………………… 2
1　合併とは ………………………………………………………… 2
(1) 合併の意義・種類 ……………………………………………… 2
(2) 合併の法的効果 ………………………………………………… 2
　〔図1－1〕　吸収合併／3
　〔図1－2〕　新設合併／4
2　会社法における合併に関する定め ………………………… 5
(1) 会社法における合併に関する規定 …………………………… 5
(2) 持分会社を存続会社または新設会社とする合併 …………… 5
(3) 合併対価の柔軟化 ……………………………………………… 6
　(ア) 合併対価の柔軟化／6
　(イ) 交付金合併・三角合併／6
　〔図1－3〕　三角合併の仕組み／7
(4) 反対株主の株式買取請求権が行使された場合の買取価格 …… 8
(5) 簡易合併の要件の緩和 ………………………………………… 8
(6) 略式合併の新設 ………………………………………………… 9
3　合併手続の流れ ………………………………………………… 10
　〔図1－4〕　合併手続の流れ／10

II　合併に関する法律上の諸問題 ………………………………… 11
1　合併比率の算定 ………………………………………………… 11
(1) 算定方法 ………………………………………………………… 11
(2) 不公正な合併比率 ……………………………………………… 12
(3) その他の問題 …………………………………………………… 12

2 資本欠損・債務超過会社の合併 ……………………………………… 13
(1) 債務超過会社との合併 …………………………………………… 13
(2) 実質債務超過会社との合併 ……………………………………… 13
(3) 破産会社等との合併 ……………………………………………… 14

Ⅲ 合併の特別法上の取扱い …………………………………………… 15
1 はじめに …………………………………………………………… 15
2 合併と独占禁止法 ………………………………………………… 15
(1) 規制の趣旨 ………………………………………………………… 15
(2) 合併に関する独占禁止法の規定 ………………………………… 16
　(ア) 禁止規定／16
　(イ) 合併届出制度／16
　(ウ) 届出前相談（事前相談の廃止）／19
　(エ) 届出後の手続／19
(3) 企業結合審査に関する独占禁止法の運用指針 ………………… 21
　(ア) 概　要／21
　(イ) 合併についての企業結合審査／22
3 合併と金融商品取引法 ……………………………………………… 24
(1) 規制の趣旨 ………………………………………………………… 24
(2) 合併に関する金融商品取引法の規定 …………………………… 24
4 合併における許認可の取扱い ……………………………………… 25
(1) 問題の所在 ………………………………………………………… 25
(2) 類　型 ……………………………………………………………… 25
　(ア) 合併が生じた場合に許認可に関する権利義務の承継を法律で認めるもの／25
　(イ) 許認可の規定を定める法律が合併に関する措置を規定していない場合／28
　(ウ) 吸収合併の場合に許認可が効力を失うことが明記されている場合／28

【書式1―1】 合併に関する計画届出書／29

第2章　組織再編手法の1つとしての合併選択のポイント

- Ⅰ　総論――いかなる組織再編手法を選択すべきか ………… 54
  - 1　合併が組織再編手法の1つであること ………………… 54
  - 2　組織再編の目的の類型化 ………………………………… 55
- Ⅱ　事業の統合 …………………………………………………… 56
  - 1　事業統合のための組織再編手法 ………………………… 56
    - 〔表2―1〕　事業の結合のための組織再編手法／57
  - 2　合　併 ……………………………………………………… 58
    - 〔表2―2〕　合併のメリット・デメリット／59
  - 3　事業の取得 ………………………………………………… 60
    - 〔表2―3〕　事業の取得のメリット・デメリット／60
  - 4　共同持株会社の設置 ……………………………………… 62
    - 〔表2―4〕　共同持株会社設置のメリット・デメリット／62
  - 5　株式の取得による事業の統合 …………………………… 63
    - (1)　株式の取得による子会社化 ………………………… 63
    - (2)　株式取得による事業統合のメリット・デメリット ……… 65
    - 〔表2―5〕　株式取得による事業統合のメリット・デメリット／65
- Ⅲ　事業の分離 …………………………………………………… 67
  - 1　事業の分離のための組織再編手法 ……………………… 67
    - 〔表2―6〕　事業分離の一般的組織再編手法／67
  - 2　事業の分離のための各手法のメリット・デメリット ……… 68
- Ⅳ　事業の共同化 ………………………………………………… 69
- Ⅴ　企業グループ内での再編 …………………………………… 71

1　総　説 ……………………………………………………………… 71
2　持株会社の設置 …………………………………………………… 72
　⑴　持株会社のメリット・デメリット ………………………………… 72
　　〔表2－7〕　共同持株会社設置のメリット・デメリット／72
　⑵　持株会社設置の方法 ………………………………………………… 73
　　㈆　株式移転／73
　　㈇　会社分割（新設分割）／73
　　㈈　事業譲渡等／74
3　親子会社間の事業分野の調整 …………………………………… 74
　⑴　子会社の事業のすべてを親会社に統合する方法 ………………… 74
　　㈆　事業譲渡／74
　　㈇　合併（吸収合併）／74
　⑵　子会社の事業の一部を親会社に統合する方法 …………………… 75
　　㈆　事業譲渡／75
　　㈇　会社分割（吸収分割）／75
　⑶　親会社の事業の一部を子会社に移転する方法 …………………… 75
　　㈆　事業譲渡／75
　　㈇　会社分割（吸収分割）／75
4　子会社間の事業分野の調整 ……………………………………… 76
　⑴　子会社の事業のすべてを他の子会社に統合する方法 …………… 76
　　㈆　事業譲渡／76
　　㈇　吸収合併／76
　⑵　子会社の事業の一部を他の子会社に移転する方法 ……………… 76
　　㈆　事業譲渡／76
　　㈇　吸収分割／76
　⑶　子会社の事業の一部を親会社に移転し残りの事業を他の子会社
　　に移転する方法 ……………………………………………………… 77
5　持株比率の変更 …………………………………………………… 77

- (1) 株式の買い増し・売却 …………………………………………… 77
- (2) 第三者割当増資 ………………………………………………… 78
- (3) 株式交換 ………………………………………………………… 78
- (4) 合　併 …………………………………………………………… 78
- (5) 自己株式の取得・売却 ………………………………………… 78
- 6 子会社・孫会社の入れ替え ………………………………………… 78
- (1) 子会社の孫会社化 ……………………………………………… 79
  - (ア) 株式譲渡／79
  - (イ) 現物出資／79
  - (ウ) 吸収分割／79
  - (エ) 株式交換／79
- (2) 孫会社の子会社化 ……………………………………………… 80
  - (ア) 株式譲渡／80
  - (イ) 現物配当／80
  - (ウ) 吸収分割／80

第3章　会社合併の類型別による法律と実務

第1節　株式会社における合併 …………………………… 82

第1　新設合併 ……………………………………………………… 82

Ⅰ　新設合併の意義 ……………………………………………… 82

1 意　義 …………………………………………………………… 82
　〔図3－1〕　新設合併の仕組み／83
2 実務上の活用頻度 ……………………………………………… 83

3　合併の効果（吸収合併と重複あり）……………………………… 84
Ⅱ　新設合併の手続……………………………………………………… 85
　　1　新設合併契約書の作成………………………………………………… 85
　　　(1)　意　義……………………………………………………………… 85
　　　(2)　趣　旨……………………………………………………………… 85
　　　(3)　法定記載事項……………………………………………………… 85
　　　　(ｱ)　合併条件／85
　　　　(ｲ)　新設会社の組織・体制／86
　　　【書式3－1】　新設合併契約書／87
　　　●コラム●　合併覚書の作成／91
　　　●コラム●　基本合意の法的拘束力／92
　　2　合併契約書等の備置き・開示……………………………………… 93
　　　(1)　意　義……………………………………………………………… 93
　　　(2)　趣　旨……………………………………………………………… 93
　　　(3)　具体的手続………………………………………………………… 93
　　　　(ｱ)　開示資料／93
　　　　(ｲ)　新設合併契約等備置開始日／94
　　　　(ｳ)　開示手続および罰則／95
　　3　株主総会による合併承認決議……………………………………… 97
　　　(1)　意　義……………………………………………………………… 97
　　　(2)　趣　旨……………………………………………………………… 97
　　　(3)　具体的手続………………………………………………………… 97
　　　　(ｱ)　総会の期日／97
　　　　(ｲ)　総会招集通知／97
　　　　(ｳ)　決議要件／97
　　　【書式3－2】　臨時株主総会招集通知書／98
　　　【書式3－3】　臨時株主総会議事録／99
　　4　反対株主等の株式買取請求権・新株予約権買取請求権 ……… 100
　　　(1)　意　義…………………………………………………………… 100

(2)　趣　旨 …………………………………………………………… 100

　　(3)　具体的手続 ……………………………………………………… 101

　　(4)　新株予約権買取請求 …………………………………………… 102

　　　【書式3－4】　合併反対の通知書／103

　　　【書式3－5】　株式買取請求書／103

　　　●コラム●　「公正な価格」とは／106

　5　債権者の異議手続 …………………………………………………… 106

　　(1)　意　義 …………………………………………………………… 106

　　(2)　趣　旨 …………………………………………………………… 106

　　(3)　具体的手続 ……………………………………………………… 107

　　　(ｱ)　会社債権者に対する公告および個別催告／107

　　　(ｲ)　異議を述べた債権者への対応／107

　　　【書式3－6】　合併公告／108

　　　【書式3－7】　催告書／108

　　　【書式3－8】　合併異議申述書／109

　　　【書式3－9】　証明書／110

　　　【書式3－10】　弁済金受領証書／111

　6　消滅会社の株主・新株予約権者への金銭等の割当て …………… 112

　　(1)　意　義 …………………………………………………………… 112

　　(2)　趣　旨 …………………………………………………………… 112

　　(3)　株券の提出等 …………………………………………………… 112

　　　【書式3－11】　合併につき株券提出公告／113

　7　合併の登記 …………………………………………………………… 114

　　(1)　意　義 …………………………………………………………… 114

　　(2)　趣　旨 …………………………………………………………… 114

　　(3)　登記事項等 ……………………………………………………… 114

　　　(ｱ)　解散の登記／114

　　　(ｲ)　設立の登記／114

　8　合併の事後開示 ……………………………………………………… 116

(1) 意　義 …………………………………………………………… 116
　　　(2) 趣　旨 …………………………………………………………… 116
　　　(3) 事後開示事項 …………………………………………………… 116
　　　(4) 閲覧権者 ………………………………………………………… 117
　　　〔表3－1〕　新設合併の具体的スケジュール例／117

第2　吸収合併 ………………………………………………………………… 120
　Ⅰ　吸収合併の意義 …………………………………………………………… 120
　　1　意　義 …………………………………………………………………… 120
　　〔図3－2〕　吸収合併の仕組み／121
　　●コラム●　吸収型再編にのみ認められた合併対価の柔軟化／121
　　2　合併の法的効力 ………………………………………………………… 122
　　　(1) 合併の法的効力 ………………………………………………… 122
　　　　(ア) 権利義務の承継／122
　　　　(イ) 消滅会社の株主の承継／122
　　　(2) 合併の効力発生日 ……………………………………………… 123
　　　　(ア) 効力発生日／123
　　　　(イ) 登記までの間の第三者保護／123
　　　(3) 効力が生じない場合 …………………………………………… 124
　Ⅱ　吸収合併の手続 …………………………………………………………… 125
　　1　手続の概要 ……………………………………………………………… 125
　　〔図3－3〕　吸収合併の手続の流れ／125
　　2　合併契約 ………………………………………………………………… 126
　　　(1) 合併覚書の作成 ………………………………………………… 126
　　　●コラム●　上場会社の適時開示／127
　　　(2) 合併契約の締結 ………………………………………………… 128
　　　　(ア) 意　義／128
　　　　(イ) 手　続／128
　　　(3) 合併契約書の記載事項 ………………………………………… 129

　　　　(ア)　当事会社（法749条1項1号）／129

　　　　(イ)　存続会社の組織・体制等（法749条1項2号イ）／129

　　　　(ウ)　合併条件／129

　　　　●コラム●　交付金合併・三角合併の許容／130

　　　　(エ)　効力発生日／131

　　　【書式3－12】　合併契約書（ひな形）／131

　　3　事前開示 ………………………………………………………………… 134

　　　(1)　手　続 …………………………………………………………………… 134

　　　(2)　備置開始日 ……………………………………………………………… 134

　　　(3)　事前備置書類の内容・記載事項 ……………………………………… 134

　　　　(ア)　吸収合併存続会社／134

　　　　(イ)　吸収合併消滅会社／137

　　　(4)　事前開示事項の閲覧等 ………………………………………………… 139

　　　(5)　違反した場合 …………………………………………………………… 139

　　4　株主総会の承認決議 …………………………………………………… 141

　　　(1)　総　論 …………………………………………………………………… 141

　　　(2)　吸収合併存続会社における承認決議 ………………………………… 142

　　　　(ア)　総会の期日／142

　　　　(イ)　決議要件／142

　　　【書式3－13】　合併承認の株主総会議事録／143

　　　　(ウ)　取締役の説明義務／144

　　　(3)　吸収合併消滅株式会社における承認決議 …………………………… 145

　　　　(ア)　総会の期日／145

　　　　(イ)　決議要件／145

　　5　債権者保護手続 ………………………………………………………… 146

　　　(1)　総　論 …………………………………………………………………… 146

　　　(2)　会社債権者への公告および個別催告 ………………………………… 147

　　　　(ア)　会社債権者への公告および個別催告／147

　　　　(イ)　公告・催告の必要的記載事項／148

【書式 3 −14】　合併公告／148
　(3)　異議を述べた債権者への対応 …………………………………… 149
6　株主に対する通知・公告および反対株主の株式買取請求権 …… 149
　(1)　総　論 …………………………………………………………… 149
　(2)　株主に対する通知・公告 ………………………………………… 151
　(3)　反対株主の株式買取請求権 ……………………………………… 151
　　(ｱ)　請求権者／151
　　(ｲ)　行使方法／152
　　(ｳ)　行使期間／152
　　(ｴ)　取下げの制限／153
　　【書式 3 −15】　合併反対株主の株式買取請求書／155
　　(ｵ)　株式買取請求に係る株式の買取りの効力発生時／155
　　(ｶ)　略式合併および簡易合併における株式買取請求権／156
　(4)　株式買取請求における価格の決定 ……………………………… 156
　　(ｱ)　公正な価格／156
　　(ｲ)　仮払制度／156
7　新株予約権者に対する通知・公告および新株予約権者の
　　新株予約権買取請求権 ……………………………………………… 157
　(1)　総　論 …………………………………………………………… 157
　(2)　新株予約権者に対する通知・公告 ……………………………… 158
　(3)　新株予約権買取請求の請求権者 ………………………………… 158
　(4)　新株予約権付社債の留意点 ……………………………………… 158
8　株券提出手続 ………………………………………………………… 159
　　【書式 3 −16】　株券等提出公告／160
9　吸収合併の効力発生日 ……………………………………………… 161
　(1)　効力発生日の意義 ………………………………………………… 161
　(2)　効力発生日の変更 ………………………………………………… 161
10　吸収合併の登記 ……………………………………………………… 162
　(1)　手　続 …………………………………………………………… 162

(2)　登記の添付書面 …………………………………………… 162
　　　【参考先例】　株式会社が存続する場合の添付書面について（平成18年3月31日付け法務省民商第782号民事局長通達）／162
　11　事後開示 ……………………………………………………… 164
　　　(1)　手　続 ……………………………………………………… 164
　　　(2)　備置書類の内容・記載事項 ……………………………… 164
　　　(3)　事後開示書類の閲覧等 …………………………………… 165
　　　(4)　違反した場合 ……………………………………………… 165
　　〔表3－2〕　吸収合併の具体的スケジュール例／166
　12　略式合併制度 ………………………………………………… 168
　　　(1)　種　類 ……………………………………………………… 168
　　　　(ｱ)　消滅会社が存続会社の特別支配会社である場合／168
　　　　(ｲ)　存続会社が消滅会社の特別支配会社である場合／169
　　　(2)　略式合併における株式買取請求 ………………………… 169
　13　簡易合併 ……………………………………………………… 169
　　　(1)　簡易合併の要件 …………………………………………… 169
　　　(2)　簡易合併における株式買取請求 ………………………… 170
　14　合併の差止請求 ……………………………………………… 170

第3　簡易合併 ……………………………………………………… 172

　1　意　義 …………………………………………………………… 172
　2　要　件 …………………………………………………………… 172
　　　(1)　原　則 ……………………………………………………… 172
　　　(2)　例　外 ……………………………………………………… 174
　　　　(ｱ)　合併差損が生ずる場合／174
　　　　(ｲ)　全株式譲渡制限会社である存続会社が譲渡制限株式を交付する場合／176
　3　手　続 …………………………………………………………… 177

〔図3－4〕 簡易合併の具体的手続（存続会社について）／178

第4 略式合併 …………………………………………………………… 179

1 意 義 ……………………………………………………………… 179
2 要 件 ……………………………………………………………… 179
  (1) 原 則 ………………………………………………………… 179
  (2) 例 外 ………………………………………………………… 180
    (ア) 消滅会社である被支配会社が公開会社であり、合併対価が譲渡制限株式等である場合／180
    (イ) 存続会社である被支配会社が全株式譲渡制限会社であり、合併対価が自己の譲渡制限株式等である場合／180
3 手 続 ……………………………………………………………… 182
〔図3－5〕 略式合併の具体的手続（消滅会社について）／183

第2節 持分会社が関係する合併 …………………………… 184

第1 総 説 ……………………………………………………………… 184

Ⅰ 持分会社の定義 …………………………………………………… 184
Ⅱ 合併可能な会社の種類 …………………………………………… 184
  1 旧商法上の規定 ………………………………………………… 184
    〔表3－3〕 種類の異なる会社間の合併制約の一覧表／185
  2 会社法の規定 …………………………………………………… 186
    (1) 会社法における改正 ……………………………………… 186
      〔表3－4〕 合併のパターン／186
    (2) 改正の趣旨 ………………………………………………… 186
      (ア) 旧商法の規制の趣旨／186
      (イ) 改正の理由／187

第2 持分会社を設立する新設合併 ………………………………… 189

目　次

Ⅰ　新設合併の意義 ……………………………………………………… 189
1　意　義 ……………………………………………………………… 189
〔図3－6〕　新設合併の仕組み／189
2　持分会社を設立する新設合併の実務における意義 ……………… 190

Ⅱ　新設合併の手続 ……………………………………………………… 191
1　総　説 ……………………………………………………………… 191
〔表3－5〕　設立会社が持分会社の場合の手続／191
〔表3－6〕　設立会社が株式会社の場合の手続／192
2　新設合併契約書の作成 …………………………………………… 193
(1)　手　続 …………………………………………………………… 193
　(ア)　株式会社が当事会社となる場合の内部手続／193
　(イ)　持分会社が当事会社となる場合の内部手続／193
(2)　合併契約の内容 ………………………………………………… 194
　(ア)　法定記載事項／194
　(イ)　任意的記載事項／198
　(ウ)　停止条件／199
【書式3－17】　新設合併契約書／199
3　合併契約書等の備置・開示 ……………………………………… 202
(1)　消滅当事会社が株式会社である場合 ………………………… 202
　(ア)　趣　旨／202
　(イ)　備置する書面の必要的記載事項／205
　(ウ)　備置期間／207
　(エ)　開示手続／208
(2)　消滅当事会社が持分会社である場合 ………………………… 209
4　株主または社員の同意 …………………………………………… 209
(1)　消滅当事会社が株式会社である場合 ………………………… 209
(2)　消滅当事会社が持分会社である場合 ………………………… 209
【書式3－18】　株主へ同意を求める通知書／210
【書式3－19】　株主の賛否を表明する書面／211

5　債権者保護手続……………………………………………………212
　　⑴　意　義……………………………………………………………212
　　⑵　趣　旨……………………………………………………………212
　　⑶　株式会社が消滅当事会社となる場合の具体的手続…………212
　　　㈆　対象債権者／212
　　　㈇　会社債権者に対する公告および個別催告／213
　　⑷　持分会社が消滅当事会社となる場合の具体的手続…………214
　　【書式3-20】　合併公告／215
　　【書式3-21】　催告書／215
　　【書式3-22】　合併異議申述書／216
　　【書式3-23】　証明書（合併をしてもその者を害するおそれの
　　　　　　　　　ないことの証明）／217
　　【書式3-24】　弁済金受領証書／218
　6　株式買取請求権等の不存在 ……………………………………219
　　⑴　意　義……………………………………………………………219
　　⑵　趣　旨……………………………………………………………220
　7　新株予約権者に対する通知 ……………………………………220
　8　消滅会社の株主・新株予約権者への提出公告 ………………221
　　【書式3-25】　合併につき株券提出公告／222
　9　合併の登記 ………………………………………………………222
　10　新設持分会社の手続 ……………………………………………224

第3　株式会社を設立する新設合併……………………………225

Ⅰ　総　説………………………………………………………………225
Ⅱ　新設合併の手続……………………………………………………226
　1　総　説………………………………………………………………226
　2　合併契約の締結……………………………………………………226
　　⑴　手　続……………………………………………………………226
　　⑵　新設合併契約書の作成…………………………………………226

　　　　(ア)　意　義／226
　　　　(イ)　法定記載事項／228
　　　　(ウ)　任意的記載事項／230
　　3　合併契約書等の備置き・開示 ………………………………… 230
　　4　株主総会の承認および社員の同意 …………………………… 231
　　　(1)　消滅当事会社が株式会社である場合 ……………………… 231
　　　　(ア)　意　義／231
　　　　(イ)　趣　旨／231
　　　　(ウ)　具体的手続／231
　　　(2)　消滅当事会社が持分会社の場合 …………………………… 232
　　5　反対株主等の株式買取請求権 ………………………………… 232
　　　(1)　意　義 ……………………………………………………… 232
　　　(2)　趣　旨 ……………………………………………………… 232
　　　(3)　具体的手続 ………………………………………………… 235
　　6　債権者保護手続 ………………………………………………… 236
　　7　消滅株式会社における新株予約権者の新株予約権買取請求 …… 236
　　8　消滅会社の株主・新株予約権者への株券提出公告 ………… 237
　　9　合併の登記 ……………………………………………………… 237
　　10　新設株式会社における事後開示 ……………………………… 238
　　　(1)　意　義 ……………………………………………………… 238
　　　(2)　趣　旨 ……………………………………………………… 238
　　　(3)　事後開示事項 ……………………………………………… 238
　　　(4)　閲覧権者 …………………………………………………… 239

第4　持分会社が存続会社（株式会社または持分会社が消滅会社）となる吸収合併 …………… 240

　Ⅰ　吸収合併の意義 …………………………………………………… 240
　　1　意　義 …………………………………………………………… 240
　　2　合併の効果 ……………………………………………………… 240

II 持分会社が存続会社となる場合の吸収合併の手続 …………… 241

1 総 説 …………………………………………………………………… 241
  〔表3-7〕 消滅会社が株式会社の場合の手続／241
  〔表3-8〕 消滅会社が持分会社の場合の手続／242
2 合併契約の締結 ………………………………………………………… 243
  (1) 当事者の表示 ……………………………………………………… 243
  (2) 合併後の組織 ……………………………………………………… 244
  (3) 合併条件 …………………………………………………………… 245
  (4) 効力発生日 ………………………………………………………… 246
  【書式3-26】 吸収合併契約書／247
3 合併内容の事前開示 …………………………………………………… 249
  (1) 合併契約の備置きおよび閲覧等 ………………………………… 249
  (2) 備置および閲覧等の対象となる事項 …………………………… 250
    (ア) 合併対価の相当性に関する事項／251
    (イ) 合併対価について参考となるべき事項／251
    (ウ) 吸収合併に係る新株予約権の定めの相当性に関する事項／252
    (エ) 計算書類等に関する事項／252
    (オ) 存続会社の債務の履行の見込みに関する事項／252
  (3) 備置期間 …………………………………………………………… 253
  (4) 閲覧・謄写等の請求の費用負担 ………………………………… 254
  (5) 消滅会社が持分会社の場合 ……………………………………… 255
4 株主または社員の同意 ………………………………………………… 255
  (1) 消滅株式会社における株主総会の承認 ………………………… 255
    (ア) 承認総会の期日／255
    (イ) 決議要件／256
    (ウ) 株主総会の承認が不要な場合／256
  (2) 持分会社における総社員の同意 ………………………………… 257
5 消滅株式会社における反対株主の株式買取請求 …………………… 258
  (1) 公正な価格での買取り …………………………………………… 258

21

(2)　行使権者 …………………………………………………………… 259
　　　(3)　行使期間 …………………………………………………………… 259
　　　(4)　買取請求権行使の効力発生日 …………………………………… 259
　　　(5)　買取価格の決定 …………………………………………………… 259
　　　(6)　消滅会社が持分会社の場合の持分買取請求の不存在 ………… 260
　　6　消滅株式会社における新株予約権者の新株予約権買取請求 …… 260
　　7　債権者保護手続 ………………………………………………………… 260
　　　(1)　債権者の異議 ……………………………………………………… 260
　　　(2)　消滅会社の具体的手続 …………………………………………… 261
　　　　(ｱ)　債権者に対する公告および個別催告／261
　　　　(ｲ)　催告期間／262
　　　　(ｳ)　異議を述べた債権者への対応／262
　　　(3)　存続会社の具体的手続 …………………………………………… 263
　　8　株券・新株予約権証券の手続 ………………………………………… 263
　　9　合併の効力発生と吸収合併の登記 …………………………………… 264

第5　株式会社が存続会社（持分会社が消滅会社）となる吸収合併 ……………………………………………………… 266

Ⅰ　株式会社が存続会社となる場合の吸収合併の手続 ………… 266

　　1　総　説 …………………………………………………………………… 266
　　　〔表3－9〕　株式会社が消滅会社となる場合の手続／266
　　2　合併契約の締結 ………………………………………………………… 267
　　　(1)　当事者の表示 ……………………………………………………… 267
　　　(2)　合併後の組織 ……………………………………………………… 267
　　　(3)　合併条件 …………………………………………………………… 269
　　　(4)　効力発生日 ………………………………………………………… 269
　　3　合併内容の事前開示 …………………………………………………… 269
　　4　株主または社員の同意 ………………………………………………… 269
　　　(1)　存続株式会社における株主総会の承認 ………………………… 269

(2)　消滅持分会社における総社員の同意……………………………270
　5　存続株式会社における反対株主の買取請求……………………270
　6　債権者保護手続……………………………………………………270
　7　合併の効力発生と吸収合併の登記………………………………270

第4章　会社合併の瑕疵と紛争

Ⅰ　総　説……………………………………………………………………272
Ⅱ　合併の差止請求…………………………………………………………274
　1　原告適格……………………………………………………………274
　2　被告適格……………………………………………………………274
　3　差止めの対象………………………………………………………274
　4　差止事由……………………………………………………………275
　5　管　轄………………………………………………………………275
　【書式4－1】　訴状（合併差止請求事件）／275
　6　合併禁止仮処分……………………………………………………277
　　(1)　仮処分の必要性…………………………………………………277
　　(2)　仮処分に反する合併の効力……………………………………277
　　(3)　訴えの変更………………………………………………………278
　【書式4－2】　仮処分命令申立書（取締役違法行為差止仮処分
　　　　　　　　命令申立事件）／279
　【書式4－3】　訴状（取締役違法行為差止請求事件）／281
Ⅲ　取締役等に対する差止請求……………………………………………284
　1　総　説………………………………………………………………284
　2　原告適格……………………………………………………………284
　　(1)　株　主……………………………………………………………284
　　(2)　監査役……………………………………………………………285

目 次

   (3) 監査委員 …………………………………………………………… 285
  3 被告適格 ………………………………………………………………… 285
  4 差止めの対象 …………………………………………………………… 285
  5 差止事由等 ……………………………………………………………… 286
  6 管　轄 …………………………………………………………………… 286
 Ⅳ　合併無効の訴え ………………………………………………………… 287
  1 訴えの性質 ……………………………………………………………… 287
  2 合併無効事由 …………………………………………………………… 287
   (1) 総　説 …………………………………………………………… 287
   (2) 合併をする会社、存続会社または新設会社が法定の適格を欠く
    場合 ………………………………………………………………… 288
   (3) 合併契約に意思の欠缺ないし瑕疵ある意思表示がある場合 ……… 288
   (4) 合併契約上の必要的決定事項を欠く場合 …………………………… 289
   (5) 合併承認決議がない場合（簡易合併および略式合併の場合を
    除く）、またはその決議が無効ないし取り消された場合 ………… 289
   (6) 合併契約の取締役会承認決議を欠き、または取締役会承認
    手続に瑕疵がある場合 ………………………………………………… 290
   (7) 合併契約書の備置を懈怠した場合 …………………………………… 290
   (8) 債権者保護手続に瑕疵がある場合等 ………………………………… 291
   (9) 合併差止仮処分に違反してなされた合併 …………………………… 291
   (10) 合併比率の不均衡 ……………………………………………………… 291
   (11) 合併登記が無効な場合 ………………………………………………… 292
   (12) 独占禁止法に定める手続に違反して合併をした場合等 …………… 292
   (13) 合併後の企業担保権の順位に関する企業担保権者間に協定が
    ない場合 ………………………………………………………………… 292
   (14) 合併について認可を要するときに認可を欠く場合 ………………… 293
  3 原告適格 ………………………………………………………………… 293
   (1) 総　説 …………………………………………………………… 293
   (2) 株　主 …………………………………………………………… 293

(3)　取締役 …………………………………………………… 294
　　(4)　執行役 …………………………………………………… 295
　　(5)　監査役 …………………………………………………… 295
　　(6)　清算人 …………………………………………………… 295
　　(7)　破産管財人 ……………………………………………… 295
　　(8)　合併について承認をしなかった債権者 ……………… 296
　　(9)　公正取引委員会 ………………………………………… 297
　　(10)　企業担保権者 …………………………………………… 297
　4　被告適格 ……………………………………………………… 297
　5　管　轄 ………………………………………………………… 298
　6　提訴期間 ……………………………………………………… 298
　7　他の訴えの類型との関係 …………………………………… 299
　8　訴　額 ………………………………………………………… 299
　9　株主および債権者の担保提供 ……………………………… 299
　10　弁論および裁判の併合等 …………………………………… 300
　11　合併無効判決の効力 ………………………………………… 300
　　(1)　対世的効力 ……………………………………………… 300
　　(2)　不遡及効 ………………………………………………… 300
　　(3)　権利義務の帰属 ………………………………………… 301
　12　敗訴原告の損害賠償義務 …………………………………… 301
　13　合併無効の登記 ……………………………………………… 302
　14　合併無効の訴えと会社更生法 ……………………………… 302
　　【書式4－4】　訴状（吸収合併無効請求事件）／302
Ⅴ　合併不存在確認の訴え ………………………………………… 305
　1　総　説 ………………………………………………………… 305
　2　性　質 ………………………………………………………… 305
　3　訴えの類型等 ………………………………………………… 306
　4　原告適格 ……………………………………………………… 306
　5　被告適格 ……………………………………………………… 306

6 合併不存在原因 …………………………………………… 307
7 管轄、出訴期間等 ………………………………………… 307
8 判決の効力 ………………………………………………… 307
　【書式4－5】　訴状（合併不存在確認請求事件）／308

第5章　会社合併の会計処理

Ⅰ　合併に関する会計基準等 …………………………………………… 312
　1　合併に関する会計基準等の概要、会社法との関係 ……………… 312
　2　結合基準の改正 …………………………………………………… 312
　⑴　改正の概要 ……………………………………………………… 312
　　〔表5－1〕　結合基準の改正内容／313
　⑵　結合基準等の見直しに向けた検討と平成25年改正 ………… 317
　　〔表5－2〕　結合会計論点整理の主な論点および内容／317
　　〔表5－3〕　結合会計論点整理の検討項目と経緯／326
　3　結合基準 …………………………………………………………… 326
　⑴　共通支配下の取引等 …………………………………………… 328
　　〔図5－1〕　共通支配下の取引、少数株主との取引、および、
　　　　　　　それ以外の取引／329
　　㈎　共通支配下の取引の範囲／329
　　【参考】　関連会社との企業結合／330
　　【参考】　支配力基準による判定／330
　　㈏　共通支配下の取引等の会計処理／330
　　〔図5－2〕　抱合せ株式――親会社と子会社の合併／332
　　〔図5－3〕　抱合せ株式――同一の株主に支配されている子会
　　　　　　　社同士の合併／332
　　㈐　共通支配下における合併の主な類型とその会計処理の概要／333

〔図5－4〕　親会社と子会社との合併（ケース1）／334

〔図5－5〕　親会社と孫会社との合併（ケース1）／334

〔図5－6〕　子会社と孫会社との合併（ケース1）／335

〔図5－7〕　親会社と子会社との合併（ケース2）／335

〔図5－8〕　親会社と孫会社との合併（ケース2）／336

〔図5－9〕　子会社と孫会社との合併（ケース2）／336

〔図5－10〕　子会社と子会社との合併／337

〔図5－11〕　孫会社と孫会社との合併／338

　(2)　共同支配企業の形成 ………………………………………………… 338

　　(ア)　共同支配企業の形成の適用要件／339

　　(イ)　共同支配企業の形成における会計処理／339

　(3)　取　　得 ……………………………………………………………… 340

　　(ア)　取得企業の決定方法／341

　　(イ)　取得原価の算定／343

　　(ウ)　取得原価の配分／346

　　(エ)　のれん／347

　　(オ)　増加資本の会計処理／348

　【参考】　中小企業における合併の会計処理（中小企業の会計に関する指針）／350

4　事業分離等に関する会計基準 ………………………………………… 352

　(1)　概　　要 ……………………………………………………………… 352

　(2)　消滅会社（被結合企業）の株主に係る会計処理 ………………… 352

　　(ア)　投資の継続か清算かの判定／353

　　(イ)　投資が清算したと判定される場合／353

　　(ウ)　投資が継続していると判定される場合／353

　　(エ)　受取対価となる財の時価／353

　　(オ)　消滅会社（被結合企業）の株主に係る会計処理／353

　(3)　存続会社（結合企業）の株主に係る会計処理 …………………… 357

　　(ア)　投資の継続か清算かの判定／357

　　　　(イ)　投資が清算したと判定される場合／357

　　　　(ウ)　投資が継続していると判定される場合／357

　　　　(エ)　存続会社（結合企業）の株主に係る会計処理／357

　　　【参考】　存続会社がその親会社の株式を対価として交付する場合
　　　　　　　（三角合併のケース）／358

Ⅱ　合併の会計処理 …………………………………………………………… 359

1　グループ内企業との合併における会計処理 ……………………… 359

　(1)　垂直型合併 …………………………………………………………… 360

　　　(ア)　親会社と子会社(b)との合併（親会社が存続会社）／360

　　　【設例】　親会社（甲社）と子会社（ｂ社）との合併／363

　　　(イ)　親会社と孫会社(b)との合併（親会社が存続会社）／367

　　　(ウ)　子会社(b)と孫会社(b)との合併（子会社(b)が存続会社）／367

　(2)　水平型合併 …………………………………………………………… 369

　　　(ア)　子会社(a)と子会社(b)との合併（子会社(a)が存続会社）／369

　　　【設例】　子会社（ａ社）と子会社（ｂ社）との合併／372

　　　(イ)　孫会社(a)と孫会社(b)との合併／374

　　〔図５−12〕　無対価による子会社間（完全支配下の子会社間）の
　　　　　　　　合併／376

2　グループ外企業との合併における会計処理 ………………………… 376

　(1)　取　得 …………………………………………………………………… 376

　　　(ア)　取得原価の算定／377

　　　(イ)　取得原価の配分／379

　　　【参考】　中小企業における取得原価の算定、配分方法／380

　　　(ウ)　のれんの会計処理／381

　　　(エ)　増加資本の会計処理／382

　　　(オ)　存続会社の株主および消滅会社の株主の会計処理／383

　　　【設例】　取得と判定される場合の合併／384

　(2)　逆取得 …………………………………………………………………… 386

　　　(ア)　資産および負債の会計処理／386

(イ)　増加資本の会計処理／386

第6章　会社合併の税務

I　適格再編成の要件 ……………………………………………… 390
　1　株式のみ交付要件 …………………………………………… 390
　　(1)　合併対価の制限 ………………………………………… 390
　　　(ア)　概　要／390
　　　(イ)　合併親法人株式についての補足／391
　　(2)　非適格とされる金銭の交付に該当しないもの ……… 391
　　(3)　合併比率の調整のための合併交付金の支払い ……… 392
　2　100％グループ（完全支配関係） ………………………… 392
　　(1)　定　義 …………………………………………………… 392
　　　〔図6－1〕　親子関係／393
　　　〔図6－2〕　兄弟関係／393
　　(2)　留意点 …………………………………………………… 394
　　　(ア)　合併前の株式譲渡／394
　　　(イ)　株式持合い／395
　　(3)　100％支配グループ内の適格合併の要件 …………… 395
　　　(ア)　親子関係／395
　　　(イ)　兄弟関係／395
　　(4)　注意点 …………………………………………………… 396
　　　(ア)　無対価合併／396
　　　(イ)　兄弟関係における合併後の株主構成／397
　3　50％超グループ（支配関係） …………………………… 398
　　(1)　50％超グループとは …………………………………… 398
　　(2)　50％超グループ内の適格合併の要件 ………………… 398
　　(3)　従業者引継要件 ………………………………………… 398

　　　　(ア) 概　要／398

　　　　(イ) 留意点／399

　　(4) 事業継続要件……………………………………………………400

　　　　(ア) 概　要／400

　　　　(イ) 留意点／400

　4　共同事業要件……………………………………………………………401

　　(1) 共同事業要件とは………………………………………………401

　　(2) 共同事業を営むための合併における適格要件………………401

　　(3) 共同事業要件の要点……………………………………………402

　　(4) 事業関連性要件…………………………………………………402

　　　　(ア) 概　要／402

　　　【参考】　法人税法施行規則3条（事業関連性の判定）／403

　　　　(イ) 留意点／405

　　(5) 事業規模類似要件………………………………………………406

　　　　(ア) 概　要／406

　　　　(イ) 留意点／406

　　(6) 特定役員派遣要件………………………………………………407

　　　　(ア) 概　要／407

　　　　(イ) 留意点／407

　　(7) 株式継続保有要件………………………………………………408

　　　　(ア) 概　要／408

　　　　(イ) 留意点／409

　5　三社合併における適格判定……………………………………………411

Ⅱ　合併比率と合併後の株式評価……………………………………………411

　1　合併比率とは……………………………………………………………411

　2　比率算定方法……………………………………………………………411

　　(1) 財産評価基本通達における「取引相場のない株式」の評価………411

　　(2) 組織再編における非公開会社の株価としての併用方式……412

　　(3) 類似業種比準価額方式の併用…………………………………412

(4) ディスカウントキャッシュフロー（DCF）法の併用 ……………413
　　(5) 比準方式の併用 ………………………………………………………413
　3　合併後の類似業種比準価額の計算 …………………………………413
　　(1) 合併の前後において会社実態に変化がない場合（合算方式）……413
　　(2) 課税時期の直前前期に合併があった場合 …………………………415
　　(3) 課税時期の直前期に合併があった場合 ……………………………415
　　(4) 課税時期の直前期末終了後に合併があった場合 …………………416
Ⅲ　適格合併と資本金等の額・利益積立金額の増減 …………………417
　1　資本金等の額 ……………………………………………………………417
　2　利益積立金額の増減 ……………………………………………………418
　3　合併事例 …………………………………………………………………418
Ⅳ　抱合せ株式の処理 …………………………………………………………420
　1　法人税法の規定 …………………………………………………………420
　2　会社法と法人税法との調整 ……………………………………………420
　　(1) 利益剰余金のマイナス ………………………………………………420
　　(2) 共通支配下等の合併（共通支配株主が存在しない場合）…………421
　3　合併事例 …………………………………………………………………421
　　(1) 前　提 …………………………………………………………………421
　　(2) 会計処理 ………………………………………………………………422
　　　(ア) 共通支配下の取引（会社計算規則35条1項2号）／422
　　　(イ) 共通支配下で株主資本等を引き継ぐ場合（会社計算規則
　　　　 36条）／423
　　(3) 法人税の扱い …………………………………………………………424
　　(4) 申告調整 ………………………………………………………………424
　　　(ア) 会社計算規則35条1項2号で処理している場合／424
　　　(イ) 会社計算規則36条で処理している場合／425
　4　抱合せ株式 ………………………………………………………………426
Ⅴ　株主の税務 …………………………………………………………………428
　1　譲渡益課税がない ………………………………………………………428

2　新株の取得価額 …………………………………………………… 428
Ⅵ　**適格合併と合併法人の受入れ** ……………………………………… 430
　　1　帳簿価額による引継ぎ …………………………………………… 430
　　(1)　概　要 ……………………………………………………………… 430
　　(2)　具体例 ……………………………………………………………… 430
　　2　留意点 ……………………………………………………………… 431
Ⅶ　**青色欠損金の引継ぎ** ………………………………………………… 432
　　1　制度の概要 ………………………………………………………… 432
　　2　未処理欠損金の引継ぎの原則 …………………………………… 432
　　3　合併法人における未処理欠損金額の帰属年度の具体例 ……… 433
　　(1)　合併法人の合併事業年度開始の日以後に被合併法人の最終事業
　　　　年度が開始する場合 ……………………………………………… 433
　　　(ア)　合併法人と被合併法人の事業年度が同じ場合／433
　　　(イ)　合併法人と被合併法人の事業年度が違う場合／434
　　(2)　合併法人の合併事業年度開始の日以前に被合併法人の最終事業
　　　　年度が開始する場合 ……………………………………………… 435
　　(3)　合併法人に被合併法人の未処理欠損金額の帰属すべき対応事業
　　　　年度がない場合 …………………………………………………… 435
　　4　未処理欠損金の引継ぎの例外 …………………………………… 435
　　5　みなし共同事業要件とは ………………………………………… 436
　　6　引き継ぐことができない未処理欠損金額 ……………………… 439
　　7　引き継ぐことができない未処理欠損金額の例外 ……………… 439
　　〔図6－3〕　未処理欠損金額の引継制限および自社欠損金の使用
　　　　　　　制限フローチャート／442
Ⅷ　**特定資産譲渡等損失** ………………………………………………… 443
　　1　概　要 ……………………………………………………………… 443
　　2　対象資産 …………………………………………………………… 444
　　3　損金不算入から除外される資産 ………………………………… 444
　　4　特　例 ……………………………………………………………… 446

(1) 時価純資産価額≧簿価純資産額の場合（含み益がある場合）……446
　(2) 時価純資産価額＜簿価純資産額の場合（含み損がある場合）……446
〔図6－4〕 特定資産譲渡等損失額の損金不算入規制フローチ
　　　　　ャート／448

Ⅸ 親法人株式の取得と交付 …………………………………………… 449
　1 概　要 ………………………………………………………………… 449
　2 みなし譲渡 …………………………………………………………… 449
　3 親法人株式の意義 …………………………………………………… 450
　4 留意点 ………………………………………………………………… 450

Ⅹ 非適格合併の税務 …………………………………………………… 451
　1 非適格合併と被合併法人 …………………………………………… 451
　　(1) 概　要 …………………………………………………………… 451
　　(2) 合併による資産等の時価による譲渡 ………………………… 451
　　(3) 具体例 …………………………………………………………… 451
　　(4) 譲渡原価 ………………………………………………………… 452
　2 非適格合併と合併法人 ……………………………………………… 453
　　(1) 概　要 …………………………………………………………… 453
　　(2) 資産調整勘定 …………………………………………………… 453
　　　(ア) 概　要／453
　　　(イ) 非適格合併等対価額／454
　　　(ウ) 移転資産・負債の時価純資産価額／454
　　　(エ) 資産調整勘定の金額／455
　　　(オ) 資産調整勘定の取崩し／455
　　(3) 負債調整勘定 …………………………………………………… 455
　　　(ア) 退職給与負債調整勘定／455
　　　(イ) 短期重要負債調整勘定／456
　　　(ウ) 差額負債調整勘定／456
　　　(エ) 負債調整勘定の取崩し／456
　3 非適格合併と株主 …………………………………………………… 457

- (1) 概　要 …………………………………………………………… 457
- (2) 金銭等の交付のある非適格合併 ……………………………… 457
- (3) 株主のみなし配当課税 ………………………………………… 457
- (4) みなし配当の通知と支払調書の提出 ………………………… 458
- (5) みなし配当と株式の譲渡損益の関係 ………………………… 458
- (6) 合併法人株式のみを取得した場合（法人税法施行令119条１項５号、所得税法施行令112条）………………………………… 459
- (7) 金銭交付非適格の場合 ………………………………………… 459
- (8) 完全支配関係がある法人間でのみなし配当事由が生じる取引 …… 459

第７章　会社合併の労働問題

Ⅰ　合併における労働契約の基本 ………………………………… 462
１　合併による労働契約の当事者の帰趨 ……………………… 462
- (1) 労働契約の単位 ………………………………………………… 462
- (2) 労働契約の包括的承継 ………………………………………… 462
- (3) 労働契約の包括的承継に関する労働者の同意の要否 ……… 463
２　合併による労働契約の内容の帰趨 ………………………… 463
- (1) 労働契約の内容と就業規則 …………………………………… 463
- (2) 合併と労働条件統一の必要性 ………………………………… 463
- (3) 就業規則変更の合理性の判断 ………………………………… 465
- (4) 合併における就業規則変更の合理性を肯定した判断例 …… 465
- (5) 合併における就業規則変更の合理性を否定した判断例 …… 468
- (6) 合併における就業規則変更の合理性の緩やかな判断 ……… 469
- (7) 合併と労働協約の内容 ………………………………………… 469

Ⅱ　合併における労務管理の実務 ………………………………… 471
１　人員削減の実務 ……………………………………………… 471
- (1) 合併前の整理解雇 ……………………………………………… 471

(2) 合併前の希望退職募集 …………………………………… 472
　　　(ア) 希望退職制度と希望退職プラン／472
　　　(イ) 対象者の設定／473
　　　(ウ) 退職パッケージの設定／473
　　　(エ) 会社承認の有無／474
　　　(オ) 人　数／476
　　　(カ) 募集期間／476
　　　(キ) 退職時期／477
　　　(ク) その他の条件／477
　　　(ケ) 退職勧奨／477
　　(3) 合併後の整理解雇 ………………………………………… 478
　　(4) 合併後の希望退職募集 …………………………………… 479
　2　労働条件変更および統一の実務 …………………………… 479
　　(1) 賃　金 ……………………………………………………… 479
　　(2) 退職金 ……………………………………………………… 480
　　(3) 労働時間 …………………………………………………… 481
　　(4) 配転・転勤 ………………………………………………… 482
Ⅲ　合併における新しい労務管理の実務 ………………………… 483
　1　複合型の組織再編 …………………………………………… 483
　2　新しい人材ポートフォリオへの契機 ……………………… 483

第8章　会社合併の登記・担保実務

Ⅰ　会社合併の登記 ………………………………………………… 486
　1　吸収合併と登記 ……………………………………………… 486
　　●コラム●　目的上事業者／486
　　(1) 吸収合併契約の締結 ……………………………………… 487
　　(2) 吸収合併契約の内容における留意点 …………………… 488

　　　　㈦　吸収合併の対価に関する事項／488

　　　●コラム●　吸収合併と新株の発行・自己株式の処分／488

　　　㈣　吸収合併消滅会社の新株予約権の承継に関する事項／489

　　　㈥　効力発生日／489

　　　㈡　法定記載事項以外の事項／490

　　　●コラム●　合併に際して就職する取締役または監査役の任期
　　　　　　　　の起算点／490

　(3)　吸収合併契約の承認 …………………………………………………… 491

　　　㈦　株主総会の承認／491

　　　●コラム●　債務超過会社の吸収合併／492

　　　●コラム●　株主リストの添付／493

　　　㈣　種類株主総会の承認／493

　　　㈥　簡易合併／494

　　　●コラム●　簡易合併における株式買取請求／494

　　【書式8－1】　簡易合併の要件を満たすことを証する書面
　　　　　　　　　（証明書）／495

　　　㈡　略式合併／497

　　【書式8－2】　略式合併の要件を満たすことを証する書面
　　　　　　　　　（証明書）／497

　(4)　債権者保護手続 ………………………………………………………… 498

　　【書式8－3】　債権者等から異議が出なかった場合の上申書例
　　　　　　　　　（吸収合併存続会社）／498

　　【書式8－4】　債権者等から異議が出なかった場合の上申書例
　　　　　　　　　（吸収合併消滅会社）／499

　　　●コラム●　公告と催告の内容／500

　　　●コラム●　登記されたアドレス／500

　(5)　吸収合併の登記手続 …………………………………………………… 501

　　　㈦　吸収合併存続会社がする吸収合併による変更の登記／501

　　【書式8－5】　資本金の額の計上に関する証明書／503

【書式 8 － 6 】　登録免許税の計算に関する証明書／506

　　　【参考】　登録免許税の算定方法／508

　　　(イ)　吸収合併消滅会社の解散の登記／509

　(6)　吸収合併による変更の登記の申請書（書式）……………………509

　　　(ア)　吸収合併存続会社の変更の登記／509

　　　【書式 8 － 7 】　吸収合併存続会社の変更登記申請書／509

　　　〔記載例 8 － 1 〕　簡易吸収合併の場合の添付書類／510

　　　〔記載例 8 － 2 〕　略式吸収合併の場合の添付書類／511

　　　【書式 8 － 8 】　吸収合併消滅会社の解散登記申請書／512

　(7)　吸収合併の無効の登記の嘱託………………………………………513

　(8)　登記記載例…………………………………………………………513

　(9)　公告または催告の内容としての最終事業年度に係る貸借対照表
　　　の開示状況……………………………………………………………513

2　新設合併と登記………………………………………………………515

　(1)　新設合併契約の作成…………………………………………………515

　(2)　新設合併契約の内容における留意点………………………………516

　　　(ア)　新設合併の対価に関する事項／516

　　　(イ)　新設合併消滅会社の新株予約権の承継に関する事項／516

　　　(ウ)　設立時の役員に関する事項／517

　(3)　新設合併契約の承認…………………………………………………517

　　　(ア)　株主総会の承認／517

　　　(イ)　種類株主総会の承認／517

　(4)　債権者保護手続………………………………………………………517

　　　【書式 8 － 9 】　債権者等から異議が出なかった場合の上申書／518

　(5)　新設合併の登記手続…………………………………………………519

　　　(ア)　新設合併による設立の登記／519

　　　●コラム●　代表取締役の全員が日本に住所を有しない内国株
　　　　　　　　　式会社の設立の登記／520

　　　【書式 8 －10】　資本金の額の計上に関する証明書／521

【書式8－11】　登録免許税の計算に関する証明書／526

　　　【参考】　登録免許税の算定方法／528

　　　㈰　新設合併による解散の登記／529

　　⑹　新設合併の登記申請書（書式） ………………………………………… 530

　　　【書式8－12】　新設合併設立会社の登記申請書／530

　　　【書式8－13】　新設合併消滅会社の解散登記申請書／532

　　⑺　新設合併無効の登記の嘱託 …………………………………………… 533

　　⑻　登記記録例 …………………………………………………………… 533

　3　会社更生法と会社合併の登記 ……………………………………………… 533

　　⑴　吸収合併 ……………………………………………………………… 533

　　　㈰　株主総会の決議等に関する法令の規定等の排除／533

　　　㈪　吸収合併に関する特例／533

　　　㈫　登記の嘱託／533

　　　㈬　添付書面／534

　　　㈭　登録免許税の特例／534

　　　【書式8－14】　更生会社が吸収合併存続会社となる場合の変更
　　　　　　　　　　登記嘱託書／535

　　　【書式8－15】　更生会社が吸収合併存続会社となる場合の解散
　　　　　　　　　　登記嘱託書／536

　　　【書式8－16】　更生会社が吸収合併消滅会社となる場合の変更
　　　　　　　　　　登記申請書／537

　　　【書式8－17】　更生会社が吸収合併消滅会社となる場合の解散
　　　　　　　　　　登記申請書／538

　　⑵　新設合併 ……………………………………………………………… 539

　　　㈰　株主総会の決議等に関する法令の規定等の排除／539

　　　㈪　新設合併に関する特例／539

　　　㈫　登記の嘱託／539

　　　㈬　添付書面／539

　　　㈭　登録免許税の特例／540

【書式 8 －18】 嘱託書（新設合併設立会社）／540
【書式 8 －19】 嘱託書（新設合併解散会社）／541
Ⅱ 会社合併に係る不動産登記 ································543
 1 会社合併による権利義務の承継と登記 ···················543
  (1) 吸収合併 ··543
  (2) 新設合併 ··544
 2 確定前の根抵当権の取扱い ····························544
  (1) 根抵当権者に会社合併があった場合 ···················544
  ●コラム● 吸収合併後の追加設定における問題／545
  (2) 根抵当権の債務者に会社合併があった場合 ·············546
  (3) 根抵当権設定者による元本の確定請求 ·················546
 3 権利の承継の登記 ····································547
  (1) 吸収合併 ··547
  (2) 新設合併 ··547
 4 会社合併による不動産登記に係る登録免許税 ············547
Ⅲ 登記・担保実務関係先例 ································549
 1 会社法施行に伴う商業登記事務の取扱いについて（抄）
  （平成18年3月31日付け法務省民商第782号民事局長通達）·····549
 2 会社法施行に伴う商業登記記載例について（抄）（平成18
  年4月26日付け法務省民商第1110号民事局長依命通知）········561
 3 会社法等の施行に伴う不動産登記事務の取扱いについて(抄)
  （平成18年3月29日付け法務省民二第755号民事局長通達）·····565
 4 登録免許税法施行規則及び租税特別措置法施行規則の一部
  を改正する省令の施行に伴う商業登記事務の取扱いについ
  て（平成19年4月25日付け法務省民商第971号民事局長通
  達）··567
 5 存続会社が1通の吸収合併契約書により複数の消滅会社と
  の間で吸収合併をする場合の登記の取扱いについて（平成
  20年6月25日付け法務省民商第1774号民事局民商事課長通

知)……………………………………………………………………… 574
6 吸収合併に際しての発行可能株式総数を超えた株式の発行及び当該枠外発行の数を前提とする発行可能株式総数の増加に係る条件付定款変更の可否について（平成20年9月30日付け法務省民商第2665号民事局商事課長通知）…………… 577

● 編集代表・編者・執筆者紹介 …………………………………………… 579

```
────●略称一覧●────
・法        会社法
・商法      平成17年改正後商法
・施行令    会社法施行令
・施行規則  会社法施行規則
・計算規則  会社計算規則
・旧商法    平成17年改正前商法
```

第1章
会社合併の法理と法的諸問題

I　合併の意義

1　合併とは

(1)　合併の意義・種類

　2つ以上の会社は、会社間の契約（合併契約）によって、1つの会社に合併することができる（法748条）。合併には、吸収合併と新設合併とがある。その仕組みは〔図1－1〕〔図1－2〕のとおりである。

　吸収合併とは、合併当事会社の一部が合併後も存続し（以下、「存続会社」という）、合併により消滅する会社（以下、「消滅会社」という）の権利義務の全部を、この存続会社に承継させるものをいう（法2条27号）。

　これに対し、新設合併とは、合併当事会社はすべて解散して消滅し、これと同時に新たな会社を新設して（以下、「新設会社」という）、消滅会社の権利義務の全部を、この新設会社に承継させるものをいう（法2条28号）。

　実務上は、吸収合併がなされる場合が圧倒的に多い。[1]

(2)　合併の法的効果

　会社が合併すると、消滅会社は解散する。また、新設合併の場合は新設会社が設立される。そして、消滅会社の権利義務は、清算手続を経ることなく、包括的に存続会社または新設会社に移転する。[2]ただし、権利の移転につ

---

[1] 吸収合併が圧倒的に多い理由は、次の2つである。まず、登録免許税額が、吸収合併であれば合併による資本増加額の1000分の1.5であるのに対し、新設合併であれば新設会社の資本金の1000分の1.5であるため、吸収合併の方が、安くすむ。また、新設合併の場合、消滅会社の受けていた営業の許認可および金融商品取引法所の上場資格等がいったん消滅し、再申請が必要となるので、新設合併は、吸収合併より手間がかかると言われている（江頭憲治郎『株式会社法〔第6版〕』（有斐閣・2015年）847頁）。

[2] 契約上の地位等の契約関係も含めて、私法上の権利義務はすべて、存続会社または新設会社に承継される。これに対し、公法上の権利義務の承継の有無については、当該義務の発生根拠である法の定めもしくは趣旨に従い、個別に判断される。また、消滅会社の犯した行為に対する刑事責任を、存続会社または新設会社に対して追及することはできない。ただし、判決や処分等によって確定した罰金刑等に基づく納付義務等は、存続会社または新設会社に承継される（江頭・前掲（注1）844頁）。

〔図1－1〕 吸収合併

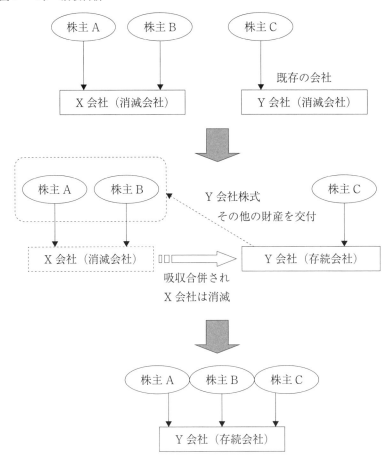

いて対抗要件を必要とするものについては、その手続をとらなければ、これを第三者に対抗することはできない。

また、新設合併においては、消滅会社の株主（社員）に対して、消滅会社の株式（持分）に代えて、新設会社の株式（持分）を交付しなければならないとされているため（法753条1項6号・7号、755条1項4号）、合併により、消滅会社の株主（社員）は、新設会社の株主（社員）となる。

これに対して、吸収合併の場合は、消滅会社の株主（社員）に対して、消

〔図1−2〕 新設合併

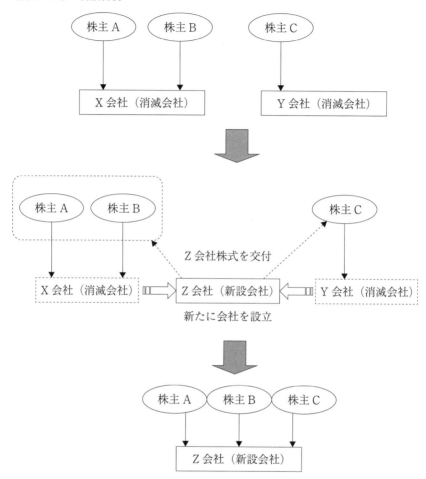

滅会社の株式（持分）に代わり、存続会社の株式（持分）以外の金銭その他の財産を交付してもよいこととなっている（法749条1項2号、751条1項2号）。そのため、存続会社の株式（持分）以外の金銭その他の財産が消滅会社の株主（社員）に交付されたときを除き、消滅会社の株主（社員）が、存続会社の株主（社員）となる。

2　会社法における合併に関する定め

(1) 会社法における合併に関する規定

　会社法は、第5編「組織変更、合併、会社分割、株式交換及び株式移転」を設け、その中の第2章（748条以下）並びに第5章の第2節（782条以下）および第3節（803条以下）に、合併についての規定を設けている。

　また、会社法は、合併に関して、従来の規定を改正したり従来の商法にはなかった定めを設けたりしている。その主たる内容は、以下のとおりである。

① 　持分会社を存続会社または新設会社とする合併（法748条、751条1項、755条1項）
② 　合併対価の柔軟化（法749条1項2号、751条1項3号）
③ 　反対株主の株式買取請求権が行使された場合の買取価格の決定（法785条、786条）
④ 　簡易合併の要件の緩和（法796条、797条）
⑤ 　略式合併の新設（法784条）

以下、それぞれの概略について述べる。

(2) 持分会社を存続会社または新設会社とする合併

　旧商法は、株式会社と合名会社もしくは合資会社とが合併することを認めていたものの、合併をする当事会社の中に株式会社が含まれている場合、株式会社を存続会社または新設会社にしなければならないと定めていた。

　これは、①株式会社と合名会社・合資会社とが合併した場合において、合名会社・合資会社を存続・新設会社とすることを認める実益が乏しいこと、②仮に認めた場合、社員の責任の加重、持分譲渡の制限等の複雑な問題が生じること、を理由とするものであった。

　これに対し、会社法は、合併の当事会社の中に株式会社が含まれている場合も、持分会社を存続会社または新設会社とすることを認めている（ただし、株式会社のみで新設合併を行う場合に、新設会社を持分会社とすることは認められていない）。

これは、①株主全員の同意を得られるのであれば、存続会社または新設会社を持分会社としても、株主を不当に害することはないこと、および、②会社法においては、社員が有限責任しか負わない合同会社という新しい会社類型が設けられているところ、合同会社を存続会社または新設会社とする合併を行えば、株主の責任が加重されることを回避できることから、持分会社を存続会社または新設会社とする合併についても一定の需要が望めることを理由としている。

(3) 合併対価の柔軟化

(ア) 合併対価の柔軟化

会社法は、会社が吸収合併をする場合に限り、消滅会社の株主に対して、存続会社の株式の代わりに金銭その他の財産を交付することを認めた（法749条1項2号、751条1項3号）。これを、合併対価の柔軟化という。

また、法749条1項2号柱書は、消滅会社の株主または持分会社の社員に対してその株式または持分に代わる金銭等を交付するときは、当該金銭等について所定の事項を定めなければならないと規定している。この文言の反対解釈からは、消滅会社の株主に対して何ら合併対価を交付「しない」場合も想定されていることがわかる。

つまり、会社法は、何らの合併対価の交付も行わない合併も認めているのである。

(イ) 交付金合併・三角合併

合併対価の柔軟化が行われたことにより、いわゆる交付金合併、三角合併も行うことができるようになった。

交付金合併とは、対価として金銭のみを交付する合併のことをいう。交付金合併が可能になったことにより、たとえば、買収会社が、被買収会社の支配株式取得後に、当該会社を完全子会社化しようとする場合に、従来とられてきた株式移転・清算の方式や端株割当て等の方式に代わり、この交付金合併の手法を採用することが可能となった。

次に、三角合併とは、存続会社の親会社株式を合併の対価とする吸収合併

をいう。三角合併の仕組みは、〔図1-3〕のとおりである。

三角合併が可能になったことで、外国企業が、日本企業を買収する手法として三角合併を採用することも考えられる。たとえば、外国企業Aが、日本

〔図1-3〕 三角合併の仕組み

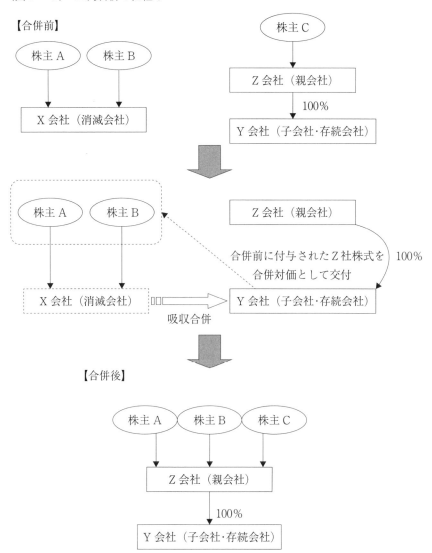

に100％子会社Bを設立し、次にBが親会社であるAの株式を対価として、Bと買収対象である日本企業Cとの間で吸収合併する場合、Aは、その株式を対価として、Cを100％子会社化することが可能になった。

　もちろん、外国企業による買収だけでなく、日本の持株会社が、子会社による合併買収を行おうとする際にも利用することができる。

　三角合併は、組織再編の1つの方法としてその幅を広げるものであり、今後、多く活用されることが期待されているが、株主総会における特別決議（特別な場合には特殊決議）が要件とされていることや、課税繰延となる要件が厳しいことなどから、実際に活用された例はまだ極めて少ない。

(4) 反対株主の株式買取請求権が行使された場合の買取価格

　旧商法は、合併に反対する株主が株式買取請求権を行使した場合の株式買取価格について、「合併の決議がなかったとすれば有していたはずの公正な価格」と規定していた。

　しかし、合併に反対する株主の中には、会社が合併すること自体ではなく、合併対価として交付される株式や金銭等の割合や額のみ反対している者もいる。そして、このような株主が株式買取請求権を行使する場合の意図は、「合併の決議がなかったとすれば有していたはずの公正な価格」による株式の買取りではなく、「合併による企業価値の増加を適切に反映した公正な価格」による買取りである。

　このような場合を想定して、会社法では、株式買取請求権が行使された場合の株式買取価格を、単に「公正な価格」とだけ定めることとした。

　なお、上記「公正な価格」の具体的な算定方法であるが、上場会社については、合併時の時価が基本となろう。

(5) 簡易合併の要件の緩和

　旧商法は、株主へ及ぼす影響が少ない小規模な合併について、存続会社の株主総会決議を不要とする簡易合併を設けていた。

　会社法は、旧商法における簡易合併の要件をさらに緩和し、次の①にあげる額が②にあげる額に対する割合の5分の1を超えない場合には、存続会社

の株主総会の承認を不要とした。

① ㋐㋑に掲げる額の合計額
　㋐ 消滅会社の株主に対して交付する存続会社の株式の数に1株当たり純資産額（1株当たりの純資産額として法務省令で定める方法により算定される額）を乗じて得た額
　㋑ 消滅会社の株主に対して交付するその他の財産の帳簿価額の合計額
② 存続会社の純資産額として法務省令に定める方法により算定される額

　ただし、上記の要件に該当しても、株主総会の承認を要する場合がある（法796条2項ただし書）。

　また、株主総会の承認決議が不要なのは存続会社のみであり、消滅会社においては、上記の要件にかかわらず株主総会の承認が必要であるので、注意を要する。

　さらに、会社法は、少数株主および種類株主の利益を保護するための規定も設けている（法796条3項、797条1項、828条1項7号～12号）。

　なお、簡易合併手続についての詳細は、第3章第1節第3に譲る。

(6) 略式合併の新設

　会社法は、支配関係のある会社間で合併等の組織再編行為を行う場合に、株主総会決議を不要とする略式合併という制度を新たに設けた。具体的には、吸収合併存続会社が、消滅会社の株式の90％以上を保有している（特別支配会社である）場合には、消滅会社および存続会社のいずれにおいても、株主総会における承認決議は不要とする。

　これは、すでに支配・被支配の関係にある会社間の合併については、仮に株主総会を開催しても、合併を承認する決議がなされることが明らかであるから、これを不要とすることにより、迅速かつ簡易な組織再編行為を可能とすることを目的にするものである。

　ただし、例外的に、株主総会の承認を要する場合があるほか（法784条1項ただし書、796条1項ただし書）、株主保護のため、株主の差止請求権が認められている（法784条の2、796条の2）。

なお、略式合併手続についての詳細は、第3章第1節第4に譲る。

3 合併手続の流れ

合併手続の流れは〔図1－4〕のとおりである。

なお、その詳細については、第3章に譲ることにする。

〔図1－4〕 合併手続の流れ

|合併契約の締結|（法748、749、751、753、755）
↓
|合併内容についての事前開示（書面等の備置きおよび閲覧等）|（法782Ⅰ、794Ⅰ）
↓
|株主総会における承認決議（特別決議）|（法783Ⅰ、795Ⅰ）
↓
|反対株主の株式買取請求|（法785）
↓
|消滅会社の新株予約権者の新株予約権買取請求|（法787Ⅰ①）
↓
|債権者保護手続|（法789、799）
↓
|株券提出手続| ※株券発行会社の場合（法219Ⅰ⑥）
↓
|合併登記|（法750Ⅱ）
↓
|事後の開示|（法801Ⅰ・Ⅲ）

Ⅱ 合併に関する法律上の諸問題

1 合併比率の算定

(1) 算定方法

　合併は、合併契約書の締結によって行う。合併契約書の記載事項は法定されているところ（法749条、751条、753条、755条）、その中の1つに、合併に伴い消滅会社の株主（社員）に交付される、株式、社債、新株予約権付社債、金銭その他の財産の種類、内容、金額等に関する事項がある。このうち、消滅会社の株主（社員）に対して存続会社または新設会社の株式（持分）を割り当てる場合の割当割合のことを、合併比率という。通常は、「消滅会社の株式（持分）1株（口）に対して、〇株（口）を割り当てる」といった形で定める。

　合併比率の具体的算定方法について、会社法は特に規定を設けていないが、合併によって、合併当事会社の株主が不当な不利益を受けることは許されない。つまり、消滅会社の株主（社員）が受け取る株式（持分）は、それが従来有していた株式（持分）と等価値でなければならない。したがって、基本的には、合併当事会社のそれぞれの企業（株式）価値と比例させるような形で、合併比率が定められるべきである。このように、合併比率の算定には公正性が求められる。[3]

---

[3] 合併比率算定の問題に関わる問題としては、合併によって生じる相乗効果（シナジー）の分配の問題もある。合併比率を、消滅会社の株主が合併前に有していた株式の経済的価値と等価値の存続会社の株式・合併交付金等を取得するように定めても、合併によって、合併前の各当事会社の企業価値を超えるシナジーが発生し、当該シナジーについては存続会社の株主が独占するような定めがなされるのでは、公正な合併条件とはいえない。もっとも、通常、合併によって生じるシナジーは、合併後の存続会社の株式の価値に反映されるので、消滅会社の株主が、合併前の評価において自己が有していた株式と等しい経済価値の存続会社株式を取得するのであれば、シナジーも含め公正な分配を受けたといいうる。したがって、シナジーの分配の公平が深刻な問題となりうるのは、合併交付金等が多い場合であるとされる（江頭・前掲（注1）855頁）。

会社法は、上記公正性を手続的に担保するために、合併条件の相当性に関する事項を記載した書面の備置・閲覧の制度を設けているほか、株主総会の承認決議を特別決議とし、合併に反対する株主には株式買取請求権を認めることによって、株主が不当な不利益を受けることのないようにしている。

また、消滅会社が種類株式発行会社でない場合には、株主平等の原則により、一律の合併比率を定めることで足りるが、消滅会社が種類株式発行会社である場合は、各種類株式ごとに、合併比率を定める必要があるので、注意が必要である。

(2) 不公正な合併比率

では、もし、企業価値に比例しない不公正な合併比率が定められた場合、合併の効力はどうなるか。この点、東京高判平成2・1・31（資料版商事法務77号193頁）は、合併比率の不公正それ自体は合併の無効事由とはならず、株主は、株式買取請求権による救済を求めうるに過ぎないと判示した。

同判決はまた、合併比率の算定方法について、「多くの事情を勘案して種々の方式によって算定されうるのであるから、厳密に客観的正確性をもって唯一の数値とは確定しえず、微妙な企業価値の測定として許される範囲を超えない限り、著しく不当とは言えない」とも判示している。[4]

(3) その他の問題

なお、合併比率算定の直接の問題ではないが、消滅会社の株主（社員）に対して存続会社または新設会社の株式（持分）以外の金銭その他の財産を割り当てる場合であっても、その対価の算定に公正性が求められることはいうまでもない。ただし、この場合、消滅会社の株主（社員）は合併によってそ

---

[4] ただし、特別利害関係人の議決権行使により著しく不当な合併条件が決定されたときは、法831条1項3号が規定する株主総会決議の取消事由に該当するので、合併承認決議の取消しを求めることができる。

また、合併比率の不公正は、消滅会社の株主（新株予約権者）に対し株式（新株予約権）が交付される限り、株主（新株予約権者）に損害を被らせるものではあり得ても、会社に損害を発生させるわけではないから、株主が代表訴訟により取締役等の責任を追及することはできない。しかし、社債、金銭等の株式（新株予約権）以外の財産が交付される場合には、会社の損害が生じることがありうるので、取締役等の責任追及をする場面も出てこよう（江頭・前掲（注1）857頁）。

の地位を失ってしまうので、合併前に有していた株式（持分）相当額を対価とするだけでは、合併後に生じるシナジーの分配を受けることができず、公正な対価とはいえない。そこで、この場合には、合併前に有していた株式（持分）相当額に、合併によるシナジーの分配額も加えて、対価の算定を行う必要がある。

2　資本欠損・債務超過会社の合併

(1) 債務超過会社との合併

　帳簿上、資本欠損あるいは債務超過状態にある会社と合併をすることができるか。会社法は、債務超過会社と合併することを想定した規定（法795条2項1号）も設けているため、これを許容しているものと考えられる。なお、かかる場合には、合併対価を交付する必要がない。

(2) 実質債務超過会社との合併

　では、財産の評価替えやのれんの計上によって資産の再評価を行った結果、債務超過となる会社（実質債務超過会社）との間で合併をすることはできるか。

　会社法制定前は、実質債務超過会社との間での合併はできないとするのが通説であった。その理由としては、①負の資産を承継することは、存続会社の株主や債権者を害する、②負の資産の承継によって資本を増加させるのは、資本充実の原則に反する、③そもそも負の資産の承継に対して株式を発行することは論理的に不可能である、といったことがあげられていた。

　しかし、①そもそも、存続会社が合併前に消滅会社に出資をして、債務超過を解消すれば合併ができるのであり、また合併手続においては、前述のように反対株主の株式買取請求権や債権者保護手続が設けられており、株主および債権者の保護としてはこれらの制度で十分であると考えられる。また、②資本金の増加額を、承継する資産の客観的価値としなければならない必要性はないうえ、存続会社の資本金の増加額を0円とする合併もできるため、資本充実の原則との関係での問題は少ないと考えられる。さらに、③資産の

評価にあたっては、客観的価値のみならず主観的価値も考慮されるところ、客観的には債務超過であっても、存続会社が価値のある資産（事業）であると評価して承継する場合には、それに対して株式を発行することも十分可能である。

　むしろ、上記のように、会社法が帳簿上の債務超過会社との間の合併を認めていることとの均衡を考えれば、あえて実質債務超過会社との間の合併を認めない理由はないというべきである。また、承継資産の評価において、客観的価値と主観的価値の両方を考慮することから、そもそも「実質債務超過」という概念自体が曖昧なものであるため、これを合併の無効事由とすると法的安定性を害するという指摘もある[5]。

　したがって、実質債務超過会社との間でも、合併をすることができると考えられる。

(3) 破産会社等との合併

　これに対し、破産手続中の会社は合併することができない。しかし、清算中の会社は、消滅会社としてなら合併することができる（法474条1号）。また、民事再生もしくは会社更生手続中の会社は、当該法の規定に従うところにより合併することができる。

---

[5] 相澤哲ほか編著『論点解説　新・会社法』（商事法務・2006年）672頁参照。

Ⅲ　合併の特別法上の取扱い

1　はじめに

　合併の場合は、複数の会社が1つの法人として一体となるので、当事会社間で最も強固な結合関係が形成されることになる。そこで、特別法上でも規制が必要となる。

　ここでは、合併行為が特別法の規制の対象となる場合、合併後の会社にどのように適用されるのか、さらに、合併前の会社が、ある法律の規制に服していた場合についてはどうかについて説明する。

　具体的には、前者については、「私的独占の禁止及び公正取引の確保に関する法律」（以下、「独占禁止法」という）等の経済法規の規制を、後者については、合併における許認可の取扱いの問題を詳論する。

　なお、独占禁止法については、①経済活動のグローバル化と②企業組織再編の多様化を背景に、平成21年改正により企業結合規制の見直しが行われた。後記2(3)(イ)では、公正取引委員会のホームページに新旧対照表の形で掲載されている企業結合審査に関する独占禁止法の運用指針を添付しているので参照されたい。

2　合併と独占禁止法

(1)　規制の趣旨

　独占禁止法の目的は、公正かつ自由な競争を促進し、事業者が自主的な判断で自由に活動できるようにすることにある。しかし、2つ以上の会社が合併、株式保有等により一定程度または完全に一体化して事業活動を行うようになると、当事者間で行われていた競争が行われなくなり、一定の取引分野における競争に何らかの影響が生じる。

　独占禁止法第4章は、会社の株式（社員の持分を含む）の取得もしくは所

有（同法10条）、役員兼任（同法13条）、会社以外の者の株式の保有（同法14条）または会社の合併（同法15条）、共同新設分割もしくは吸収分割（同法15条の2）もしくは事業譲受け等（同法16条）（以下、これらを「企業結合」という）が、一定の取引分野における競争を実質的に制限することとなる場合および不公正な取引方法による企業結合が行われる場合に、これを禁止している。禁止される企業結合については、独占禁止法17条の2の規定に基づき、排除措置が講じられることになる。

さらに、わが国における特定の企業グループへの経済力の過度の集中を防止するために、事業支配力が過度に集中することとなる会社の設立等の制限や、銀行または保険会社による議決権保有の制限を規定している（同法11条）。

(2) **合併に関する独占禁止法の規定**

(ｱ) **禁止規定**

独占禁止法15条1項は、

「会社は、次の各号の一に該当する場合には、合併をしてはならない。

一　当該合併によつて一定の取引分野における競争を実質的に制限することとなる場合

二　当該合併が不公正な取引方法によるものである場合」

と規定している。これに違反する行為があるときは、公正取引委員会は、この規定に違反する行為を排除するために必要な措置を命ずることができる（独占禁止法17条の2第1項。以下、「排除措置命令」という）。公正取引委員会が排除措置命令をするときには、当事会社に意見聴取を行わなければならず、意見聴取を行うまでに相当な期間をおいて事前通知（以下、「排除措置命令前の事前通知」）を行わなければならない。

当該条項は、「一定の取引分野における」「競争を実質的に制限することとなる場合」「不公正な取引方法」というように、文言の解釈が問題となるものばかりである。

この解釈については、公正取引委員会が、企業結合ガイドラインにより明

らかにしており、合併を行おうとする当事会社は、企業結合ガイドラインの精査が必要不可欠である。企業結合ガイドラインについては、後記(3)で後述する。

　　(イ)　合併届出制度

　独占禁止法の平成21年改正では、企業結合規制の見直しがなされたことは前述のとおりであるが、そのポイントは次の２点である。

　①　合併、分割、事業等の譲受けについての届出基準の見直し
　②　共同株式移転についての実体規定・届出規定の整備

以下、合併に関係する①について、詳論する。

　　(A)　届出基準の見直し

　　　(a)　国内会社・外国会社

　平成21年改正前は、国内の会社同士の合併と外国会社同士の合併について、それぞれ届出制度を別個に規定していたが、平成21年改正により同様の届出基準が適用されることになった。

　独占禁止法15条２項は、①合併当事会社のうち、いずれか一の会社に係る国内売上高合計額[6]が200億円を超え、かつ、他のいずれか一の会社に係る国内売上高合計額が50億円を超える場合には、②公正取引委員会規則で定めるところにより、あらかじめ当該合併に関する計画を公正取引委員会に届け出なければならない、と定めている。

　従来は、国内会社同士の合併では、合併当事会社の中に、当該会社の総資産と当該会社の国内の親会社・子会社の総資産を加算した総資産合計が「100億円超の会社」と「10億円超の会社」がある場合に事前の届出が必要となるとされ（平成21年改正前15条２項本文）、外国会社同士の合併では、合併当事会社の中に当該会社の国内の営業所および国内の子会社の国内の営業所の最終の貸借対照表と共に作成した損益計算書による売上高の合計額（以下、「国内売上高」という）が「100億円超の会社」と同「10億円超の会社」

6　「国内売上高合計額」とは、会社の属する企業結合集団（後掲（注７）参照）に属する会社等の国内売上高をそれぞれ合計したものをいう。

がある場合に限り事前の届出が必要となる（平成21年改正前15条3項）とされていた。なお、合併を予定する会社が、届出基準を満たさないために届出を要しない合併を計画している場合であっても、公正取引委員会に具体的な計画を示して相談を行った場合には、届出前相談（後記(ウ)参照）に準じて対応される。

(b) 同一企業結合集団に属する場合の届出免除

また、独占禁止法15条2項ただし書は、すべての合併当事会社が同一の企業結合集団[7]に属する場合は、届出を免除している。

(B) 届出に必要な書類

届出に必要な書類は次のとおりである。

① 合併に関する計画届出書（【書式1-1】参照）
② 添付書類（昭和28年公正取引委員会規則1号5条3項に掲げる書類）
　⑦ 届出会社（合併当事会社のすべてをいう。以下同じ）の定款
　⑦ 合併契約書の写し
　⑦ 届出会社の最近一事業年度の事業報告、貸借対照表および損益計算書
　㊁ 届出会社の総株主の議決権の100分の1を超えて保有するものの名簿
　㊉ 届出会社において当該合併に関し株主総会の決議または総社員の同意があったときは、その決議または同意の記録の写し
　㊋ 届出会社の属する企業結合集団の最終親会社により作成された有価証券報告書その他当該届出会社が属する企業結合集団の財産および損益の状況を示すために必要かつ適当なもの

---

7 「企業結合集団」とは、会社および当該会社の子会社並びに当該会社の最終親会社（親会社であって他の会社の子会社でないものをいう）および当該最終親会社の子会社（当該会社および当該会社の子会社を除く）から成る集団をいう。ただし、当該会社に親会社がない場合には、当該会社が最終親会社となるので、当該会社とその子会社から成る集団が企業結合集団となる。「子会社」とは、会社がその総株主の議決権の過半数を有する株式会社その他の当該会社が他の会社等の財務および事業の方針の決定を支配している場合における当該他の会社等をいう。「親会社」とは、会社が他の会社等の財務および事業の方針の決定を支配している場合における当該会社をいう。

Ⅲ　合併の特別法上の取扱い

(ウ)　届出前相談（事前相談の廃止）

　公正取引委員会は、企業結合審査（企業結合が一定の取引分野における競争を実質的に制限することとなるか否かについての審査）の迅速性、透明性および予見可能性を一層高めるとともに、国際的整合性の向上を図る観点から、平成23年6月14日、「企業結合審査の手続に関する対応方針」（以下、「本対応方針」という）を策定した（平成23年7月1日施行。公正取引委員会ホームページ〈http://www.jftc.go.jp/dk/kiketsu/guideline/guideline/150401.html〉参照）。これに伴い、企業結合計画に関する事前相談に対する対応方針は廃止された。

　企業結合計画に関し、合併当事会社（以下、「届出予定会社」という）は、企業結合の届出を行う前に、公正取引委員会に対して、当該企業結合計画に関する相談（以下、「届出前相談」という）を行うことができる。届出前相談において、届出予定会社は、届出書の記載方法等に関して相談することができる。本対応方針には、その具体例として、届出会社等の国内市場における地位について、一定の取引分野に関する公正取引委員会の考え方について相談する場合があげられている。なお、届出予定会社が届出前相談を行わなかったとしても、当該会社が、届出後の審査において不利益に取り扱われることはないとされている。

(エ)　届出後の手続

(A)　合併の禁止期間および同期間の短縮

　会社は、合併の届出受理の日から30日を経過するまでは、合併をしてはならないが、公正取引委員会は、その必要があると認める場合には、30日間の合併の禁止期間を短縮することができることとなっている（独占禁止法15条3項、10条8項）。これは、一定期日までに合併をしないと会社が倒産するおそれがある等合併を行うことに緊急性が認められる場合があることに対応するものである。

　さらに、公正取引委員会は、合併当事会社から合併禁止期間の短縮の申出があった場合、以下の2つの要件を満たすときは、合併禁止期間を短縮する

こととしている（公正取引委員会ホームページ「合併の届出制度」〈http://www.jftc.go.jp/dk/kiketsu/kigyoketsugo/todokede/gappei2.html〉、同ホームページ「企業結合審査に関する独占禁止法の運用指針」〈http://www.jftc.go.jp/dk/kiketsu/guideline/guideline/shishin01.html〉の「（付）禁止期間の短縮について」参照）。

① 当該事案が独占禁止法上問題がないことが明らかな場合
② 合併禁止期間を短縮することについて届出会社が書面で申し出た場合

　上記の要件に該当する場合、当事会社から、届出が遅れた理由、合併を予定日に行う必要がある理由等を記載した期間短縮願の提出を受けて、検討が行われる。公正取引委員会は、通常、禁止期間内に、当該企業結合計画において、Ⓐ独占禁止法上問題がないと判断するか、Ⓑより詳細な審査が必要であるとして、公正取引委員会規則で定めるところにより必要な報告、情報または資料の提出の要請を行うか、いずれかの対応をとることになる（独占禁止法15条3項、10条9項）。Ⓐの場合、公正取引委員会は、私的独占の禁止及び公正取引の確保に関する法律第9条から第16条までの規定による認可の申請、報告及び届出等に関する規則（昭和28年公正取引委員会規則第1号。以下、「届出規則」という）9条の規定による排除措置命令を行わない旨の通知をする。Ⓑの場合、公正取引委員会が排除措置命令前の事前通知を行うことができる期間が延長される。

(B) 審査期間

　公正取引委員会が排除措置命令前の事前通知を行うことができる期間は、届出受理後、合併の禁止期間内に、審査に必要な報告、情報または資料の提出を求めた場合には、届出受理後120日を経過した日と公正取引委員会がすべての報告を受理した日から90日を経過した日のいずれか遅い日までの期間（以下、「審査期間」という）とされている（独占禁止法15条3項、10条9項）。

　公正取引委員会は、この審査期間内に、独占禁止法上問題ないと判断した場合には、排除措置命令を行わない旨の通知を行う。

　また、届出会社は、審査期間内において、公正取引委員会に企業結合審査における論点等について説明を求めることができ、審査期間において、いつ

でも、公正取引委員会に対し、意見書または審査に必要と考える資料の提出（問題解消措置の申出を含む）をすることができる（届出規則7条の2）。なお、本対応方針には、別添資料として、公正取引委員会が企業結合審査において参考とする資料の例が列挙されている。

(C) 問題解消措置不履行の場合の手続

合併に関する計画の届出にあたり、当事会社が独占禁止法上の問題点を解消する等の措置を期限内に履行しないときは、その期限の日から1年間は、公正取引委員会は排除措置命令の手続を開始できる（独占禁止法15条3項、10条10項）。

(3) **企業結合審査に関する独占禁止法の運用指針**

(ア) 概　要

公正取引委員会は、企業結合審査に関し、運用指針を策定しており、これが企業結合審査に関する独占禁止法の運用指針（公正取引委員会ホームページ〈http://www.jftc.go.jp/dk/kiketsu/guideline/guideline/shishin01.html〉参照。以下、「本運用指針」という）。

本運用指針は、公正取引委員会の企業結合審査の経験に基づき、「企業結合審査に関する法運用の透明性を一層確保し、事業者の予測可能性をより高めるため」（本運用指針「はじめに」）に策定されたものである。

したがって、合併当事会社は、本運用指針により、独占禁止法15条1項の合併が禁止される場合に該当しないか確認したうえで、合併の届出の要否の検討に入ることになる。

本運用指針は、第1で、企業結合審査の対象となる企業結合の類型を、第2で、一定の取引分野を画するにあたっての判断基準を示し、第3において、「競争を実質的に制限することとなる場合」の解釈を行っている。さらに、第4および第5において、企業結合の類型等に応じて競争を実質的に制限することとなるかどうかの検討の枠組みと判断要素を示し、第6において競争を実質的に制限することとなる企業結合の問題を解消する措置について例示している。

(イ) 合併についての企業結合審査

(A) 企業結合審査の対象とならない合併

合併の場合は、複数の会社が1つの法人として一体となるので、当事会社間で最も強固な結合関係が形成されることになる。

本運用指針で、企業結合審査の対象とならないとされる合併の類型は次のとおりである。以下、引用する（本運用指針第1・3(1)～(3)参照）。

第1　企業結合審査の対象
3　合　併
(1)　合　併

　　合併の場合は、複数の会社が一つの法人として一体となるので、当事会社間で最も強固な結合関係が形成されることとなる。したがって、株式保有や役員兼任を通じて一定の結合関係がありながら、競争への影響をみる上では、結合関係がそれほど強くないことから問題ないとされた場合でも、合併により結合関係が強まり、問題とされる場合もあり得る。

(2)　結合関係の範囲

　　合併後の会社は、各当事会社と既に結合関係が形成されている会社とも結合関係が形成・維持・強化されることとなる。

(3)　企業結合審査の対象とならない合併

　　次のアの場合は、原則として、結合関係が形成・強化されるものではないので、通常、企業結合審査の対象とはならない。また、次のイの場合についても、原則として、結合関係が形成・強化されるものではないので、通常、企業結合審査の対象とはならない場合が多いと考えられるが、当事会社の属する企業結合集団に属する会社等以外の他の株主と結合関係が形成・強化される場合には、その結合関係が企業結合審査の対象となる。

　　ア　専ら株式会社を合名会社、合資会社、合同会社若しくは相互会社に組織変更し、合名会社を株式会社、合資会社若しくは合同会社に組織変更し、合資会社を株式会社、合名会社若しくは合同会社に組織変更し、合同会社を株式会社、合名会社若しくは合資会社に組織変更し、又は相互会社を株式会社に組織変更する目的で行う合併

　　イ　すべての合併をしようとする会社が同一の企業結合集団に属する場合

(B)　一定の取引分野

　企業結合審査の対象となる合併については、当該合併が一定の取引分野における競争に与える影響を判断することになる。

　「一定の取引分野」の要件は、企業結合により競争が制限されることになるか否かを判断するための範囲を示すものであり、一定の取引の対象となる商品の範囲（役務を含む）、取引の地域の範囲（以下、「地理的範囲」という）等に関して、基本的には、需要者にとっての代替性という観点から判断される。

　(C)　競争を実質的に制限することになる場合

　東京高等裁判所（東京高判昭和28・12・7判時19号11頁）は、競争の実質的制限に関し、「競争を実質的に制限するとは、競争自体が減少して、特定の事業者又は事業者集団がその意志で、ある程度自由に、価格、品質、数量、その他各般の条件を左右することによって、市場を支配することができる状態をもたらすこと」と判示している。[8]

　さらに、本運用指針は、企業結合には様々な形態があることから、次の3形態に分類して、競争の実質的制限の要件を詳細に検討している。

①　水平型企業結合（同一の一定の取引分野において競争関係にある会社間の企業結合）

②　垂直型企業結合（たとえば、メーカーとその商品の販売業者との間の合併など取引段階を異にする会社間の企業結合）

---

[8]　事件の概要は次のとおりである（本運用指針第3・1）。
　　株式会社新東宝（以下、「新東宝」という）は、自社の制作する映画の配給について自ら行うこともできたが、東宝株式会社（以下、「東宝」という）との協定により、当該配給をすべて東宝に委託することとし、自らは、映画の制作のみを行っていた。新東宝は、当該協定失効後も引き続き当該協定の内容を実行していたが、昭和24年11月に、右協定の失効を理由として、新東宝の制作した映画は自らこれを配給することを言明したことから、東宝との間に紛争が生じた。この紛争の中で、当該協定が法違反であるとして、公正取引委員会による審判が開始され、公正取引委員会は、昭和26年6月5日の審決において、東宝と新東宝の協定は、独占禁止法3条（不当な取引制限）および同法4条1項3号（現行法ではこの規定は存在しない）の規定に違反すると認定した。
　　被審人東宝の審決取消しの訴えに対して、東京高等裁判所は、競争の実質的制限に関し判断したのが上記判例である。

③　混合型企業結合（たとえば、異業種に属する会社間の合併、一定の取引分野の地理的範囲を異にする会社間の株式保有など水平型企業結合または垂直型企業結合のいずれにも該当しない企業結合）

(D)　小　括

ここでは要件のみを掲げるにとどめるが、合併当事会社は、本運用指針その他のガイドラインを精査のうえ、合併の禁止要件に該当しない場合でも、さらに届出の必要性を検討し、慎重に独占禁止法上の規制に対応する必要がある。

3　合併と金融商品取引法

(1)　規制の趣旨

平成19年9月30日に施行された金融商品取引法（以下、「金商法」という）では、企業内容等の開示制度が整備され、開示制度（ディスクロージャー制度）が定められている（同法第2章～第2章の5）。

合併、会社分割、株式交換等の組織再編成による新株発行等に関わる企業内容等開示制度もこの一環である。企業の合併、買収等が増加していることを踏まえ、情報開示を徹底させるため、合併等の組織再編により新たに有価証券が発行され、またはすでに発行された有価証券が交付される場合のうち、一定の場合について、「有価証券の募集」または「有価証券の売出し」と同様に、届出を行わなければならないと定めている。

(2)　合併に関する金融商品取引法の規定

合併により、新たに有価証券が発行され、またはすでに発行された有価証券が交付される場合において、以下に該当する場合には当該有価証券の発行または交付に関し、内閣総理大臣に届出を行わなければならない（金商法2

9　その他の関連するガイドラインとしては、①企業・産業再生に係る事案に関する企業結合審査について、②事業支配力が過度に集中することとなる会社の考え方、③独占禁止法11条の規定による銀行または保険会社の議決権保有等の認可についての考え方、④債務の株式化に係る独占禁止法11条の規定による認可についての考え方、がある。いずれも公正取引委員会のホームページを参照されたい。

条の２、４条)。

① 当該組織再編成対象会社（合併の場合では、吸収合併消滅会社をいう（金商法２条の２第４項１号参照)、以下、同じ）の株主等が多数（50名以上）であり、

② 当該組織再編成対象会社が発行者である株券等に関して開示が行われており、かつ、

③ 当該組織再編成発行手続に係る新たに発行され、またはすでに発行された有価証券に関して開示が行われていない場合。

4　合併における許認可の取扱い

(1)　問題の所在

法令によって定められた許可・認可（以下、「許認可」という）で、許認可の対象が会社である場合、当該対象会社が合併の当時会社になった場合、行政庁から出された許認可に関する権利義務が承継されるのか、新設合併と吸収合併の場合で差違があるのかが問題となる。

(2)　類　型

合併が生じた場合の当事会社に与えられていた許認可の帰趨を類型化すると次のようになる。

(ア)　合併が生じた場合に許認可に関する権利義務の承継を法律で認めるもの

(A)　宗教法人法

宗教法人は、規則を作成し、その規則について所轄庁の認証を受け、設立の登記を行うことにより設立する（宗教法人法12条、14条、15条）。

同法は、二以上の宗教法人が、「合併して一の宗教法人となる」ことを認めているが（同法32条)、合併の認証の申請が必要である（同法38条）。

宗教法人の合併は、合併後存続する宗教法人または合併によって設立する宗教法人がその主たる事務所の所在地において登記をすることによって効力を生じる（同法41条）。また、合併後存続する宗教法人または合併によって

設立した宗教法人は、合併によって解散した宗教法人の権利義務を承継するとされ（同法42条）、この「権利義務」に、当該宗教法人が行う事業に関し行政庁の許可、認可その他処分に基づいて有する権利義務を含むとされている（同条）。

　　(B)　医療法

　医療法人を設立するには、都道府県知事の認可が必要である（医療法44条1項）。

　社団たる医療法人は、総社員の同意があるときは、他の社団たる医療法人と合併をすることができ（同法57条1項）、財団たる医療法人は、寄附行為に合併することができる旨の規定があり、理事の3分の2以上の同意がある場合に限り（寄附行為に別段の定めがある場合を除く）、他の財団たる医療法人と合併をすることができる（同条2項・3項）。当該合併は都道府県知事の認可を受けなければ効力を生じない。

　そして、合併後存続する医療法人または合併によって設立した医療法人は、合併によって消滅した医療法人の権利義務（当該医療法人が行う事業に関し行政庁の認可その他の処分に基づいて有する権利義務を含む）を承継するとされている（同法61条）。

　　(C)　酒税法

　酒税法は、酒類製造および酒類販売につき、それぞれ、製造場もしくは販売場ごとに、所轄税務署長の免許（以下、それぞれ「製造免許」「販売業免許」という。酒税法7条、9条）を必要としている。

　そして、法人が合併した場合は、合併後存続する法人または合併により設立された法人は、合併により消滅した法人の移出した酒類についての税率、課税標準たる数量等の法に定められた申告義務および記帳義務（酒税法46条）を承継するとしている。相続の場合も同様である。

　したがって、新たな免許の取得は不要である。

　　(D)　風俗営業等の規制及び業務の適正化等に関する法律

　風俗営業等の規制及び業務の適正化等に関する法律（以下、「風営法」とい

う）は、風俗営業を、管轄する都道府県公安委員会の許可制にかからしめている（風営法3条1項）。

そして、同法には、相続、法人の分割と並んで、法人の合併が規定されている（同法8条）。

同条によれば、①風俗営業者たる法人が、合併により消滅することとなる場合に、②あらかじめ合併について国家公安委員会規則で定めるところにより公安委員会の承認を受けたときは、合併後存続し、または合併により設立された法人は、風俗営業者の地位を承継する旨定められている。

したがって、上記①、②の要件を満たせば、新たに管轄の都道府県公安委員会の許可は不要である。

(E) 貨物自動車運送事業法

貨物自動車運送事業法は、一般貨物自動車運送事業を国土交通大臣の許可[10]にかからしめている（貨物自動車運送事業法3条）。

そして、一般貨物自動車運送事業者たる法人の合併の効力発生要件として、国土交通大臣の認可を求めている（同法30条2項）。

合併後存続する法人もしくは合併により設立された法人は、当初の国土交通大臣の許可に基づく権利義務を承継する（同条4項）。

同法は、相続（同法31条）、営業譲渡（同法30条1項）および会社分割（同条2項）の場合も、同様の規定を定めている。

(F) その他

貨物利用運送事業法（14条）、倉庫業法（17条）にも同様の規定がある。

(G) 小 括

上記のとおり、許認可に関する権利義務の承継が法律上定められている事例を紹介したが、各法律の規定を分析すれば、次のように分類できる。

① 宗教法人法、医療法、風営法、貨物自動車運送事業法のように、合併

---

[10] 「他人の需要に応じ、有償で、自動車（3輪以上の軽自動車及び2輪の自動車を除く）を使用して貨物を運送する事業であって、特定貨物自動車運送事業以外のものをいう。」と定義されている（貨物自動車運送事業法2条2項）。

行為自体に、認証申請等の要件が必要であり、この要件を満たせば、合併により消滅した法人の権利義務を承継するとされているもの
② 酒税法のように、合併行為自体に求められる条件はないが、合併により消滅した法人の義務を承継することを定めているもの

そして、①は、本稿では、合併における許認可の取扱いの問題として取り上げたが、合併行為自体に認証申請、行政庁の承認等の一定の規制を定めている点に鑑みれば、「合併行為が特別法の規制の対象となる場合」にも該当するものといえよう。

(ｲ) 許認可の規定を定める法律が合併に関する措置を規定していない場合

建設業法は、建設業を営もうとする者は、国土交通大臣もしくは都道府県知事の許可を得なければならないと定めている（建設業法3条）が、合併が生じた場合の措置については、法律で規定していない。

したがって、この場合には、消滅会社が合併前に受けていた許可については、合併により当然承継されるものではなく、

① 吸収合併の場合には、存続会社が許可を受けておらず、消滅会社のみが許可を受けていた業種について
② 新設合併の場合には、新設会社は許可を受けようとするすべての業種について

新たに許可を取る必要がある。

建設業者の合併については、建設業法に定めがないが、国土交通省総合政策局建設業課長から、各地方整備局等建設業担当部長および各都道府県建設業主管部局長宛に、平成20年3月10日付で「建設業者の合併に係る建設業法上の事務取扱いの円滑化等について」という通知（国総建第309号）がなされている。

(ｳ) 吸収合併の場合に許認可が効力を失うことが明記されている場合

貸金業法（都道府県知事の登録、同法3条）、宅地建物取引業法（以下、「宅建業法」という。国土交通大臣もしくは都道府県知事の免許、同法3条）などは、

合併により法人が消滅した場合には、登録もしくは免許を受けた都道府県知事もしくは国土交通大臣（宅地建物取引業の場合）に届け出なければならず（貸金業法10条1項2号、宅建業法11条1項2号）、この場合には、消滅会社の登録もしくは免許は効力を失うことが規定されている（貸金業法10条2項、宅建業法11条2項）。

　したがって、吸収合併の場合には、存続会社が登録もしくは免許を得ていなければ、新たに申請する必要があるし、すでに得ている場合であれば、不要ということになる。

　他方、新設合併の場合には、何ら規定がないが、合併当事会社はすべて解散して消滅し、これと同時に新たな会社を新設して、消滅会社の権利義務の全部を、この新設会社に承継させるという新設合併のスキームから考えれば、新たに登録もしくは免許の申請を行う必要があると思われる。

【書式1－1】　合併に関する計画届出書

様式第8号（用紙の大きさは、日本工業企画Ａ4とする。）

合併に関する計画届出書

　　　　　　　　　　　　　　　　　　　　　　　　平成　　年　　月　　日

公正取引委員会　殿

　　　　　　　　　　名　　称
　　　　　　　　　　　代表者の役職　氏名
　　　　　　　　　　　（代理人の住所　氏名）　　　　　　　　　　印

　　　　　　　　　　名称
　　　　　　　　　　　代表者の役職　氏名
　　　　　　　　　　　（代理人の住所　氏名）　　　　　　　　　　印

　私的独占の禁止及び公正取引の確保に関する法律第15条第2項の規定により、昭和28年公正取引委員会規則第1号第5条第3項に掲げる書類を添え、下記のとおり届け出ます。

記

1　届出の概要

(1) 届出会社に関する事項の概要

	（甲）☐ 存続会社　☐ 解散会社	（乙）　　解散会社
（ふりがな） 名　　称 （国　籍）	（　　　　　　）	（　　　　　　　）
設立準拠法		
国内売上高合計額	百万円 （　　年　　月期末現在）	百万円 （　　年　　月期末現在）

(2) 合併後存続又は設立する会社に関する事項の概要

名称（ふりがな）	合併予定日	合併比率
☐　甲に同じ	年　　月　　日	（甲）（乙） 1　：

(3) 合併の目的・理由・経緯・方法

2　届出会社の概要

(1) 届出会社に関する事項

	甲	乙
（ふりがな） 名　　称 （国　籍）	（　　　　　　　）	（　　　　　　　）
所　在　地	〒	〒

日本国内に支店その他営業所がある場合の名称及び所在地	〒	〒
資　本　金	百万円 （現地通貨　　　　　　） （　　　年　　月期末現在）	百万円 （現地通貨　　　　　　） （　　　年　　月期末現在）
総　資　産	百万円 （現地通貨　　　　　　） （　　　年　　月期末現在）	百万円 （現地通貨　　　　　　） （　　　年　　月期末現在）
売　上　高	百万円 （現地通貨　　　　　　） （　　　年　　月期末現在）	百万円 （現地通貨　　　　　　） （　　　年　　月期末現在）
主たる事業		
その他の事業		
常時使用する従業員数	人	人
設立年月日	年　　月　　日	年　　月　　日
決算の時期	月	月
取引所金融商品市場等への上場の有無	□　上　　場→金融商品市場名 【　　　　　　　　　　　】 【　　　　　　　　　　　】 □　非上場	□　上　　場→金融商品市場名 【　　　　　　　　　　　】 【　　　　　　　　　　　】 □　非上場
事務上の連絡先	担当部署		
	所在地	□　甲の国内における名称及び所在地に同じ 〒	□　乙の国内における名称及び所在地に同じ 〒
	担当者		
	電話番号	―　　　―	―　　　―

(2) 届出会社の属する企業結合集団の概要

　ア　最終親会社の概要（届出会社が最終親会社である場合はイから記載すること。）

	甲	乙
（ふりがな） 名　　　称 （国籍）	（　　　　　　　）	（　　　　　　　）

第1章　会社合併の法理と法的諸問題

設立準拠法		
所　在　地	〒	〒
日本国内に支店その他営業所がある場合の名称及び所在地	〒	〒
資　本　金	百万円 （現地通貨　　　　　　） （　　　年　　月期末現在）	百万円 （現地通貨　　　　　　） （　　　年　　月期末現在）
総　資　産	百万円 （現地通貨　　　　　　） （　　　年　　月期末現在）	百万円 （現地通貨　　　　　　） （　　　年　　月期末現在）
売　上　高	百万円 （現地通貨　　　　　　） （　　　年　　月期末現在）	百万円 （現地通貨　　　　　　） （　　　年　　月期末現在）
主たる事業		
その他の事業		
常時使用する従業員数	人	人
設立年月日	年　　月　　日	年　　月　　日
決算の時期	月	月
届出会社との関係	甲　　　　　　乙	甲　　　　　　乙
取引所金融商品市場等への上場の有無	□　上　　場→金融商品市場名 【　　　　　　　　　　　】 【　　　　　　　　　　　】 □　非上場	□　上　　場→金融商品市場名 【　　　　　　　　　　　】 【　　　　　　　　　　　】 □　非上場

　　イ　最終親会社の子会社（届出会社を除く。）の有無（国内売上高が30億円を超えるものに限る。）

　　　(ア)　甲

　　　　　□　無

　　　　　□　有　→　当該会社に関する次の事項を記載すること。

　　　　a　国内の会社

（ふりがな） 名　　称	主たる事業	主たる事業地域	総資産	国内売上高	議決権 保有割合	届出会社 との関係

Ⅲ 合併の特別法上の取扱い

（ふりがな）名　　称	主たる事業	主たる事業地域	総資産	国内売上高	議決権保有割合	届出会社との関係	
			百万円	百万円	％	甲	乙

　　　b　外国会社

（ふりがな）名　　称	主たる事業	主たる事業地域	総資産	国内売上高	議決権保有割合	届出会社との関係	
			百万円 （現地通貨　　）	百万円 （現地通貨　　）	％	甲	乙

　　(ｲ)　乙

　　　　□　無

　　　　□　有　→　当該会社に関する次の事項を記載すること。

　　　a　国内の会社

（ふりがな）名　　称	主たる事業	主たる事業地域	総資産	国内売上高	議決権保有割合	届出会社との関係	
			百万円	百万円	％	甲	乙

　　　b　外国会社

（ふりがな）名　　称	主たる事業	主たる事業地域	総資産	国内売上高	議決権保有割合	届出会社との関係	
			百万円 （現地通貨　　）	百万円 （現地通貨　　）	％	甲	乙

(3)　届出会社の属する企業結合集団に属する会社等が保有する株式に係る議決権の数を合計した数の総株主の議決権の数に占める割合が100分の20を超える会社（届出会社及び(2)イに該当するものを除く。）の有無（国内売上高が30億円を超えるものに限る。）

　ア　甲

　　　□　無

　　　□　有　→　当該会社に関する次の事項を記載すること。

　　(ｱ)　国内の会社

（ふりがな） 名　　称	主たる事業	主たる事業地域	議決権保 有割合	届出会社 との関係
			％	甲　乙

(ｲ)　外国会社

（ふりがな） 名　　称	主たる事業	主たる事業地域	議決権保 有割合	届出会社 との関係
			％	甲　乙

イ　乙

　　□　無
　　□　有　→　当該会社に関する次の事項を記載すること。
(ｱ)　国内の会社

（ふりがな） 名　　称	主たる事業	主たる事業地域	議決権保 有割合	届出会社 との関係
			％	甲　乙

(ｲ)　外国会社

（ふりがな） 名　　称	主たる事業	主たる事業地域	議決権保 有割合	届出会社 との関係
			％	甲　乙

(4)　届出会社の総株主の議決権の100分の10を超える議決権を保有する株主（最終親会社、(2)イ及び(3)に該当するものを除く。）の有無

　ア　甲
　　□　無
　　□　有　→　当該株主に関する次の事項を記載すること。

（ふりがな）氏名又は名称	主たる事業	主たる事業地域	議決権保有割合	届出会社との関係	
			％	甲	乙

イ　乙

　　□　無

　　□　有　→　当該株主に関する次の事項を記載すること。

（ふりがな）氏名又は名称	主たる事業	主たる事業地域	議決権保有割合	届出会社との関係	
			％	甲	乙

(5)　届出会社が保有する株式に係る議決権の数の総株主の議決権の数に占める割合が100分の10を超える会社（(2)イ及び(3)に該当するものを除く。）の有無（国内売上高が30億円を超えるものに限る。）

ア　甲

　　□　無

　　□　有　→　当該会社に関する次の事項を記載すること。

　(ｱ)　国内の会社

（ふりがな）名　　称	主たる事業	主たる事業地域	議決権保有割合	届出会社との関係	
			％	甲	乙

　(ｲ)　外国会社

（ふりがな）名　　称	主たる事業	主たる事業地域	議決権保有割合	届出会社との関係	
			％	甲	乙

イ　乙

☐ 無
☐ 有 → 当該会社に関する次の事項を記載すること。
(ア) 国内の会社

（ふりがな） 名　　称	主たる事業	主たる事業地域	議決権保 有割合	届出会社 との関係
			％	甲　乙

(イ) 外国会社

（ふりがな） 名　　称	主たる事業	主たる事業地域	議決権保 有割合	届出会社 との関係
			％	甲　乙

(6) 届出会社の商品又は役務の種類別の年間事業実績等（日本国内における事業に限る。）

ア　甲

商品又は役務 の種類	年間事業実績（　　　　年　　月期）			総販売額に 占める割合	事業地域
	生産数量	販売数量	販売金額		
				％	
		（計）	百万円	100.0％	

イ　乙

商品又は役務 の種類	年間事業実績（　　　　年　　月期）			総販売額に 占める割合	事業地域
	生産数量	販売数量	販売金額		
				％	
		（計）	百万円	100.0％	

(7) 届出会社相互間の取引関係（日本国内の市場におけるものに限る。）

Ⅲ　合併の特別法上の取扱い

商品又は役務 の種類	左の取引額	供　給　会　社		購　入　会　社	
		甲又は乙の区分	供給依存度	甲又は乙の区分	購入依存度
	百万円		％		％

(8) 届出会社の間で共通又は相互に関連する仕入材料及び提供を受けている役務の有無（日本国内の市場におけるものに限る。）

　☐　無

　☐　有　→　当該仕入材料及び提供を受けている役務に関する次の事項を記載すること。

仕入種目又は 役務の種類	最近1年間の仕入額又は対価		主たる仕入地域又は提供を受けている地域	備　考
	甲	乙		
	百万円	百万円		
	百万円	百万円		
	百万円	百万円		

3　合併後存続又は設立する会社の概要

(1) 合併後存続又は設立する会社に関する事項

（ふりがな） 名　　称 （国　　籍）	（　　　　）	合併後の資本金	百万円 （現地通貨　　　）
代表者の役職 及び氏名		合併後の総資産	百万円 （現地通貨　　　）

所　在　地	〒	役　員　兼　任　の　状　況	
		兼任役員数	合併後存続又は設立する会社の役員の総数
		甲　　　　乙 　　人　　　　　人	人
日本国内に支店その他営業所がある場合の名称及び所在地	〒	設　立　年　月　日	
		年　　　月　　　日	
主たる事業			
その他の事業			
取引所金融商品市場等への上場の有無	□　上　場　→　金融商品市場　【　　　　　　　】		
	□　非上場　　　　　　　　　　　　【　　　　　　　】		

(2) 合併後存続又は設立する会社の総株主の議決権の100分の10を超える議決権を保有する株主の有無
　　□　無
　　□　有　→　当該株主に関する次の事項を記載すること。

（ふりがな） 氏名又は名称	主たる事業	主たる事業地域	議決権保有割合
			％

(3) 合併後存続又は設立する会社が保有する株式に係る議決権の数の総株主の議決権の数に占める割合が新たに100分の50又は100分の20を超える他の会社の有無
　　□　無
　　□　有　→　当該会社に関する次の事項を記載すること。
　ア　国内の会社

（ふりがな） 名　　称	主たる事業	主たる事業地域	総資産	国内売上高	議決権保有割合
			百万円	百万円	％

Ⅲ　合併の特別法上の取扱い

イ　外国会社

（ふりがな） 名　　称	主たる事業	主たる事業地域	総資産	国内売上高	議決権 保有割合
			百万円 （現地通貨　）	百万円 （現地通貨　）	％

(4)　合併後存続又は設立する会社の最終親会社の新たな子会社（2(2)イに該当するものを除く。）の有無（国内売上高が30億円を超えるものに限る。）

　　□　無

　　□　有　→　当該会社に関する次の事項を記載すること。

　　ア　国内の会社

（ふりがな） 名　　称	主たる事業	主たる事業地域	総資産	国内売上高	議決権 保有割合
			百万円	百万円	％

　　イ　外国会社

（ふりがな） 名　　称	主たる事業	主たる事業地域	総資産	国内売上高	議決権 保有割合
			百万円 （現地通貨　）	百万円 （現地通貨　）	％

(5)　合併後存続又は設立する会社の属する企業結合集団に属する会社等が保有する株式に係る議決権の数を合計した数の総株主の議決権に占める割合が新たに100分の20を超える会社（2(2)イ、2(3)及び(4)に該当するものを除く。）の有無（国内売上高が30億円を超えるものに限る。）

　　□　無

　　□　有　→　当該会社に関する次の事項を記載すること。

　　ア　国内の会社

（ふりがな） 名　　　称	主たる事業	主たる事業地域	議決権 保有割合
			％

イ　外国会社

（ふりがな） 名　　　称	主たる事業	主たる事業地域	議決権 保有割合
			％

4　届出会社の国内の市場における地位
(1)　届出会社甲の属する企業結合集団に属する会社等（当該企業結合集団に属する会社等が保有する株式に係る議決権の数を合計した数の総株主の議決権の数に占める割合が100分の20を超える会社を含む。）、届出会社乙の属する企業結合集団に属する会社等（当該企業結合集団に属する会社等が保有する株式に係る議決権の数を合計した数の総株主の議決権の数に占める割合が100分の20を超える会社を含む。）及びこれらの会社等の他合併存続又は設立する会社の最終親会社の新たな子会社又は合併後存続又は設立する会社の属する企業結合集団に属する会社等が保有する株式に係る議決権の数を合計した数の総株主の議決権の数に占める割合が新たに100分の20を超える会社となる会社等（国内売上高が30億円を超えるものに限る。）の間で、国内の同一の事業地域内で同一の商品又は役務について競合する場合

商品又は役務の種類【　　　　】　　事業地域【　　　　　】

同業者の中において占める地位	名　　　称	市場占拠率	第1位との格差	備　　考
第　1　位		％	―	
第　2　位		％		
第　3　位		％		
第　　位		％		
第　　位		％		
第　　位	合併後の地位及び市場占拠率	％		

全業者数	社			
市場占拠率等の算出の根拠となった資料等【　　　　　　　　　　　　　　　】				

商品又は役務の種類【　　　　　　】　事業地域【　　　　　　】

同業者の中において占める地位	名　称	市場占拠率	第1位との格差	備　考
第　1　位		％	—	
第　2　位		％		
第　3　位		％		
第　　位		％		
第　　位		％		
第　　位	合併後の地位及び市場占拠率	％		
全業者数	社			
市場占拠率等の算出の根拠となった資料等【　　　　　　　　　　　　　　　】				

(2) 届出会社甲の属する企業結合集団に属する会社等（当該企業結合集団に属する会社等が保有する株式に係る議決権の数を合計した数の総株主の議決権の数に占める割合が100分の20を超える会社を含む。）、届出会社乙の属する企業結合集団に属する会社等（当該企業結合集団に属する会社等が保有する株式に係る議決権の数を合計した数の総株主の議決権の数に占める割合が100分の20を超える会社を含む。）及びこれらの会社等の他合併後存続又は設立する会社の最終親会社の新たな子会社又は合併後存続又は設立する会社の属する企業結合集団に属する会社等が保有する株式に係る議決権の数を合計した数の総株主の議決権の数に占める割合が新たに100分の20を超える会社となる会社等（国内売上高が30億円を超えるものに限る。）の間で、国内の同一の事業地域内か否かにかかわらず同一の商品若しくは役務について競合しない場合又は異なる事業地域において同一の商品若しくは役務を供給している場合

　ア　届出会社甲の属する企業結合集団に属する会社等（当該企業結合集団に属する会社等が保有する株式に係る議決権の数を合計した数の総株主の議決権の数に占める割合が100分の20を超える会社を含む。）

　　商品又は役務の種類【　　　　　　】　事業地域【　　　　　　】

同業者の中において占める地位	名　　称	市場占拠率	第1位との格差	備　　考
第　1　位		％	―	
第　2　位		％		
第　3　位		％		
第　　　位		％		
全業者数	社			
市場占拠率等の算出の根拠となった資料等【　　　　　　　　　　　　　　　】				

　イ　届出会社乙の属する企業結合集団に属する会社等（当該企業結合集団に属する会社等が保有する株式に係る議決権の数を合計した数の総株主の議決権の数に占める割合が100分の20を超える会社を含む。）

　　　商品又は役務の種類【　　　　　　　】　事業地域【　　　　　　　】

同業者の中において占める地位	名　　称	市場占拠率	第1位との格差	備　　考
第　1　位		％	―	
第　2　位		％		
第　3　位		％		
第　　　位		％		
全業者数	社			
市場占拠率等の算出の根拠となった資料等【　　　　　　　　　　　　　　　】				

　ウ　合併後存続又は設立する会社の最終親会社の新たな子会社又は合併後存続又は設立する会社の属する企業結合集団に属する会社等が保有する株式に係る議決権の数を合計した数の総株主の議決権の数に占める割合が新たに100分の20を超える会社等（ア及びイを除く。）

　　　商品又は役務の種類【　　　　　　　】　事業地域【　　　　　　　】

同業者の中において占める地位	名　　称	市場占拠率	第1位との格差	備　　考
第　1　位		％	―	
第　2　位		％		
第　3　位		％		
第　　　位		％		

全業者数	社
市場占拠率等の算出の根拠となった資料等【　　　　　　　　　　　　】	

5　合併に関する計画として採ることとする措置の内容及びその期限

採ることとする措置の具体的内容	採ることとする措置の履行期限
	年　　　月　　　日

6　その他参考となるべき事項

様式の項目	事　　　項

記載上の注意事項（下記の項目の番号は、様式の項目番号による。）

1　届出の概要
　(1)　届出会社に関する事項の概要
　　ア　該当する□にレ印を付すこと。
　　イ　最近5年以内に名称を変更した割合は、旧名称を付記すること。
　　ウ　届出会社が外国会社である場合は、名称の欄の（　）内に、国籍を付記すること。
　　エ　国内売上高合計額とは、法第10条第2項に規定する国内売上高合計額をいう。
　　オ　国内売上高合計額については、百万円未満を切り捨てること。
　　カ　国内売上高を算出する際には、売上高を期中平均相場等決算時の処理において用いる為替相場で邦貨換算すること。その際に用いた為替相場の算出方法を「6　その他参考となるべき事項」の欄に記載すること。
　(2)　合併後存続又は設立する会社に関する事項の概要
　　　名称が甲と同じ場合は、□にレ印を付すことで、その記載を省略できる。

2 届出会社の概要
(1) 届出会社に関する事項
　ア　届出会社が国内の会社である場合は、国籍、日本国内に支店その他営業所がある場合の名称及び所在地並びに現地通貨については、記載を要しない。
　イ　届出会社が外国会社である場合は、名称の欄の（　）内に、国籍を付記すること。
　ウ　資本金は、最終の貸借対照表による資本金の金額を記載すること。
　エ　総資産は、最終の貸借対照表による総資産の金額を記載すること。
　オ　売上高は、最終の貸借対照表と共に作成した損益計算書による売上高の金額を記載すること。
　カ　資本金、総資産及び売上高については、百万円未満を切り捨てること。
　キ　届出会社が外国会社である場合、資本金、総資産及び売上高については、期中平均相場等決算時の処理において用いる為替相場で邦貨換算すること。その際に用いた為替相場の算出方法を「6　その他参考となるべき事項」の欄に記載すること。総資産は、その外国会社単独の総資産を記載すること。ただし、やむを得ない事情がある場合は、連結決算書による総資産をもって代えることができる。この場合は、連結決算書による総資産であることを「6　その他参考となるべき事項」の欄に記載すること。
　ク　主たる事業は、国内において最も売上額の多い事業を記載すること。その他の事業は、主たる事業以外の事業を売上額の多い順に記載すること。
　ケ　「常時使用する従業員」とは、事業主又は法人と雇用関係にある者であって、その雇用契約の内容に常雇する旨が積極ないし消極に示されている者をいい、事業主及び法人の役員若しくは臨時の従業員（労働基準法（昭和22年法律第49号）第21条に定める「解雇の予告を必要としない者」をいう。）はこれに含まない。
　コ　「取引所金融商品市場等への上場の有無」については、該当する□にレ印を付し、届出会社がその株式を金融商品取引法（昭和23年法律第25号）第2条第17項に規定する取引所金融商品市場若しくは同条第8項第3号ロに規定する外国金融商品市場又は同法第67条第2項に規定する店頭売買有価証券市場若しくはこれに類似する市場で外国に所在するもの（以下「取引所金融商品市場等」という。）に上場している場合は、取引所金融商品市場等の名称及び取引所金融商品市場等を開設する者の名称を記載するこ

と。複数の取引所金融商品市場等に上場している場合は、そのすべてを記載すること。
　　サ　届出会社が国内の会社であって事務上の連絡先の所在地が甲若しくは乙の名称及び所在地と同じである場合又は外国会社であって事務上の連絡先の所在地が甲若しくは乙の名称及び日本国内における支店その他営業所の所在地と同じである場合は、□にレ印を付すことで、その記載を省略することができる。
(2)　届出会社の属する企業結合集団の概要
　　ア　最終親会社とは、届出会社の親会社であって他の会社の子会社でないものをいい、届出会社に親会社がない場合は、当該届出会社をいう。
　　イ　子会社とは、法第10条第6項に規定する子会社をいう。
　　ウ　最終親会社が国内の会社である場合は、国籍、日本国内に支店その他営業所がある場合の名称及び所在地並びに現地通貨については、記載を要しない。
　　エ　最終親会社が外国会社である場合は、名称の欄の（　）内に、国籍を付記すること。
　　オ　資本金、総資産、売上高、主たる事業、その他の事業、常時使用する従業員数及び取引所金融商品市場等への上場の有無については、(1)に準じて記載すること。
　　カ　届出会社との関係は、以下の選択肢の中から該当する記号を選択し、記載すること。複数の選択肢に該当する場合は、そのすべてを記載すること。
　　　A　当該会社と届出会社は、同種の商品又は役務の供給をしている（取引段階を異にする場合を除く。）。
　　　B　当該会社は、届出会社から商品又は役務の供給を受けている。
　　　C　当該会社は、届出会社に商品又は役務を供給している。
　　　D　当該会社と届出会社は、同種の商品又は役務を異なる市場に供給している。
　　　E　当該会社と届出会社は、関連性のある異種の商品又は役務を供給している。
　　　F　AからEまでのいずれにも該当しない。
　　キ　最終親会社の子会社の有無については、該当する□にレ印を付すこと。
　　ク　主たる事業地域は、主たる事業について記載すること。

ケ　国内売上高については、法第10条第2項に規定する国内売上高を記載すること。

　　なお、国内売上高の欄には、国内売上高に代えて、売上高を記載することができる。売上高を記載した場合には、記載した売上高の金額に下線を付すこと。

コ　議決権保有割合とは、届出会社の属する企業結合集団に属する会社等が取得し、又は所有する（以下この記載上の注意事項において「保有する」という。）届出会社の最終親会社の子会社の株式に係る議決権の数を合計した数の当該子会社の総株主の議決権の数に占める割合をいう。

サ　議決権保有割合は、小数点以下2けたを四捨五入し、小数点以下1けたまで記載すること。

シ　会社の記載は、議決権保有割合の多い順とする。

(3)　届出会社に属する企業結合集団に属する会社等が保有する株式に係る議決権の数を合計した数の総株主の議決権の数に占める割合が100分の20を超える会社（届出会社及び(2)イに該当するものを除く。）の有無（国内売上高が30億円を超えるものに限る。）

ア　該当する□にレ印を付すこと。

イ　主たる事業については、(1)に準じて記載すること。

ウ　主たる事業地域、届出会社との関係及び会社の記載順については、(2)に準じて記載すること。

エ　議決権保有割合とは、届出会社の属する企業結合集団に属する会社等が保有する会社の株式に係る議決権の数を合計した数の当該会社の総株主の議決権の数に占める割合をいう。

オ　議決権保有割合は、小数点以下2けたを四捨五入し、小数点以下1けたまで記載すること。

(4)　届出会社の総株主の議決権の100分の10を超える議決権を保有する株主（最終親会社、(2)イ及び(3)に該当するものを除く。）の有無

ア　該当する□にレ印を付すこと。

イ　株主が外国会社である場合は、氏名又は名称の欄にその国籍を付記すること。

ウ　主たる事業については、(1)に準じて記載すること。

エ　主たる事業地域及び届出会社との関係については、(2)に準じて記載すること。

オ　議決権保有割合とは、届出会社の株主が保有する当該届出会社の株式に係る議決権の数の当該届出会社の総株主の議決権の数に占める割合をいう。

カ　議決権保有割合は、小数点以下２けたを四捨五入し、小数点以下１けたまで記載すること。

キ　株主の記載は、議決権保有割合の多い順とする。

(5) 届出会社が保有する株式に係る議決権の数の総株主の議決権の数に占める割合が100分の10を超える会社（(2)イ及び(3)に該当するものを除く。）の有無（国内売上高が30億円を超えるものに限る。）

ア　該当する□にレ印を付すこと。

イ　主たる事業については、(1)に準じて記載すること。

ウ　主たる事業地域、届出会社との関係及び会社の記載順については、(2)に準じて記載すること。

エ　議決権保有割合とは、届出会社が保有する会社の株式に係る議決権の数の当該会社の総株主の議決権の数に占める割合をいう。

オ　議決権保有割合は、小数点以下２けたを四捨五入し、小数点以下１けたまで記載すること。

(6) 届出会社の商品又は役務の種類別の年間事業実績等（日本国内における事業に限る。）

ア　商品又は役務の種類は、日本標準産業分類に掲げる大分類Ｅ－製造業に係るものについては、工業統計調査規則（昭和26年通商産業省令81号）に基づく工業統計調査用産業分類の６けたの分類に準拠するものとし、その他の事業に係るものについては、日本標準産業分類の細分類（４けた分類）に準拠するものとする。

イ　総販売額に占める割合は、小数点以下２けたを四捨五入し、小数点以下１けたまで記載すること。

ウ　事業地域については、商品又は役務の種類別に事業の実態に即して、その範囲を具体的に記載すること。

(7) 届出会社相互間の取引関係（日本国内の市場におけるものに限る。）

ア　商品又は役務の種類については、(6)に準じて記載すること。

イ　供給（購入）依存度とは、供給（購入）会社の当該商品又は役務の総供給（総購入）額に占める届出会社相互間の取引額の百分比をいう。

(8) 届出会社の間で共通又は相互に関連する仕入材料及び提供を受けている役

務の有無（日本国内の市場におけるものに限る。）
ア　該当する□にレ印を付すこと。
イ　仕入材料及び提供を受けている役務の種類が多数ある場合は、仕入額又は対価が多いもの（総仕入額若しくは対価の合計に占める割合が10％以上のもの又は同業者の中において占める地位が第3位以内のもの若しくは市場占拠率が10％以上のもの）等主要なものについて比較して記載すること。

3　合併後存続又は設立する会社の概要
 (1) 合併後存続又は設立する会社に関する事項
　　ア　合併後存続又は設立する会社が国内の会社である場合は、国籍、日本国内に支店その他営業所がある場合の名称及び所在地並びに現地通貨については、記載を要しない。
　　イ　合併後存続又は設立する会社が外国会社である場合は、名称の欄の（）内に、国籍を付記すること。
　　ウ　合併後の資本金、合併後の総資産、主たる事業、その他の事業及び取引所金融商品市場等への上場の有無については、2(1)に準じて記載すること。
　　エ　兼任役員数とは、届出会社の属する企業結合集団に属する会社等の役員又は従業員で合併後存続又は設立する会社の役員を兼任する者の数をいう。
 (2) 合併後存続又は設立する会社の総株主の議決権の100分の10を超える議決権を保有する株主の有無
　　ア　該当する□にレ印を付すこと。
　　イ　株主が外国会社である場合は、氏名又は名称の欄にその国籍を付記すること。
　　ウ　主たる事業については、2(1)に準じて記載すること。
　　エ　主たる事業地域については、2(2)に準じて記載すること。
　　オ　議決権保有割合とは、合併後存続又は設立する会社の株主が保有する当該会社の株式に係る議決権の数の当該会社の総株主の議決権の数に占める割合をいう。
　　カ　議決権保有割合は、小数点以下2けたを四捨五入し、小数点以下1けたまで記載すること。

キ　株主の記載は、議決権保有割合の多い順とする。
(3) 合併後存続又は設立する会社が保有する株式に係る議決権の数の総株主の議決権の数に占める割合が新たに100分の50又は100分の20を超える他の会社の有無

　ア　合併後存続又は設立する会社が当該合併により他の会社の株式の取得をしようとする場合に記載すること。

　イ　該当する□にレ印を付すこと。

　ウ　他の会社とは、その国内売上高とその子会社の国内売上高を合計した額が50億円を超えるものをいう。他の会社の国内売上高とその子会社の国内売上高を合計する方法は、法第10条第2項に規定する株式発行会社の国内売上高及びその子会社の国内売上高を合計する方法に準ずるものとする。

　エ　主たる事業及び総資産については、2(1)に準じて記載すること。

　オ　主たる事業地域、国内売上高及び会社の記載順については、2(2)に準じて記載すること。

　カ　議決権保有割合とは、合併後存続又は設立する会社が当該取得の後において所有することとなる他の会社の株式に係る議決権の数と、当該会社の属する企業結合集団に属する当該会社以外の会社等が所有する当該他の会社の株式に係る議決権の数とを合計した議決権の数の当該他の会社の総株主の議決権の数に占める割合をいう。

　キ　議決権保有割合は、小数点以下2けたを四捨五入し、小数点以下1けたまで記載すること。

(4) 合併後存続又は設立する会社の最終親会社の新たな子会社（2(2)イに該当するものを除く。）の有無（国内売上高が30億円を超えるものに限る。）

　ア　該当する□にレ印を付すこと。

　イ　最終親会社及び子会社については、2(2)に同じ。

　ウ　主たる事業及び総資産については、2(1)に準じて記載すること。

　エ　主たる事業地域、国内売上高及び会社の記載順については、2(2)に準じて記載すること。

　オ　議決権保有割合とは、合併後存続又は設立する会社の属する企業結合集団に属する会社等が保有する当該会社の最終親会社の子会社の株式に係る議決権の数を合計した数の当該子会社の総株主の議決権の数に占める割合をいう。

　カ　議決権保有割合は、小数点以下2けたを四捨五入し、小数点以下1けた

まで記載すること。
(5) 合併後存続又は設立する会社の属する企業結合集団に属する会社等が保有する株式に係る議決権の数を合計した数の総株主の議決権の数に占める割合が新たに100分の20を超える会社（2(2)イ、2(3)及び(4)に該当するものを除く。）の有無（国内売上高が30億円を超えるものに限る。）
　ア　該当する□にレ印を付すこと。
　イ　主たる事業については、2(1)に準じて記載すること。
　ウ　主たる事業地域及び会社の記載順については、2(2)に準じて記載すること。
　エ　議決権保有割合とは、合併後存続又は設立する会社の属する企業結合集団に属する会社等が保有する会社の株式に係る議決権の数を合計した数の当該会社の総株主の議決権の数に占める割合をいう。
　オ　議決権保有割合は、小数点以下2けたを四捨五入し、小数点以下1けたまで記載すること。

4　届出会社の国内の市場における地位
　ア　最終親会社及び子会社については、2(2)に同じ。
　イ　供給する商品又は役務の種類が多数ある場合は、販売金額が多いもの（総販売金額に占める割合が10％以上のもの又は同業者の中において占める地位が第3位以内のもの若しくは市場占拠率が10％以上のもの）等主要なものについて比較して記載すること。
　ウ　名称欄には、届出会社甲の属する企業結合集団に属する会社等（当該企業結合集団に属する会社等が保有する株式に係る議決権の数を合計した数の総株主の議決権の数に占める割合が100分の20を超える会社を含む。）を「企業結合集団甲」と、届出会社乙の属する企業結合集団に属する会社等（当該企業結合集団に属する会社等が保有する株式に係る議決権の数を合計した数の総株主の議決権の数に占める割合が100分の20を超える会社を含む。）を「企業結合集団乙」とまとめて記載し、主要な同業者についてはその名称を記載すること。
　エ　主要な同業者（名称欄で記載した「企業結合集団甲」及び「企業結合集団乙」に含まれる会社を除く。）については、原則として第3位まで記載すること。また、項目(1)では、名称欄で記載した「企業結合集団甲」及び「企業結合集団乙」に含まれる会社については、順位に関係なく記載する

こと。
- オ　市場占拠率については、推定により記載した場合は、「推定」と付記すること。
- カ　順位については、10位以下の割合は、「10位以下」と記載することができる。この場合は、同業者の名称及び市場占拠率の記載を省略することができる。
- キ　備考欄には、名称欄で記載した「企業結合集団甲」及び「企業結合集団乙」に含まれる会社の名称と当該会社の市場占拠率を内訳として記載すること。その際、合併後存続又は設立する会社の最終親会社の新たな子会社又は合併後存続又は設立する会社の属する企業結合集団に属する会社等が保有する株式に係る議決権の数を合計した数の総株主の議決権の数に占める割合が新たに100分の20を超える会社となる会社（国内売上高が30億円を超えるものに限る。）については、「企業結合集団甲」に含めて記載することとする。

5　合併に関する計画として採ることとする措置の内容及びその期限

　合併の計画に当たり、特段の措置を採る場合は、その具体的内容及びその履行期限を記載すること。複数の措置を採り履行期限が異なる場合は措置ごとに履行期限を記載すること。

第 2 章

組織再編手法の 1 つとしての 合併選択のポイント

I 総論——いかなる組織再編手法を選択すべきか

1 合併が組織再編手法の1つであること

　市場の成熟化、企業のグローバル化、また、近時の急激な景気の悪化による市場の縮小といったことにより、企業間の競争が激しさを増す中、企業が生き残り、持続的な成長を維持していくためには、いつ、どの事業に、どれだけの経営資源を投入し、いつまでにどの程度のシェアを獲得するかという事業戦略を計画し、その事業戦略を効率的に実現しなければならない。

　企業の組織再編[1]は、企業が計画した事業戦略を効率的に実現するための手段である。たとえば、企業が経営規模の拡大を図る場合、新規事業を一から立ち上げるより、同種事業を行う企業との合併等の手段により事業を統合したほうが、はるかに経営規模拡大の目的を効率的に実現できる。また、企業の存続にかかわる分野に経営資源を集中するために他の分野からの撤退が必要となる場合には、会社分割等の手段により事業を分離することが必要である。また、企業グループ内においても、経営効率を図るため親会社と子会社、子会社同士の合併等により整理・再編が行われている。

　合併も、あくまで企業が計画した事業戦略を効率的に実現するための手段として活用されるのであり、合併すること自体が目的ではない。

　そこで、本章では、合併を含む複数の組織再編手法のいずれを選択することが当該企業の事業戦略に照らして合理的かを判断できるよう、組織再編目的別に、とりうる組織再編手法を列挙したうえで各手法の概要とメリット・デメリットを説明することとする[2]。

1　企業の組織再編とは、狭義には、合併、株式交換、株式移転、会社分割、事業譲渡、現物出資等の手法により事業を分割、統合等を行うことにより再編成することをいうが、広義には、親会社による株式の売買等による子会社化、関連会社化等といった企業グループの再編成といったものも含めて使用される場合もある。本書では広義の意味で説明することとする。

2 組織再編の目的の類型化

　前述のとおり、企業の組織再編は事業戦略を効率的に実現するための手段であり、この企業再編の誘引となる事業戦略の目的は、短期的なシェア拡大、取引規模の拡大によるコストの削減、信用力向上のための資本注入（純資産の増加）などさまざまである以上、組織再編の目的をすべて類型化することはできない。

　もっとも、事業の統合、分離といった大まかな区分によって組織再編の目的を分類することは可能であることから、以下、①事業の統合、②事業の分離、③事業の共同化（他の企業との共同事業を行う）、④企業グループ内での再編に分けて説明することとする。

2　企業結合のそれぞれの目的・動機に応じて、どのような手法が活用可能か整理して述べる文献として、土岐敦司＝辺見紀男編『企業再編のすべて（別冊商事法務240号）』（商事法務研究会・2001年））3頁～6頁。

3　企業の組織再編は、事業戦略をより効率的に実現するための手段として選択されるものであるが、一方で事業の「売り手」にも多様な事情があり、何らかの目的、たとえば、経営の効率化（不採算事業の売却）、企業再生（過剰資産・債務の処理）、中小企業の事業承継、減損対応等々の目的で事業の分離を選択する売り手と一致したところで、とるべき組織再編手法が決まる。

　　事業戦略に照らし選択されたM&AあるいはD（Divestiture：事業の分離）について、買い手もしくは売り手のストラクチャーとしての選択肢とその特徴等について検討した文献として、監査法人トーマツトータルサービス部『M&A実務のすべて』（日本実業出版社・2005年）51頁～67頁。

4　高野総合会計事務所編著『〈決定版〉経営効率が確実に改善する企業再編』（かんき出版・2007年）90頁～108頁は、企業再編の主な目的として、①資本注入（純資産の増価）、②企業再生、③減損対応、④含み益の実現、⑤タックスメリットをあげる。

5　本書でいう企業グループとは、1つの会社（親会社）を頂点に、原則として資本関係で結ばれた子会社・関連会社の集まりと考えることとする。

　　なお、組織再編が企業グループ内で行われるのか、既存の企業グループの枠を超えて行われるのかは、独占禁止法、企業会計上、税務上の扱いに違いが生じる。たとえば、独占禁止法は、一定の合併を禁止している（同法15条1項）ため、ある一定以上の規模の会社同士が合併する場合には、事前に公正取引委員会へ届出を行い事前審査を受ける必要がある（独占禁止法15条2項）。しかし、親子会社間の合併、親会社が共通である子会社間の合併の場合は、規模のいかんをとわず、事前届出が不要となる（同項ただし書）。このように、企業グループ内か、企業グループを超えた組織再編であるかによって、扱いが大きく異なる。

　　なお、海外売上高が高い企業同士の合併は、外国の独占禁止法と同様の法律にも注意する必要がある。

II 事業の統合

1 事業の統合のための組織再編手法[6]

　事業の統合のために活用する一般的な組織再編手法は、〔表2－1〕のとおりである。

　企業が、より高い市場シェアを獲得するため、あるいは、生産・販売・研究をより効率的に行うために、従来営んできた事業を拡張するため、また、新たな事業分野に進出するために最も直截な方法は、2つ以上の会社の法人格を統合して1つの会社となることであり、その典型的な手法が合併である。以下、まず、事業統合の典型的な手法である合併のメリット・デメリッ

6　土岐＝辺見編・前掲（注2）12頁〜13頁は、事業の取得・統合の必要性が考えられる場合として、次の場合をあげる。
　　① 特定事業へ集中することによる重複設備・組織の回避　企業グループ内において事業が重複する状態が生じてしまっている場合、施設・設備や配送・流通機構の重複投資、組織上の問題として、間接部門や、役員を含む監督部門などが、本来得意でない部門まで対応あるいは監督をしなければならないなどの不都合が生じる。このような場合、企業経営の効率上の観点からは、それぞれの企業が特定の事業に集中したほうがよい場合がある。
　　② 事業取得・統合による相乗効果、有望事業の取得　複数の事業部門を持つ会社が、ある事業を有利なうちに売却してしまいたいと考える、あるいは、特定の事業部門が赤字であり会社全体の収益性に影響を及ぼすため、これを分離したいと考える会社があったとする。その一方で、自社の事業部門と統合すれば相乗効果を発揮し収益が見込めると考えている、あるいは、当該事業は育て方によっては将来有望な事業となりうると考えている会社がある場合などには、吸収分割を用いて事業部門を一方の会社から分離して他方の会社へ統合するほうが、互いにより企業価値を高めることができる。
　　③ コングロマリット・ディスカウント回避と他企業への統合　たとえば、別の事業部門をもつ公開会社において、個々の事業部門ごとにみればそれぞれが1であり、合計すると2であるはずなのに、会社に対する市場の評価は1.5だというような場合、すなわち会社がもつ各事業部門の価値の総合計より会社自体の価値が低くなっている場合には、会社を事業ごとに分割して、それぞれの会社がその価値に見合った評価を受けるようにしたほうがよい場合がある。これは当該会社からみれば事業の分離であるが、その事業部門の移転先が同種事業部門を有する既存会社である場合には、これを機に事業の取得・統合が行われる。
　　④ 労務管理の効率化　従業員の採用や雇用条件なども、本来は事業ごとに決めるのが合理的かつ効率的であるが、同じ会社内では区別しづらいのが実情であるから、事業ごとに統合し直し、その中で処遇するほうがよいということがある。

〔表2−1〕 事業の結合のための組織再編手法

	組織再編手法	具体的手法
①	合　併	合　併
②	事業の取得	・事業譲受（事業譲渡） ・吸収分割（会社分割）による事業の取得 ・現物出資による事業の取得
③	共同持株会社の設置	・株式移転 ・純粋持株会社同士の合併 ・株式交換（既存の持株会社に参加する場合）
④	株式の取得による事業の統合	・株式の取得による子会社化 ・株式交換による他の会社の完全子会社化 ・合併（既子会社等と他の会社の合併）

トについて説明する。

　次に、合併以外に事業の全部または一部を対象として統合する方法として、事業譲受（事業譲渡）、吸収分割等の会社分割による事業の取得といった手法があげられる。これらの手法は、事業を取得しても2つ以上の会社の法人格はそのままである点で、法人格を統一して1つの会社となる合併と異なる。[7]

　次に、複数の会社が共同で持株会社の下で子会社となることにより経営統合を図る、共同持株会社の設置について説明する。共同持株会社の設置は、平成9年の独占禁止法改正により共同持株会社の設立が可能になったこと、および、平成11年の商法改正により株式移転が可能になったことによる新たな手法であり、その後、共同持株会社は合併に代わる経営再編手法として広く活用され、現在では上場企業の約1割が共同持株会社に移行した。

7　もっとも、会社分割の中でも、吸収分割により分割会社の事業全部を吸収会社に移転し、残された分割会社が解散・消滅する場合、共同の新設分割によって、双方の分割会社から事業全部を新設会社に移転したうえで分割会社を解散・消滅する場合は、2つ以上の会社が法人格を統合し1つの会社となる組織再編といえる。

この共同持株会社の設置は、1回の合併では処理しがたい複雑な企業組織の組直しを余裕をもって行い、合併による完全な合一までに時間をかけてグループ内の融合を図るための手段として用いられることがあり、共同持株会社の設置後に子会社同士の合併が行われる事例も少なくない。

　最後に、株式取得による他の会社の事業の取得について説明する。株式取得による他の会社の事業の取得は、対象となる企業の株式の株主から株式の全部もしくは経営を支配するに足るだけの株式を取得して対象企業を支配下に収めるものであり、合併その他の組織再編に比べ、事業拡張、新規事業進出のための最も簡易・迅速な方法である。また、株式取得後に、グループ内再編の一環として子会社同士の合併が行われることも多い。

　以下、合併、(合併以外の方法による) 事業の取得、共同持株会社の設置、株式取得による他の会社の事業の取得について、それぞれの方法のメリット・デメリットについて説明する。

2　合　併

　合併とは、複数の会社が組織的にも実態的にも合一して1つの企業になる手法である。合併には、当事会社のすべてが新設会社に事業を移転し解散する新設合併 (法2条28号。第3章第1節Ⅰ参照) と、当事会社のうち1社が他の会社から事業を引き継ぎ、その他の会社は解散する吸収合併 (同条27号。第3章第1節Ⅱ参照) の2種類の方法がある。

　しかし、新設合併の場合、合併後の手続が煩瑣であることから、実際には、吸収合併で行われる事例がほとんどである[8]。

　組織再編手法としての合併には、〔表2－2〕のようなメリット・デメリットがある[9]。

---

[8] 新設合併が使われない理由としては、①各当事会社の受けていた各種業法上の許認可や金融商品取引所の上場資格が、各当事会社の解散によって消滅し、新設会社が新たに許認可を得、上場資格の審査を受ける必要があること、②登録免許税が、吸収合併の場合には増加した資本金額の1000分の1.5であるのに対し、新設合併では新設会社の資本金額の1000分の1.5と高額になること (登録免許税法別表第1・24㈠ホ・ヘ) などがあげられる。

〔表2−2〕 合併のメリット・デメリット

メリット	① 単一の法人としての規模拡大が図られること（連結決算中心になったとはいえ単体としての規模は、各種の指標としていまだに重要視されている）。 ② 事業譲受や株式の取得と異なり現金を交付することが原則として不要であること（ただし、合併比率の調整として現金を交付する場合や、対価の柔軟化により存続会社、新設会社の株式以外を交付することも可能）。[10] ③ 経営の統一、一体化が図れること。 　共同持株会社や子会社に比べ、経営の統一、一体化は、同一の法人格のため図りやすいこと。
デメリット	① 消滅会社の事業をすべて引き継ぐため不要な事業も承継せざるを得ないこと。 ② 包括的に資産・負債を承継するので、偶発債務を切り離すことができないこと。 　合併先の資産・債務の精査が必要となる。 ③ コンピューターシステムの統合などの初期投資が必要なこと。[11] ④ 従業員の融和、労働条件の統一などの調整に時間と労力を要すること[12] ⑤ 消滅会社の許認可の再取得が必要なことが多いこと。 ⑥ 合併により消滅会社の株主が存続会社の株主となるため、中小企業等では株主間の紛争の元となること（ただし、対価の柔軟化により存続会社、新設会社の株式以外を交付することも可能）。[13]

9　監査法人トーマツ編『〔新版〕企業再編の手続と文例書式』（新日本法規・2002年）11頁〜12頁参照。
10　会社法では、存続会社の株式を交付せず、現金等を交付することが認められた（法749条1項2号、751条1項3号）。
11　企業結合における情報システムの統合について述べる文献として、東京青山・青木法律事務所編『合併・買収後の統合実務』（中央経済社・2006年）480頁〜495頁。
12　合併は、消滅会社のすべての権利義務を存続会社に包括的に承継させるものであるから、原則として消滅会社の従業員の雇用契約も、従前の雇用条件のまま存続会社等に承継される。しかし、実際には雇用条件の統一の問題が生じることになる。雇用契約の承継にあたり就業規則を変更する場合は、就業規則の不利益変更が法律上問題となることがある。

3　事業の取得

　吸収分割等の会社分割による事業の取得といった手法があげられる。これらの手法は、事業を取得しても2つ以上の会社の法人格はそのままである点で、法人格を統一して1つの会社となる合併と異なる。また、対象会社のすべての事業ではなく、一部の事業のみを取得の対象とすることができる点においても、合併とは異なる。

　事業の取得方法としては、次の方法が考えられる。

① 　事業譲受（事業譲渡）　　取得した事業の対価として金銭を交付する方法。事業譲渡とは、会社の事業の全部または一部を、他の会社に譲渡することをいう（法467条）。

② 　吸収分割（会社分割）による事業の取得　　他の会社から事業を譲り受け、その対価として譲渡会社に譲受会社の株式等を交付する方法である。

③ 　現物出資　　出資の対価として事業を取得する方法である。

　組織再編手法としての事業の取得には、〔表2-3〕のようなメリット・デメリットがある。

〔表2-3〕　事業の取得のメリット・デメリット

メリット	（事業譲受の場合） ① 　合併と異なり、必要な事業のみを取得することが可能であること。 ② 　偶発債務等を切り離すことが可能であること。合併と異なり、事業譲渡は、個別の財産や権利義務の集合体を譲渡する取引行為である。したがって、事業譲渡は、譲渡資産や契約などの構成要素を選別できるし、偶発債務等を切り離すことができる。 ③ 　合併や共同持株会社の設置と比べ、手続が簡単であること。[14]

13　前掲（注11）と同様。

	（吸収分割の場合） ① 個別の権利移転行為が不要、相手方の同意なく契約上の地位の移転が可能。会社分割は、分割会社の事業の全部または一部を、承継会社へ承継せしめる組織法上の行為である。したがって、事業譲受の場合のように個別の権利移転などは不要である。
デメリット	（事業譲受の場合） ① 個別の権利移転行為や対抗要件具備行為が必要。個別に財産の所有権を移転し、あるいは契約の相手方の同意を得て債権債務関係を移転したうえ、それらの対抗要件を具備する必要がある。また、その際、契約条件の変更を迫られる等の労力や費用の負担を強いられる可能性あり。 ② 資金調達が必要であること。 ③ 許認可の承継がない場合が多いこと。 （吸収分割の場合） ① 偶発債務を承継する危険があること。承継会社としては、分割される事業の精査が必要となる。 （現物出資の場合） ① 一定の条件を満たさない場合に、検査役検査が必要とされるなど、手続が煩瑣である。 ② 許認可の承継がないこと。

---

14 ［**事業譲渡する側の手続**］ 事業の全部譲渡、および、一部の譲渡であっても重要な一部の場合には、株主保護の観点から、原則として株主総会の特別決議（法467条1項1号・2号）が必要となる。

ただし、重要な一部の譲渡であっても、当該譲渡により譲り渡す資産の帳簿価格が、総資産額の20％以下の場合には、簡易な事業譲渡であるとして、特別決議は不要である（法467条1項2号参照）。

［**事業譲受する側の手続**］ 事業の譲受は、原則として全部の譲受の場合にのみ、株主総会の特別決議（法467条1項3号、309条2項11号）が要求される。一部譲受の場合、重要であっても決議は不要である。

ただし、事業の全部の対価として交付する財産の帳簿価格の合計額の、当該株式会社の純資産に対する割合が20％以下の場合には、株主総会決議は不要となる（法468条2項）。

［**簡易事業譲渡・略式事業譲渡**］ 会社法においては、合併等と同じく、事業の譲渡・譲受についても、株主総会決議を省略し、簡易・迅速に事業の譲渡を行う手続として、簡易事業譲渡（法468条2項）、略式事業譲渡（同条1項）という特則がある。

4 共同持株会社の設置

　共同持株会社の設置は、複数の会社が共同で持株会社を設立し、各社が共同持株会社の子会社となることにより統合する方法である。

　前述のとおり、共同持株会社の設置は、合併の前段階として行われ、後に子会社同士の合併が行われる事例が少なくない。

　共同持株会社の設立方法としては、次の方法が考えられる。

① 　株式移転　　既存の企業を統括する共同持株会社を設立する場合の方法である。

② 　純粋持株会社同士の合併　　すでに両方が純粋持株会社を設立している場合に、その純粋持株会社同士が合併することにより、共同持株会社とする方法である。

③ 　株式交換　　すでに一方が純粋持株会社を設立している場合に、株式交換により他方がその傘下に入り、かつ、純粋持株会社の経営に参加することにより共同持株会社とする方法である。

　組織再編手法としての共同持株会社の設置には、〔表2－4〕のようなメリット・デメリットがある。

〔表2－4〕　共同持株会社設置のメリット・デメリット

メリット	①　合併のデメリットであげた、コンピューターシステムの統合などの初期投資、従業員の融和、労働条件の統一など、1回の合併では処理しがたい複雑な企業組織の組直しを余裕をもって行い、合併による完全な合一までに時間をかけてグループ内の融合を図ることができる[15]。 ②　企業グループ全体の戦略マネージメントによる経営力の向上　　持株会社がグループ全体の立場から長期的視野に立った意思決定を行うことが可能となる。 ③　各事業会社の経営責任の明確化　　傘下企業が独立、自主的に迅速な意思決定を行うことが可能となり、その一方で経営責任の明確化も図れる。

	④ 機動的・積極的な事業展開の促進　事業が傘下会社ごとに分かれていることから今後の同種事業の買収、売却が容易となる。 ⑤ 積極的な新規事業取得の促進　リスクが傘下会社ごとに分断されることから、リスクの高い新規事業の取得を積極的に行える。
デメリット	① 合併のメリットであげた、経営の統一、一体化が図りづらいこと。 ② 経理、総務等の間接部門の重複　傘下会社がそれぞれ、経理・総務等の間接部門を保有することになり、企業グループ全体としての間接部門のコストが増大する可能性がある。 ③ 税負担の増大の可能性　共同持株会社の場合、完全親子関係にない場合等、傘下の赤字会社と黒字会社の損益通算ができない場合がある（合併の場合、同一企業となるため、赤字部門と黒字部門は課税所得の計算上損益通算が可能）。

5　株式の取得による事業の統合

　株式の取得による事業の統合とは、他の企業の支配権を獲得する、または影響力を与える程度に株式を取得することである。当該企業を実質的に支配し、または影響を与えることによって事業を統合することになる。

　前述のとおり、株式の取得による事業の統合は、合併その他の組織再編に比べ、事業拡張、新規事業進出のための最も簡易・迅速な方法である。

　株式の取得による事業の統合の方法としては、次の方法が考えられる。

(1)　株式の取得による子会社化[16]

　株式の取得による子会社化とは、子会社化に必要な株数の株式を取得することである。

　株式取得の方法としては、次のようなものがある。

① 株式の譲受け、市場買付け　株式を取得する方法としては、相対取引（被買収会社の親会社や大株主から相対で譲り受ける方法）が最も簡便であ

15　土岐＝辺見編・前掲（注2）11頁～12頁。
16　土岐＝辺見編・前掲（注2）22頁～23頁、26頁～27頁。

る。[17]

　また、上場企業の場合は、市場での買い集めも簡便であるが、株価が高騰し、買収資金が予期せず多額になる可能性がある。[18]

② 第三者割当増資の引受け　被買収会社が第三者割当増資を行い、買収会社がこれを引き受けることで経営を支配するに足る株式を取得する方法である。

　なお、被買収会社の新株割当てに対して、現金ではなく現物出資により応じる方法もある。買収資金が不要であるメリットはあるが、現物出資に際して検査役検査があり手続が煩瑣であるというデメリットがある。

③ 公開買付け（TOB）[19]　公開買付けとは、EDINETまたは日刊新聞紙への掲載等の方法による公告を通じて、対象会社（有価証券報告書提出会社）の株式等の一定数について買付価格を提示して、株式市場外で一定期間を定めて買い付ける方法である。

　上場会社等の金融商品取引法適用会社の発行済株式総数の3分の1超の株式を一括買収する場合には、公開買付けの手続が必要であり、その手続は金融商品取引法において厳格に定められている。

④ 株式交換　株式交換とは、子会社となる会社の株主からその会社の株式を譲り受け、代わりに親会社となる会社の株式、金銭その他の財産を交付するものである。被買収会社の株式をすべて自社の株式を対価として取得する方法であることから、株式取得の方法の一類型である。[20]

⑤ 合　併　傘下の子会社と子会社化したい会社を合併させ、合併後の

17　ただし、被買収会社の側で株式の譲渡制限がある場合には承認を受ける必要があること、買収資金が必要であることと等の難点がある（土岐＝辺見編・前掲（注2）27頁参照）。
18　土岐＝辺見編・前掲（注2）27頁。
19　2008年における国内で届出のあったTOB件数は、前年比3割減の78件と8年ぶりに減少に転じた。2008年9月の米リーマン・ブラザーズ破綻以降、投資ファンドの資金調達環境が悪化したことが主な要因とみられている。その後、2009年は79件、2010年は53件（同年12月7日現在）で推移している。
20　土岐＝辺見編・前掲（注2）22頁～24頁、26頁～27頁。

会社の持株割合について支配権を獲得する、または影響力を与える程度に株式を取得する方法である。

(2) 株式取得による事業統合のメリット・デメリット

株式取得による事業の統合のメリット・デメリットは、〔表2－5〕のとおりである。[21]

〔表2－5〕 株式取得による事業統合のメリット・デメリット

メリット	（株式の取得の場合） ① 合併と異なり、被買収企業の独立性が保たれるので、人事、労務などの摩擦を回避できる。 ② 合併と異なり、システムや労働条件の統合、許認可の再取得が不要で、事業統合のコストが比較的少なくてすむ。 ③ 株式の取得は、対象会社の経営者の意向とは関係なく行うことができる、すなわち、敵対的買収としても活用できる。 （株式交換の場合） ① 子会社となる会社の株式の取得に多額の資金を必要としない。 ② 100％子会社とすることが可能である。
デメリット	（株式の取得の場合） ① 買収資金が必要である。市場買付けの場合、株価高騰につながり買収資金は予期せずに多額になる可能性がある。 ② 相対取引や公開買付けの場合、必要数の株式を集められるかどうか確実ではない。 ③ 第三者割当増資の場合、発行価格が特に有利発行として被買収会社の側で株主総会の特別決議を要するほか、不公正な発行については株主から新株発行差止請求がなされるリスクがある。また、新株発行について金融商品取引法の規定に従わなければならない。

21　土岐＝辺見編・前掲（注2）22頁～23頁、26頁～27頁参照。

(株式交換の場合)
① 通常、交換により交付される株式は上場企業の株式に限られる。

Ⅲ　事業の分離

1　事業の分離のための組織再編手法

事業の分離のために活用する一般的な組織再編手法は、〔表2－6〕のとおりである。

〔表2－6〕　事業分離の一般的組織再編手法

	組織再編手法	具体的手法
①	事業の売却	・事業譲渡 ・分社して売却（会社分割、現物出資、事業譲渡）
②	事業の廃止	－
③	子会社の売却	・子会社株式の売却
④	子会社の整理	・任意整理、清算、特別清算、破産、民事再生

企業の経営の効率の観点からは、事業戦略上不要な事業の売却や分離、不採算事業部門の廃止は、非常に重要な事業戦略である。事業部門の分離は、合併や事業譲渡等と組み合わせることにより活用されることが多い。[22]

分離したい事業、株式を売却したい子会社があっても、当該事業の取得を望む企業がなければ、当該事業を廃止するしかない。[23]

---

[22] 土岐＝辺見編・前掲（注2）37頁～38頁は、事業を分離・廃止する場合について、次のような例をあげる。
　［分離する場合］　①事業部門を分離して、より効率的な企業形態に変更することによって、当該部門を再生する場合、②ある事業部門を廃止するために分離する場合、③事業部門の一部譲渡のために分離する場合、④合弁事業を終了するために分離する場合
　［廃止する場合］　①不採算部門を切り捨てるために廃止する場合、②重複する部門の統合のために廃止する場合、③共同販売や生産の共同のために事業を廃止する場合
[23] 土岐＝辺見編・前掲（注2）38頁～43頁。

子会社株式の売却には、直接株式を売却する方法[24]以外に、当該子会社に他の株主の持株割合が増加する方法（第三者割当増資等。本書本章Ⅱ4参照）によって持株比率を引き下げて、子会社から除外する方法もある。[25]

2　事業の分離のための各手法のメリット・デメリット

　事業の分離は、当事者として、分離を行おうとする会社のほかに分離された事業を取得する者がおり、分離された事業を取得する者からみれば、「事業の取得」である。

　したがって、事業の分離の各手法のメリット・デメリットについては、「事業の取得」の項（本章Ⅱ）を参照されたい。

24　株式の売却の一方式として、MBO（management buy-out）があげられる。MBOとは、特定の子会社あるいは事業部門を、それまでの子会社の役員や事業部門の経営責任者が外部からの資金を得て取得する仕組みである。

　なお、子会社株式を取得するために、受け皿となる会社を事前に設立し、買収資金を外部から調達することが通常であるが、子会社株式を取得した受け皿会社は、子会社となった会社を吸収合併するのが通常の方法である。別会社のままでは、子会社の生み出した利益を配当などの形でしか受け皿会社に移転することができないなど（株式取得資金の負債利子は税法上、益金不算入とされる受取配当の額から控除される）、税法上の利益を享受できないことがその理由である（土岐＝辺見編・前掲（注2）49頁）。

25　土岐＝辺見編・前掲（注2）47頁～52頁。

Ⅳ　事業の共同化

　事業の共同化とは、自社単独では事業を継続、発展させることは難しいが、他者の経営資源を利用することで事業展開が可能となるような場合に[26]、他社ないし他社グループと共同して事業を行う方法である[27]。

　事業の共同化のために活用する一般的な組織再編手法は、次のとおりである[28]。

① 共同新設分割　　同じ事業を行っている会社がその事業のみを分割して、1つの新設会社として統合する方法である。

② 共同出資会社の設立[29]　　金銭出資により共同事業会社の設立したのちに事業の現物出資または金銭出資することにより、当該事業を設立する方法である。

③ 吸収分割、合併　　同じ事業を行っている子会社が各企業グループに存在する場合、吸収分割、合併により共同事業会社を設立する方法である。

　各手法のメリット・デメリットは、「事業の統合」の項（本章Ⅱ）を参照

26　土岐＝辺見編・前掲（注2）63頁〜64頁。なお、事業の共同化は、会社分割や事業譲渡等の組織再編の準備段階として行われることもある。

27　土岐＝辺見編・前掲（注2）67頁は、企業が事業の共同化を行う態様について、大きく次のとおり分けて考えたうえ、当該態様のそれぞれについて、どのような手法がとれるのか検討している。
　[両社がすでに行っている同種事業を共同化するケース]
　　① 両社が本体で営んでいる事業を共同化する場合
　　② 一方の当事者が本体で営んでおり、他方の当事者が子会社で行っている事業を共同化する場合
　[一方の当事者が行っている事業を共同化するケース]
　　① 一方の当事者が本体で営んでいる事業を共同化する場合
　　② 一方の当事者が子会社で営んでいる事業を共同化する場合

28　事業の共同化の手法としては、業務提携契約、事業損益共通契約、民法上の組合、匿名組合契約等の契約により行うものがあるが（土岐＝辺見編・前掲（注2）67頁〜80頁）、本書では、組織再編手法、すなわち法人格や株主の異動を伴う方法についてのみ説明することとする。

29　共同新設分割のほうがメリットが大きく、今後は共同新設分割が多用される点について、土岐＝辺見編・前掲（注2）71頁〜72頁。

第2章 組織再編手法の1つとしての合併選択のポイント

されたい。

V　企業グループ内での再編

1　総　説

　組織再編が行われるのは他の企業との間だけとは限らない。同一企業グループ内においても、組織再編を必要とする場面は存在する。その理由としてはさまざまなものが考えられるが、主なものをあげると以下のとおりである。

　いずれの理由も、一義的に事業の統合を指向するものでも分離を指向するものでもなく、当該企業グループの採用する戦略や当該事業の特殊性等に応じ、組織再編の手法を採用する必要がある。

① 　リスク分散　　新規事業等のリスクの高い事業を行う場合、親会社に波及する法的なリスクを遮断することが求められる場合があることから、子会社として分社化して事業を行い、リスクを分散することが考えられる。

② 　事業の迅速化　　親会社が純粋持株会社となり企業グループ全体の意思決定のみを担当し、各子会社が担当したそれぞれの事業を行うことにより、事業の迅速化を図ることができる場合がある。

　　他方、当該事業そのものについて迅速な意思決定を必要とする事情から、子会社の担当していた事業を親会社へ移管することにより、事業の迅速化を図ることができる場合もある。

③ 　事業の効率化　　複数の子会社が重複した事業を行っている場合、当該事業を単一の子会社に移管し、それぞれの子会社の役割分担を明確化することにより、事業の効率化を図ることができる場合がある。他方、複数の事業部門を抱える企業の場合、各事業部門に対応させる形で分社化等を行うことによって、各事業部門の業績評価を適正に行うことが可能となる場合もある。

また、人事体系や給与体系、業務内容等に応じて分社化することにより、業務内容や労働条件の特殊性に応じた制度の運用が可能となる場合がある。

2　持株会社の設置

　持株会社とは、「子会社の株式の取得価額（最終の貸借対照表において別に付した価額があるときは、その価額）の合計額の当該会社の総資産の額に対する割合が100分の50を超える会社」をいう（独占禁止法9条5項1号）。

　持株会社には、いわゆる純粋持株会社と事業持株会社があるが、両者は他の会社の事業活動を支配する事業以外の事業活動を行うか否かで区別されているようである。すなわち、純粋持株会社が他の会社の事業活動の支配のみを事業活動とするのに対し、事業持株会社は他の会社の事業活動の支配のみならず、それ以外の具体的な事業活動を行う持株会社をいう[30][31]。

(1) 持株会社のメリット・デメリット

　持株会社の設置には、〔表2－7〕のようなメリット・デメリットがあると考えられている。

〔表2－7〕　共同持株会社設置のメリット・デメリット

メリット	① 企業グループ全体としての適切かつ迅速な戦略立案、意思決定、投資が可能になる。 ② 新規事業の立ち上げが容易になる。 ③ 他企業とのM&Aが容易になる。 ④ 親会社・子会社ともに役割分担と責任負担が明確化される。 ⑤ 子会社からの受取配当金に関して、連結納税制度適用による節税効果を受けることができる。

---

[30] 単に「持株会社」という場合、純粋持株会社を指すことが多く、事業持株会社は単に「親会社」と呼ばれることが多い。

[31] 一般的に持株会社には「ホールディングス」との名称が付されることが多く、企業の略称などでアルファベット表記を用いる場合、通例的に「HD」と略される場合が多いが、そのすべてが純粋持株会社というわけではなく、事業持株会社も存在する。

デメリット	① 子会社にとっては親会社（持株会社）の意思決定が必要となる場合がある。 ② 各子会社（事業会社）間の連携が円滑に行われない場合がある。 ③ 特に純粋持株会社の場合、親会社の主たる収入が子会社からの配当となるため、親会社（持株会社）単体では子会社（あるいは連結ベースでのグループ全体）より信用リスクが大きくなり、格付上の「ねじれ」が生じる場合がある。

(2) 持株会社設置の方法

(ア) 株式移転

複数の企業を統括する持株会社を新たに設立する方法としては、株式移転が考えられる。

株式移転とは、1または2以上の株式会社がその発行済株式の全部を新たに設立する株式会社に取得させることである（法2条32号）。

株式移転により設立され、当事会社の発行済株式を取得した株式会社は株式移転設立完全親会社となり、純粋持株会社が設立されることになる。

(イ) 会社分割（新設分割）

複数の事業部門を有する会社を持株会社とする方法としては、会社分割（新設分割）が考えられる。すなわち、複数の事業部門を有する会社は、各事業部門をそれぞれ分割し、新設分割により設立される会社（新設会社）に各部門の事業を承継したうえで、各新設会社の発行する株式を取得することにより、持株会社となることができる。

新設分割とは、1または2以上の株式会社または合同会社がその事業に関して有する権利義務の全部または一部を分割により設立する会社に承継させることをいう（法2条30号）。

後記(ウ)の事業譲渡等と異なり、個別の権利義務の移転の手続が不要となる点がメリットであるが、その反面、事前開示手続（法803条1項、施行規則205条）や債権者保護手続（法810条）、労働者の異議申出手続（会社分割に伴う労

働契約の承継等に関する法律（以下、「承継法」という）4条）を必要とすることになる。

　　(ウ)　事業譲渡等

すでに傘下の子会社を有する会社が存在する場合に当該会社を純粋持株会社とする方法としては、事業譲渡または事業の現物出資が考えられる。

親会社はその有する全事業を傘下の子会社に譲渡または現物出資することにより、他の会社の事業活動の支配のみを事業活動とする純粋持株会社となることが可能である。

3　親子会社間の事業分野の調整

親子会社関係を構築している企業グループにおいては、子会社へ事業を移管していることにより親会社単独での財務体質が悪化し、あるいは親会社にも子会社にも間接部門が設置されることにより間接部門に要するコストが重複し、分社化を重ねることにより事業分担が非効率的になる等の問題が生じ得る。

この場合、親会社の財務体質の強化や、間接部門の重複を回避し、事業分担を見直す等の事業の効率化を図ることにより、企業グループ全体にもたらす効果を最大化するため、親子会社間での事業分野を調整する場合がある。

(1)　**子会社の事業のすべてを親会社に統合する方法**

　　(ア)　事業譲渡

事業譲渡は譲渡対象となる権利義務の個別的な承継であることから、合併と異なり、全事業を譲渡したとしても法人格は残存することになる。そのため、子会社は親会社への事業譲渡の後、解散および清算が必要となる。

　　(イ)　合併（吸収合併）

事業譲渡と異なり、子会社は特に清算手続を必要とせず消滅することになる。

この点、合併の対価として親会社の株式が交付される場合、子会社が100％子会社でない場合には他の株主が親会社の株主となる。合併の対価と

して現金等が交付される場合には、他の株主が親会社の株主となることを回避することが可能となる。

(2) 子会社の事業の一部を親会社に統合する方法

(ア) 事業譲渡

事業の一部を承継する方法としては事業譲渡と吸収分割が考えられるが、そのうち事業譲渡は譲渡対象となる権利義務の個別的な承継であり、個別の権利義務の移転にあたって手続が必要となるが、その反面、想定外の負債を承継する等のリスクを回避することができる。

(イ) 会社分割（吸収分割）

吸収分割とは、株式会社または合同会社がその事業に関して有する権利義務の全部または一部を分割後他の会社に承継させることをいう（法2条29号）。事業譲渡と異なり、個別の権利義務の移転の手続が不要であるため迅速な統合を行いやすく、必ずしも組織化され有機的一体として機能する事業用財産の譲渡を要しないが、その反面、想定外の負債を承継する等のリスクが生じるおそれがあり、また、事前開示手続（法782条1項2号、794条1項、施行規則183条、192条）や債権者保護手続（法789条、799条）、労働者の異議申出手続（承継法4条）を必要とすることになる。

(3) 親会社の事業の一部を子会社に移転する方法

(ア) 事業譲渡

上記(2)(ア)のとおり、事業譲渡は譲渡対象となる権利義務の個別的な承継であり、個別の権利義務の移転にあたって手続が必要となる。

(イ) 会社分割（吸収分割）

上記(2)(イ)のとおり、事業譲渡と異なり、個別の権利義務の移転の手続が不要であるため迅速な統合を行いやすい。また、想定外の負債を承継する等のリスクは、親会社が譲受会社となる上記(2)(イ)の場合と比較すると類型的に小さいといえる。また、事前開示手続（法782条1項2号、794条1項、施行規則183条、192条）や債権者保護手続（法789条、799条）、労働者の異議申出手続（承継法4条）を必要とすることになる。

4　子会社間の事業分野の調整

　複数の子会社を抱える企業グループにおいては、各子会社の事業の発展、あるいは市場の変容に伴って、各子会社間の事業（対象となる商品や取引の対象）が重複することがありうる。

　この場合、各子会社の役割分担を明確化して効率的な運営を確保し、あるいは市場における規模の利益を獲得することによって、その属する企業グループ全体にもたらす効果を最大化するため、子会社間の事業分野を調整する場合がある。

(1)　子会社の事業のすべてを他の子会社に統合する方法

(ｱ)　事業譲渡

　事業譲渡は譲渡対象となる権利義務の個別的な承継であることから、合併と異なり、全事業を譲渡したとしても法人格は残存することになる。そのため、子会社は他の子会社への事業譲渡の後、解散および清算が必要となる。

(ｲ)　吸収合併

　吸収合併とは、会社が他の会社とする合併であって、合併により消滅する会社の権利義務の全部を合併後存続する会社に承継させるものをいう（法2条27号）。

　事業譲渡と異なり、個別の権利義務の移転の手続が不要であるため迅速な統合を行いやすいが、事前開示手続（法782条1項2号、794条1項、施行規則183条、192条）や債権者保護手続（法789条、799条）が必要となる。

(2)　子会社の事業の一部を他の子会社に移転する方法

(ｱ)　事業譲渡

　親会社の事業の一部を子会社に移転する場合と同じく、事業譲渡は譲渡対象となる権利義務の個別的な承継であり、個別の権利義務の移転にあたって手続が必要となる。

(ｲ)　吸収分割

　事業譲渡と異なり、個別の権利義務の移転の手続が不要であるため迅速な

統合を行いやすいが、その反面、事前開示手続（法782条1項2号、794条1項、施行規則183条、192条）や債権者保護手続（法789条、799条）、労働者の異議申出手続（承継法4条）を必要とすることになる。

(3) 子会社の事業の一部を親会社に移転し残りの事業を他の子会社に移転する方法

上記(1)(2)でみてきたような、事業の一部の承継と事業の全部の承継を組み合わせて行うことになるが、そのバリエーションは多岐にわたる。結局は、それぞれの選択肢が有するメリット・デメリットを勘案して、法律面・会計面・税務面において有利な選択となるよう、個別具体的に方針を決することになる。

① 親会社への事業譲渡＋他の子会社への事業譲渡
② 親会社への事業譲渡＋他の子会社への吸収合併
③ 他の子会社への事業譲渡＋親会社への吸収合併
④ 他の子会社への吸収分割＋親会社への吸収合併
⑤ 親会社への吸収分割＋他の子会社への吸収合併

5　持株比率の変更

株式の保有割合を引き上げて関連会社から子会社にする場合や、逆に株式の一部を売却し、持株比率を下げて子会社から関連会社にする場合や、支配力・影響力を強化あるいは軽減するために持株比率の引上げ・引下げを行うことも企業グループ内における再編の一形態といえる。

(1) 株式の買い増し・売却

株式の買い増し・売却は、それに伴う株式の譲渡によって持株比率を変更することが可能である。

株式の譲渡は取引行為であり、合併、会社分割、株式交換・株式移転等の組織再編手続に比べると、さほど複雑な手続を必要としない。有価証券報告書提出会社の株式について取引を行う場合、取引内容によっては金融商品取引法上の公開買付け規制などを受けることがありうるが、非公開会社の株式

についての取引の場合には、比較的簡便な手続で実行することが可能である。他方で、非公開会社の場合には、譲渡による株式の取得について会社の承認が必要となることや、当該会社の株式の価値算定が問題となることがある。

(2) 第三者割当増資

第三者割当てとは、株主に株式の割当てを受ける権利を与えないでなされる募集株式の発行等のうち、特定の者に対してのみ募集株式の申込みの勧誘および割当てを行う方法をいう。第三者割当増資を行う相手方の選択により、持株比率を変更することが可能である。

公開会社における第三者割当ての場合、既存株主の利益保護のため、払込金額が募集株式を引き受ける者に「特に有利な金額」である場合には、株主総会の特別決議が必要となる（法199条3項、201条1項、199条2項、309条2項5号）。

(3) 株式交換

株式交換とは、株式会社がその発行済株式の全部を他の株式会社または合同会社に取得させることをいう（法2条31号）。

発行済株式の全部を他の株式会社または合同会社に取得させた当該会社は株式交換完全子会社となり、持株会社関係がつくられる。

(4) 合　併

持株比率の高い会社と持株比率の低い会社とが合併することにより、合併後の存続会社における持株比率が全体として増減する。

(5) 自己株式の取得・売却

親会社以外が保有する子会社の株式を当該子会社が取得・売却することにより、議決権を有する株式数が減少・増加するため、相対的に親会社の持株割合が増減する。

6　子会社・孫会社の入れ替え

事業内容が多岐にわたる企業グループにおいては、子会社が複数の事業部

門を有する場合や、子会社が多数に上る場合などにおいては、新たに孫会社・曾孫会社をつくるなど、企業グループにおける階層を拡充する必要が生じることがある。

逆に、親子会社関係が多層にわたる企業グループにおいては、子会社・孫会社の事業の発展、あるいは市場の変容に伴って、親会社の意思決定をグループ全体に効率的に伝達する目的や、各社において生じる間接部門等のコストを最小限に抑え、統合によるシナジー効果を最大化する目的から、孫会社・曾孫会社を子会社化するなど、企業グループにおける階層を減少させる必要を生じることがある。

もちろん、企業グループの中には、階層の拡充と減少の両方を組み合わせて全体の組織再編を行う必要があるものも存在する。

(1) 子会社の孫会社化

(ア) 株式譲渡

親会社が保有する子会社の株式を、他の子会社が買い受ける手法である。株式の譲渡は取引行為であり、合併、会社分割、株式交換・株式移転等の組織再編手続に比べると、さほど複雑な手続を必要としない。

(イ) 現物出資

親会社が保有する子会社の株式を、他の子会社に対して現物出資し、当該他の子会社から株式の発行を受ける方法である。

(ウ) 吸収分割

親会社が保有する子会社の株式を分割対象資産として、他の子会社に吸収させ、当該他の子会社から対価として株式の発行を受ける方法である。

(エ) 株式交換

子会社同士が株式交換を行うことにより、子会社同士において新たに完全親子会社関係が作られ、親会社から見ればいわゆる孫会社としての位置づけを有することになる。

(2) 孫会社の子会社化

(ア) 株式譲渡

　子会社が保有する孫会社の株式を、親会社が買い受ける手法である。株式の譲渡は取引行為であり、合併、会社分割、株式交換・株式移転等の組織再編手続に比べると、さほど複雑な手続を必要としない。

(イ) 現物配当

　子会社が保有する孫会社の株式を、親会社に対する配当として交付する手法である。

(ウ) 吸収分割

　子会社が保有する孫会社の株式を分割対象資産として、親会社に吸収させ、親会社から対価として株式の発行を受ける方法である。この場合、子会社が親会社から発行を受けた株式については、取得そのものは許容されるが（法135条2項5号、施行規則23条1項1号）、相当の時期に処分しなければならない（法135条3項）。

第3章
会社合併の類型別による法律と実務

第1節　株式会社における合併

第1　新設合併

I　新設合併の意義

1　意　義

　新設合併とは、当事会社（消滅会社）のすべてが消滅して新しい会社を設立して（新設会社）、新設会社に消滅会社のすべての権利義務を承継させる（包括承継）形式で行われる会社合併である（法2条28号）。

　たとえば、新設合併の場合は、〔図3－1〕の新設合併の仕組みのとおり、A社、B社共に消滅し、2つの会社の全財産は新しくできたC社に包括承継される。ここではA社とB社の株主は、C社の株主として収容される図式となる。

規　定

> 会社法2条〔定義〕
> 　二十八　新設合併　2以上の会社がする合併であって、合併により消滅する会社の権利義務の全部を合併により設立する会社に承継させるものをいう。

〔図3－1〕 新設合併の仕組み

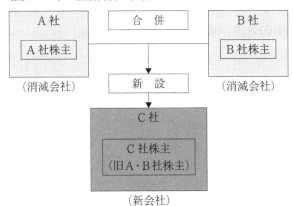

2 実務上の活用頻度

　実務上は、経済的に対等合併と報じられているケースにおいても、法的には吸収合併の手続がとられることが多く、新設合併は極めて稀である。

　実務上吸収合併が多い理由は、第1に登録免許税額が安価となる点があげられる。すなわち、吸収合併であれば、合併によって資本金が増加した額の1000分の1.5で足りる一方、新設合併であれば新設会社の資本金総額の1000分の1.5となるため（登録免許税法別表第1・24㈠ホ・ヘ）である。

　第2に、消滅会社においては、営業の許認可および金融商品取引所の上場資格等がいったん消滅し、再申請が必要となるところ、新設合併手続をとれば、双方が消滅会社である以上、すべての許認可および上場資格等について、再申請が必要となる。このため、新設合併は、一方の有する許認可や上場資格等を残し活用することのできる吸収合併より手間がかかるといわれている[1]。

　平成15年に三越、名古屋三越、千葉三越、鹿児島三越および福岡三越の合併の際には新設合併が採用されたが、これは極めて珍しい例であったといわ

---

[1]　江頭憲治郎『株式会社法〔第6版〕』（有斐閣・2015年）847頁。

れている。

3　合併の効果（吸収合併と重複あり）

　新設合併の場合には、当事会社の全部が解散する（法471条4号）。この場合は、清算は行われず（法475条1号）、消滅会社は解散すると同時に消滅する。

　新設合併により、新会社が成立し、合併の対価として、消滅会社の株主は持ち株数に応じて新設会社の株式等の交付を受け、新設会社の株主となる。

　新設合併により、新設会社は、消滅会社の権利義務を包括的に承継する（法754条1項、756条1項）。

Ⅱ　新設合併の手続

　以下、新設合併を行う場合の手続に従って、各制度の解説を順に行うこととする（なお、新設合併を行うにあたってのモデルスケジュールは、〔表3-1〕を参照）。

1　新設合併契約書の作成

(1)　意　義
　会社が、他の会社と合併をなす場合には、合併契約によることとし、新設合併により株式会社を設立する場合、新設合併契約において、少なくとも法753条各号記載の事項を定めなければならないとした。

(2)　趣　旨
　会社が、他の会社と合併をなす場合には、合併契約によることとし、合併をするには、合併契約書を作成し、株主総会の承認を得なければならないとしている。

(3)　法定記載事項

㈦　合併条件
　合併条件は、消滅会社の株主（および潜在的株主である新株予約権者）が消滅会社の株式（新株予約権）と引き換えに何を交付されるかに関する定めである。次の2つからなり、合併から生ずる相乗効果（シナジー）の分配も含め、各当事会社の各株主（新株予約権者）間に経済的利得、損失が生じないよう公正に定める必要がある。

①　交付される対価の種類・総額等　　新設合併のような新設型組織再編の場合は、消滅会社の権利義務を承継して新たに株式会社や持分会社を設立するという性質をもつ。

　このため、対価としての株式や持分の交付がいっさいなければ、そもそも新設会社の株主や持分権者が存在しない状態となるため、株式や持

分の交付がいっさいないことはあり得ない。

　もっとも、新設合併においても一方の消滅会社の株主に対しては、社債・新株予約権のみを交付し、株式を交付しない取扱いは可能である（非株式交付消滅会社。計算規則77条1号ロ）。

　また、新設会社の株式や持分に加えて、社債等（社債、新株予約権および新株予約権付社債）を交付することも可能である。

② 割当てに関する事項（割当比率）　消滅会社の株主らに交付する新設会社の株式等をどのような比率で割り当てるかに関する事項を定める。

　具体的には、消滅会社の株式一定数の株式当たり、新設会社のいかなる種類の株式を何株割り当てるかという形式で、双方の消滅会社ごとに記載することになる。また、消滅会社が種類株式を発行している場合には、上記記載は各種類株式ごとに定めることになる。

　このほか、株式に加えて、もしくは株式以外に、社債や新株予約権等を交付する場合には、消滅会社の株式一定数当たり、新設会社の社債等をどれだけ割り当てるかという形式で記載することになる。

　(イ)　**新設会社の組織・体制**

新設合併においては、新設会社の定款・設立時の取締役等の新設会社の組織・体制および資本金の額等を合併契約に定めなければならない。

① 定款・役員等　新設合併において新設会社が株式会社である場合には、㋐目的・商号・本店の所在地・発行可能株式総数その他の定款で定める事項、および、㋑設立時取締役その他の役員等の氏名（名称）を定める（法753条12項2号～5号）。

　なお、新設合併に際して、選任される役員等は、総会が合併契約を一

2　新設合併の場合に割当比率に端数が生じるような場合には、その端数に合わせて、社債等を交付するか、または端数が生じないように合併の効力発生前に消滅会社の株式の分割・併合を行うことになる（江頭・前掲（注1）859頁）。もっとも、新設合併でも、株式の割当てから生ずる端数の調整の目的であれば、金銭の交付が可能であるとする見解もある（相澤哲＝細川充「組織再編行為(上)」商事法務1752号9頁注6）。

括して承認する形で選任されるものであり、各候補者につき、個別に賛否が問われることは予定されていない（施行規則89条4号～7号）。

なお、設立時代表取締役、設立時委員、設立時執行役は、新設会社の取締役（取締役会）が選定する（法47条、48条）。

② 資本金・準備金の額に関する事項　新設会社が株式を交付する場合には、資本金・準備金の額に関する事項を定める（法753条1項6号、445条5項、商業登記法81条4号）。

【書式3－1】　新設合併契約書

合併契約書

　〇〇株式会社（以下「甲」という。）と〇〇株式会社（以下「乙」という。）は、〇〇株式会社（以下「新会社」という。）を設立するにつき、次のとおり、新設合併契約を締結した。

（目的）
第1条　甲と乙は、合併して新会社を設立し、甲乙両会社は解散するものとする。
　2　本合併に係る新設合併消滅会社の商号及び住所は、以下のとおりである。
　　(1)　商号　　〇〇株式会社
　　　　住所　　〇県〇市〇町〇番〇号
　　(2)　商号　　〇〇株式会社
　　　　住所　　〇県〇市〇町〇番〇号

（新会社）
第2条　新会社の目的、商号、本店の所在地及び発行可能株式総数は次のとおりとする。
　　(1)　目的
　　　　1　〇〇の製造販売
　　　　2　〇〇の売買
　　　　3　前各号に附帯する一切の事業

(2) 商号
　　○○株式会社
(3) 本店所在地
　　○県○市○町○番○号
(4) 発行可能株式総数
　　○株

（定款）
第3条　第2条に掲げた事項以外に定款に定める事項は、別紙（略）定款記載のとおりとする。

（設立時取締役）
第4条　設立時の取締役は次の者とする。
　(1) ○○○○
　(2) ○○○○
　(3) ○○○○

（設立時監査役）
第5条　設立時監査役は次の者とする。
　　○○○○

（株式割当）
第6条　新会社は、普通株式○株を発行するものとし、本合併の効力発生日（以下「効力発生日」という。）前日最終の甲株主名簿に記載された各株主に対して、その所有する甲の普通株式に代えて、当該普通株式○株につき新会社の普通株式○株の割合をもって割当交付し、また、効力発生日前日最終の乙の株主名簿に記載された各株主に対して、その所有する乙の普通株式に代えて、当該普通株式○株につき新会社の普通株式○株の割合を持って割当交付する。

（資本金及び準備金）
第7条　新会社の資本金及び準備金は次のとおりとする。
　(1) 資本金　　　　金○円

(2) 資本準備金　　金○円

(善管注意義務)
第8条　甲及び乙は、本契約締結後、効力発生日前日に至るまで、善良なる管理者の注意をもって各業務を遂行し、かつ、一切の財産の管理を行う。

(従業員等)
第9条　新会社は、効力発生日において、甲及び乙の従業員を新会社の従業員として雇用し、その勤続年数を通算するものとする。

(総会の承認等)
第10条　甲と乙は、本契約につき承認を得るため、平成○年○月○日までにそれぞれ株主総会の承認を得るものとする。

(変更等)
第11条　この契約締結の日から効力発生日までの間において、天災地変その他の理由により、甲若しくは乙の資産状態又は経営状態に重大な変更が生じた場合又は隠れたる重大な瑕疵が発見された場合には、甲及び乙が協議の上、本契約を変更し又は解除することができる。

(協議)
第12条　本契約に定めのない事項、または本契約の各条項の解釈に疑義が生じた事項については、甲乙誠意をもって協議の上解決する。

(停止条件)
第13条　本契約は関係官庁の認可がない場合又は甲乙各々の株主総会の承認を得ることができないときはその効力を失う。

本契約の締結を証するため本書2通を作成し、甲乙各1通を保有する。

平成○年○月○日
　　　　　　　　　　　(甲)　○県○市○町○番○号
　　　　　　　　　　　　　　○○株式会社

代表取締役　○○○○　㊞

（乙）　○県○市○町○番○号
　　　　○○株式会社
　　　　代表取締役　○○○○　㊞

規　定

会社法748条〔合併契約の締結〕
　会社は、他の会社と合併することができる。この場合においては、合併をする会社は、合併契約を締結しなければならない。

会社法753条〔株式会社を設立する新設合併契約〕
　2以上の会社が新設合併をする場合において、新設合併により設立する会社（以下この編において「新設合併設立会社」という。）が株式会社であるときは、新設合併契約において、次に掲げる事項を定めなければならない。
一　新設合併により消滅する会社（以下この編において「新設合併消滅会社」という。）の商号及び住所
二　株式会社である新設合併設立会社（以下この編において「新設合併設立株式会社」という。）の目的、商号、本店の所在地及び発行可能株式総数
三　前号に掲げるもののほか、新設合併設立株式会社の定款で定める事項
四　新設合併設立株式会社の設立時取締役の氏名
五　（条文記載略、ただし、機関形態に合わせた設立時会計参与、設立時監査役、設立時会計監査人の氏名）
六　新設合併設立株式会社が新設合併に際して株式会社である新設合併消滅会社（以下この編において「新設合併消滅株式会社」という。）の株主又は持分会社である新設合併消滅会社（以下この編において「新設合併消滅持分会社」という。）の社員に対して交付するその株式又は持分に代わる当該新設合併設立株式会社の株式の数（種類株式

発行会社にあっては、株の種類及び種類ごとの数）又はその数の算定方法並びに当該新設合併設立株式会社の資本金及び準備金の額に関する事項
　七　新設合併消滅株式会社の株主（新設合併消滅株式会社を除く。）又は新設合併消滅持分会社の社員に対する前号の株式の割当てに関する事項
　八　（条文記載略、ただし、新設合併消滅株式会社の株主に対して、株式に代えて新設合併設立株式会社の社債等を交付するときの社債等に関する事項）
　九　（条文記載略、ただし、上記の場合における社債等の割当てに関する事項）
　十　（条文記載略、ただし、新設合併消滅会社が新株予約権を発行している場合の、新株予約権者に対して、交付する新設合併設立株式会社の新株予約権又は金銭に関する事項）
　十一　（条文記載略、ただし、上記の場合の新株予約権又は金銭の割当てに関する事項）

●コラム●
合併覚書の作成
　合併契約の締結前には、当事会社間でさまざまな調査・交渉が行われる。
　合併契約の締結に至る交渉過程において、基本的な合意事項につき、当事会社の代表者の間で「合併覚書」と呼ばれる書面が作成されるのが通例で、上場会社であれば、その時点で報道機関等に対し合併の公表がなされる。
　合併覚書には、通常、①合併の目的（ビジョン、経営理念など）、②合併形態・合併後の商号、③合併条件（合併比率）、④効力発生日、⑤合併後の主な役員人事、⑥従業員の取扱い、⑦合併承認総会の期日、⑧合併委員会の設置等の事項が記載される（江頭・前掲（注1）781頁、商事法務研究会編『会社の合併ハンドブック〔新訂第3版〕』（商事法務研究会・2000年）133頁参照）。もっとも、公表時において、定まっていることを発表することが主目的であるから、未定の事項は除かれる。

●コラム●
基本合意の法的拘束力

　M&A取引の交渉過程において、事前の買収調査（デュー・ディリジェンス）の結果を踏まえ、当事会社間で最終合意に向けて本格的に交渉を進めるとの合意に至った場合は、基本合意書（上記合併合意書もこれに含まれる）が作成されるが、この基本合意書には、独占交渉権条項が定められることが多い。

　これは、買主側からすれば、費用と時間をかけて手続を進めているのに、売主側が二股をかけ、あるいは後から有利な条件を提案して現れた他の買手による取引の奪取の防止を目的とするが、売主側にも買主を引き止めるという目的があることによる。このような独占交渉権の履行を確保する方法として違約金条項が規定される場合があるが、わが国では、一般に、違約金条項の定めがないものが多かったようである。

　しかし、住友信託銀行株式会社対旧UFJホールディングス事件判決（東京地判平成18・2・13判時1928号3頁）において、基本合意に基づく独占交渉義務の法的拘束力が肯定されたことから、同事件を契機として、わが国においてもM&A取引において、将来の紛争防止の観点から、違約金条項や独占交渉解除条項を設けることの必要性が認識されるようになった（同事件では基本合意書中に違約金や独占交渉解除条項の規定を設けていなかったため、これが法廷紛争にまで発展した一因であるといわれている）。

　具体的には、基本合意書中に独占交渉義務不履行の場合の違約金を明記しておくことや、また、M&A取引における相手方の選択の自由を不当に制限しないという観点からも一定の条件の下で独占交渉権条項の義務を免除する独占交渉解除条項を明記し、M&A取引における将来の紛争を防止することが考えられる。

〔東京地判平成18・2・13〕　住友信託銀行が、旧UFJホールディングス（現三菱UFJファイナンシャル・グループ）と傘下の2行を相手どり、信託部門の経営統合で基本合意を締結したのに一方的に白紙撤回をされ損害を受けたとして2331億円の損害額の一部である1000億円の損害賠償を求めた訴訟である。

　東京地方裁判所は、基本合意書の締結によって最終契約の締結義務はないとしたが、基本合意をし、そこに独占交渉義務および誠実協議義務を規定することによって、最終契約に向け独占交渉をし、誠実に協議をするという意味での法的拘束力が生じ、これらの違反が債務不履行になることを認めた。この場合の損害賠償の範囲については、いわゆる履行利益ないし履行利益に最終契約成立可能性を乗じた額ではなく、独占交渉義務および誠実協議義務の債務不履行

と相当因果関係にある損害について賠償する義務であると明示した。
　第1審では、住友信託銀行が最終契約締結で得られたであろう履行利益のみを主張し、その他の損害について何ら主張立証をしていなかったため請求棄却とされたが、住友信託銀行が、損害額を減縮して100億円の損害賠償を求めた控訴審では、平成18年11月23日、旧UFJホールディングス側が住友信託銀行に対し、25億円を支払うことで和解が成立している。

2　合併契約書等の備置き・開示

(1)　意　義

　新設合併の各当事会社および新設会社は、新設合併契約等備置開始日から設立会社の成立の日の後、6カ月を経過する日までの間、新設合併契約書等の書類（電磁的記録を含む）を作成のうえ、本店に備置しなければならない（法803条1項1号、815条3項1号、施行規則204条）。

(2)　趣　旨

　事前開示を必要とした趣旨は、次の①②のとおり、株主や会社債権者に対して事前の情報開示を行う点にある。
① 　株主に対して、株主総会の開催前に、合併についての可否や株式割当て条件の当否についての判断の資料を提供する。
② 　会社債権者に対して、債権者保護手続において、会社合併に異議を述べるかどうかについての判断の資料を提供する。

　その結果、本開示情報に基づいて、株主や会社債権者が、合併無効の訴えをするかどうかといった判断を行うことを想定している。

(3)　具体的手続

(ア)　開示資料

① 　合併契約書（法803条1項）
② 　交付する株式および設立会社の資本金および準備金の額に関する事項や割当てに関する事項の相当性に関する事項を記載した書面（社債、新株予約権、新株予約権付社債を交付する場合には、これらに関する事項およ

び割当てに関する相当性に関する事項を記載した書面。施行規則204条1号イ)

③ 消滅会社の新株予約権者に対して、新株予約権を交付する場合、交付する新株予約権に関する事項および割当てに関して相当性に関する事項を記載した書面(同条2号イ)

④ 他方の消滅会社に関する財務資料

　㋐ 清算株式会社でない場合(同条3号イ～ハ)　最終事業年度に係る計算書類等の内容、最終事業年度の末日後の日を臨時決算日とする臨時計算書類等がある場合は当該臨時決算書類等の内容、最終事業年度の末日後の重要な財産の処分、重大な債務の負担その他会社財産の状況に重要な影響を与える事象が生じたときはその内容

　㋑ 清算株式会社である場合(同条4号)　清算開始日における貸借対照表

⑤ 当該消滅会社に関する事項を記載した書面(同条5号イ・ロ)　最終事業年度の末日後の重要な財産の処分、重大な債務の負担その他会社財産の状況に重要な影響を与える事象が生じたときはその内容、最終事業年度がないときは当該消滅会社の成立の日における貸借対照表

⑥ 新設合併が効力を生ずる日以後における新設会社の債務の履行の見込みに関する事項を記載した書面(同条6号)

⑦ 備置開始後、上記事項に変更が生じた場合は、その変更後の当該事項を記載した書面(同条7号)

　(イ)　新設合併契約等備置開始日

　新設合併契約等備置開始日とは、次の①～④に定める日の中でいずれか早い日をいう(法803条2項各号)。

　会社法では、株主総会決議、株式買取請求、新株予約権買取請求、債権者保護手続といった各手続が並行的に行うことができ、通知・公告と総会決議との間に時間的先後に関する規制はなく、いずれが先でもよいとされているためである。

① 承認を受ける株主総会の日の2週間前の日
② 株式買取請求に関連して通知を受けるべき反対株主がいるときは、その通知の日または通知に代えた公告の日のいずれか早い日
③ 買取請求をする新株予約権者に対する通知の日または通知に代えた公告の日のいずれか早い日
④ 後述する債権者保護手続を実施する場合の公告の日または催告の日のいずれか早い日

(ウ) **開示手続および罰則**

株主および会社の債権者（新株予約権者を含む）は、営業時間内いつでも、備置された書類（電磁的記録も含む）の閲覧を求め、または、会社の定めたる費用を支払って、その謄本もしくは抄本の交付を求めることができるとされている（法803条3項）。

取締役等は、事前備置書類に必要な記載をしなかったり、虚偽の記載を行ったり、備置を怠ったり、正当な交付要求を拒んだりした場合には、100万円以下の過料という罰則が科せられる（法976条4号・7号・8号）。

なお、備置期間の終期を新設合併成立の日の後6カ月を経過する日までとしているのは、合併無効の訴えの提訴期間に合わせたためである。

規 定

会社法803条〔新設合併契約等に関する書面等の備置き及び閲覧等〕
1 次の各号に掲げる株式会社（以下この目において「消滅株式会社等」という。）は、新設合併契約等備置開始日から新設合併設立会社……（以下この目において「設立会社」という。）の成立の日後6箇月を経過する日（新設合併消滅株式会社にあっては、新設合併設立会社の成立の日）までの間、当該各号に定めるもの（以下、この節において「新設合併契約等」という。）の内容その他法務省令で定める事項を記載し、又は記録した書面又は電磁的記録をその本店に備え置かなければならない。

---

3 相澤哲＝細川充「組織再編行為(下)」商事法務1753号45頁。

一　新設合併消滅株式会社　新設合併契約
　二　（略）
　三　（略）
２　前項に規定する「新設合併契約等備置開始日」とは、次に掲げる日のいずれか早い日をいう。
　一　新設合併契約等について株主総会（種類株主総会を含む。）の決議によってその承認を受けなければならないときは、当該株主総会の日の２週間前の日（第319条第１項の場合にあっては、同項の提案があった日）
　二　第806条第３項の規定による通知を受けるべき株主があるときは、同項の規定による通知の日又は同条第４項の公告の日のいずれか早い日
　三　第808条第３項の規定による通知を受けるべき新株予約権者があるときは、同項の規定による通知の日又は同条第４項の公告の日のいずれか早い日
　四　第810条の規定による手続をしなければならないときは、同条第２項の規定による公告の日又は同項の規定による催告の日のいずれか早い日
　五　（略）
３　消滅株式会社等の株主及び債権者（株式移転完全子会社にあっては、株主及び新株予約権者）は、消滅株式会社等に対して、その営業時間内は、いつでも、次に掲げる請求をすることができる。ただし、第２号又は第４号に掲げる請求をするには、当該消滅株式会社等の定めた費用を支払わなければならない。
　一　第１項の書面の閲覧の請求
　二　第１項の書面の謄本又は抄本の交付の請求
　三　第１項の電磁的記録に記録された事項を法務省令で定める方法により表示したものの閲覧の請求
　四　第１項の電磁的記録に記録された事項を電磁的方法であって消滅株式会社等の定めたものにより提供することの請求又はその事項を記載した書面の交付の請求

3　株主総会による合併承認決議

(1)　意　義

　会社が合併をするには、各当事会社の株主総会の決議によって合併契約の承認を受けなければならない（法804条1項）。承認のための決議は、法309条2項の規定による決議、すなわち総株主の議決権の過半数を有する株主が出席し、または定款に定める議決権の数を有する株主が出席し、その議決権の3分の2以上の多数による賛成（特別決議）が必要である（同項12号）。合併によりある種類の株主に損害を及ぼすおそれがある場合等（法322条1項7号。定款で種類株主総会を排除した場合を除く）、いくつかの場合には、種類株主総会の承認決議が必要である。すなわち、合併契約は、当該総会による承認（合併承認決議）を停止条件として成立する。

(2)　趣　旨

　新設合併は、会社の基礎に重大な影響を与えることから、原則として株主総会の特別決議（法804条1項、309条2項12号）を必要とすることにより株主を保護することとした。

(3)　具体的手続

㈦　総会の期日

　新設合併の効力は、登記による新設会社の成立により発生するので（法49条、754条、758条）、登記前に合併承認決議が行われることを要する（法922条1項1号イ・ロ）。

㈑　総会招集通知

　合併総会決議をする総会の招集の通知を書面（電磁的記録）により行う場合は、通知に議案（合併契約）の概要を記載・記録することを要する（法299条4項、298条1項5号、325条、【書式3－2】参照）。

㈖　決議要件

　前述のとおり、承認のための決議は、法309条2項の規定による決議、すなわち総株主の議決権の過半数を有する株主が出席し、または定款に定める

議決権の数を有する株主が出席し、その議決権の3分の2以上の多数による賛成（特別決議）が必要とされている（同項12号。【書式3-3】参照）。

【書式3-2】 臨時株主総会招集通知書

平成○年○月○日

株　主　各　位

○県○市○町○番○号
○○株式会社
代表取締役　○○○○

臨時株主総会招集ご通知

拝啓　ますますご清祥のこととお喜び申し上げます。
　さて、当社臨時株主総会を下記のとおり開催致しますので、ご出席下さいますようご通知申し上げます。
　なお、当日ご出席願えない場合は、書面によって議決権を行使することができますので、お手数ながら後記の参考書類をご検討下さいまして同封の議決権行使書用紙に賛否をご表示いただき、ご押印のうえ、折り返してご送付くださいますようお願い申し上げます。

敬具

記

1　日　時　平成○年○月○日
2　場　所　○県○市○町○番○号
　　　　　　本社会議室
3　会議の目的事項
　　決議事項
　　　第1号議案　新設合併承認の件

以上

　当日ご出席の際は、お手数ながら同封の議決権行使書用紙を会場受付にご提出下さいますようお願い申し上げます。

【書式3－3】 臨時株主総会議事録

臨時株主総会議事録

　平成○年○月○日午前○時○分より、当会社の本店において臨時株主総会を開催した。

　　　　株主の総数　　　　　　　　　　　　　　　　○名
　　　　発行済株式の総数数　　　　　　　　　　　　○株
　　　　（自己株式の数○株）
　　　　議決権を行使できる株主の数　　　　　　　　○名
　　　　議決権を行使することができる株主の議決権の数　○個
　　　　出席株主数（委任条による者を含む）　　　　○名
　　　　出席株主の議決権の数　　　　　　　　　　　○個
　　　　出席取締役　○○○○（議長兼議事録作成者）
　　　　　　　　　　○○○○
　　　　　　　　　　○○○○

　以上のとおり株主の出席があったので、定款の規定により代表取締役社長○○○○は議長席につき、本定時総会は適法に成立したので、開会する旨を宣し、直ちに議事に入った。
　　　第1号議案　　新設合併契約承認の件
　議長は、当会社と○○株式会社とを合併して新たに○○株式会社を設立するため、平成○年○月○日をもって作成した合併契約書につき、詳細に説明を加えた後、その承認を求めたところ、満場一致をもってこれを承認可決した。
　議長は以上をもって本日の議事を終了した旨を述べ、午前○時○分閉会した。
　以上の決議を明確にするため、この議事録をつくり、議長、出席取締役がこれに記名押印する。

平成○年○月○日
　　　　　　　　　　　　　　　　　○○株式会社
　　　　　　　　　　　　　　　　　代表取締役　○○○○　㊞
　　　　　　　　　　　　　　　　　　取締役　　○○○○　㊞
　　　　　　　　　　　　　　　　　　取締役　　○○○○　㊞

規　定

> **会社法804条〔新設合併契約等の承認〕**
> 1　消滅株式会社等は、株主総会の決議によって、新設合併契約等の承認を受けなければならない。
> 2～5　（略）
>
> **会社法309条〔株主総会の決議〕**
> 1　（略）
> 2　前項の規定にかかわらず、次に掲げる株主総会の決議は、当該株主総会において議決権を行使できることができる株主の議決権の過半数（3分の1以上の割合を定款で定めた場合にあっては、その割合以上）を有する株主が出席し、出席した当該株主の議決権の3分の2（これを上回る割合を定款で定めた場合にあっては、その割合）以上に当たる多数をもって行わなければならない。この場合においては、当該決議の要件に加えて、一定の数以上の株主の賛成を要する旨その他の要件を定款で定めることを妨げない。
> 一～十一　（略）
> 十二　第5編の規定により株主総会の決議を要する場合における当該株主総会
> 3～5　（略）

4　反対株主等の株式買取請求権・新株予約権買取請求権

(1)　意　義

　新設合併に反対の意思を有する株主に対して、自己の有する株式を合併の承認決議がなければ、有したであろう公正な価格で買い取るべき旨を会社に対して請求することができるとした（法806条）。ただし、新設会社が持分会社となる場合は、買取請求は認められない（同条1項1号）。

(2)　趣　旨

　新設合併が行われた場合、各当事会社の財産状態は大きく変動し、株主の地位に重大な影響を及ぼすことが考えられ、株主を保護することが必要とさ

れる。そこで、会社合併の決議については、前述のとおり、特別決議を要するものとして要件が厳格にされているが、最終的には、多数決により決議される以上、あくまで会社合併に対し反対の意思を有する少数株主に対しては、その投下資本の回収の観点からの保護が図られなければならない。このため、定款変更、資本減少、会社分割の場合と同じく、投下資本の回収を認め、経済的保護を与えることとした。

(3) **具体的手続**

① 株主は、新設合併承認の株主総会に先立って、会社に対して書面にて会社合併に反対の意思を通知（【書式3－4】参照）したうえで総会に出席し、決議の際、反対の意思表示を行い、会社に対して、自己の有する株式を買い取るよう請求する（法806条2項1号）。また、当該総会において議決権を行使できない株主も請求可能である（同項2号）。

② 各当事会社は、合併承認の決議の日から2週間以内にその株主に対して新設合併をする旨と新設会社の商号および住所を通知しなければならない（法806条3項）。また、通知に代えて公告によることも可能である（同条4項）。

③ 買取請求は、上記通知または公告の日より20日以内に株式の種類および数を記載した書面を会社に提出して行わなければならない（法806条5項。【書式3－5】参照）。なお、合併手続が中止されたときは買取請求は失効する（同条8項）。

④ 買取請求の撤回は、会社の承諾を得た場合に限り可能となる（同条7項）。なお、平成26年改正により、この撤回制限規制が潜脱されるのを防止するための手当が設けられた。すなわち、この撤回制限規制は、買取請求をした株主が対象株式を市場で売却すること等により潜脱されていたところであったが、平成26年改正法は、その整備法によって、社債、株式等の振替に関する法律を改正し、買取請求の対象株式が買取口座に振り替えられる仕組みにして、株主が市場で自由に売却できないよう手当した（振替法155条1項、3項）。また、株券が発行されている株

式についての買取請求は、原則として株券を提出してしなければならないこととして（法806条6項）、買取請求対象株式の第三者による善意取得を可及的に防止することとした。さらに、買取請求の対象となっている株券不発行会社の株式が意思表示により譲渡された場合に、会社が名義書換請求を拒絶することができることを明確にするための規律も設けた（同条9項）。

⑤　株式の価格について、株主と会社との間に協議が整った場合、各当事会社は、新設会社が成立した日から60日以内にこれを支払う必要がある（法807条1項）。新設会社が成立した日から30日以内に、協議が整わなかった場合、各当事会社は、その期間満了後30日以内に裁判所に価格の決定を申し立てることができる（法807条2項）。

この価格決定の手続は、非訟事件手続として行われる。当事会社は、決定価格に対して、成立の日から60日を経過した後の期間について年6分の割合による利息の支払いが必要となる（法807条4項）。

なお、従前は、株式買取りの効力は株式代金の支払い時に生じるものとされていたが、平成26年改正法により設立会社の成立の日にその効力が生じるものと改められた（法807条6項）。株主が価格決定の申立てをした場合に、代金について設立会社成立後所定期間分の利息を受け取りながら、同成立後代金支払い時まで株主として剰余金の配当をも受けうるのは二重取りとなって不適切だからである。

また、平成26年改正法は、会社の利息支払いの負担軽減と株式買取請求の濫用防止の観点から、株式買取請求があった場合に、反対株主に対し、株式の価格決定がされる前に、当該会社が公正な価格と認めうる額を支払うことができることとした（法807条5項）。

⑥　会社成立の日から60日以内に裁判所に対し価格決定の申立てがない場合には、株主はいつでも買取請求を撤回することができる（同条3項）。

(4) 新株予約権買取請求

消滅会社の新株予約権者が、当該新株予約権の内容として定められていた

条件に合致する設立会社の新株予約権の交付を受ける場合には、買取請求ができない（法808条1項1号）。合致しない場合には、株式と同様に買取請求が可能となる。

【書式3－4】　合併反対の通知書

```
○○株式会社
代表取締役　　○○○○殿

                合併反対の通知書

前略　私は、貴社と○○株式会社が合併して、○○株式会社を設立することに反
対ですので、その旨ご通知申し上げます。
                                              草々

平成○年○月○日

                                      ○県○市○町○番○号
                                          ×　×　×　×　㊞
```

【書式3－5】　株式買取請求書

```
○○株式会社
代表取締役　　○○○○殿

                株式買取請求書

前略　私は、貴社と○○株式会社が合併して、○○株式会社を設立することに反
対であったことから、平成○年○月○日付書面をもって貴社にその旨通知し、か
つ平成○年○月○日開催の臨時株主総会において、合併契約書の承認決議に反対
の意思を表示いたしました。しかるに、当該決議案は承認されましたので、私所
有に係る貴社普通株式○○株につき、その株式の有する公正な価格で買い取って
いただきたく請求いたします。
                                              草々
```

平成○年○月○日

○県○市○町○番○号
××××㊞

規　定

会社法806条〔反対株主の株式買取請求〕

1　新設合併等をする場合（次に掲げる場合を除く。）には、反対株主は、消滅株式会社等に対し、自己の有する株式を公正な価格で買い取ることを請求することができる。
　一　第804条第2項に規定する場合
　二　第805条に規定する場合
2　前項に規定する「反対株主」とは、次に掲げる株主をいう。
　一　第804条第1項の株主総会（新設合併等をするために種類株主総会の決議を要する場合にあっては、当該種類株主総会を含む。）に先立って当該新設合併等に反対する旨を当該消滅株式会社等に対し、通知し、かつ、当該株主総会において当該新設合併等に反対した株主（当該株主総会において議決権を行使することができるものに限る。）
　二　当該株主総会において議決権を行使することができない株主
3　消滅株式会社等は、第804条第1項の株主総会の決議の日から2週間以内に、その株主に対し、新設合併等をする旨並びに他の新設合併消滅会社、新設分割会社又は株式移転完全子会社（以下この節において「消滅会社等」という。）及び設立会社の商号及び住所を通知しなければならない。ただし、第1項各号に掲げる場合は、この限りでない。
4　前項の規定による通知は、公告をもってこれに代えることができる。
5　第1項の規定による請求（以下この目において「株式買取請求」という。）は、第3項の規定による通知又は前項の公告をした日から20日以内に、その株式買取請求に係る株式の数（種類株式発行会社にあっては、株式の種類及び種類ごとの数）を明らかにしてしなければならない。

6　株券が発行されている株式について株式買取請求をしようとするときは、当該株式の株主は、消滅株式会社等に対し、当該株式に係る株券を提出しなければならない。ただし、当該株券について第223条の規定による請求をした者については、この限りでない。
7　株式買取請求をした株主は、消滅株式会社等の承諾を得た場合に限り、その株式買取請求を撤回することができる。
8　新設合併等を中止したときは、株式買取請求は、その効力を失う。
9　(略)

会社法807条〔株式の価格の決定等〕
1　株式買取請求があった場合において、株式の価格の決定について、株主と消滅株式会社等（新設合併をする場合における新設合併設立会社の成立の日後にあっては、新設合併設立会社。以下この条において同じ。）との間に協議が調ったときは、消滅株式会社等は、設立会社の成立の日から60日以内にその支払をしなければならない。
2　株式の価格の決定について、設立会社の成立の日から30日以内に協議が調わないときは、株主又は消滅株式会社等は、その期間の満了の日後30日以内に、裁判所に対し、価格の決定の申立てをすることができる。
3　前条第7項の規定にかかわらず、前項に規定する場合において、設立会社の成立の日から60日以内に同項の申立てがないときは、その期間の満了後は、株主は、いつでも、株式買取請求を撤回することができる。
4　消滅株式会社等は、裁判所の決定した価格に対する第1項の期間の満了の日後の年6分の利率により算定した利息をも支払わなければならない。
5　消滅株式会社等は、株式の価格の決定があるまでは、株主に対し、当該消滅株式会社等が公正な価格と認める額を支払うことができる。
6　株式買取請求に係る株式の買取りは、設立会社の成立の日に、その効力を生ずる。
7　株券発行会社は、株券が発行されている株式について株式買取請求があったときは、株券と引換えに、その株式買取請求に係る株式の代

金を支払わなければならない。

●コラム●
「公正な価格」とは
　合併の際の株式買取請求に係る「公正な価格」（法806条1項）とは、通常であれば、株式買取請求権の効力発生時における時価が基準となり、合併により、株価が下落した場合には、合併がなかったものと仮定した場合の価格となると考えられる。
　では、合併によるシナジー効果が生じて、株価が上昇した場合には、それを排除した価格（すなわち合併がなかったものと仮定した場合の価格）とすべきであろうか。従前の商法では、「承認ノ決議ナカリセバ其ノ有スベカリシ公正ナル価格」とされていたが、会社法制定時には、株式買取請求権に「企業再編によるシナジーの再分配機能」も付加され、その趣旨で改正がされた（藤田友敬「新会社法における株式買取請求権制度」江頭憲治郎先生還暦記念『企業法の理論〈上巻〉』（商事法務・2007年）282頁）結果、「承認ノ決議ナカリセバ其ノ有スベカリシ」の記載が削除されたと解説されている。すなわち、合併から生ずる相乗効果（シナジー）をも会社の有していた潜在的価値であり、これを反映したもの、すなわち株価上昇分を考慮した価格が株式買取請求に係る「公正な価格」とされるべきである（江頭・前掲（注1）799頁）とされている。

5　債権者の異議手続

(1)　意　義

　新設合併に際して、会社債権者に対し、異議を述べる機会を提供し、異議を述べた債権者については、その債権者が新設合併により害されるおそれがないときを除き弁済や担保提供をしなければならないと定めた（法810条）。

(2)　趣　旨

　新設合併の際、設立会社の資産状況により消滅株式会社の債権者は、重大な影響を受ける。そこで、かかる場合には、債権者の異議等の会社債権者異議手続をとることを要求した。

(3) 具体的手続

(ア) 会社債権者に対する公告および個別催告

各当事会社は、債権者に対して、①合併する旨、②他の当事会社および新設会社の商号と住所、③各当事会社の計算書類に関する事項として法務省令（施行規則188条、199条、208条）で定めるもの[4]、④異議のある債権者は、一定の期間（1カ月以上）内に述べる旨を官報に公告し（【書式3－6】参照）、かつ、「知れている債権者」には、個別に催告をしなければならない（【書式3－7】参照）。もっとも、合併においては、官報および定款に定めた日刊新聞紙による公告を行ったときは、知れたる債権者に対する個別の催告が不要とされている（法810条3項）。

(イ) 異議を述べた債権者への対応

債権者が異議を述べた場合（【書式3－8】参照）、新設合併をしてもその債権者を害するおそれがないときを除いて（【書式3－9】参照）、弁済期の到来している債権者に対しては弁済し（【書式3－10】参照）、これが未到来の債権者に対しては、相当の担保の提供またはその債権者に弁済を受けさせることを目的として信託会社に相当の財産を信託しなければならない（法810条5項）。

「害するおそれ」がないものとして前記の証明書を発行したところで、債権者が納得しない限り弁済を求める行為が続くと思われる。仮に訴訟へ移行した場合、「害するおそれ」がないと立証できない限り相当の財産の信託が求められるから、手続を選択するうえでは、請求を受ける可能性について事前に慎重に検討する必要がある。

---

[4] 計算書類に関する事項　　法務省令で定める事項は、①最終事業年度にかかる貸借対照表またはその要旨の公告・電磁的方法による開示を行っている場合には、その検索のために必要な事項（施行規則188条1号・2号、199条1号・2号、208条1号・2号）、②最終事業年度に係る有価証券報告書を提出している場合には、その旨（施行規則188条3号、199条3号、208条3号）、③特例有限会社であるため①の公告等を行っていない場合には、その旨（施行規則188条4号、199条4号、208条4号）④上記①～③いずれにも該当しない場合には、最終事業年度に係る貸借対照表の要旨の内容（施行規則188条7号、199条7号、208条7号）等である（江頭・前掲（注1）875頁）。

第3章　会社合併の類型別による法律と実務

　定められた期間内に異議を述べなかった債権者については、新設合併を承認したものとみなされる（法810条4項）。

【書式3－6】　合併公告

合併公告

　甲乙は、合併して〇〇株式会社（住所　〇県〇市〇町〇番〇号）を設立することにより解散することに致しました。
　両社の株主総会の承認決議は平成〇年〇月〇日に終了（又は予定）しております。
　この合併に対し、異議のある債権者は、本公告掲載の翌日から1箇月以内にお申し出下さい。
　なお、最終貸借対照表の開示状況は、次のとおりです。
　（甲）　掲載紙　　　　官報
　　　　　掲載の日付　　平成〇年〇月〇日
　　　　　掲載の頁　　　〇頁
　（乙）　掲載紙　　　　官報
　　　　　掲載の日付　　平成〇年〇月〇日
　　　　　掲載の頁　　　〇頁

平成〇年〇月〇日
　　　　　　　　　（甲）　住所　　〇県〇市〇町〇番〇号
　　　　　　　　　　　　　商号　　〇〇株式会社
　　　　　　　　　（乙）　住所　　〇県〇市〇町〇番〇号
　　　　　　　　　　　　　商号　　〇〇株式会社

【書式3－7】　催告書

催告書

拝啓　時下ますますご盛栄の段慶賀申し上げます。

さて、当会社は、平成○年○月○日開催の株主総会において、○県○市○町○番○号○○株式会社と合併し、○○株式会社を設立することを決議しましたから、上記に対し御異議がございましたら、平成○年○月○日までにその旨をお申出下されたく、以上会社法の規定により催告致します。

　なお、当社及び○○株式会社の最新の貸借対照表は、以下のとおり公告しております。

　（甲）　掲載紙　　　　　官報
　　　　　掲載の日付　　　平成○年○月○日
　　　　　掲載の頁　　　　○頁
　（乙）　掲載紙　　　　　官報
　　　　　掲載の日付　　　平成○年○月○日
　　　　　掲載の頁　　　　○頁

敬具

　おって、御異議のない節は、御手数ながら別紙承諾書にご捺印の上ご返送下されたく存じます。

平成○年○月○日

○県○市○町○番○号
○○株式会社
代表取締役社長　○○○○　㊞

○県○市○町○番○号
○○○○殿

【書式３－８】　合併異議申述書

合併異議申述書

　拝復、貴社におかれては、去る○月○日の株主総会の決議に基づき、○○株式会社を合併し、○○株式会社を設立せられる趣にて、過日異議申出の御催告を受けましたが、私は、上記合併について異議がありますので、会社法第810条の規定

により上記異議を申し述べます。

敬具

平成○年○月○日

○県○市○町○番○号
債権者　○○○○　㊞

○県○市○町○番○号
○○株式会社
代表取締役社長　○○○○殿

【書式3－9】　証明書

証明書

　平成○年○月○日開催の臨時株主総会の承認決議に基づく○○株式会社との合併についての公告又は通知に対して異議を述べた○○○○については、次のとおりその債権の弁済期における弁済が確実であり、合併をしてもその者を害するおそれがないことを証明する。

記

○○○○が有する債権	
債権額	金○円
弁済期	平成○年○月○日
担保の有無	有（又は無）
合併当事会社の資産状況	別紙貸借対照表のとおり
その他の営業実績等	別紙営業報告書のとおり
附属書類	
登記事項証明書	○通
貸借対照表	2通
営業報告書	2通

平成〇年〇月〇日

〇県〇市〇町〇番〇号
〇〇株式会社
代表取締役社長　〇〇〇〇　㊞

※合併に異議を述べた債権者がいる場合において、合併をしてもその者を害するおそれがないときに添付する必要がある。

【書式3－10】　弁済金受領証書

弁済金受領証書

一　金〇円也　ただし、〇〇の売掛代金
　貴社と〇〇株式会社の合併につき〇月〇日異議があることを申し出ましたところ、本日上記金額の弁済を受け、正に受領しました。

平成〇年〇月〇日

〇県〇市〇町〇番〇号
〇〇〇〇　㊞

〇県〇市〇町〇番〇号
〇〇株式会社
代表取締役社長　〇〇〇〇殿

規　定

会社法810条〔債権者の異議〕
1　次の各号に掲げる場合には、当該各号に定める債権者は、消滅株式会社等に対し、新設合併等について異議を述べることができる。
　一　新設合併をする場合　新設合併消滅株式会社の債権者
　二、三　（略）
2　前項の規定により消滅株式会社等の債権者の全部又は一部が異議を述べることができる場合には、消滅株式会社等は、次に掲げる事項を官報に公告し、かつ、知れている債権者（同項の規定により異議を述べ

ることができるものに限る。）には、各別にこれを催告しなければならない。ただし、第4号の期間は、1箇月を下ることができない。
一　新設合併等する旨
二　他の消滅会社等及び設立会社の商号及び住所
三　（略）
四　債権者が一定の期間内に異議を述べることができる旨
3　前項の規定にかかわらず、消滅株式会社等が同項の規定による公告を、官報のほか、第939条第1項の規定による定款の定めに従い、同項第2号又は第3号に掲げる公告方法によるするときは、前項の規定による各別の催告（略）は、することを要しない。
4　債権者が第2項第4号の期間内に異議を述べなかったときは、当該債権者は、当該新設合併等について承認をしたものとみなす。
5　債権者が第2項第4号の期間内に異議を述べたときは、消滅株式会社等は、当該債権者に対し、弁済し、若しくは相当の担保を提供し、又は当該債権者に弁済を受けさせることを目的として信託会社等に相当の財産を信託しなければならない。ただし、当該新設合併等をしても当該債権者を害するおそれがないときは、この限りでない。

6　消滅会社の株主・新株予約権者への金銭等の割当て

(1)　意　義

　当事会社が、株券発行会社である場合には、割当期日までに会社に株券を提出しなければならない旨を当該日の1カ月前までに公告し、かつ、株主・登録株式質権に対し各別に通知しなければならない（法219条1項6号）。

　消滅会社が新株予約権証券（新株予約権付社債）を発行している場合についても同様である（法293条1項3号）。

(2)　趣　旨

　株券の提出に関する公告等について定める。

(3)　株券の提出等

　株券を提出しない株主名簿上の株主に対しては、株券の提出があるまでの間、金銭等の交付を拒むべきこと（法219条2項）、異議催告手続の適用があ

ること（法220条）、および、割当てを受けた株式に1株に満たない端数が発生する場合の処理に関する規定が適用される[5]（法234条1項6号）。

【書式3－11】　合併につき株券提出公告

　　　　　　　　　　合併につき株券提出公告

当社と〇〇株式会社は合併して、〇〇株式会社（住所　〇県〇市〇町〇番〇号）を設立することにより解散することに致しましたので、当社の株券（新株予約権証券、新株予約権付社債券を含む）を所有する方は、効力発生日までに当社にご提出下さい。

　　　　　　　　　　　　　　　　　　　　　　　　　平成〇年〇月〇日
　　　　　　　　　　　　　　　　　　　　　　　　　〇〇株式会社　㊞

〇県〇市〇町〇番〇号
〇〇株式会社
代表取締役社長　〇〇〇〇

※上場会社および株券不発行会社を除く。以下、同じ。

　規　定

会社法219条〔株券の提出に関する公告等〕
1　株券発行会社は、次の各号に掲げる行為をする場合には、当該行為の効力が生ずる日（略）までに当該株券発行会社に対し当該各号に定める株式に係る株券を提出しなければならない旨を株券提出日の1箇月前までに、公告し、かつ、当該株式の株主及びその登録株式質権者には、各別にこれを通知しなければならない。ただし、当該株式の全部について株券を発行していない場合は、この限りでない。
　一～五　（略）
　六　合併（合併により当該株式会社が消滅する場合に限る。）　全部の株
　　　式（以下、略）

5　江頭・前掲（注1）876頁参照。

7　合併の登記

(1) 意　義

　株式会社が新設合併を行い、新設会社が株式会社である場合には、①合併承認総会の決議の日（法922条1項1号イ）、②新設合併をするために種類株主総会の決議を要するときは、当該決議の日（同号ロ）、③株主・新株予約権者に対する株式（新株予約権）買取請求権の通知・公告をした日から20日を経過した日（同号ハ・ニ）、③債権者の異議手続が終了した日（同号ホ）、④当事会社が合意により定めた日（同号ヘ）のうちのいずれか遅い日から2週間以内に、新設会社の本店の所在地において、消滅会社につき解散の登記、新設会社につき設立の登記をしなければならない（法922条、976条1号、商業登記法79条、81条～83条）。

　なお、新設合併の効力は、新設会社の設立の登記による成立（法49条）によって生ずる（法754条、756条）。吸収合併における効力が効力発生日に生ずる点と異なるので留意が必要である（法750条1項、752条1項）。

(2) 趣　旨

　新設合併をする場合における登記手続について規定した。

(3) 登記事項等

㋐　解散の登記

　合併により解散した旨およびその年月日を登記する（商業登記法71条1項）。合併による解散の登記の申請については、新設合併により設立する会社を代表すべき者が新設合併によって消滅する会社を代表する（同法82条1項）。申請書に添付書類は不要である（同条4項）。

㋑　設立の登記

　通常の設立登記事項（法911条3項）のほか、合併をした旨および消滅会社の商号・本店（商業登記法79条）並びに、新設会社が合併により新株予約権に係る義務を承継したときはそれに関する事項を登記する。

　登記申請書の添付書類は、①新設合併契約書（商業登記法81条1号）、②当

事会社の総会議事録等（同条6号）、③債権者の異議手続の履行を証する書面（同条8号）、④資本金の額が適法に計上されたことを証する書面（同条4号、80条4号）、⑤消滅会社の登記事項証明書（同法81条5号）、⑥消滅会社が株券発行会社であるときは株券の提出等の手続を行ったことを証する書面（同条9号）、⑦消滅会社が新株予約権を発行していた場合には、新株予約権証券の提出等の手続を行ったことを証する書面（同条10号）のほか、定款（同条2号）、株主名簿管理人を置いたときは当該契約を証する書面、設立時取締役・設立時監査役の就任承諾書、設立時代表取締役または設立時執行役・設立時委員・設立時代表執行役の選定に関する書面および同人の就任承諾書、設立時会計参与・設立時会計監査人を選任したときは、その就任承諾書等、および特別取締役を置くときはその選定を証する書面・就任承諾書である（同条3号）。

規　定

会社法922条〔新設合併の登記〕
1　2以上の会社が新設合併をする場合において、新設合併により設立する会社が株式会社であるときは、次の各号に掲げる場合の区分に応じ、当該各号に定める日から2週間以内に、その本店の所在地において、新設合併により消滅する会社については解散の登記をし、新設合併により設立する会社については設立の登記をしなければならない。
一　新設合併により消滅する会社が株式会社のみである場合　次に掲げる日のいずれか遅い日
　　イ　第804条第1項の株主総会の決議の日
　　ロ　新設合併をするために種類株主総会の決議を要するときは、当該決議の日
　　ハ　第806条第3項の規定による通知又は同条第4項の公告をした日から20日を経過した日
　　ニ　新設合併により消滅する会社が新株予約権を発行しているときは、第808条第3項の規定による通知又は同条第4項の公告をした日から20日を経過した日

> ホ　第810条の規定による手続が終了した日
> ヘ　新設合併により消滅する会社が合意により定めた日（以下、略）

8　合併の事後開示

(1)　意　義

　新設合併により設立した株式会社は、新設合併の効力発生日後遅滞なく、新設合併により承継した権利義務等を記載し、または記録した書面または電磁的記録を作成し、効力発生日から6カ月間、本店に備え置いて、株主および会社債権者（新株予約権者を含む）の閲覧または謄本・抄本交付請求等に応じなければならないとした（法815条）。

(2)　趣　旨

　合併手続の経過等の開示を要求することにより、その適正な履行を間接的に担保するほか、株主または会社債権者の合併の無効の訴えを提起すべきか否かを判断する資料を提供するためである。このため、その備置期間は、合併の無効の訴えの提訴期間（法828条1項7号・8号）と一致している。

(3)　事後開示事項

　事後開示が必要とされる書面の記載事項は、次のとおりである（施行規則211条、213条）。

　①　効力発生日（設立登記がなされた日となる）
　②　反対株主の株式買取請求（法806条）および新株予約権買取請求（法808条）の手続の経過
　③　新設合併により新設合併設立会社が新設合併消滅会社から承継した重要な権利義務に関する事項
　④　その他新設合併に関する重要な事項（施行規則211条）
　⑤　消滅会社が新設合併契約等備置開始日から備え置いた書面等に記載・記録された事項（施行規則213条）

(4) 閲覧権者

　新設合併消滅会社の株主が新設合併設立会社からその株式以外の交付を受けた場合には、株主の資格でこの書類等の閲覧等を請求することができない。しかし、合併により新設会社の債権者となれば、その資格で閲覧等を請求することが可能である。[6]

規　定

> **会社法815条〔新設合併契約等に関する書面等の備置き及び閲覧等〕**
> 1　新設合併設立株式会社は、その成立の日後遅滞なく、新設合併により新設合併設立株式会社が承継した新設合併消滅会社の権利義務その他の新設合併に関する事項として法務省令で定める事項を記載し、又は記録した書面又は電磁的記録を作成しなければならない。
> 2　（略）
> 3　次の各号に掲げる設立株式会社は、その成立の日から6箇月間、当該各号に定めるものをその本店に備え置かなければならない。
> 　一　新設合併設立株式会社第1項の書面又は電磁的記録及び新設合併契約の内容その他法務省令で定める事項を記載し、又は記録した書面又は電磁的記録
> 　二　（以下、略）

〔表3－1〕　新設合併の具体的スケジュール例

　会社法では、株主総会決議、株式買取請求、新株予約権買取請求、債権者保護手続といった各手続が並行的に行うことができ、通知・公告と総会決議との間に時間的先後に関する規制はなく、いずれが先でもよいとされている。[7]以下のスケジュールは、新設合併承認総会を3月決算会社の定時総会に行い、新設合併の日を8月1日とした場合のモデルである。

---

[6]　江頭・前掲（注1）878頁、相澤＝細川・前掲（注2）49頁。
[7]　相澤＝細川・前掲（注3）45頁。

時　期	手続内容	参照条文
3月31日	決算日	法124条3項
4月上旬	新設合併契約締結承認の取締役会	法748条
5月下旬	招集決定の取締役会	法298条4項
6月11日までに （総会2週間前までに）	招集通知発送	法299条
6月11日までに （総会2週間前の日）（※）	事前開示文書備置	法803条1項
6月26日	定時株主総会	法804条1項
6月27日	債権者異議申述公告（総会前に繰り上げ可）各債権者へ催告状	法810条2項
6月27日 （総会決議から2週間以内）	株主への公告または通知	法806条3項・4項
7月16日 （通知または公告から20日以内）	反対株主の株式買取請求権行使期限	法806条5項
8月1日 （公告から1カ月を下らない）	債権者異議申述期日（総会前に繰り上げた場合は前倒しとなる）	法810条2項
8月1日	合併による登記の日（新設会社成立の日）（株主総会で承認を得られた日、反対株主の株式買取請求権行使期限、債権者異議手続終了日、消滅会社の定めた日のいずれか遅い日から2週間以内）	法922条

7　相澤＝細川・前掲（注3）45頁。

8月1日 （新設会社成立の日）	事後開示書面備置	法815条
8月31日 （新設会社成立の日から30日以内）	株式買取価格協議期限	法807条2項
9月30日 （株式買取協議期限満了から30日以内）	裁判所に対する株式買取価格決定申立期限	法807条2項
9月30日 （新設会社成立の日から60日以内）	株式買取支払期限	法807条1項
2月1日 （新設会社成立の日から6カ月）	合併無効の訴え期限	法828条1項7号8号
同上	事前開示書面・事後開示書面備置義務期限	法803条1項、811条2項

※株主もしくは新株予約権者への公告または通知、債権者への公告または催告を株主総会の2週間前よりも繰り上げた場合は、その日が公告または通知事前開示文書備置開始日となる。

第2 吸収合併

I 吸収合併の意義

1 意義

　吸収合併とは、会社が他方の会社の権利義務の全部を包括的に承継し、承継した会社は存続し、他方の会社は清算手続を経ずに消滅（合併による解散）するもの（法2条27号）をいう。

　権利義務を承継する会社を吸収合併存続会社、権利義務を承継させる会社を吸収合併消滅会社という（法749条1項1号）。ここでは便宜上、両社合わせて吸収合併当事会社という。

　典型的な例としては、〔図3－2〕のように、A社がB社を吸収する吸収合併存続会社となり、B社は解散し、B社株主にA社株式が交付されるという吸収合併が考えられる（ただし、会社法では、吸収合併において合併対価の柔軟化が認められたため、吸収合併消滅会社の株主が、当然に吸収合併存続会社の株主として承継されるわけではない）。

　以下、吸収合併当事会社が株式会社である場合について詳述する（持分会社が関係する合併については、本章第2節で詳述する）。

第 1 節　株式会社における合併

〔図 3 − 2〕　吸収合併の仕組み

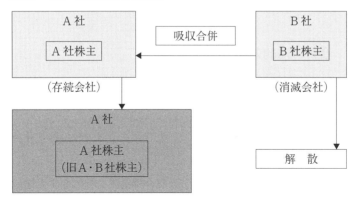

規　定

会社法 2 条〔定義〕
　一〜二十六　（略）
　二十七　吸収合併　会社が他の会社とする合併であって、合併により
　　消滅する会社の権利義務の全部を合併後存続する会社に承継させる
　　ものをいう。
　（以下、略）

●コラム●

吸収型再編にのみ認められた合併対価の柔軟化

　会社法では、吸収合併における合併対価の柔軟化が認められたことにより、吸収合併消滅会社の株主等に対して、吸収合併存続会社等の株式を交付することなく、金銭その他の財産を交付することや対価を交付しないことができるとしている（法749条 1 項 2 号）。
　対価の柔軟化が認められたのは、吸収型再編のみである。新設型再編は、当事会社が単独でまたは共同して消滅会社もしくは分割会社の権利義務または完全子会社の株式を出資して新たに会社を設立するという性質を有するものであり、組織変更も、あくまで会社がその同一性を維持しながら、その組織を変更する手続であることから、これらについては、いずれも対価の柔軟化が図られておらず、会社法の下でも、消滅会社等の株主に対しては、必ず新設会社の株式や組織変更

121

後持分会社の持分を交付しなければならない（相澤＝細川・前掲（注２）８頁）。

2　合併の法的効力

(1)　合併の法的効力
(ア)　権利義務の承継

　吸収合併存続会社は、効力発生日に、吸収合併消滅会社の権利義務を包括承継する（法750条１項）。

　包括承継とは、吸収合併存続会社が吸収合併消滅会社の有する権利義務のいっさいを承継することであるから、吸収合併存続会社は、吸収合併消滅会社の有する不動産・商品在庫等の動産をはじめとする資産および負債のいっさいを承継する。

　また、吸収合併存続会社は、吸収合併消滅会社が契約当事者となっている賃貸借契約や吸収合併消滅会社とその従業員との間の雇用契約等の継続的法律関係等の各種契約関係等も合併に際し特段の合意がない限り、すべて承継する。

　吸収合併存続会社は、吸収合併消滅会社の権利義務を包括承継することから、たとえ吸収合併存続会社が、吸収合併消滅会社の債務の全部または一部を承継しない旨の合併承認決議をしても、承継しない旨の条項は無効である。

(イ)　消滅会社の株主の承継

　吸収合併消滅会社の株主等は、効力発生日に、吸収合併存続会社の株主等になる（法750条３項・５項）。

　吸収合併においては、吸収合併消滅会社の株主は、必ずしも吸収合併存続会社の株式を交付されるとは限らず、無対価の場合もあるし、合併契約において定められたところに従い、吸収合併存続会社の社債、新株予約権、新株予約権付社債、またはその他の財産（金銭、存続会社の親会社株式等）のみを交付されることがある（法749条１項２号・３号）。

(2) 合併の効力発生日

(ア) 効力発生日

　吸収合併の効力は、合併契約に規定された吸収合併の効力発生日に生ずる（法750条1項）。

　吸収合併の効力発生日については、旧法下においては、その登記の時とされていた（旧商法102条、416条1項）。しかし、契約等で定められる実質的な効力発生日（登記以外の法定の手続が行われ、事実上の効力が発生する時期）が存在する一方で、当該事実上の効力が発生したことを要件として行われる登記の日が法律上の効力発生日とされていることにより、実質的な効力発生日と法律上の効力発生日とが異なることとなり、そのために上場会社における株式の円滑な流通を阻害する事態等が生じているとの指摘がなされていたことから、改正された[8]。

　他方、新設合併では、登記による新設会社の成立により効力が発生する（法49条、754条）こととされている点につき留意が必要である。新設型再編においては、権利義務等が移転される対象となる新設会社が組織再編行為の効力が生ずる前には実態を有しないことに鑑み、会社法においても、新設型再編については、会社の成立時期についての原則（法49条）に従い、その登記の日を効力発生日とした。

(イ) 登記までの間の第三者保護

　吸収合併の場合、合併契約に定められた日にその効力が発生することとすると、効力発生日から合併の登記がされるまでの間、登記上は、吸収合併消滅会社がなお存在し、吸収合併消滅会社の代表取締役であった者が依然として吸収合併消滅会社の代表権を有するような外観を呈することとなる。

　そのため、吸収合併の登記に単に公示の効力しかないとすると（法908条1項）、効力発生日から合併登記までの間に、吸収合併消滅会社の代表取締役が契約締結等の法律行為をした場合、その法律関係が不明確になるという問題が生じる。

8　相澤＝細川・前掲（注2）13頁。

そこで、会社法では、吸収合併による権利義務の承継は効力発生日に生ずるにもかかわらず、吸収合併消滅会社の解散は吸収合併の登記後でなければ、第三者にその善意・悪意を問わず、対抗することができないとしている（法750条2項）。

(3) **効力が生じない場合**

効力発生日までに債権者保護手続が終了していない場合または吸収合併を中止した場合には、吸収合併の効力は生じない（法750条6項）。

Ⅱ　吸収合併の手続

　以下、吸収合併を行う場合の手続に従って（〔図3－3〕参照）、各制度の解説を順に行うこととする（なお、吸収合併を行うにあたってのスケジュールの一例については〔表3－2〕を参照）。

1　手続の概要

〔図3－3〕　吸収合併手続の流れ

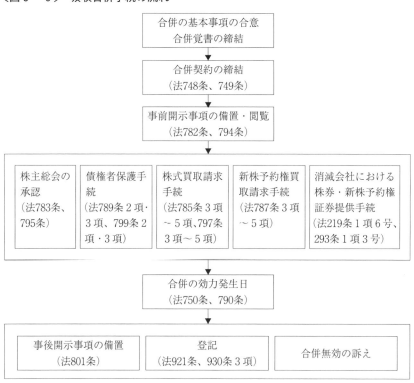

2 合併契約

(1) 合併覚書の作成

　合併契約の当事者は、合併契約を締結しなければならないが（法748条）、それに先立ち、吸収合併当事会社が合併契約に必要な基本的事項を相談し、合併覚書を締結されることがある。

　合併覚書は、合併の登記をする場合の添付書類ではないので、合併契約のような形式を備えている必要はない。たとえば、次の①〜⑨のような事項が記載される。

① 合併当事会社の商号・住所（本店）
② 合併の目的
③ 合併比率、合併交付金がある場合は、その旨
④ 消滅会社の株主に対する合併新株の割当ての有無
⑤ 存続会社の増加すべき資本金および資本・利益準備金の額
⑥ 役員等を増加する場合には、増加する役員等の員数、就任する役員等の氏名および退職役員に対する退職慰労金等
⑦ 従業員の引継ぎに関する事項
⑧ 合併契約書の承認総会の開催日

9　旧商法における合併等の組織再編行為の手続は、合併契約締結後、まず株主総会における承認決議を経たうえで、株式買取請求および債権者保護手続を行うという流れになっていた。しかし、株主総会決議、株式買取請求および債権者保護手続は、いずれも組織再編行為に向けた手続であることから、会社法では、組織再編行為における主要な手続である株主総会の決議、株式買取請求・新株予約権買取請求の手続、債権者保護手続等の手続について、並行的に行うことを可能としている（相澤＝細川・前掲（注３）37頁）。

10　独占禁止法は、合併により一定の取引分野における競争の実質的制限を生じるか、または合併が不公正な取引方法によるものである場合は、合併を禁止している。違反行為を予防するため、一定の要件を満たした合併を公正取引委員会への事前届出制とし、届出受理後原則30日間は合併を禁止し、違反した場合には、公正取引委員会は合併無効の訴えを提起できる（独占禁止法15条、18条1項）。

11　吸収合併により1億円以上の純資産額を承認し、新株式を発行する場合は、存続会社を管轄する財務局に有価証券報告通知書（有価証券報告書を提出している会社は臨時報告書）を提出しなければならない（金融商品取引法4条5項、24条の5第4項、企業内容等の開示に関する内閣府令6条、19条7号の2）。

⑨　合併の期日および登記申請日等

●コラム●
上場会社の適時開示
　昨今の企業法制をはじめ、企業行動の自由度が増す中で、合併等の行為の投資判断情報としての重要性に鑑み、東京証券取引所（以下、「東証」という）は、平成19年6月に公表された上場制度総合整備プログラム（詳細は日本取引所グループホームページ「上場制度の総合整備」参照）の一環として、上場会社代表者各位に対して、要請文「合併等の組織再編、公開買付け、MBO等の開示の充実に関する要請について」（平成18年12月13日付け東証上管第1338号）を発出し、適時開示の充実に関する要請を行った。これに合わせて、東証では、合併等を行う場合における開示に関しては、合併等の比率の相当性に関する十分な説明を求める等の観点から、「合併等の比率の算定根拠等」および「当事会社間の関係等」の開示を充実することとした（上場有価証券の発行者の会社情報の適時開示等に関する規則2条、東京証券取引所有価証券上場規程402条参照）。

1　合併等の比率の算定根拠等
　合併等の比率の算定根拠等として、算定の基礎、算定の経緯および算定機関との関係について開示することとしている。
　これは、具体的に、算定の基礎として、比率算定の概要を含む比率を決定するに至った考え方についての具体的な説明を記載することとし、比率算定の概要として、具体的な算定方式、当該算定方式を採用した理由および各算定方式の算定結果の数値（幅を持たせたレンジでの記載も可）などを記載することとしている。
　また、算定の経緯として、算定の際に算定機関の意見を聴取した場合には、当該意見を踏まえて合併等の比率を決定するに至った経緯について、算定機関の名称および算定機関の意見の概要を含め具体的な説明を記載することとしている。
　さらに、算定機関との関係として、算定の際に、算定機関の意見を聴取した場合において、当該算定機関が当事会社のいずれかの関連当事者に該当するときは、当該算定機関から意見を聴取することとした理由および関連当事者に該当する事由を記載することとしている。
　合併等の比率は、当事会社それぞれの企業価値、合併等によるシナジー効果の配分をはじめさまざまな仮定や前提条件などの諸要素を考慮しつつ当事会社間の

交渉を経て決定されるのが一般的であり、客観的な材料を踏まえつつ合理的な範囲で定められることが原則である。その際、企業価値の評価にはさまざまな方法があり、特定の方法が確立しているわけではなく、合理的な一定の仮定の上に成り立つものであるから、専門性を有する算定機関であっても、客観的な価値を測定することは困難である。そのため、上場会社においては、投資者が合併等の比率の相当性を判断するために必要と考えられる情報提供の観点から、上述の合併等の比率算定の基礎や算定の経緯等について、十分な合理性と納得性を兼ね備えた説明に努めることが強く期待されるところである。

2 当事会社間の関係等

当事会社間の関係等として、関連当事者への該当状況の開示および取引関係の開示において新たにグループ間の取引等を開示することとしている。

具体的に、関連当事者への該当状況として、相手会社が上場会社の関連当事者に該当する場合には、関連当事者である旨および関連当事者に該当する事由を記載することとしている。

また、取引関係の開示について、従前の当事会社間の取引に加え、当事会社のグループ間の取引や当事会社の一方と他方の役員または支配株主（議決権の過半数を有する株主）との取引のうち重要な取引がある場合には、可能な範囲で記載することとしている（青克美＝内藤友則「合併等の組織再編行為、公開買付け、MBO等に関する適時開示の見直しの概要」商事法務1789号37頁～40頁）。

(2) 合併契約の締結

(ア) 意　義

合併をする会社は、合併契約を締結しなければならない（法748条）。

規　定

> **会社法748条〔合併契約の締結〕**
> 　会社は、他の会社と合併することができる。この場合においては、合併をする会社は、合併契約を締結しなければならない。

(イ) 手　続

合併は、当事会社間の契約であり、通常、取締役会設置会社では、取締役

会の決議を経て（ただし、吸収合併当事会社が相手方の特別支配会社である場合など（法784条1項、796条1項）、株主総会の決議による承認を要しない場合（後記12および13参照）において委員会設置会社の場合は執行役に委任できる。法416条4項16号かっこ書）、合併当事会社の代表取締役（委員会設置会社では代表執行役）が株主総会の特別決議による承認を停止条件として合併契約を締結し、その後、株主総会において当該合併契約の承認を得ることとなる。

(3) 合併契約書の記載事項

株主等の保護のため、大別して、次の(ア)～(ウ)が合併契約書の法定記載事項とされている（法749条1項）。

(ア) 当事会社（法749条1項1号）

吸収合併当時会社の商号および住所を記載する必要がある。

(イ) 存続会社の組織・体制等（法749条1項2号イ）

存続会社が株式を交付する場合には、資本金・準備金の額に関する事項を定める。

(ウ) 合併条件

(A) 交付される対価の種類・総額等（法749条1項2号・4号）

会社法では、吸収型再編については、合併対価の柔軟化が図られ、吸収合併における合併対価として、株式以外の財産を交付することも認められた。また、無対価での吸収合併も可能である。

なお、吸収合併消滅会社の株主に対して交付する金銭等の全部または一部が、吸収合併存続会社の親会社株式である場合には、親会社の株式の取得禁止の規定（法135条1項）にかかわらず、その吸収合併存続会社は、吸収合併に際して吸収合併消滅株式会社の株主または吸収合併消滅持分会社の社員に対して交付するその親会社株式の総数を超えない範囲において、その親会社株式を取得することができる（法800条1項）。

この場合、会社法135条3項の規定にかかわらず、吸収合併存続会社は、効力発生日までの間は、その親会社株式を保有することができるが、吸収合併を中止したときはこの限りでない（法800条2項）。

●コラム●

交付金合併・三角合併の許容

　吸収合併消滅会社の株主に対し、吸収合併存続会社から金銭のみが交付されるものが「交付金合併（cash-out merger）」、親会社（関係会社）株式が交付されるものが「三角合併」と呼ばれる。

　わが国では、合併の本質を吸収合併消滅会社の事業全部の現物出資による株式の発行または会社設立であると解する見解に典型的にみられるように、吸収合併消滅会社の株主に対し吸収合併存続会社の株式を交付しない合併は認められない（割当比率の調整に必要な限度を超えて合併交付金を交付することは違法である）と解するのが会社法制定前の通説であった。しかし、事業再構築・買収等の隆盛に伴う組織再編行為の手法の多様化の要請から、旧産業活力再生特別措置法（平成15年改正）は、認定計画に従う株式会社の合併につき、吸収合併消滅会社株主に対し「特定金銭等」（外国会社株式を含む）を交付することができる旨の規定を設け、平成17年制定の会社法は、一般法の中に交付金合併等を導入する合併等の「対価の柔軟化」を行うに至った（江頭・前掲（注1）850頁注3）。

(B) 割当てに関する事項（割当比率）（法749条1項3号・5号）

　吸収合併においては、合併対価の柔軟化が図られたため、合併対価は「財産」と評価できるものであれば足り、それ以外に特に制限はない（法749条1項2号）。

　もっとも、吸収合併においては、吸収合併消滅会社の株主等に対して、その有する株式の数に応じて対価を交付しなければならないものとされている（法749条3項）ことから、上場会社のように多数の株主を有する株式会社においては、吸収合併存続会社等の株式、新株予約権、社債もしくは新株予約権付社債のほか、金銭や親会社の株式等、その金額または数量により容易に価値を判定することができる財物が合併等の対価として選択されることが想定されている。

　吸収合併消滅会社が種類株式発行会社であるときは、吸収合併存続会社および吸収合併消滅会社は、吸収合併消滅会社の発行する種類の株式の内容に応じ、ある種類の株式の株主に対して金銭等の割当てをしないまたは異なる

取扱いをする旨を定めることができる。

　　(エ)　効力発生日
　吸収合併の効力発生日とは、吸収合併存続会社が吸収合併消滅株式会社または吸収合併消滅持分会社の権利義務を承継し（法750条1項）、吸収合併消滅会社の株主等が、吸収合併存続会社の株主等になる（同条3項～5項）日である。
　しかし、吸収合併消滅会社の解散は吸収合併の登記の後でなければ、第三者に対抗できない（法750条2項）。

【書式3－12】　合併契約書（ひな形）

合併契約書

　甲株式会社（以下「甲」という。）及び株式会社乙（以下「乙」という。）とは、次のとおり合併契約を締結する。

（合併の方法）
第1条　甲及び乙は、合併して、甲は存続し、乙は解散する。

（効力発生日）
第2条　効力発生日は、平成〇年〇月〇日とする。ただし、手続の進行に応じ必要があるときは、甲乙間又は甲丙間で協議のうえ、それぞれの期日を変更することができる。

（合併対価の交付及び割当て）
第3条　甲は、合併に際して、普通株式〇株を発行し、効力発生日前日最終の乙の株主名簿に記載された乙の株主に対して、乙株式1株に対して甲株式0.5株の割合で割当交付する。

（増加すべき資本金及び準備金の額等）
第4条　合併により甲の増加すべき資本金及び資本準備金の額に関する事項は、

会社計算規則に従い、甲が定める。

（乙発行の新株予約権）
第5条　甲は、合併に際して、乙発行の新株予約権に対しては一切の対価を交付しない。

（定款の変更）
第6条　甲乙間の合併は、効力発生日を定款変更の効力発生日として、甲がその定款の一部を次のとおり変更しない場合には効力を失う。
　　（定款変更例：略）

（役員）
第7条　本合併は、甲が効力発生日を就任日として、乙の役員のうち下記の2名を甲の役員として選任しない場合には甲乙間の合併の効力を失う。ただし、乙の取締役会の承認を得た場合は、この限りでない。
　　取締役　〇〇〇〇、〇〇〇〇

（合併承認決議）
第8条　甲及び乙は、効力発生日の前日までに、それぞれ本契約の承認および合併に必要な事項に関する機関決定を行うことを要する。

（権利義務全部の承継）
第9条　甲は効力発生日において、乙の従業員全員、資産及び負債その他一切の権利義務を承継する。

（会社財産の善管注意義務）
第10条　甲及び乙は、本契約締結後効力発生日に至るまで善良なる管理者としての注意義務をもってそれぞれの業務を執行し、かつ一切の財産管理の運営をなすものとし、かつその財産又は権利義務に重大な影響を及ぼす事項については、あらかじめ甲又は乙で協議のうえ、これを実行する。

（合併の条件の変更）
第11条　本契約締結の日から効力発生日に至る間において、天災地変その他の事

由により、甲及び乙の財産又は経営状態に重大な変動が生じた場合は、甲乙間でそれぞれ協議のうえ、合併条件を変更し、又は本契約を解除することができる。

(合併契約の効力)
第12条　甲乙間の契約は、第8条に定める甲及び乙の適法な機関決定並びに法令の定める関係官庁の承認が得られないときは、それぞれの効力を失うものとする。

(協議事項)
第13条　本契約に定めるもののほか、合併に際し必要な事項は、本契約の趣旨に従って、甲乙間で協議のうえ、これを定める。

　以上のとおり契約したので本書1通を作成し、甲が保有し、乙は原本の写しを保有する。
(※)　甲、乙の住所、名称等を署名のうえ、押印。

規　定

会社法749条〔株式会社が存続する吸収合併契約〕
1　会社が吸収合併をする場合において、吸収合併後存続する会社(以下この編において「吸収合併存続会社」という。)が株式会社であるときは、吸収合併契約において、次に掲げる事項を定めなければならない。
　一　株式会社である吸収合併存続会社(以下この編において「吸収合併存続株式会社」という。)及び吸収合併により消滅する会社(以下この編において「吸収合併消滅会社」という。)の商号及び住所
　二　(条文記載略、ただし、吸収合併存続株式会社が吸収合併消滅会社の株主に対してその株式又は持分に代わる金銭等《社債、新株予約権、新株予約権付社債、その他財産》を交付するときの金銭等関する事項)
　三　(条文記載略、ただし、上記の場合における金銭等の割当てに関する事項)

> 四　（条文記載略、ただし、吸収合併消滅株式会社が新株予約権を発行しているときに吸収合併存続株式会社が新株予約権者に対して交付する吸収合併存続株式会社の新株予約権又は金銭に関する事項）
> 五　（条文記載略、ただし、上記の場合における新株予約権又は金銭の割当てに関する事項）
> 六　（条文記載略、ただし、吸収合併の効力発生日）
> 2　（以下、略）

3　事前開示

(1)　手　続

　吸収合併当時会社は、「吸収合併契約備置開始日」から所定の事項（後記(3)参照）を記載し、または記録した書面または電磁的記録をその本店に備え置かなければならない（法782条、施行規則182条、法794条1項、施行規則191条）。

(2)　備置開始日

　事前開示の主たる目的は、株主総会決議や債権者保護手続等の効力発生日前における権利行使について、判断資料を提供することにある。

　株主総会決議、株式買取請求および債権者保護手続は、いずれも組織再編行為に向けた手続であることから、会社法では、株主総会決議、株式買取請求・新株予約権買取請求の手続、債権者保護手続等の手続について、並行的に行いうることとし、これらの手続の時間的先後を問わないこととしていることから、これらの手続のうち最も早い時点をもって備置開始日とすることとしている[12]（法794条2項）。

(3)　事前備置書類の内容・記載事項

(ア)　吸収合併存続会社

　吸収合併存続会社は、吸収合併契約備置開始日から、次の①〜⑧に掲げる事項を記載し、または記録した書面または電磁的記録をその本店に備え置か

12　相澤＝細川・前掲（注3）48頁。

なければならない（法794条１項、施行規則191条）。

① 吸収合併契約書（法794条１項）
② 合併対価の定め（その定めがない場合は、その定めがないこと）の相当性に関する事項（施行規則191条１号）　吸収合併契約における合併対価（株式、社債、新株予約権、新株予約権付社債、金銭等）についての定め自体の相当性を開示事項としている。具体的には、㋐合併対価の割当てについての理由のほか、㋑合併対価の内容について株式・金銭等の種類を選択したことの理由、㋒存続会社等の資本金および準備金の額に関する事項を相当とする理由などを開示すべきとされる。

　　また、吸収合併においては、吸収合併消滅会社の株主等に対して合併等対価を交付しないこと、すなわち無対価の組織再編行為を行うことも可能であるが、その場合には、無対価であることを相当とする理由を開示する必要がある[13]。

③ 新株予約権等の割当てに関する定めの相当性に関する事項（同条２号）　吸収合併消滅会社が発行する新株予約権の権利者に対して、吸収合併存続会社の新株予約権その他の対価を割り当てる際に、その相当性を開示すべきとしたものである。

　　吸収合併消滅会社においても開示事項とされているが（後記(イ)④）、吸収合併存続会社においては、株主保護の必要性（持株比率への影響等）から、やはり本事項の開示が要請される。

　　具体的には、㋐新株予約権者に対して交付する財産について新株予約権または金銭、その他の対価と定めたことについての相当性に関する事項、㋑新株予約権者に対して交付する新株予約権の内容および数もしくは金銭等の額並びにその割当てについての相当性に関する事項を開示事項としている。

　　吸収合併存続会社においては、交付する新株予約権および金銭をゼロとすることは可能であるが、これはあくまで事実上のものにすぎないう

13　相澤哲＝細川充「組織再編行為」商事法務1769号15頁。

え、そのような場合には、必ず新株予約権買取請求権が発生し、これが行使された場合には当該買取請求にかかる債務が存続会社に承継されることから、そのような場合にも、本事項の開示が必要となる。[14]

④ 吸収合併消滅会社等の計算書類・財産状況に関する事項

　㋐ 吸収合併消滅会社の最終事業年度に係る計算書類等（同条3号イ）

　　具体的には、貸借対照表および損益計算書のほか、株主資本等変動計算書・事業報告書を指す。旧商法下では、貸借対照表および損益計算書とされていたが、会社法では、株主資本等変動報告書等を加え、開示対象が拡大したことに注意が必要である。

　　そして、旧商法下では、各当事会社における計算書類等を要求していたが、自社の計算書類等については別途備置・開示手続が法定されていることから、会社法では、相手方会社のものに限定している。

　　また、旧商法下では、計算書類等が株主総会の日の前6カ月以内に作成されたものという限定があったが、会社法ではそれを問わず、最終事業年度に係るものとしているので、この点にも注意を要する。

　㋑ 吸収合併消滅会社における最終事業年度の末日後の日を臨時決算日（2以上の臨時決算日がある場合にあっては、最も遅いもの）とする臨時計算書類等があるときは、当該臨時計算書類等の内容（同号ロ）

　㋒ 最終事業年度の末日後に重要な財産の処分、重大な債務の負担その他の会社財産の状況に重要な影響を与える事象が生じたときは、その内容（同号ハ）

　　なお、当該事項については、計算書類と異なり、相手方のみならず、自社に関するものも開示する必要がある（同条5号イ）。

⑤ 会社成立の日の貸借対照表　吸収合併存続会社が設立後間もないため最終事業年度が存在しない場合には、成立の日の貸借対照表を開示すべきこととなる（同号ロ）。

⑥ 吸収合併消滅会社が作成した貸借対照表（清算株式会社の場合）　吸

14　相澤＝細川・前掲（注13）17頁。

収合併消滅会社が清算会社の場合には、各規定に基づき、同社が作成した貸借対照表を開示する必要がある（同条4号、法492条1項、658条1項、669条1項・2項）。

⑦　債務の履行の見込みに関する事項（施行規則191条6号）　当該規定は、もっぱら債権者保護を目的としたものである。そのため、債務の履行見込みに関する事項を開示する必要がある債権の範囲についても、原則として、それぞれの当事会社において債権者保護手続の対象となる債権者が有する債権に限られることを明確化している。[15]

⑧　備置開始後、上記②～⑦に掲げる事項に変更が生じたときは、変更後のその事項（同条7号）。

　(イ)　吸収合併消滅会社

　吸収合併消滅会社は、吸収合併契約等備置開始日から効力発生日までの間、次の①～⑧に掲げる事項を記載し、または記録した書面または電磁的記録をその本店に備え置かなければならない（法782条1項、施行規則182条）。

①　吸収合併契約書（法782条1項1号）

②　合併対価の定め（その定めがない場合は、その定めがないこと）の相当性に関する事項（施行規則182条1項1号・3項）　上記(ア)②と同様のものである。消滅会社においては、対価の総数または総数の相当性や当該種類を選択した理由、共通支配下関係にあるときは消滅会社の株主の利益を害さないように留意した事項など記載事項が明示されている。

③　合併対価について参考となるべき事項（同条1項2号）　吸収合併消滅会社の株主に合併対価が交付される場合において、その対価が株式等である場合については、吸収合併消滅会社において、当該株式等の発行会社の定款の定め等を開示すべきとし、存続会社に関する情報提供を図っている。

　具体的には、㋐合併対価の全部または一部が相手方会社の株式等である場合には、相手方会社の定款の定め、合併対価を取引する市場、取引

---

[15]　相澤＝細川・前掲（注13）19頁。

の媒介または代理を行う者、譲渡その他の処分に制限があるときはその内容、合併対価に市場価格があるときは、その価格に関する事項、過去5年間の貸借対照表の内容や公告の事業年度、有価証券報告書を提出している事業年度等の情報である（同条4項1号・3号・4号）。④合併等対価の全部または一部が相手方会社以外の法人等の株式等である場合には、その法人等の定款等、その法人等の過去5年間の貸借対照表等、法人等について登記がない場合には代表者等の名称等を開示する必要がある。④については、三角合併を予定した規定であり、交付を受けることになる法人等の概要が把握できるよう、その具体的な項目が詳細に規定されている（同項2号）。

④　新株予約権等の割当てに関する定めの相当性に関する事項（同条1項3号・5項）　吸収合併存続会社においても開示事項とされているが（上記(ア)③）、吸収合併消滅会社においては、株主保護の必要性（合併比率等への影響等）のみならず、新株予約権者保護の必要性（新株予約権買取請求権の行使等の判断資料等）から、その開示が要請される。

具体的には、㋐新株予約権者に対して交付する財産について新株予約権、金銭または社債等の権利と定めたことについての相当性に関する事項、㋑新株予約権者に対して交付する新株予約権等の内容および数もしくは金銭の額並びにその割当てについての相当性に関する事項を開示事項としている。

吸収合併消滅会社においては、新株予約権・金銭のいずれも交付しない場合（吸収合併において交付する新株予約権または金銭をゼロとした場合も含む）であっても、本事項の開示が必要である。新株予約権者にとっては、交付される相手方会社の新株予約権または金銭の内容・数等のみならず、そもそも、その有する新株予約権に代わる新株予約権または金銭の交付がされるかどうかについても利害関係を有するからである。[16]

⑤　自社および吸収合併存続会社の計算書類・財産状況に関する事項（同項4号・6項）

㋐　吸収合併存続会社の最終事業年度に係る計算書類等（同項1号イ）
　　上記(ｱ)④㋐と同様である。
　㋑　吸収合併存続会社における最終事業年度の末日後の日を臨時決算日（2以上の臨時決算日がある場合にあっては、最も遅いもの）とする臨時計算書類等があるときは、当該臨時計算書類等の内容（同号ロ）
　㋒　最終事業年度の末日後に重要な財産の処分、重大な債務の負担その他の会社財産の状況に重要な影響を与える事象が生じたときは、その内容（同号ハ・2号イ）　当該事項については、計算書類と異なり、相手方のみならず、自社に関するものも開示する必要がある。
⑥　会社成立の日の貸借対照表　吸収合併消滅会社が設立後間もないため最終事業年度が存在しない場合には、成立の日の貸借対照表を開示すべきこととなる（同号ロ）。
⑦　債務の履行の見込みに関する事項（同条1項5号）　上記(ｱ)⑦と同様である。
⑧　備置開始後、上記②～⑦に掲げる事項に変更が生じたときは、変更後のその事項（同項6号）

(4)　事前開示事項の閲覧等

　吸収合併当事会社の株主および債権者は、吸収合併当事会社に対して、その営業時間内は、いつでも事前開示書面の閲覧・謄写を請求することができる。ただし、事前開示書面の謄本または抄本の交付請求または電磁的方法による情報の提供請求あるいはその書面の交付請求をするには、その当事会社の定めた費用を支払わなければならない（法782条3項、794条3項、施行規則226条27号・29号）。

(5)　違反した場合

　吸収合併存続会社が、上記事前開示書面の備置義務に違反した場合は、代表者等は、100万円以下の過料に処せられる（法976条3号）。
　合併自体が当然に無効になるわけではない。

16　相澤＝細川・前掲（注13）17頁。

規　定

> **会社法782条〔吸収合併契約等に関する書面等の備置き及び閲覧等〕**
> 1　次の各号に掲げる株式会社（以下この目において「消滅株式会社等」という。）は、吸収合併契約等備置開始日から吸収合併、吸収分割又は株式交換（以下この節において「吸収合併等」という。）がその効力を生ずる日（以下この節において「効力発生日」という。）後6箇月を経過する日（吸収合併消滅株式会社にあっては、効力発生日）までの間、当該各号に定めるもの（以下この節において「吸収合併契約等」という。）の内容その他法務省令で定める事項を記載し、又は記録した書面又は電磁的記録をその本店に備え置かなければならない。
> 　一　吸収合併消滅株式会社　吸収合併契約
> 　二・三　（略）
> 2　前項に規定する「吸収合併契約等備置開始日」とは、次に掲げる日のいずれか早い日をいう。
> 　一　吸収合併契約等について株主総会（種類株主総会を含む。）の決議によってその承認を受けなければならないときは、当該株主総会の日の2週間前の日（第319条第1項の場合にあっては、同項の提案があった日）
> 　二　第785条第3項の規定による通知を受けるべき株主があるときは、同項の規定による通知の日又は同条第4項の公告の日のいずれか早い日
> 　三　第787条第3項の規定による通知を受けるべき新株予約権者があるときは、同項の規定による通知の日又は同条第4項の公告の日のいずれか早い日
> 　四　第789条の規定による手続をしなければならないときは、同条第2項の規定による公告の日又は同項の規定による催告の日のいずれか早い日
> 　五　（略）
> 3　消滅株式会社等の株主及び債権者（株式交換完全子会社にあっては、株主及び新株予約権者）は、消滅株式会社等に対して、その営業時間内は、いつでも、次に掲げる請求をすることができる。ただし、第2号又は第4号に掲げる請求をするには、当該消滅株式会社等の定めた

> 費用を支払わなければならない。
> 一　第1項の書面の閲覧の請求
> 二　第1項の書面の謄本又は抄本の交付の請求
> 三　第1項の電磁的記録に記録された事項を法務省令で定める方法により表示したものの閲覧の請求
> 四　第1項の電磁的記録に記録された事項を電磁的方法であって消滅株式会社等の定めたものにより提供することの請求又はその事項を記載した書面の交付の請求

4　株主総会の承認決議

(1)　総　論

　会社法では、種類株式発行会社において株式の種類ごとに譲渡制限の定めを設けることができるものとしたこと、組織再編行為の当事会社についての規制緩和および合併対価の柔軟化により吸収合併消滅会社等の株主に交付される財産の種類が多様化したことも踏まえ、次のとおり、株主総会の決議要件を定めている[17]。

規　定

> **会社法795条〔吸収合併契約等の承認等〕**
> 1　存続株式会社等は、効力発生日の前日までに、株主総会の決議によって、吸収合併契約等の承認を受けなければならない。
> 2　（以下、略）
>
> **会社法309条〔株主総会の決議〕**
> 1　（略）
> 2　前項の規定にかかわらず、次に掲げる株主総会の決議は、当該株主総会において議決権を行使することができる株主の議決権の過半数（3分の1以上の割合を定款で定めた場合にあっては、その割合以上）を

---

[17] 相澤＝細川・前掲（注13）39頁。

> 有する株主が出席し、出席した当該株主の議決権の3分の2（これを上回る割合を定款で定めた場合にあっては、その割合）以上に当たる多数をもって行わなければならない。この場合においては、当該決議の要件に加えて、一定の数以上の株主の賛成を要する旨その他の要件を定款で定めることを妨げない。
> 一～十一　（略）
> 十二　第5編の規定により株主総会の決議を要する場合における当該株主総会
> （以下、略）

(2) 吸収合併存続会社における承認決議

(ア) 総会の期日

　吸収合併存続会社は、効力発生日の前日までに、株主総会の特別決議によって、合併契約の承認を受けなければならない（法795条1項、309条2項12号）。通常は、吸収消滅会社と同日に開催される例が多いようである（後記(3)(ア)参照）。

　なお、吸収合併存続会社において株主総会に先立って、①株式（新株予約権）買取請求の通知・公告を行うこと、②債権者異議手続を開始することも可能である（吸収合併存続会社においては、株券の提出にかかる公告・通知手続はそもそも必要がない）。

(イ) 決議要件

(A) 存続会社が種類株式発行株式会社以外の会社である場合

　株主総会の決議は、議決権を行使することができる株主の議決権の過半数（3分の1以上の割合を定款で定めた場合にあっては、その割合以上）を有する株主が出席し、出席株主の議決権の3分の2（定款で加重されている場合にあっては、その割合）以上の賛成が必要である（法309条2項12号）。

　簡易合併および略式合併については、後記第3・第4参照。

【書式3－13】 合併承認の株主総会議事録

株式会社○○臨時株主総会議事録

1．日時　　　　平成○年○月○日　午前○時より
2．場所　　　　東京都○区○………当株式会社本店
3．出席株主　　総株主数○名、発行済株式総数○株において、
　　　　　　　　議決権ある株主○中○名
　　　　　　　　議決権総数○個中○個
4．出席役員　　取締役：○○○○、○○○○、○○○○、○○○○
　　　　　　　　監査役：○○○○
5．議長　　　　代表取締役○○○
6．議事の経過の要領及びその結果
　　議長より下記の3議案全部が一括して上程され、株主総会招集通知に添付した資料をもとに詳細な説明がなされた。出席株主から特に質問もなかったので、議長は質問を打ち切り採決に入った。

　　第1号議案　○株式会社との吸収合併契約承認の件
　　議長は、本議案に異議がないかを問うたところ、多数の拍手があり、異議もなかったので、議長は委任状を含め出席株主の3分の2以上の賛成があった旨を宣言した。

　　第2号議案　合併に伴う定款一部変更の件
　　議長は、本議案に異議がないかを問うたところ、多数の拍手があり異議もなかったので、議長は委任状を含め出席株主の3分の2以上の賛成があった旨を宣言した。

　　第3号議案　合併の伴う取締役○名選任の件
　　議長は、本議案に異議がないか問うたところ、多数の拍手があり、異議もなかったので、議長は委任状を含め出席株主の過半数の賛成があった旨を宣言した。

7．閉会午前○時、議長は閉会を宣言した。
　　上記の決議を明確にするため、この議事録を作成する。
　　　　　　　　　　　　　　　　　　作成日　平成○年○月○日

　　代表取締役　○○○○　㊞
　　　取締役　　○○○○　㊞

取締役　〇〇〇〇　㊞

　(B)　存続会社が種類株式発行株式会社である場合

① 　株主総会の特別決議　　吸収合併存続会社が種類株式発行株式会社でも、上記(A)と同様、株主総会の特別決議が必要である。簡易合併および略式合併については、後記第3・第4参照。

② 　種類株主総会の特殊決議　　吸収合併存続会社が公開会社でない場合、譲渡制限株式の株主の保護の必要性が認められる。そのため、吸収合併存続会社が、合併対価としてその譲渡制限株式を交付する場合には、吸収合併は、譲渡制限株式の種類株主総会の特別決議がなければ、その効力は生じないとされた（法795条4項、324条2項6号）。

　また、合併によりある種類の株式の種類株主に損害を及ぼすおそれがある場合も、種類株主総会の特別決議がなければ、その効力を生じないとされた（法322条1項7号、324条2項4号）。

　(ウ)　取締役の説明義務

　　(A)　合併差損が生じる場合

　吸収合併の際に吸収合併存続会社に合併差損が生ずる場合、すなわち、①吸収合併存続会社が吸収合併消滅会社から承継する承継債務額（施行規則195条1項）が承継資産額（同条2項）を超えるとき（法795条2項1号）、または、②吸収合併存続会社が吸収合併消滅会社の株主に対し交付する合併対価（存続会社の株式等を除く）の帳簿価額が承継資産額から承継債務額を控除して得た額を超えるとき（同項2号）は、吸収合併存続会社の取締役は、合併承認決議を行う株主総会において、上記のような合併差損が発生すること、その理由、処理方針等を説明したうえで承認を受けることになる（同項1号）。

　　(B)　自己株式取得となる場合

　吸収合併消滅会社から包括承継する資産に吸収合併存続会社の株式が含まれる場合には、吸収合併存続会社は自己株式を取得することができるが（法

155条11号)、吸収合併存続会社の取締役は、株主総会において、当該株式に関する事項を説明しなければならない(法795条3項)。

(3) 吸収合併消滅株式会社における承認決議

(ア) 総会の期日

吸収合併消滅会社は、効力発生日の前日までに、株主総会の特別決議によって、合併契約の承認を受けなければならない(法783条1項、309条2項12号)。

必ずしも、吸収合併存続会社と同日である必要性はないが、同日に行われることが多い。

(イ) 決議要件

吸収合併消滅会社の株主に合併対価が交付される場合において、合併前に有している株式よりも譲渡性が低い対価が交付される場合には、次の(A)(B)のような特別の規定が設けられている。簡易合併および略式合併については、後記第3・第4参照。

(A) 吸収合併消滅株式会社が種類株式発行会社以外の会社である場合

① **株主総会の特別決議** 吸収合併消滅会社においても、原則として、株主総会の特別決議による承認が必要である(法783条1項、309条2項12号)。

② **株主総会の特殊決議** 吸収合併消滅会社が種類株式発行会社以外の公開会社である場合において、合併対価が譲渡制限株式等であるときは、株主総会の特殊決議を得なければならない(法309条3項2号)。

③ **総株主または種類株主全員の同意** 合併対価が、持分会社の持分その他権利の移転または行使に債務者その他第三者の承諾を要するもの(譲渡制限株式を除く)である場合には、総株主の同意を得なければならない(法783条2項、施行規則185条)。

(B) 消滅会社が種類株式発行会社である場合

① **種類株主総会の特殊決議** 吸収合併消滅会社が種類株式発行会社で

ある場合において、合併対価が譲渡制限株式等であるときは、吸収合併は、当該譲渡制限株式等の割当てを受ける種類の株式（譲渡制限株式を除く）の種類株主総会の特殊決議を得なければならない（法783条3項、324条3項2号、施行規則186条）。

② **種類株主総会の特別決議**　吸収合併によりある種類の株式の種類株主に損害を及ぼすおそれがある場合には、種類株主総会の特別決議を得なければならない（法322条1項7号、324条2項4号）。

③ **種類株主全員の同意**　合併対価が、持分会社の持分その他権利の移転または行使に債務者その他第三者の承諾を要するもの（譲渡制限株式を除く）である場合には、種類株主全員の同意を得なければならない（法783条4項、施行規則185条）。

5　債権者保護手続

(1)　総　論

　吸収合併は、吸収合併当事会社の債権者からみれば、債務者の資産内容が大きく変更することであるから、吸収合併当事会社は、会社債権者に対し、異議を述べる機会を提供しなければならないとした（法789条1項、799条1項）。

　しかし、多数の債権者から個別に承諾を得ていたのでは、合併手続が遅延してしまう。そこで、手続簡略化のため、会社法は、一定の期間を定め、その期間内に債権者の異議が述べられなければ、債権者が吸収合併を承諾したものとみなすこととした（法789条4項、799条4項）。

規　定

会社法799条〔債権者の異議〕
1　次の各号に掲げる場合には、当該各号に定める債権者は、存続株式会社等に対し、吸収合併等について異議を述べることができる。
　一　吸収合併をする場合　吸収合併存続株式会社の債権者

二、三　（略）
2　前項の規定により存続株式会社等の債権者が異議を述べることができる場合には、存続株式会社等は、次に掲げる事項を官報に公告し、かつ、知れている債権者には、各別にこれを催告しなければならない。ただし、第4号の期間は、1箇月を下ることができない。
　一　吸収合併等をする旨
　二　消滅会社等の商号及び住所
　三　存続株式会社等及び消滅会社等（株式会社に限る。）の計算書類に関する事項として法務省令で定めるもの
　四　債権者が一定の期間内に異議を述べることができる旨
3　前項の規定にかかわらず、存続株式会社等が同項の規定による公告を、官報のほか、第939条第1項の規定による定款の定めに従い、同項第2号又は第3号に掲げる公告方法によりするときは、前項の規定による各別の催告は、することを要しない。
4　債権者が第2項第4号の期間内に異議を述べなかったときは、当該債権者は、当該吸収合併等について承認をしたものとみなす。
5　債権者が第2項第4号の期間内に異議を述べたときは、存続株式会社等は、当該債権者に対し、弁済し、若しくは相当の担保を提供し、又は当該債権者に弁済を受けさせることを目的として信託会社等に相当の財産を信託しなければならない。ただし、当該吸収合併等をしても当該債権者を害するおそれがないときは、この限りでない。

(2)　会社債権者への公告および個別催告

⑦　会社債権者への公告および個別催告

　吸収合併当事会社は、債権者に対して異議がないかを問うため、法定の事項（後記(イ)参照）を官報での公告および知れている債権者に対する個別催告を行わなければならない（法789条2項、799条2項）。

　しかし、吸収合併当事会社の負担を軽減するため、催告については、定款で定める公告方法が時事に関する事項を掲載する日刊新聞紙または電子公告になっているときは、官報のほか、定款で定める公告方法でも公告することによって、知れている債権者への各別の催告を要しないとされた（法789条

3項、799条3項)。

　知れている債権者への各別の催告に関しては、催告の方法について限定はない。

　　(イ)　公告・催告の必要的記載事項

　債権者異議申述手続の公告・催告においては、次の①～④に掲げる事項を記載しなければならない（法789条2項、799条2項）。

① 　吸収合併等をする旨
② 　合併の相手となる会社の商号および住所
③ 　吸収合併消滅会社および吸収合併存続会社の計算書類に関する事項として法務省令（施行規則188条、法199条）で定めるもの[18]
④ 　債権者が一定の期間（1カ月以上）内に異議を述べることができる旨

【書式3－14】　合併公告

合併公告

　左記会社は合併して甲は乙の権利義務全部を承継して存続し乙は解散することにいたしました。この合併に異議のある債権者は、本公告掲載の日の翌日から1か月以内にお申し出ください。

　なお、最終貸借対照表の開示状況は次のとおりです。

甲：掲載紙　　　　　　官報
　　掲載の日付　　　　平成○年○月○日
　　掲載頁　　　　　　○頁
乙：掲載紙　　　　　　○○新聞
　　掲載の日付　　　　平成○年○月○日
　　掲載頁　　　　　　○頁
　　平成○年○月○日
（※）甲、乙の記名、押印

---

[18] 原則として、公告時点または催告時点のいずれか早い日時点の最終事業年度に係る貸借対照表またはその要旨を記載するが、最終貸借対照表につき決算公告しているときは、その決算公告の掲載場所の開示でもよい（施行規則188条1号、199条1号）。

(3) 異議を述べた債権者への対応

異議を述べた債権者がいた場合には、吸収合併存続株式会社は、その者に弁済をし、もしくは相当の担保を供し、あるいは弁済を受けさせることを目的として信託会社に相当の財産を信託しなければならない。ただし、吸収合併をしてもその債権者を害するおそれのないときは、弁済等をする必要はない（法789条5項、799条5項）。吸収合併をしてもその債権者を害するおそれがないか否かは、債権額、弁済期等を考慮して判断される。

定められた期間内に異議を述べなかった債権者は、吸収合併を承認したものとみなされる（法789条4項、799条4項）。

6　株主に対する通知・公告および反対株主の株式買取請求権

(1) 総　論

吸収合併に反対の意思を有する吸収合併当事会社の株主は、自らが株主である吸収合併当事会社に対し、自己の有する株式を公正な価格で買い取るよう請求することができる（法785条1項〈吸収合併消滅会社〉、797条1項〈吸収合併存続会社〉）。

制度趣旨は、投資した会社の基礎に変更が生ずる場合に、その変更が自らの意思に反する株主に対し、投下資本回収の途を与えることにある。

規　定

会社法785条〔反対株主の株式買取請求〕
1　吸収合併等をする場合（次に掲げる場合を除く。）には、反対株主は、存続株式会社等に対し、自己の有する株式を公正な価格で買い取ることを請求することができる。
　一、二　（略）
2　前項に規定する「反対株主」とは、次の各号に掲げる場合における当該各号に定める株主（第783条第4項に規定する場合における同項に規定する持分等の割当てを受ける株主を除く。）をいう。

一　吸収合併等をするために株主総会（種類株主総会を含む。）の決議を要する場合　次に掲げる株主
　　イ　当該株主総会に先立って当該吸収合併等に反対する旨を当該消滅株式会社等に対し通知し、かつ、当該株主総会において当該吸収合併等に反対した株主（当該株主総会において議決権を行使することができるものに限る。）
　　ロ　当該株主総会において議決権を行使することができない株主
　二　前号に規定する場合以外の場合　全ての株主（第784条第1項本文に規定する場合における当該特別支配会社を除く。）
3　存続株式会社等は、効力発生日の20日前までに、その株主（第783条第4項に規定する場合における同項に規定する持分等の割当てを受ける株主及び第784条第1項本文に規定する場合における当該特別支配会社を除く。）に対し、吸収合併等をする旨並びに存続会社等の商号及び住所を通知しなければならない。ただし、第1項各号に掲げる場合は、この限りでない。
4　次に掲げる場合には、前項の規定による通知は、公告をもってこれに代えることができる。
　一　消滅株式会社等が公開会社である場合
　二　消滅株式会社等が第783条第1項の株主総会の決議によって吸収合併契約等の承認を受けた場合
5　第1項の規定による請求（以下この目において「株式買取請求」という。）は、効力発生日の20日前の日から効力発生日の前日までの間に、その株式買取請求に係る株式の数（種類株式発行会社にあっては、株式の種類及び種類ごとの数）を明らかにしてしなければならない。
6　株券が発行されている株式について株式買取請求をしようとするときは、当該株式の株主は、消滅株式会社等に対し、当該株式に係る株券を提出しなければならない。ただし、当該株券について第223条の規定による請求をした者については、この限りでない。
7　株式買取請求をした株主は、消滅株式会社等の承諾を得た場合に限り、その株式買取請求を撤回することができる。
8　吸収合併等を中止したときは、株式買取請求は、その効力を失う。
9　（略）

(2) 株主に対する通知・公告

　吸収合併当事会社は、効力発生日の20日前までに、株主に対し、吸収合併をする旨並びに吸収合併相手会社の商号および住所を通知しなければならない（法785条3項、797条3項）。ただし、吸収合併消滅会社において、総株主の同意が必要な吸収合併の場合（法783項2項）を除く（法785条1項1号）。

　この通知は、吸収合併当事会社が公開会社である場合および、吸収合併当事会社が株主総会決議によって吸収合併契約の承認を受けた場合には、公告をもって代えることができる（法785条4項、797条4項）。

　会社法では、議決権制限株式の株主にも株式買取請求権を認めることにより、このような株主に対しても通知・公告が必要となること、株主総会における承認決議と株式買取請求・債権者保護手続等の他の手続との先後関係を原則として規律しないものとすることから、株式買取請求権の行使がありうる場合においては、すべての株主に対する通知・公告手続を要するものとしている[19]（法785条3項・4項、797条3項・4項）。

(3) 反対株主の株式買取請求権

(ア) 請求権者

　旧商法下においては、議決権を有しない種類の株式について、株式買取請求権が認められるかどうかについて解釈上争いがあった。

　しかし、会社法では、投下資本回収の途を与えるという株式買取請求権の趣旨および議決権制限株主には意に沿わない吸収合併に対抗する有効な手段がないことなどに鑑み、議決権制限株式の株主にも株式買取請求権を認めることとしている[20]（法785条2項1号ロ・2号、797条2項1号ロ・2号）。

　吸収合併当事会社において簡易合併の要件を満たす場合には、吸収合併当時会社の株主は、株式買取請求権を有しない（法797条1項ただし書。後記13参照）。

19　相澤＝細川・前掲（注3）44頁。
20　相澤＝細川・前掲（注3）44頁。

(イ)　行使方法
　　(A)　普通株主
　普通株主は、株主総会に先立って吸収合併に反対する意思を通知し、かつ、当該株主総会において吸収合併に反対したうえで、会社に対して、自己の有する株式を買い取るよう請求する（法785条2項1号イ・1項、797条2項1号イ・1項）。
　　(B)　種類株主
　吸収合併当事会社が種類株式発行会社であり、吸収合併について種類株主総会の決議が必要な場合には、当該種類株主総会において議決権を行使することができる株主が株式買取請求権を行使するには、当該種類株主総会に先立って吸収合併に反対する旨を通知し、かつ、当該種類株主総会において吸収合併に反対することを必要する。
　さらに、株主総会と種類株主総会の両方において議決権を行使することのできる株主は、株主総会と種類株主総会の両方で反対することを必要としている。
　そして、会社に対して、自己の有する株式を買い取るよう請求する（法797条2項1号イ、1項）。
　　(C)　議決権制限株式の株主
　議決権制限株式の株主については、会社に対して反対の意思を通知することを要しない（法785条2項1号ロ、797条2項1号ロ）。
　そのため、会社に対して、自己の株式を買い取るよう請求するのみで足りる（法785条1項、797条1項）。
　これは、議決権制限株式の株主が反対の意思を通知したとしても、これにより吸収合併の効力に影響を及ぼすことはできず、不必要な負担を負わせるだけであることを理由とする。
　(ウ)　行使期間
　反対株主の買取請求は、効力発生日の20日前の日から効力発生日までの間に、その株式買取請求に係る株式の数（種類株式発行会社にあっては、株式の

種類および種類ごとの数）を明らかにしなければならない（法785条5項、797条5項）。

　　(エ)　撤回の制限

　旧商法には、取下げの制限はなかったが、投機的に株式買取請求権を行使する事例がみられたことから、会社法では、株式買取請求権行使後の撤回については、会社の同意を必要としている（法785条7項、797条7項）。

　平成26年法律第90号による改正（以下、「平成26年改正」という）前の会社法においても、株式買取請求をした反対株主は、株式会社の承諾を得た場合に限り、その株式買取請求を撤回することができることとされていた（平成26年改正前会社法785条6項）。しかし、反対株主は、株式買取請求に係る株式を市場で売却することにより、事実上、会社の承諾を得ることなく株式買取請求を撤回することが可能となっていた。

　そこで、株式買取請求の撤回制限を実効化するため、平成26年法律第91号（以下、「整備法」という）によって社債、株式等の振替に関する法律（以下、「振替法」という）を改正し、買取口座の制度を創設し、株式買取請求を行う株主は買取口座への振替申請を行わなければならないこととした（振替法155条1項本文）[21]。ただし、当該発行者が開設の申出をした買取口座があるとき、またはこれらの行為に係る株式買取請求をすることができる振替株式の株主が存しないときは、この限りでない（振替法155条1項ただし書）。

　　(A)　振替株式の場合

　当事会社が振替株式を発行している場合、振替株式の発行者（当事会社）は、振込機関等に対して、買取口座（株式買取請求に係る振替株式の振替えを行うための口座）の開設の申出をしなければならず（振替法155条1項）、また、株主に対する通知に代えて行うことが強制される公告（同法161条2項）の際に、あわせて買取口座を公告しなければならない（同法155条2項）。

　そして、当事会社の株主が株式買取請求をしようとするときは、買取口座を振替先口座とする振替の申請をしなければならない（振替法155条1項）。

21　坂本三郎ほか「平成26年改正会社法の解説〔Ⅷ〕」商事法務2048号8頁。

これにより、当該株主が当該振替株式を市場で自由に売却できないようにして、事実上も、株式会社の承諾なく株式買取請求が撤回されることを防いでいる。

当該申請をせずにされた株式買取請求は、無効となる。ただし、合併をしようとする株式会社が買取口座の開設の申出をしなかった場合（振替法155条1項参照）や買取口座の公告をしなかった場合（同条2項参照）等、株主が買取口座への振替の申請をしないことがやむを得ないと考えられる特別の事情がある場合には、当該申請をせずにされた株式買取請求も有効であると解される。

また、当該株主は、振替機関等に申請をして、振替口座の記載に基づき個別株主通知を行う必要がある（振替法154条）。

買取口座の加入者は、振替株式の発行者であるが、買取口座に記載または記録がされた振替株式についての権利は、株式買取請求に係る株式の買取りの効力が生ずるまでは、株式買取請求をした株主が有している（法786条6項等参照）。株式買取請求に係る株式の買取りの効力が生ずる時までは、買取口座から発行者の口座への振替えの申請をすることができないこととしている（振替法155条4項）。

(B) 振替株式ではない場合

株式買取請求に係る株式が振替株式でない場合についても同様の規定が設けられている。

株券が発行されている株式の場合、株式買取請求をしようとするときは、当該株式の株主は、原則として、株式会社に対して当該株式に係る株券を提出しなければならないこととされている（法785条6項等）。株券を喪失して提出できない株主であっても、当該株券について株券喪失登録の請求（法223条）をした者については、株式買取請求をするために株券を提出することを要しないこととしている（法785条6項ただし書）。[22]

株券不発行会社の株式については、意思表示のみによって譲渡することが

---

[22] 坂本ほか・前掲（注21）12頁。

可能であるため、会社に対する対抗要件である株主名簿の書換えの請求をすることができないこととし、当該譲渡が会社に対抗されることを防いでいる（法785条9項等）。[23]

【書式3－15】　合併反対株主の株式買取請求書

　　　　　　　　合併反対のご通知　兼　株式買取請求書

　　　　　　　　　　　　　　　　　　　　　　　　　平成○○年○○月○○日
○○株式会社　御中

　　　　　　　　　　　　　　　　　　　　　　　大阪市○○区○○丁目○○
　　　　　　　　　　　　　　　　　　　　　　　株主　　○○○○

前略　私は、貴社の普通株式○株を所有する株主です。先日、ご通知いただいた貴社と株式会社○○との吸収合併につき、私は反対です。したがって、きたる平成○○年○月○日開催の貴社臨時株主総会でも反対いたしますので、予めご通知申し上げますとともに、総会で反対した際は私の所有する貴社株式全部を公正な価格でお買い取りいただきたく、請求いたします。

　　　　　　　　　　　　　　　　　　　　　　　　　　　　　　　　　　草々

㈅　株式買取請求に係る株式の買取りの効力発生時

　平成26年改正前会社法では、株式買取請求に係る株式の代金支払い時に、その買取りの効力が生ずることとされていた（平成26年改正前会社法786条5項、798条5項）。

　しかし、当事会社は、価格決定の申立てにつき裁判所の決定する価格に対し、合併の効力発生日から60日が経過した後年6分の利息を支払わなければならない（法786条4項、798条4項）。これでは、株式買取請求をした株主は、その代金につき年6分の利息を受領しつつ、剰余金配当請求権も有することとなり、二重取りとなる。また、当該株主は株式買取請求をした場合、

23　坂本ほか・前掲（注21）13頁。

当該株主はその株式保有を継続しない意思を明確にしていることから、株主としての権利の行使を認める必要はないと解される[24]。

そこで、株式買取請求に係る株式の買取りは、合併の効力発生日に、その効力を生ずることとされた（法786条6項、798条6項）。

　　(カ)　略式合併および簡易合併における株式買取請求権

平成26年改正前会社法においては認められていたが、現行法においては制限されている。後記12および13において詳述する。

　(4)　**株主買取請求における価格の決定**

　　(ア)　公正な価格

旧商法では、株式会社が合併等をする際に株式買取請求権が行使された場合において当該株式会社が株式を買い取るべき価格は、「承認ノ決議ナカリセバ其ノ有スベカリシ公正ナル価格」とされていた（旧商法408条ノ3等）。

しかし、株式買取請求権を行使しようとする株主の中には、株式会社が合併等をすること自体については賛成であるが、合併等の結果、対価として交付される財産の割り当てに不満足である者も存在しうる。

そこで、会社法では、合併から生ずる相乗効果の分配も含め公正に定められるようにするため、株式の買取価格を「公正な価格」と改正した（法785条1項、797条1項）。

　　(イ)　仮払制度

株式買取請求に係る株式の価格の決定について、効力発生日から30日以内に協議が調わないときは、株主または当事会社は、その期間の満了の日後30日以内に、裁判所に対し、価格の決定の申立てをすることができる（法786条2項、798条2項）。裁判所に価格決定の申立てがされた場合には、当事会社は、裁判所の決定した価格に対する合併の効力発生日から60日の期間の満了の日後の年6分の割合により算定した利息を支払わなければならない（法786条4項、798条4項）。

会社の利息の負担軽減を可能とし、株式買取請求の濫用を防止するという

24　坂本ほか・前掲（注21）14頁。

観点から、株式買取請求があった場合には、当事会社は、反対株主に対し、株式の価格決定がされる前に、当該会社が公正な価格と認める額を支払うことができることとした（法786条5項、798条5項）。なお、当事会社がこの制度による支払い（弁済供託を含む）をした場合には、当該支払いをした額に対する当該支払後の利息を支払う義務を負わないこととなる。[25]

7　新株予約権者に対する通知・公告および新株予約権者の新株予約権買取請求権

(1)　総　論

吸収合併に反対の意思を有する吸収合併消滅会社の新株予約権者のうち一定の条件を満たす者は、会社に対し、自己の有する新株予約権を公正な価格で買い取るよう請求することができる（法787条1項）。

新株予約権買取請求権の手続は、原則として、株式買取請求権に準ずる手続で行われる。

規　定

> **会社法787条〔新株予約権買取請求〕**
> 1　次の各号に掲げる行為をする場合には、当該各号に定める消滅株式会社等の新株予約権の新株予約権者は、消滅株式会社等に対し、自己の有する新株予約権を公正な価格で買い取ることを請求することができる。
> 　一　吸収合併　第749条第1項第4号又は第5号に掲げる事項についての定めが第236条第1項第8号の条件（同号イに関するものに限る。）に合致する新株予約権以外の新株予約権
> 　二～三　（略）
> 2　新株予約権付社債に付された新株予約権の新株予約権者は、前項の規定による請求（以下この目において「新株予約権買取請求」という。）をするときは、併せて、新株予約権付社債についての社債を買い取る

---

[25]　坂本ほか・前掲（注21）14頁。

ことを請求しなければならない。ただし、当該新株予約権付社債に付された新株予約権について別段の定めがある場合は、この限りでない。
（以下、略）

(2) 新株予約権者に対する通知・公告

吸収合併消滅会社は、効力発生日の20日前までに、全部の新株予約権の新株予約権者に対して、吸収合併をする旨並びに吸収合併存続会社の商号および住所を通知しなければならない（法787条3項1号）。この通知は、公告をもって代えることができる（法787条4項）。

新株予約権買取請求をすることができる新株予約権者の範囲と、通知を必要とする新株予約権者の範囲が異なる場合がある（法787条1項・3項）。

これは、法236条1項8号の定めがある新株予約権者については、原則として、当該定めと異なる扱いがなされた場合のみ新株予約権買取請求が認められるが、当該定めと実際の取扱いとが合致しているかどうかの判断が難しい場面も想定されることから、当該定めがあるすべての新株予約権者に対する通知を必要とすることとしたためである[26]。

(3) 新株予約権買取請求の請求権者

新株予約権買取請求を行うことができるのは、吸収合併契約における吸収合併存続会社の新株予約権または金銭の割当てに関する事項についての定め（法749条1項4号・5号）が、新株予約権の発行に際して、吸収合併存続会社が吸収合併消滅会社の新株予約権の新株予約権者に対して新株予約権を交付するときに定めた条件の定め（法236条1項8号）に合致しない場合に限る（法787条1項1号）。

(4) 新株予約権付社債の留意点

新株予約権付社債は新株予約権と社債とを分離して譲渡することができない（法254条2項・3項）など、新株予約権と社債とが一体的な取扱いを受けるものであるから、新株予約権付社債に付された新株予約権の買取請求をす

---

26 相澤＝細川・前掲（注3）47頁。

る場合には、新株予約権について別段の定めがない限り、新株予約権と社債とを分離することなく、その有する新株予約権付社債の買取請求をしなければならないこととしている（法787条2項）。

会社法は新株予約権および新株予約権付社債についても、同様の規律を設けている（法787条6項・7項・10項等、振替法183条、215条）。

振替新株予約権付社債については、社債原簿の記載または記録がその譲渡の対抗要件とならない（振替法224条は、振替新株予約権付社債について、法688条1項の適用を除外している）。そのため、振替新株予約権付社債の振替新株予約権付社債権者が法718条1項の規定による社債権者集会の召集の請求等をする場合には、その地位を証明するため、振替新株予約権付社債権者が振替機関等から振替口座簿に記載または記録がされている事項を証明した書面の交付を受けたうえで、発行者、社債管理者等に当該書面を提示しなければならないこととされている（振替法222条1項）。[27]

8　株券提出手続

旧商法では、譲渡制限会社が非譲渡制限会社を吸収合併する場合には、定款を変更して株式の譲渡制限の規定を設ける場合と同様に、消滅会社で株券提出公告および通知が必要であり（旧商法416条4項）、それ以外の場合には、合併契約書に提出が必要だと定めない限り、株券提出手続は不要であるとされていた（旧商法409条9号）。

会社法では、株券不所持の申出（法217条）などで実際に株券を発行していない場合を除いて（法219条1項ただし書）、株券提出手続が必須の手続となった（同項本文）。

株券発行会社は、株式の全部について株券を発行していない場合を除き、その効力発生日の1カ月前までに、株券提出公告等の手続を行わなければならない（法219条1項6号）。

そして、株券の提出公告をしたことを証する書面が、吸収合併の登記の添

27　坂本ほか・前掲（注21）12頁。

付書面の1つとされた(商業登記法80条9号)。

規　定

> **会社法219条〔株券の提出に関する公告等〕**
> 1　株券発行会社は、次の各号に掲げる行為をする場合には、当該行為の効力が生ずる日(略)までに当該株券発行会社に対し当該各号に定める株式に係る株券を提出しなければならない旨を株券提出日の1箇月前までに、公告し、かつ、当該株式の株主及びその登録株式質権者には、各別にこれを通知しなければならない。ただし、当該株式の全部について株券を発行していない場合は、この限りでない。
> 　一〜五　(略)
> 　六　合併(合併により当該株式会社が消滅する場合に限る。)　全部の株式
> 　七、八　(略)
> 2　株券発行会社は、前項各号に掲げる行為の効力が生ずる日までに株券発行会社に対して株券を提出しない者があるときは、当該株券の提出があるまでの間、当該行為によって当該株券に係る株式の株主が受けることのできる金銭等の交付を拒むことができる。
> 3　第1項各号に定める株式に係る株券は、当該各号に掲げる行為の効力が生ずる日に無効となる。
> 4　(略)

【書式3-16】　株券等提出公告

> ### 合併につき株券等提出のご通知
>
> 株主及び新株予約権者等各位
>
> 前略　当社は、株式会社○○と合併して解散することに致しましたので、当社の株券(新株予約権証券、新株予約権付社債券を含む)を所有する方は、効力発生日である平成○年○月○日までに当社にご提出ください。
>
> 　　　　　　　　　　　　　　　　　　　　　　　　　　　　草々

9　吸収合併の効力発生日

(1)　効力発生日の意義

吸収合併の効力発生日とは、吸収合併存続会社が吸収合併消滅会社の権利義務を承継し（法750条1項）、吸収合併消滅会社の株主等が、吸収合併存続会社の株主等になる（同条3項～5項）日である。

株主総会決議、株式買取請求、債権者保護手続等の手続は、効力発生日までに終了する必要がある。

しかし、吸収合併消滅会社の解散は吸収合併の登記の後でなければ、第三者に対抗できない（法750条2項。第2 I 2(2)(イ)参照）。

吸収合併の効力発生日は、合併契約の必要的記載事項である（法794条1項6号）。

(2)　効力発生日の変更

効力発生日までに債権者保護手続が終了していない場合には、効力発生日後に必要な手続を終えても、効力は生じない。

そのため、事前に、効力発生日までに債権者保護手続が終了しないことが判明した場合には、効力発生日を迎える前に効力発生日を変更する手続を行う必要がある。

吸収合併当事会社は、合意によって、効力発生日を変更することができる（法790条1項）。

吸収合併消滅会社は、当初予定していた効力発生日の前日までに、変更後の効力発生日を公告する必要がある（法790条2項）。吸収合併存続会社は、公告を行う必要はない。

10 吸収合併の登記

規　定

> **会社法921条〔吸収合併の登記〕**
> 　会社が吸収合併をしたときは、その効力が生じた日から2週間以内に、その本店の所在地において、吸収合併により消滅する会社については解散の登記をし、吸収合併後存続する会社については変更の登記をしなければならない。

(1) 手　続

　会社が吸収合併したときは、その効力が生じた日から2週間以内に、その本店所在地において、吸収合併により消滅する会社については解散登記をし、吸収合併後存続する会社については変更の登記をしなければならない（法921条）。

　登記の申請においては、①吸収合併による変更の登記申請と、②吸収合併による解散の登記申請を同時にしなければならない（商業登記法82条3項）。

　登記申請時に吸収合併消滅会社は解散して消滅しているので、②の解散登記の申請者は吸収合併存続会社の代表者であって吸収合併消滅会社の代表者ではない（商業登記法82条1項）。

　添付書面はすべて①の申請書に添付し、②には何も添付しない（商業登記法82条4項）。

(2) 登記の添付書面

　登記申請の添付書面については、平成18年3月31日付け法務省民商第782号法務局長・地方法務局長あて法務省民事局長通達を引用する。

> **【参考先例】**
> 　株式会社が存続する場合の添付書面について（平成18年3月31日付け法務省民商第782号民事局長通達）

本店の所在地における吸収合併存続株式会社の変更の登記の申請書には、次の書面を添付しなければならない（商登法第80条）。
(ｱ)　吸収合併契約書
　　　効力発生日の変更があった場合には、吸収合併存続株式会社において取締役の過半数の一致があったことを証する書面又は取締役会の議事録（商登46条）及び効力発生日の変更に係る当事会社の契約書（商登24条9号参照）も添付しなければならない。
(ｲ)　吸収合併存続株式会社の手続に関する次に掲げる書面
　　a　合併契約の承認に関する書面（商登46条）
　　　合併契約の承認機関に応じ、株主総会、種類株主総会若しくは取締役会の議事録又は取締役の過半数の一致があったことを証する書面を添付しなければならない。
　　b　略式合併又は簡易合併の場合には、その要件を満たすことを証する書面（簡易合併に反対する旨を通知した株主がある場合にあっては、その有する株式の数が施行規則第197条の規定により定まる数に達しないことを証する書面を含む。）
　　　略式合併の要件を満たすことを証する書面としては、具体的には、吸収合併存続株式会社の株主名簿等がこれに該当する。
　　c　債権者保護手続関係書面
　　d　資本金の額が会社法の規定に従って計上されたことを証する書面
(ｳ)　吸収合併消滅会社の手続に関する次に掲げる書面
　　a　吸収合併消滅会社の登記事項証明書[28]
　　b　吸収合併消滅会社が株式会社であるときは、合併契約の承認機関（1の(2)のイの(ｲ)参照）に応じ、株主総会若しくは種類株主総会の議事録又は総株主若しくは種類株主の全員の同意があったことを証する書面（略式合併の場合にあっては、その要件を満たすことを証する書面及び取締役の過半数の一致があったことを証する書面又は取締役会の議事録）
　　c　吸収合併消滅会社が持分会社であるときは、総社員の同意（定款に別段の定めがある場合にあっては、その定めによる手続）があったことを証する書面
　　d　債権者保護手続関係書面（合名会社又は合資会社である吸収合併消滅会社

---

[28] 作成後3カ月以内であることを要する（商業登記規則36条の2）。

について、各別の催告をしたことを証する書面を省略することはできない。）
　e　当該会社が株券発行会社であるときは、株券提供公告等関係書面[29]
　f　当該会社が新株予約権を発行しているときは、新株予約権証券提供公告等関係書面

11　事後開示

(1)　手　続

　吸収合併存続会社は、効力発生日後遅滞なく、吸収合併により吸収合併存続会社が承継した吸収合併消滅会社の権利義務その他の吸収合併に関する事項として法務省令で定める事項（後記(2)参照）を記載し、または記録した書面または電磁的記録を作成しなければならない（法801条1項）。

　吸収合併存続会社は、この事後備置書類を効力発生日から6カ月間、本店に備え置かなければならない（法801条3項）。

(2)　備置書類の内容・記載事項

　吸収合併存続会社は、効力発生日後遅滞なく、次の①～⑦の事項を記載し、または記録した書面または電磁的記録を作成しなければならない（法801条1項、施行規則200条1項）。

① 吸収合併の効力発生日（施行規則200条1号）
② 吸収合併消滅会社における反対株主の合併差止請求手続の経過（同条2号イ）、株式買取請求および新株予約権買取請求手続の経過、並びに債権者異議申述手続の経過（同号ロ）
③ 吸収合併存続株式会社における反対株主の合併差止請求手続の経過（同条3号イ）、株式買取請求手続の経過および債権者異議申述手続の経過（同号ロ）
④ 吸収合併により吸収合併存続会社が吸収合併消滅会社から承継した重要な権利義務に関する事項（同条4号）
⑤ 吸収合併消滅会社が備え置いた書面または電磁的記録に記載または記

---

[29] 通達は、株券提供公告という文言を使用しているが、条文によれば、株券提出公告である。

録がされた事項（吸収合併契約の内容を除く）（同条5号）
⑥　吸収合併に伴い、変更の登記をした日（同条6号）
⑦　その他吸収合併に関する重要な事項（同条7号）

(3) 事後開示書類の閲覧等

　吸収合併存続会社の株主および債権者は、その吸収合併存続会社に対して、営業時間内は、いつでも、事後開示書面の閲覧・謄写を請求することができる。ただし、事後開示書面の謄本または抄本の交付請求または電磁的方法による情報の提供請求あるいはその書面の交付請求をするには、その存続株式会社の定めた費用を支払わなければならない（法801条4項、施行規則226条30号）。

(4) 違反した場合

　吸収合併存続会社が、上記事後開示書面の備置義務に違反した場合は、代表者等は、100万円以下の過料に処せられる（法976条3号）。
　合併自体が当然に無効になるわけではない。

規　定

会社法801条〔吸収合併等に関する書面等の備置き及び閲覧等〕
1　吸収合併存続株式会社は、効力発生日後遅滞なく、吸収合併により吸収合併存続株式会社が承継した吸収合併消滅会社の権利義務その他の吸収合併に関する事項として法務省令で定める事項を記載し、又は記録した書面又は電磁的記録を作成しなければならない。
2　（略）
3　次の各号に掲げる存続株式会社等は、効力発生日から6箇月間、当該各号に定めるものをその本店に備え置かなければならない。
　一　吸収合併存続株式会社　第1項の書面又は電磁的記録
　二、三　（略）
4　吸収合併存続株式会社の株主及び債権者は、吸収合併存続株式会社に対して、その営業時間内は、いつでも、次に掲げる請求をすることができる。ただし、第2号又は第4号に掲げる請求をするには、当該

吸収合併存続株式会社の定めた費用を支払わなければならない。
一　前項第1号の書面の閲覧の請求
二　前項第1号の書面の謄本又は抄本の交付の請求
三　前項第1号の電磁的記録に記録された事項を法務省令で定める方法により表示したものの閲覧の請求
四　前項第1号の電磁的記録に記録された事項を電磁的方法であって吸収合併存続株式会社の定めたものにより提供することの請求又はその事項を記載した書面の交付の請求
（以下、略）

〔表3—2〕　吸収合併の具体的スケジュール例

　以下、吸収合併の効力発生日を10月1日とした場合のスケジュールの一例を記載する。
　会社法では、株主総会決議、株式買取請求および債権者保護手続は、いずれも組織再編行為に向けた手続であることから、会社法では、組織再編行為における主要な手続である株主総会の決議、株式買取請求・新株予約権買取請求の手続、債権者保護手続等の手続について、並行的に行うことを可能としている。

	消滅会社	存続会社
3月上旬	合併覚書作成・締結	
3月上旬	合併承認に関する株主総会の招集決定についての取締役会（法298条）	合併承認に関する株主総会の招集決定についての取締役会（法298条）
3月下旬	合併契約書の締結・調印（法748条、記載事項は749条）	
4月1日以前	事前開示書類の本店備え置き（法782条）〔備置開始日（法782条2項に掲げる日）から効力発生日まで〕	事前開示書類の本店備え置き（法794条）〔備置開始日（法794条2項に掲げる日）から効力発生日後6カ月経過日まで〕

5月上旬	基準日の公告（法124条3項）（基準日の2週間前までに）	基準日の公告（法124条3項）（基準日の2週間前までに）
5月下旬	基準日（法124条1項）	
6月14日頃	株主総会の招集通知発送（法299条）（株主総会の開催日の2週間前までに、非公開会社は1週間前までに）	株主総会の招集通知発送（法299条）（株主総会の開催日の2週間前までに、非公開会社は1週間前までに）
7月上旬	株主総会で合併契約の承認（法783条）	株主総会で合併契約の承認（法783条）
8月10日頃	公正取引委員会への届出（合併当事会社連名）（原則不要、ただし、合併当事会社のうちの1社が資産総額100億円超、他の会社の資産総額10億円超の場合に届出）	
8月20日以前	株券提出公告・催告（法219条1項6号） 債権者に対する異議申述の公告・催告（法789条） （1カ月を下らない期間官報により公告・催告） 〔定款の公告方法（官報による場合を除く）で公告した場合は、各別の催告は不要〕	債権者に対する異議申述の公告・催告（法799条） （1カ月を下らない期間官報により公告・催告） 〔定款の公告方法（官報による場合を除く）で公告した場合は、各別の催告は不要〕
9月10日以前	登録株式質権者等に対する通知または公告（法783条5項）（効力発生日の20日前までに）	
9月10日以前	反対株主等への合併等通知（法785条3項） （効力発生日の20日前までに通知または公告）	反対株主等への合併等通知（法797条3項） （効力発生日の20日前までに通知または公告）

9月10日以前	新株予約権者に対する合併等通知（法787条3項）（効力発生日の20日前までに通知または公告）	
9月16日以前	・株式買取請求（法785条） ・新株予約権買取請求（法787条）	株式買取請求（法797条）
9月25日	債権者に対する異議申述期間満了	債権者に対する異議申述期間満了
10月1日	合併効力発生日（法750条1項）（合併契約に定めた効力発生日）	
10月2日	合併による変更登録申請（法921条、750条2項）（効力発生日から2週間以内、登記は第三者対抗要件）	合併による変更登記申請（法921条、750条2項）（効力発生日から2週間以内、登記は第三者対抗要件）
翌年3月31日まで		事後開示書類の作成と本店備え置き（法801条1項・2項）
翌年3月31日まで		合併無効確認の訴え提起（法828条1項7号）（合併効力発生日後6ヵ月以内に合併当事会社の株主、取締役、監査役他が存続会社に対して提起）

12　略式合併制度

　原則として、吸収合併存続会社および吸収合併消滅会社は、効力発生日の前日までに、株主総会の特別決議によって、吸収合併契約の承認を受けなければならない（法783条1項、795条1項）。しかし、株主総会決議によって承認されることが明らかな場合について、会社法は株主総会決議を要しないこととし、略式合併の制度を設けている。詳細は、第3章第1節第4に譲る。

(1)　種　類

(ｱ)　消滅会社が存続会社の特別支配会社である場合

　吸収合併消滅会社が吸収合併存続会社の特別支配会社である場合（吸収合

併存続会社の総株主の議決権の10分の9（これを上回る割合を当該会社の定款で定めた場合にあっては、その割合）以上を吸収合併消滅会社およびその完全子会社等が有している場合）には、消滅会社の株主総会の決議を要しないとしている（法796条1項本文）。

ただし、合併対価として吸収合併存続会社の譲渡制限株式を交付する場合であって、吸収合併存続会社が公開会社でないときは、株主総会の決議を省略することはできない（法796条1項ただし書）。

　　(イ)　存続会社が消滅会社の特別支配会社である場合

吸収合併存続会社が吸収合併消滅会社の特別支配会社である場合には、吸収合併存続会社の株主総会の決議を要しない（法784条1項本文）。

ただし、合併対価として吸収合併存続会社の譲渡制限株式を交付する場合であって、吸収合併消滅会社が公開会社であり、かつ、種類株式発行株式でないときは、株主総会の決議を省くことはできない（法784条1項ただし書）。

(2)　**略式合併における株式買取請求**

平成26年改正前会社法では、略式合併の要件を満たす場合であっても、当事会社のすべての株主が株式買取請求権を有することとされていた（平成26年改正前会社法785条2項2号、797条2項2号）。

しかし、略式合併については特別支配会社が合併の相手方である場合には、仮に株主総会を開催したとしても特別支配会社による賛成の議決権行使により、当該合併が株主総会において承認されることが明らかであるからである。そのため、略式合併において特別支配会社に株式買取請求を認めるべき合理的理由がないとされ、特別支配会社は株式買取請求権を有しないこととされた（法785条2項2号かっこ書、796条2項2号かっこ書）。[30]

13　簡易合併制度

(1)　簡易合併の要件

吸収合併消滅会社の株主または社員に対して交付する株式等の価額の合計

30　坂本ほか・前掲（注21）15頁。

額が吸収合併存続会社の純資産額として施行規則196条の規定により定まる額の5分の1（これを下回る割合を当該会社の定款で定めた場合にあっては、その割合）を超えない場合には、株主総会の決議を要しない（法796条2項本文）。

ただし、吸収合併に際して差損が生じる場合または、合併対価として吸収合併存続株式会社の譲渡制限株式を交付する場合であって、吸収合併存続会社が公開会社でない場合には、株主総会の決議を省略することはできない（法796条2項ただし書）。

なお、施行規則197条の規定により定まる数の株式を有する株主が合併に反対する旨を吸収合併存続会社に対し通知したときも、株主総会の決議を省略することはできない（法796条3項）。詳細は、第3章第1節第3に譲る。

(2) 簡易合併における株式買取請求

平成26年改正前会社法では、簡易合併の要件を満たす場合であっても、当事会社のすべての株主が株式買取請求権を有することとされていた（平成26年改正前会社法797条1項）。

しかし、簡易合併は株主に及ぼす影響が軽微であることから株主総会決議を要しないとされており、会社の基礎に本質的変更をもたらす行為とはいえない。会社組織の基礎に本質的変更をもたらす行為に反対する株主に投下資本を回収する機会を与えるという株式買取請求の制度趣旨に照らし、簡易合併において反対株主は株式買取請求権を有しないこととされた（法797条1項ただし書）[31]。

14　合併の差止請求

平成26年改正前会社法においては、略式合併については株主による差止請求に係る規定が設けられているが、通常の合併において明文の規定がなく、解釈も分かれていた。

合併の効力を争う手段として合併無効の訴えがあるが、事後的に合併の効

---

[31] 坂本ほか・前掲（注21）15頁。

力が否定されると法律関係が複雑になることから、事前救済手段として、効力発生前にその差止めを請求することができることとした。

具体的には、当該合併が法令または定款に違反し、当事会社の株主が不利益を受けるおそれがあるときは、株主は、当該合併の差止めを請求することができることとした（法784条の2、796条の2）。

もっとも、いわゆる簡易合併の要件を満たす場合には、株主に及ぼす影響が軽微であるとして株主総会の決議が不要とされていることに鑑み、株主は、当該合併の差止めを請求することができない（法796条の2ただし書）。

当該合併を差し止めることができる、法令または定款の違反とは、現行法の略式組織再編の差止事由に照らし、会社を規範の名宛人とする法令または定款の違反を意味し、取締役の善管注意義務や忠実義務の違反を含まないと解されている。また、当事会社の株主に交付される対価が不相当である場合は、当事会社の取締役の善管注意義務・忠実義務の違反の問題が生じうるとしても、会社を名宛人とする法令または定款の違反となることはないと解される[32]。詳細は、第4章Ⅲに譲る。

32　坂本三郎ほか「平成26年改正会社法の解説〔Ⅸ・完〕」商事法務2049号21頁）。

第3　簡易合併

1　意　義

　簡易合併は、存続会社と比較して消滅会社の規模が小さく、存続会社の株主に及ぼす影響が軽微であるため、存続会社の株主総会による承認決議を省略して行うことができる吸収合併である（法796条2項、施行規則196条）。

　なお、消滅会社の株主にとっては、規模の大小にかかわらず、自己の権利義務に生じる影響が小さくないため、消滅会社には簡易合併は認められず、消滅会社の株主総会による承認決議は省略することができない。

　ただし、存続会社が消滅会社の特別支配会社であり、略式合併の要件（後記第4参照）を満たす場合には、略式合併として消滅会社の承認決議を省略することができる。

2　要　件

(1)　原　則

　簡易合併として存続会社の株主総会による承認決議を省略するための要件は、合併対価の額（簿価）が存続会社の純資産額の5分の1を超えないことである（法796条2項）。

　なお、ここでいう「合併対価の額」は、次の①②に掲げる額の合計額である。

① 　消滅会社の株主に対して交付する存続会社の株式の数に1株当たり純資産額を乗じて得た額[33]

② 　消滅会社の株主に対して交付する存続会社の社債、新株予約権または

---

[33]　1株当たり純資産額の算定方法の詳細は、施行規則25条に規定されている。簡単にいえば、［純資産額］÷［自己株式以外の発行済株式総数］×［株式係数（通常は1）］で算定される（郡谷大輔＝和久友子編著『会社法の計算詳解〔第2版〕』（中央経済社・2008年）399頁）。

新株予約権付社債その他の財産の帳簿価額の合計額

| 合併対価の額 | ＝ | ①交付株式の時価総額 | ＋ | ②その他の財産の帳簿価額合計額 |

　また、ここでいう「存続会社の純資産額」は、算定基準日（原則として吸収合併契約締結日であり、吸収合併契約により吸収合併契約締結日から吸収合併の効力発生時の直前までの間で任意の一時点を定めることも可能である）における純資産額であり、具体的には次の①～⑥までの額の合計額から⑦の額を減じた額である（施行規則196条）。[34]

① 　資本金の額

② 　資本準備金の額

③ 　利益準備金の額

④ 　法446条に規定する剰余金の額

⑤ 　最終事業年度（臨時計算書類を作成した場合は臨時会計年度（臨時会計年度が２以上ある場合はその末日がもっとも遅いもの））の末日（最終事業年度がない場合は存続会社の成立の日）における評価・換算差額等に係る額[35]

⑥ 　新株予約権の帳簿価額

⑦ 　自己株式および自己新株予約権の帳簿価額の合計額

　ただし、算定された純資産額が500万円を下回る場合は、500万円をもって純資産額とする（施行規則196条）。すなわち、合併対価が100万円未満の場合

---

[34] 簡易合併に該当するかどうかの判断時点については、効力発生の直前における各計数をもって判断する必要があるものの、事業年度をまたいで吸収合併の手続がされた場合などには、手続途中で「純資産額」が減少してしまうために簡易合併の要件を満たさなくなる可能性があり、そのような事態が生ずることは円滑な吸収合併の実現を害する可能性がある。そのため、「純資産額」については、吸収合併契約締結日を基準として判断することを原則としたうえで、当該契約の定めにより当該締結日から効力発生の直前の時までの間の任意の一時点を定めることも可能としている（相澤哲＝細川充「組織再編行為」相澤哲編著『立案担当者による新会社法関係法務省令の解説（別冊商事法務300号）』（商事法務・2006年）142頁）。

[35] 評価・換算差額等にかかる額以外の額については算定基準日における額を用い、評価・換算差額等にかかる額については最終事業年度の末日等における額を用いることとされている。これは、事業年度中の評価・換算差額等を把握することは、会社にとって、手間がかかることから、計算書類または臨時計算書類上の額を用いることができるようにしたものである（弥永真生『コンメンタール会社法施行規則・電子公告規則〔第２版〕』（商事法務・2009年）1089頁）。

には、通常は、簡易合併の要件を満たすことになる。[36]

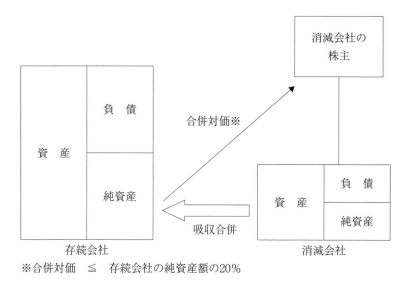

※合併対価 ≦ 存続会社の純資産額の20％

(2) 例 外

㈦ 合併差損が生ずる場合

上記(1)の要件が満たされる場合であっても、存続会社に合併差損が生ずる場合には、存続会社にとっては他の会社が過去に計上した損失の引受けという要素があることから、存続会社の分配可能額が減少する等存続会社の株主[37]に対する影響が少なくないので、簡易合併の手続を行うことができず、存続[38]会社は株主総会の承認決議を省略できない（法796条2項ただし書）。

合併差損が生じる場合は、次の2つの場合である。

  (A) **存続会社が承継する消滅会社の債務の額（施行規則195条1項）が存続会社が承継する資産の額（同条2項）を超える場合（法795条2項1号）**

---

36 相澤＝細川・前掲（注25）142頁。
37 相澤＝細川・前掲（注34）197頁。
38 江頭・前掲（注1）806頁。

第1節　株式会社における合併

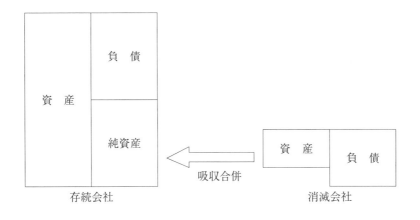

(B) 存続会社が消滅会社の株主に対して交付する金銭等（存続会社の株式等を除く）の帳簿価額が承継資産額から承継債務額を控除して得た額を超える場合（法795条2項2号）

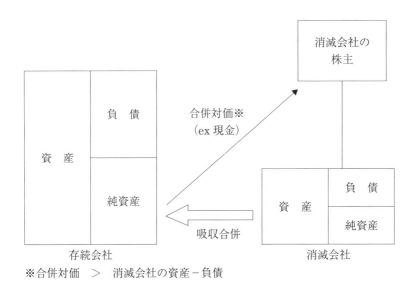

※合併対価　＞　消滅会社の資産－負債

ただし、吸収会社が連結配当規制適用会社[39]である場合において、消滅会社が子会社であるときは、原則として、合併差損は生じず（施行規則195条3

項・4項・5項)、簡易合併の手続を行うことができる。これは、連結配当規制適用会社においては、子会社に対する投資損失が分配可能利益に反映されているため、吸収合併により子会社が過去に計上した損失の引受けがされたとしても、分配可能利益には影響を及ぼさないからである[40]。

　(ｲ)　**全株式譲渡制限会社である存続会社が譲渡制限株式を交付する場合**

　また、上記(1)の要件が満たされる場合であっても、存続会社が全株式譲渡

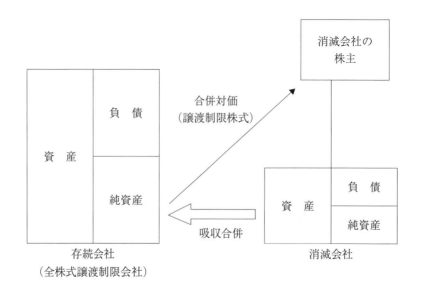

---

[39] 連結配当規制適用会社とは、ある事業年度の末日が最終事業年度の末日となる時から当該ある事業年度の次の事業年度の末日が最終事業年度の末日となる時までの間における当該株式会社の分配可能額の算定につき計算規則158条4号の規定を適用する旨を当該ある事業年度に係る計算書類の作成に際して定めた株式会社(ある事業年度に係る連結計算書類を作成しているものに限る)をいう(計算規則2条3項51号)。
　　連結配当規制適用会社となる手続は次のとおりである。まず、会社は、ある事業年度に係る計算書類の作成に際して、「連結配当規制を受ける」という決定をして、これを連結配当規制適用会社に関する注記として表示をする(計算規則98条1項18号、115条)。そして、かかる注記がされた計算書類について、会計監査人・監査役(監査委員会)の監査を受ける。監査を受けた計算書類を取締役会設置会社にあっては取締役会、その余の株式会社にあっては株主総会の承認決議を経る。連結配当規制適用会社に関する注記がされた計算書類の承認を受けることによって、その時点から連結配当規制適用会社となる(相澤哲＝郡谷大輔「分配可能額」相澤編著・前掲(注34)122頁)。

[40] 相澤＝細川・前掲(注34)143頁。

制限会社であって、消滅会社の株主に交付する対価が存続会社の譲渡制限株式である場合には、株主の持株比率維持の利益を尊重するため、全株式譲渡制限会社の募集株式の発行等につき株主総会の決議が要求されていること（法199条2項）との平仄を合わせる観点から、全株式譲渡制限株式における募集株式の簡易合併の手続を行うことができず、存続会社は株主総会の承認決議を省略できない（法796条2項ただし書）。

3 手 続

存続会社の株主総会の承認決議が不要であるという点以外は、通常の合併手続と同じである。

ただし、原則として議決権の6分の1を超える株式を有する株主[42]が、存続会社が株主に対して、効力発生日の20日前までに簡易合併をする旨等の通知（法797条3項）または公告（法797条4項）を行った日から2週間以内に、合併に反対する旨の通知をしたときは、存続会社は、簡易合併を行うことができず、合併の効力発生日の前日までに、株主総会の決議によって、合併契約の承認を得なければならない（法796条4項）。

なお、簡易合併においては、存続会社の株主は株式買取請求権が認められていない（法797条1項ただし書）。株式買取請求の制度趣旨は、会社組織の基礎に本質的な変更をもたらす行為に反対する株主に投下資本の回収の機会を与えるものであるところ、簡易合併は存続会社やその株主に与える影響が軽微であり、会社組織の基礎に本質的な変更をもたらす行為とはいえないからである[43]。

---

41 江頭・前掲（注1）806頁。
42 施行規則197条の規定では、①原則として、合併契約を承認する株主総会において議決権を行使することができる株式の6分の1超（同条1号）、②合併契約を承認する株主総会における定足数を変更し、または決議要件を加重した場合には、株主総会が開催された場合に当該合併契約を承認する議案が否決される可能性が生ずる株式数以上（同条1号〜3号）、③反対株主による異議の要件自体について、定款で別段の定めをした場合には、定款で定めた数と①または②の数のいずれか小さい数以上（同条4号）とされている（相澤＝細川・前掲（注34）143頁）。
43 坂本ほか・前掲（注21）15頁。

〔図3－4〕 簡易合併の具体的手続（存続会社について）

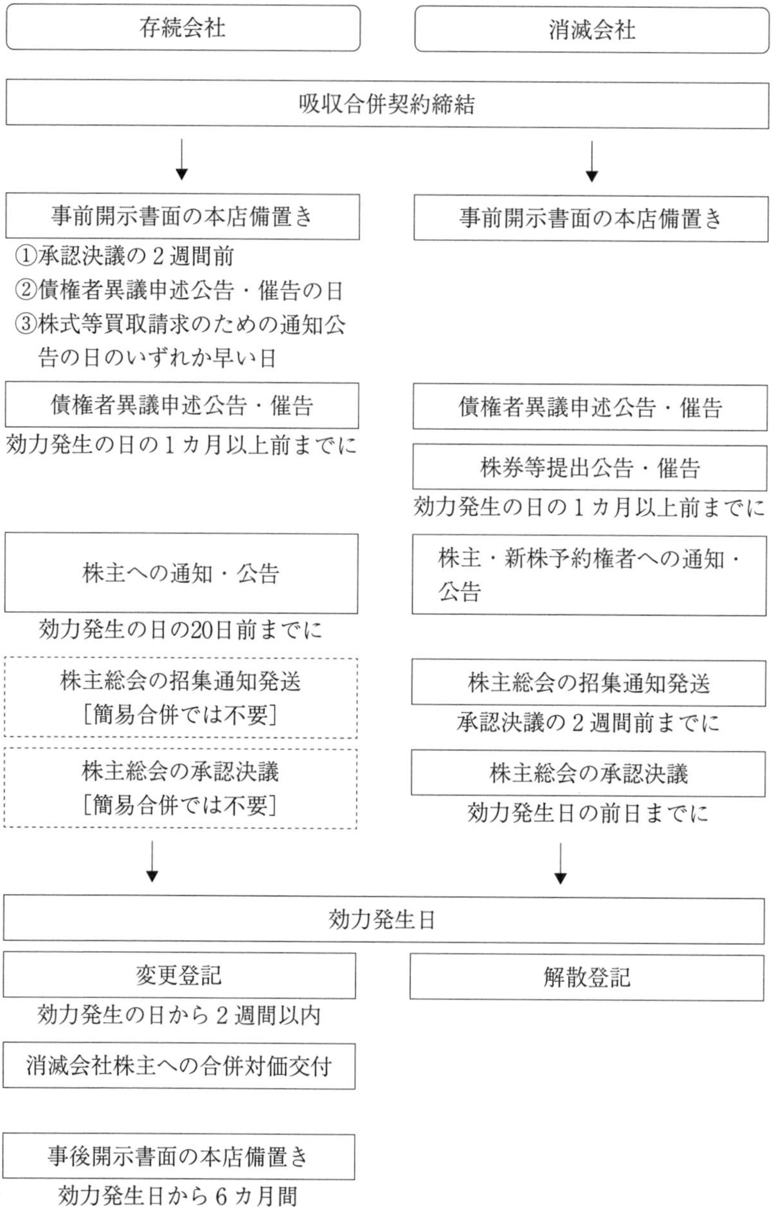

```
┌──────────────┐              ┌──────────────┐
│   存続会社    │              │   消滅会社    │
└──────┬───────┘              └──────┬───────┘
       │    吸収合併契約締結           │
       ▼                              ▼
┌──────────────────────┐      ┌──────────────────────┐
│ 事前開示書面の本店備置き │      │ 事前開示書面の本店備置き │
└──────────────────────┘      └──────────────────────┘
①承認決議の2週間前
②債権者異議申述公告・催告の日
③株式等買取請求のための通知公
  告の日のいずれか早い日
```

存続会社側：
- 債権者異議申述公告・催告（効力発生の日の1カ月以上前までに）
- 株主への通知・公告（効力発生の日の20日前までに）
- 株主総会の招集通知発送［簡易合併では不要］
- 株主総会の承認決議［簡易合併では不要］

消滅会社側：
- 債権者異議申述公告・催告
- 株券等提出公告・催告（効力発生の日の1カ月以上前までに）
- 株主・新株予約権者への通知・公告
- 株主総会の招集通知発送（承認決議の2週間前までに）
- 株主総会の承認決議（効力発生日の前日までに）

効力発生日

存続会社：変更登記（効力発生の日から2週間以内）
消滅会社：解散登記

消滅会社株主への合併対価交付

事後開示書面の本店備置き（効力発生日から6カ月間）

第4　略式合併

1　意　義

略式合併は、吸収合併の当事会社の一方が他方の当事会社を支配している場合には、被支配会社の株主総会を開催しても承認されることが明らかであることから、手続の簡素化を図るため、被支配会社の株主総会による承認決議を省略して行うことができる吸収合併である（法784条1項本文、796条1項本文）。略式合併は、被支配会社が消滅会社となる場合でも（法784条1項本文）、存続会社となる場合でも（法796条1項本文）、行うことができる。

2　要　件

(1)　原　則

略式合併の要件は、吸収合併の一方の当事会社が他方の当事会社の特別支配会社であることである。特別支配会社とは、他の会社（被支配会社）の総株主の議決権の10分の9（これを上回る割合を被支配会社の定款で定めた場合はその割合）以上を自己や自己の100％子会社等で有している会社をいう[44]（法468条1項、施行規則136条）。

なお、略式合併により株主総会の承認決議を省略する場合であっても、吸収合併により譲渡性の低い対価を交付される消滅会社の種類株主の種類株主総会の決議（法783条3項）や種類株主全員の同意（法783条4項）、存続会社の譲渡制限株式の株主の保護を図るための種類株主総会の決議（法795条4項）は省略することができない。また、拒否権付種類株式を発行している場合の種類株主総会の決議（法323条）や、合併によりある種類株式の株主に損害を及ぼすおそれがある場合における種類株主総会の決議（法322条1項7

---

[44] 特別支配会社に該当するか否かは効力発生日の前日において判断すべきと解される（相澤哲ほか編著『論点解説　新・会社法』（商事法務・2006年）698頁）。

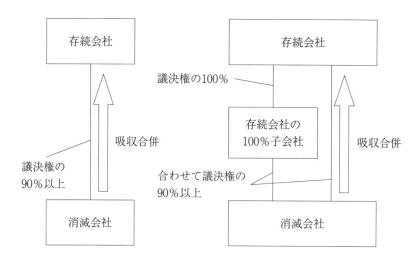

号）も省略することができない。[45]

(2) 例　外

㋐　消滅会社である被支配会社が公開会社であり、合併対価が譲渡制限株式等である場合

　消滅会社である被支配会社が公開会社であり、かつ、その株主に対して交付される合併対価が譲渡制限株式等である場合には、略式合併は認められず、被支配会社の株主総会承認決議は省略できない（法784条1項ただし書）。公開会社である消滅会社の株主に対して流動性の低い譲渡制限株式等が交付される場合には、その株主総会における特殊決議を要するはずであり（法309条3項2号）、総株主の議決権の10分の9の要件でこれが満たされるとは限らないからである。[46]

㋑　存続会社である被支配会社が全株式譲渡制限会社であり、合併対価が自己の譲渡制限株式等である場合

　存続会社である被支配会社が全株式譲渡制限会社であり、かつ、その株主に対して交付される合併対価が自己の譲渡制限株式等である場合にも、略式

45　相澤＝細川・前掲（注34）199頁。
46　江頭・前掲（注1）807頁。

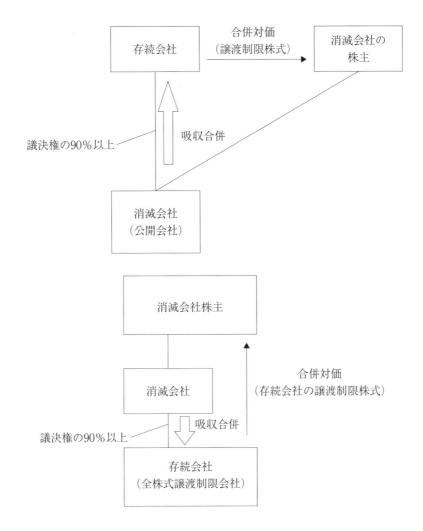

合併は認められず、被支配会社の株主総会は省略できない(法796条1項ただし書)。消滅会社の株主に交付する対価が存続会社の譲渡制限株式である場合には、株主の持株比率維持の利益を保護する観点から、全株式譲渡制限会社の募集株式の発行等につき株主総会の承認が要求されていること(法199条2項)との平仄を合わせるためである。[47]

---

[47] 江頭・前掲(注1)806頁。

3　手　続

　従属会社の株主総会の承認決議が不要であるという点以外は、通常の合併手続と同じである。

　ただし、略式合併により株主総会が省略される被支配会社の株主は、合併が、①法令・定款に違反する場合、または、②合併条件が当事会社の財産の状況その他の事情に照らして著しく不当である場合であって、③被支配会社の株主が不利益を受けるおそれがあるときは、被支配会社に対して、合併の差止めを請求することができる（法784条の2、796条の2）。

　略式合併において、上記②の場合にも差止請求が認められたのは、略式合併では株主総会の承認決議が行われないので、被支配会社の株主は株主総会承認決議の取消しの訴えを提起できないことから、それに代わる被支配会社の少数株主の保護を図るためである[48]。

　なお、略式合併においては、特別支配会社は株式買取請求権が認められていない（法785条2項2号かっこ書、797条2項2号かっこ書）。略式合併において株主総会決議の省略が認められている趣旨は、特別支配会社が相手方である場合には、仮に株主総会を開催したとしても、特別支配会社による賛成の議決権行使により、承認されることが明らかであるからであり、かかる特別支配会社に反対株主のための株式買取請求権を認める合理的な理由はないからである[49]。

---

[48]　江頭・前掲（注1）808頁。
[49]　坂本ほか・前掲（注21）16頁。

〔図3－5〕 略式合併の具体的手続（消滅会社について）

```
┌──────────────┐      ┌──────────────┐
│   存続会社    │      │   消滅会社    │
└──────────────┘      └──────────────┘
        吸収合併契約締結
          │                │
          ▼                ▼
┌──────────────┐      ┌──────────────┐
│事前開示書面の本店備置き│      │事前開示書面の本店備置き│
└──────────────┘      └──────────────┘
①承認決議の2週間前
②債権者異議申述公告・催告の日
③株式等買取請求のための通知公
  告の日のいずれか早い日

┌──────────────┐      ┌──────────────┐
│債権者異議申述公告・催告│      │債権者異議申述公告・催告│
└──────────────┘      └──────────────┘
効力発生の日の1カ月以上前までに
                      ┌──────────────┐
                      │ 株券等提出公告・催告 │
                      └──────────────┘
                      効力発生の日の1カ月以上前までに

┌──────────────┐      ┌──────────────┐
│  株主への通知・公告  │      │株主・新株予約権者への通知・│
│                    │      │公告                │
└──────────────┘      └──────────────┘
効力発生の日の20日前までに

┌──────────────┐      ┌ ─ ─ ─ ─ ─ ─ ─ ┐
│ 株主総会の招集通知発送 │       株主総会の招集通知発送
└──────────────┘      │ ［簡易合併では不要］ │
承認決議の2週間前までに └ ─ ─ ─ ─ ─ ─ ─ ┘

┌──────────────┐      ┌ ─ ─ ─ ─ ─ ─ ─ ┐
│  株主総会の承認決議  │       株主総会の承認決議
└──────────────┘      │ ［簡易合併では不要］ │
効力発生日の前日までに   └ ─ ─ ─ ─ ─ ─ ─ ┘
          │
          ▼
┌──────────────────────────────┐
│              効力発生日              │
└──────────────────────────────┘

┌──────────────┐      ┌──────────────┐
│    変更登記    │      │    解散登記    │
└──────────────┘      └──────────────┘
効力発生の日から2週間以内

┌──────────────┐
│消滅会社株主への合併対価交付│
└──────────────┘

┌──────────────┐
│事後開示書面の本店備置き│
└──────────────┘
効力発生日から6カ月間
```

第2節　持分会社が関係する合併

第1　総説

I　持分会社の定義

会社法においては、合名会社、合資会社および合同会社を総称して持分会社と定義している（法575条1項）。

合名会社は、社員全員が無限責任社員であるため（法576条2項）、社員全員が、会社債務について連帯して無限の責任を負う（法580条1項）。

合資会社は、無限責任社員と有限責任社員からなり（法576条3項）、無限責任社員は、合名会社の社員と同様に、会社債務について連帯して無限の責任を負うが、有限責任社員は、その出資価額を限度として、会社債務について連帯して責任を負う（法580条2項）。

合同会社は、社員全員が有限責任社員であるため（法576条4項）、その出資価額を限度として、会社債務について連帯して責任を負う（法580条2項）。

II　合併可能な会社の種類

1　旧商法上の規定

旧商法においては、合名会社、合資会社および株式会社の間では、合併を行うことができた（旧商法56条1項）。ただし、合併をする会社の一方または双方が株式会社であるときは、合併によって設立もしくは存続する会社は株

式会社であることが必要と規定されていた（旧商法56条2項）。株式会社と人的会社が合併し、人的会社の方を存続会社または新設会社とすることは、その実益が乏しいうえ、社員の責任の変更、持分譲渡制限などについて手続が煩雑となるからとされている[1]。

一方、人的会社相互間の合併については、合併後の会社の種類に制限は定められていなかった。

また、有限会社については、有限会社同士、または株式会社との間の合併のみが規定されており、合名会社・合資会社との合併は、旧有限会社法上認められていなかった（同法59条1項、60条1項参照）。その必要性が少ないこと、手続も煩雑であることが理由とされていた[2]。

異なる種類の会社間の合併の制約を図表化したものが、〔表3－3〕である。

〔表3－3〕 種類の異なる会社間の合併制約の一覧表

合併当事会社	合名会社	合資会社	株式会社	有限会社
合名会社	○	○	△	×
合資会社	○	○	△	×
株式会社	△	△	△	□
有限会社	×	×	□	◆

○……存続または新設される会社は、合名、合資、株式会社いずれも可
△……存続または新設される会社は株式会社
□……存続または新設される会社は株式会社または有限会社
◆……存続または新設される会社は有限会社

上記のとおり、旧商法下では、新設会社を合名会社、合資会社とする（当

1　上柳克郎ほか編『新版注釈会社法(1)』（有斐閣・1985年）113頁、商事法務研究会編『会社の合併ハンドブック〔新訂第3版〕』（商事法務研究会・2000年）35頁。
2　商事法務研究会編・前掲（注1）35頁。

時合同会社は存在しなかった）ためには、合併当事会社が人的会社でなければならないとの制約が存した。

2　会社法の規定

(1)　会社法における改正

　旧商法の規定に対し、会社法748条本文は、「会社は、他の会社と合併をすることができる」と定めるのみであり、全種類の会社が自由に合併することを認めている。

　さらに、合併をする会社の一方が株式会社である場合でも、旧商法56条2項のような制約はなく、吸収合併において持分会社が存続会社となること、株式会社同士の新設合併において持分会社が新設会社となることも認められている（法751条1項、755条1項）。

　結局、新設合併により合名会社、合資会社および合同会社といった持分会社を設立する場合、①持分会社同士が当事会社となる場合、②持分会社と株式会社が当事会社となる場合、③株式会社同士が当事会社となる場合の3パターンいずれであっても可能となることとなった。

〔表3－4〕　合併のパターン

合併当事会社	持分会社	株式会社
持分会社	○	○
株式会社	○	○

○……存続または新設される会社は持分会社、株式会社いずれも可能

(2)　改正の趣旨

㋐　旧商法の規制の趣旨

　旧商法56条2項が、合併当事会社の一方または双方が株式会社であるときに存続会社または新設会社が人的会社となることを禁止した主な趣旨は、以

下の2点であった。[3]
① 人的会社を存続会社または新設会社とする合併を認めることは、旧商法56条2項制定当時には実例がほとんど絶無であったため、実益がなかったこと
② 株式会社の株主から人的会社の社員となることに伴う社員の責任の加重、持分譲渡の制限等について煩雑な手続を必要とすること

これに対して、人的会社相互間の合併において株式会社を設立し、または合名会社と株式会社が合併して株式会社を設立することが許されたのは、そのような事例が僅かながら存在したことを理由としている。

(イ) 改正の理由

会社法が、吸収合併において持分会社が存続会社となること、新設合併において持分会社が新設会社となることを認めた理由は、以下のとおりである。

① 株主の利益について　旧商法では、上記(ア)①のとおり、人的会社を存続会社または新設会社とする合併を認めることは実益がないとされていた。しかし、手続上、株主全員の同意が必要であるとすれば、組織変更により株主が不当に不利益を被るということはない。
② 社員の責任の加重について　また、旧商法は、上記(ア)②のとおり、株式会社の株主から人的会社の社員となると、それに伴う社員の責任の加重が生じ、持分譲渡の制限等について煩雑な手続が必要となることを根拠に規制していた。しかし、会社法では、社員が有限責任のみ負うという合同会社が新設されており、また、株主が煩雑な手続につき同意していれば特に規制する必要はないと考えられる。

以上の結果、旧商法下の制約は撤廃され、各種会社間の自由な合併の形態が認められることとなった。

3　上柳克郎ほか編・前掲（注1）112頁。

規　定

会社法748条〔合併契約の締結〕
　　会社は、他の会社と合併をすることができる。この場合においては、合併をする会社は、合併契約を締結しなければならない。

会社法751条〔持分会社が存続する吸収合併契約〕
1　会社が吸収合併をする場合において、吸収合併存続会社が持分会社であるときは、吸収合併契約において、次に掲げる事項を定めなければならない。
　（以下、略）

会社法755条〔持分会社を設立する新設合併契約〕
1　2以上の会社が新設合併をする場合において、新設合併設立会社が持分会社であるときは、新設合併契約において、次に掲げる事項を定めなければならない。
　（以下、略）

第2 持分会社を設立する新設合併

I 新設合併の意義

1 意　義

　新設合併とは、当事会社（消滅会社）のすべてが消滅して新しい会社を設立して（新設会社）、新設会社に消滅会社のすべての権利義務を承継させる（包括承継）形式で行われる会社合併である（法2条28号）。
　持分会社を設立する新設合併では、〔図3－6〕のとおり、A社、B社共に消滅し、2つの会社の全財産は新しくできたC社に包括承継される。ここではA社とB社の株主または社員は、合併対価として社債を交付する場合以外には、C社の社員として収容される図式となる。

〔図3－6〕　新設合併の仕組み

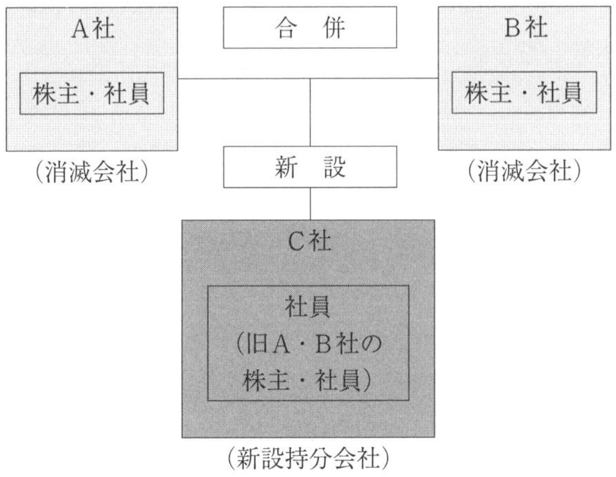

規　定

会社法2条〔定義〕
一～二十七　略
二十八　新設合併　2以上の会社がする合併であって、合併により消滅する会社の権利義務の全部を合併による設立する会社に承継させるものをいう。
（以下、略）

2　持分会社を設立する新設合併の実務における意義

本節では、持分会社を設立する新設合併について説明する。

持分会社とは、合名会社、合資会社および合同会社を総称するものである（法575条1項）ので、本節では、会社間で新設合併がされる際に、新設される会社が合名会社、合資会社および合同会社となる場合を扱うこととなる。

一般的に、合併を行う際に、新設合併という手法はあまり選択されておらず、吸収合併を行うことが多い（本章第1節第1 I 2(2)参照）。

新設合併の手法があまりとられない代表的な理由は、以下の2点である[4]。

① 　登録免許税の額　吸収合併では、登録免許税額は、合併による資本金増加額の1000分の1.5である。それに対し、新設合併では、新設会社の資本金の1000分の1.5であるため、通常、新設合併のほうが、吸収合併より高額となる。

② 　手続の煩雑さ　合併では、消滅会社の受けていた営業の許認可および証券取引所の上場資格等が消滅する。そのため、新設合併では再申請が必要となり、手続が吸収合併に比べて煩雑となってしまう。

したがって、新設合併が選択されるケースが少ないことに加えて、実務的に株式会社活用の頻度が持分会社を活用する頻度を圧倒的に上回っていることも考えれば、本節の取扱いケースは、極めて限られたものとなることが予想される。ただし、合同会社の活用ケースなどとして、大企業が子会社同士

4　江頭憲治郎『株式会社法〔第6版〕』（有斐閣・2015年）847頁。

をジョイントベンチャー的に合併させるケースなども考えられることから、将来性も含め、本節において、検討を加える意義はなお存するものと考えられる。

Ⅱ　新設合併の手続

1　総　説

ここでは、以下、持分会社を設立する新設合併を行う場合の手続に従って、各制度の解説を順に行うこととする。

持分会社を設立する新設合併の場合であっても、合併契約を締結し、株主および社員による承認を得るとともに、債権者の異議手続を履行し、消滅会社の財産等を設立会社に承継させ、合併の登記を行うといった一連の手続が必要となる。

ただし、持分会社を設立する場合、株式会社を設立する新設合併の場合と異なり、〔表3-5〕〔表3-6〕のような手続の流れとなる。

〔表3-5〕　設立会社が持分会社の場合の手続

	消滅会社の種別	持分会社	株式会社
①	合併契約締結の内部手続	社員の過半数（法590条2項）	取締役会（法362条4項）
②	契約	合併契約締結（法755条)	
③	事前開示		合併内容等の事前開示（法803条）
	株主・社員の承認手続	総社員の同意（法813条1項1号）	株主全員の同意（法804条2項）

④	反対株主の保護		
	新株予約権者の保護		
	債権者の保護	債権者保護手続（法810条、813条2項）	債権者保護手続（法810条）
⑤	効力発生	登記（消滅会社の解散登記、設立会社の設立登記）	
⑥	事後開示		

〔表3-6〕 設立会社が株式会社の場合の手続

	消滅会社の種別	持分会社	株式会社
①	合併契約締結の内部手続	社員の過半数（法590条2項）	取締役会（法362条4項）
②	契約	合併契約締結（法753条）	
③	事前開示		合併内容等の事前開示（法803条）
④	株主・社員の承認手続	総社員の同意（法813条1項1号）	株主総会の特別決議（法804条1項、805条）
	反対株主の保護		反対株主の株式買取請求（法806条、807条）
	新株予約権者の保護		新株予約権買取請求（法808条、809条）
	債権者の保護	債権者保護手続（法810条、813条2項）	債権者保護手続（法810条）
⑤	効力発生	登記（消滅会社の解散登記、設立会社の設立登記）	
⑥	事後開示	承認権利義務等の事後開示（法815条）	

2　新設合併契約書の作成

(1)　手　続

　持分会社を設立する新設合併を行う場合、両合併当事会社は合併契約を締結しなければならない（法748条）。

　規　定

> **会社法748条〔合併契約の締結〕**
> 　会社は、他の会社と合併をすることができる。この場合においては、合併をする会社は、合併契約を締結しなければならない。

　㋐　株式会社が当事会社となる場合の内部手続

　合併契約の締結は、当事会社が株式会社の場合には、代表取締役または代表執行役が、会社を代表して行う。

　合併契約の締結は「重要な業務執行の決定」に該当するため、代表取締役または代表執行役が会社を代表して行うには、取締役会設置会社では取締役会決議が（法362条4項）、取締役会設置会社以外の会社では取締役の過半数による決定が必要となる（法348条2項）。

　なお、委員会設置会社においては、株主総会の承認を要しない簡易合併や略式合併を行う場合に限り、取締役会決議により、合併契約の締結を執行役に委任することができる（法416条4項16号）。

　㋑　持分会社が当事会社となる場合の内部手続

　当事会社が持分会社の場合には、業務執行社員が持分会社を代表して合併契約の締結を行う（法599条1項本文）。ただし、他に持分会社を代表する社員その他持分会社を代表する者を定めた場合には、その者が代表することとなる（法599条1項ただし書）。

　業務執行社員等が持分会社を代表して合併契約の締結を行うには、定款に別段の定めがなされていない限り、社員の過半数をもって合併契約締結につ

き決定する必要がある（法590条2項）。

(2) 合併契約の内容

(ア) 法定記載事項

持分会社を設立する新設合併契約には、会社法上、一定の事項を記載することが必要とされている（法755条1項各号）。そこで、各記載事項について個別に述べることとする。

(A) 当事会社、新設会社の種類

規　定

会社法755条〔持分会社を設立する新設合併契約〕

1　（略）
　一　新設合併消滅会社の商号及び住所
　二　持分会社である新設合併設立会社（以下この編において「新設合併設立持分会社」という。）が合名会社、合資会社又は合同会社のいずれであるかの別

まず、新設合併消滅会社の商号および住所の記載を要求する1号は、当事会社を合併契約上明らかにするための規定である。商号を記載することにより、当事会社がどの種類の会社であるかも明確となる。

1号に定める事項は、改正前商法でも、同様に法定記載事項とされていた。

また、新設合併設立持分会社が合名会社、合資会社または合同会社のいずれであるかの別（2号）については、新設合併により設立される持分会社が、どの種類の会社となるのかを合併契約上明らかにするために要求されている。

(B) 新設会社の定款

規　定

同条1項

　三　新設合併設立持分会社の目的、商号及び本店の所在地
　四　新設合併設立持分会社の社員についての次に掲げる事項

>   イ　当該社員の氏名又は名称及び住所
>   ロ　当該社員が無限責任社員又は有限責任社員のいずれであるかの別
>   ハ　当該社員の出資の価額
> 五　前2号に掲げるもののほか、新設合併設立持分会社の定款で定める事項

　新設合併では、新たな持分会社が設立されることに伴って、新設持分会社の組織および活動の基本となる定款を作成することが必要となる。
　3号～5号の法定記載事項は、会社法576条に定める持分会社の定款記載事項に従う内容となっている。

(C)　合併対価としての社債の交付

規　定

> **同条1項**
> 六　新設合併設立持分会社が新設合併に際して新設合併消滅株式会社の株主又は新設合併消滅持分会社の社員に対してその株式又は持分に代わる当該新設合併設立持分会社の社債を交付するときは、当該社債の種類及び種類ごとの各社債の金額の合計額又はその算定方法

　新設会社が持分会社の場合には、新設合併設立持分会社は消滅会社の株主・社員に対し、新設持分会社の社員とすることのほかに、新設持分会社に対する社債を交付する方法をとることもできる（法755条1項4号・6号・8号）。そして、新設合併設立持分会社が消滅株式会社に代わる社債を交付する場合は、交付する社債の種類等を合併契約書に記載し、明らかにすることが要求される。合併対価として交付される社債の種類・金額等は、合併当事会社にとって重要な事項であるからである。
　なお、後述するとおり、持分会社を新設会社とする合併については、当事会社が株式会社の場合には新設合併に対する株主全員の同意が必要であり

195

（法804条2項）、また、当事会社が持分会社の場合には新設合併に対する総社員の同意が必要とされている（法813条1項1号）。各株主ないし各社員は、合併契約書に記載される交付対象社債の内容も勘案し、合併対価の相当性を見極めて、当該新設合併に対する賛否の判断をすることとなる。

(D) 合併対価としての社債の割当て

規 定

> 同条1項
> 七　前号に規定する場合には、新設合併消滅株式会社の株主（新設合併消滅株式会社を除く。）又は新設合併消滅持分会社の社員に対する同号の社債の割当てに関する事項

上記(C)のとおり、新設会社が持分会社の場合には、新設持分会社は消滅会社の株主・社員に対し、新設持分会社の社員とすること、または、新設持分会社の社債を交付することのいずれかの方法をとることができる（法755条1項4号・6号）。

株式会社を設立する新設合併の場合、合併対価として社債を交付するときには、消滅会社が種類株式発行会社でなければ、株主平等の原則に従い、消滅会社の株式1株当たりに新設合併設立持分会社の社債をいくら割り当てるかが機械的に決定される（法753条4項・5項）。

持分会社を設立する新設合併の場合、新設持分会社の持分に代えて社債を合併対価として交付するにあたって、法753条4項等のような株主平等の原則を定める規定は存しない。これは、消滅株式会社が種類株式発行会社であっても同じである。

株式会社を設立する新設合併の場合には、当該合併契約につき株主総会の特別決議を得れば足りるため（法804条1項）、株主平等の原則を遵守させることにより、株主間に不公平が生じることを防止する必要がある。しかし、持分会社を設立する新設合併の場合には、株主全員の同意が要件とされているため（同条2項）、株主平等の原則によって保護しなくとも、当該新設合

併に反対することによって株主の利益を守ることができるという趣旨に基づくと考えられる。そのため、持分会社を設立する新設合併においては、消滅会社の株主および社員の同意を得ることができれば、合併対価として社債を交付するにあたって制約はなく、自由に合併契約で定めることができる。

なお、法755条1項7号は、社債の割当ての対象を「新設合併消滅株式会社の株主（新設合併消滅株式会社を除く。）」と規定し、消滅会社が有する自己株式について社債の割当てを認めていない。旧商法下では、消滅会社が有する自己株式に対する新設会社の合併対価の割当ての可否につき明文の規定はなく、論点となっていた。会社法では、上記論点につき明文で結論を出したものである。

(E) **新株予約権に代わる金銭**

規　定

> 同条1項
> 八　新設合併消滅株式会社が新株予約権を発行しているときは、新設合併設立持分会社が新設合併に際して当該新株予約権の新株予約権者に対して交付する当該新株予約権に代わる金銭の額又はその算定方法
> 九　前号に規定する場合には、新設合併消滅株式会社の新株予約権の新株予約権者に対する同号の金銭の割当てに関する事項

新設会社が持分会社の場合には、消滅会社の新株予約権者に対し、新設合併設立持分会社が新株予約権を発行し交付することはできない。そのため、消滅会社の新株予約権者に対しては、当該新株予約権に代わる金銭を交付する必要がある。

新株予約権者に対して交付する当該新株予約権に代わる金銭の額等が法定記載事項とされている趣旨は、上記(C)と同じく、合併当事会社ひいては消滅会社の株主または社員にとって重要な事項であるからである。

(F) 新設合併設立持分会社における社員の責任の明示

規　定

> 同条
> 2　新設合併設立持分会社が合名会社であるときは、前項第4号ロに掲げる事項として、その社員の全部を無限責任社員とする旨を定めなければならない。
> 3　新設合併設立持分会社が合資会社であるときは、第1項第4号ロに掲げる事項として、その社員の一部を無限責任社員とし、その他の社員を有限責任社員とする旨を定めなければならない。
> 4　新設合併設立持分会社が合同会社であるときは、第1項第4号ロに掲げる事項として、その社員の全部を有限責任社員とする旨を定めなければならない。

　新設合併設立持分会社は、合名会社、合資会社および合同会社のいずれかとなることになる。新設合併設立持分会社の社員のみならず、債権者にとっても、社員が無限責任を負うのか、それとも有限責任社員となるのかは重大な関心事である。

　そのため、合併契約において、新設合併設立持分会社の社員の責任を明示しておく必要があるのである。

(イ) 任意的記載事項

　合併契約書には、実務上、法的記載事項以外に、合併承認総会の期日や合併に伴い退職する当事会社の取締役等に対して支払う退職慰労金の額等、さまざまな規定を定める。

　上記のような規定は、実際に合併を行ううえで必要なものであるが、会社法上、合併契約に記載することが要求されてはいない。そのため、会社法上は、このような任意的記載事項につき株主総会および社員総会で決議することは必要ではない。

　実務上、任意的記載事項についても株主総会および社員総会の決議を経て

いるが、当該決議は、合併当事会社が株主および社員の意見を尊重するために行うものであるといえる。

　㈦　**停止条件**

　持分会社を設立する新設合併を行う場合、消滅する当事会社が株式会社である場合には、合併契約につき総株主の同意を得る必要がある（法804条2項）。

　また、消滅当事会社が持分会社である場合には、当該持分会社の総社員の同意を得る必要がある（法813条1項1号）。

　そのため、合併契約を締結したとしても、当該合併契約は、上記株主全員の同意および持分会社社員全員の同意を停止条件として成立するものである[5]。

【書式3－17】　新設合併契約書

合併契約書

　○○株式会社（以下「甲」という。）と○○合名会社（以下「乙」という。）は、○○合同会社（以下「新会社」という。）を設立するにつき、次のとおり、新設合併契約を締結した。

（目的）
第1条　甲と乙は、合併して新会社を設立し、甲乙両会社は解散するものとする。
　　2　本合併に係る新設合併消滅会社の商号及び住所は、以下のとおりである。
　　（1）　商号　　　○○株式会社
　　　　　　住所　　○県○市○町○番○号
　　（2）　商号　　　○○合名会社
　　　　　　住所　　○県○市○町○番○号

5　江頭・前掲（注4）869頁。

(新会社)
第2条　新会社の目的、商号、本店の所在地は次のとおりとする。
　（1）　目的
　　　　　　1　○○の製造販売
　　　　　　2　○○の売買
　　　　　　3　前各号に附帯する一切の事業
　（2）　商号
　　　　　　○○合同会社
　（3）　本店所在地
　　　　　　○県○市○町○番○号

(社員)
第3条　新会社の社員の氏名、住所、責任の範囲及び出資価額は次のとおりとする。
　（1）　氏名　　（2）　住所　　　　　（3）　責任の範囲　（4）　出資価額
　　　　○○○○　　○県○市○町○番○号　　有限責任　　　　○万円
　　　　○○　○　　○県○市○町○番○号　　有限責任　　　　○万円
　　　　………
　　　　………

(定款)
第4条　第2条に掲げた事項以外に定款に定める事項は、別紙定款記載のとおりとする。

(設立時業務執行社員)
第5条　設立時の業務執行社員は次の者とする。
　（1）　○○○○
　（2）　○○○○
　（3）　○○○○

(社債割当)
第6条　新会社は、第2項記載の社債を発行するものとし、本合併の効力発生日（以下「効力発生日」という。）前日最終の甲株主名簿に記載された各株主に

対して、その所有する甲の普通株式に代えて、当該普通株式○株につき新会社の発行する社債○円の割合をもって割当交付する。
　２　前項に定める社債の内容は、以下のとおりとする。
　　（１）　利率　………
　　（２）　償還の方法・期限　………
　　（３）　利息支払の方法・期限　………
　　（４）　社債券発行の有無　………
　　（５）　社債管理者の名称　………
　　（６）　社債管理者との管理委託契約の内容　………
　　（７）　社債原簿管理人の名称　………
　　（８）　募集社債の総額　………

（新株予約権に代わる金銭）
第７条　新会社は、甲の新株予約権者に対して、その所有する甲の新株予約権に代えて、当該新株予約権１個につき○円を交付する。

（善管注意義務）
第８条　甲及び乙は、本契約締結後、効力発生日前日に至るまで、善良なる管理者の注意をもって各業務を遂行し、かつ、一切の財産の管理を行う。

（従業員等）
第９条　新会社は、効力発生日において、甲及び乙の従業員を新会社の従業員として雇用し、その勤続年数を通算するものとする。

（総会の承認等）
第10条　甲は、本契約につき、平成○年○月○日までに株主全員の同意を書面で、乙は、同日までに社員全員の同意を書面で得るものとする。

（変更等）
第11条　この契約締結の日から効力発生日までの間において、天災地変その他の理由により、甲若しくは乙の資産状態又は経営状態に重大な変更が生じた場合又は隠れたる重大な瑕疵が発見された場合には、甲及び乙が協議の上、本契約を変更し又は解除することができる。

（協議）
第12条　本契約に定めのない事項、または本契約の各条項の解釈に疑義が生じた事項については、甲乙誠意をもって協議の上解決する。

（停止条件）
第13条　本契約は関係官庁の認可がない場合又は甲乙各々の株主又は社員の同意を得ることができないときはその効力を失う。

本契約の締結を証するため本書２通を作成し、甲乙各１通を保有する。

平成〇年〇月〇日

　　　　　　　　　（甲）　〇県〇市〇町〇番〇号
　　　　　　　　　　　　〇〇株式会社
　　　　　　　　　　　　代表取締役　　〇〇〇〇　㊞

　　　　　　　　　（乙）　〇県〇市〇町〇番〇号
　　　　　　　　　　　　〇〇合名会社
　　　　　　　　　　　　業務執行社員　〇〇〇〇　㊞

3　合併契約書等の備置き・開示

　持分会社を設立する新設合併の場合、消滅当事会社のうち、消滅株式会社に対しては、合併契約の内容等を記載した書面等の事前開示が義務づけられているが、消滅持分会社には同様の開示規定は存しない。

　また、新設持分会社においては、事後の開示規定も定められておらず、不要である。

(1)　消滅当事会社が株式会社である場合

(ア)　趣　旨

　持分会社を新設する新設合併の当事会社が株式会社の場合、新設合併により消滅する株式会社は、新設合併契約の内容その他法務省令で定める事項を

記載・記録した書面（電磁的記録でもよい）を本店に備え置かなければならない（法803条1項1号）。

　新設合併により消滅する株式会社においては、当該株式会社の消滅をもたらす新設合併について、株主全員の同意を得なければならない（法804条2項）。そのため、株主が当該合併契約の是非を判断する資料を公開しておく必要があり、新設合併契約の内容その他法務省令で定める事項を記載・記録した書面または電磁的記録を本店に備え置き、当該消滅株式会社の株主に閲覧等する機会を与えているのである。

　株式会社を設立する新設合併の場合には、株主総会決議が必要となるため、株主総会招集通知において合併契約の概要を記載することになるが、持分会社を設立する新設分割においては、法803条1項1号に基づく公開が、合併契約について株主が知る唯一の方法となる。

　また、新設合併消滅株式会社の債権者は、新設合併について異議を述べることができる（法810条1項）。そのため、株主だけでなく、債権者に対しても新設合併契約の内容を公開する必要があることから、法803条1項1号が新設合併契約の内容その他法務省令で定める事項を記載・記録した書面または電磁的記録を本店に備え置くことを要求しているのである。

　さらに、株主および債権者は、新設合併に対し、新設合併無効の訴えを提起することができる（法828条1項8号・2項8号）。法803条1項1号の要求する公開は、当該無効の訴えを提起するか否かの判断材料を提訴権者に与えるという意義も有している。

規　定

会社法803条〔新設合併契約等に関する書面等の備置き及び閲覧等〕
1　次の各号に掲げる株式会社（以下この目において「消滅株式会社等」という。）は、新設合併契約等備置開始日から新設合併設立会社、新設分割設立会社又は株式移転設立完全親会社（以下この目において「設立会社」という。）の成立の日後6箇月を経過する日（新設合併消滅

株式会社にあっては、新設合併設立会社の成立の日）までの間、当該各号に定めるもの（以下この節において「新設合併契約等」という。）の内容その他法務省令で定める事項を記載し、又は記録した書面又は電磁的記録をその本店に備え置かなければならない。
　一　新設合併消滅株式会社　新設合併契約
　二、三　（略）
2　前項に規定する「新設合併契約等備置開始日」とは、次に掲げる日のいずれか早い日をいう。
　一　新設合併契約等について株主総会（種類株主総会を含む。）の決議によってその承認を受けなければならないときは、当該株主総会の日の2週間前の日（第319条第1項の場合にあっては、同項の提案があった日）
　二　第806条第3項の規定による通知を受けるべき株主があるときは、同項の規定による通知の日又は同条第4項の公告の日のいずれか早い日
　三　第808条第3項の規定による通知を受けるべき新株予約権者があるときは、同項の規定による通知の日又は同条第4項の公告の日のいずれか早い日
　四　第810条の規定による手続をしなければならないときは、同条第2項の規定による公告の日又は同項の規定による催告の日のいずれか早い日
　五　前各号に規定する場合以外の場合には、新設分割計画の作成の日から2週間を経過した日
3　消滅株式会社等の株主及び債権者（株式移転完全子会社にあっては、株主及び新株予約権者）は、消滅株式会社等に対して、その営業時間内は、いつでも、次に掲げる請求をすることができる。ただし、第2号又は第4号に掲げる請求をするには、当該消滅株式会社等の定めた費用を支払わなければならない。
　一　第1項の書面の閲覧の請求
　二　第1項の書面の謄本又は抄本の交付の請求
　三　第1項の電磁的記録に記録された事項を法務省令で定める方法により表示したものの閲覧の請求
　四　第1項の電磁的記録に記録された事項を電磁的方法であって消滅

株式会社等の定めたものにより提供することの請求又はその事項を記載した書面の交付の請求

(イ)　備置する書面の必要的記載事項

　新設合併により消滅する株式会社が本店に備置しておく必要がある書面または電磁的記録の必要的記載事項は、次の①～⑤のとおりである。
① 　合併契約の内容（法803条1項本文）
② 　合併対価の相当性に関する事項（施行規則204条1号・2号）
③ 　新設合併の相手方となる消滅会社の最終事業年度に係る計算書類、重要な財産の処分等（同条3号・4号）
④ 　当該新設合併消滅株式会社の最終事業年度の末日以降に発生した重要な事象（同条5号）
⑤ 　新設合併設立会社の債務の履行の見込みに関する事項（同条6号）

　このうち、②の合併対価の相当性に関する事項とは、合併対価の種類、金額の合計額等である。合併対価として、新設持分会社の持分会社に代えて社債を交付する場合には、なぜそれが交付されるのかについても説明する必要がある。[6]

　規　定

会社法施行規則204条〔新設合併消滅株式会社の事前開示事項〕
1　（略）
　一　次のイ又はロに掲げる場合の区分に応じ、当該イ又はロに定める定めの相当性に関する事項
　　イ　（略）
　　ロ　新設合併設立会社が持分会社である場合　法第755条第1項第4号、第6号及び第7号に掲げる事項についての定め
　二　新設合併消滅株式会社の全部又は一部が新株予約権を発行しているときは、次のイ又はロに掲げる場合の区分に応じ、当該イ又はロ

6　浜田道代「新会社法における組織再編」商事法務1744号51頁。

に定める定めの相当性に関する事項
　　イ　（略）
　　ロ　新設合併設立会社が持分会社である場合　法第755条第1項第8号及び第9号に掲げる事項についての定め（編注：当該事項についての定めとして、全部又は一部の新株予約権の新株予約権者に対して交付する金銭の額を零と定めた場合における当該定めを含む。）
　三　他の新設合併消滅会社（清算株式会社及び清算持分会社を除く。以下この号において同じ。）についての次に掲げる事項
　　イ　最終事業年度に係る計算書類等（最終事業年度がない場合にあっては、他の新設合併消滅会社の成立の日における貸借対照表）の内容
　　ロ　最終事業年度の末日（最終事業年度がない場合にあっては、他の新設合併消滅会社の成立の日）後の日を臨時決算日（二以上の臨時決算日がある場合にあっては、最も遅いもの）とする臨時計算書類等があるときは、当該臨時計算書類等の内容
　　ハ　他の新設合併消滅会社において最終事業年度の末日（最終事業年度がない場合にあっては、他の新設合併消滅会社の成立の日）後に重要な財産の処分、重大な債務の負担その他の会社財産の状況に重要な影響を与える事象が生じたときは、その内容（新設合併契約等備置開始日（法第803条第2項に規定する新設合併契約等備置開始日をいう。以下この章において同じ。）後新設合併の効力が生ずる日までの間に新たな最終事業年度が存することとなる場合にあっては、当該新たな最終事業年度の末日後に生じた事象の内容に限る。）
　四　他の新設合併消滅会社（清算株式会社又は清算持分会社に限る。）が法第492条第1項又は第658条第1項若しくは第669条第1項若しくは第2項の規定により作成した貸借対照表
　五　当該新設合併消滅株式会社（清算株式会社を除く。以下この号において同じ。）についての次に掲げる事項
　　イ　当該新設合併消滅株式会社において最終事業年度の末日（最終事業年度がない場合にあっては、当該新設合併消滅株式会社の成立の日）後に重要な財産の処分、重大な債務の負担その他の会社財産の状況に重要な影響を与える事象が生じたときは、その内容（新設合併契約等備置開始日後新設合併の効力が生ずる日までの間に新たな最終事業年度が存することとなる場合にあっては、当該新たな最終

　　　　事業年度の末日後に生じた事象の内容に限る。）
　　　ロ　当該新設合併消滅株式会社において最終事業年度がないとき
　　　　は、当該新設合併消滅株式会社の成立の日における貸借対照表
　　六　新設合併が効力を生ずる日以後における新設合併設立会社の債務
　　　（他の新設合併消滅会社から承継する債務を除く。）の履行の見込みに
　　　関する事項
　　七　新設合併契約等備置開始日後、前各号に掲げる事項に変更が生じ
　　　たときは、変更後の当該事項

(ウ)　備置期間

　上記(イ)の新設合併契約の内容その他法務省令で定める事項を記載・記録した書面（電磁的記録でもよい）を備置する期間は、新設合併当事会社が株式会社の場合、新設合併契約等備置開始日から新設合併設立会社の成立の日までの間である（法803条1項本文）。

　持分会社を設立する新設合併における「新設合併契約備置開始日」とは、次の①～⑤の記載する日のうち、いずれか早い日を指す（法803条2項本文）。

　これは、会社法にあっては、株主総会、株式買取請求（新株予約権買取請求）、債権者保護手続等を、その先後関係なく、それぞれ並行して進めることが可能となっているからである。

①　新設合併契約等について株主総会（種類株主総会を含む）の決議によってその承認を受けなければならないときは、当該株主総会の日の2週間前の日（法803条2項1号）
②　新設合併消滅株式会社に対して、株式買取請求権を行使する株主（法806条3項）があるときは、同人に対する新設合併を行う旨等の通知（同項）または公告（同条4項）のいずれか早い日（法803条2項2号）
③　新設合併消滅株式会社に対する新株予約権者（法808条3項1号）があるときは、同人に対する新設合併を行う旨等の通知（同項）または公告（同条4項）のいずれか早い日（法803条2項3号）
④　新設合併消滅株式会社の債権者が存する場合には、新設合併を行う旨

等の公告の日、同条2項の規定による公告の日または同債権者に対する催告（法810条2項）の日のいずれか早い日（法803条2項4号）

⑤　上記①〜④に該当する場合以外の場合は、新設分割計画作成日から2週間を経過した日（同項5号）

なお、備置きの終期に関し、法803条1項本文において、新設分割様式会社および株式移転設立完全子会社においては、設立会社成立の日後6カ月を経過する日が備置期間の終期とされている。これは、新設合併契約の内容等を記載した書面が新設合併無効の訴えを提起する判断材料となるため、新設合併無効の訴えを提起しうる期間である「新設合併の効力が生じた日から6カ月以内」（法828条1項8号）と備置期間とを合わせたのである。

これに対して、新設合併消滅株式会社において「新設合併設立会社の成立の日まで」とされているのは、新設合併無効の訴えの被告が新設合併により設立される会社とされており、新設合併消滅株式会社は新設合併の効力発生後、被告となり得ないからである。

(エ)　開示手続

新設合併消滅株式会社の株主および債権者は、消滅株式会社に対して、その営業時間内はいつでも、次の①〜④の請求をすることができる（法803条3項各号）。

もっとも、②および④の請求を行う場合には、当該消滅株式会社の定めた費用を支払う必要がある（法803条3項ただし書）。

①　新設合併契約の内容等を記載した書面（同条1項）の閲覧請求

②　新設合併契約の内容等を記載した書面（同条1項）の謄本または抄本の交付請求

③　新設合併契約の内容等の電磁的記録を法務省令で定める方法により表示したものの閲覧の請求

④　新設合併契約の内容等の電磁的記録を、電磁的方法であって消滅株式会社等の定めたものにより提供することの請求またはその事項を記載した書面の交付の請求

(2) 消滅当事会社が持分会社である場合

　消滅当事会社が持分会社の場合には、株式会社が消滅当事会社となる場合と異なり、合併契約の内容を記載した書面等の備置および公開が定められていない。

　これは、株式会社と異なり、持分会社は一般的に小規模で緊密な社員間の人的関係が構築されており、定款に別段の定めがない以上は新設合併について社員全員の同意が必要となるため、法文上、備置・公開を義務づけなくとも当該社員が消滅持分会社に要求することにより閲覧等を行うことができるからであると考えられる。

4　株主または社員の同意

(1) 消滅当事会社が株式会社である場合

　持分会社を設立する新設合併における消滅当事会社が株式会社である場合、当該株式会社は、新設合併契約について総株主の同意を得なければならない（法804条2項。【書式3－18】【書式3－19】参照）。

　消滅当事会社である株式会社の株主は、当該新設合併により、自己が株式を有する株式会社が消滅し、持分会社への組織変更が図られるため、重大な影響を受けることになる。そのため、株主が1人でも反対する場合には、持分会社を設立する新設合併を行うことができないという厳しい要件を設けたのである。

　このように、株式会社が持分会社を設立する新設合併の消滅当事会社となるには株主全員の同意が必要であるため、実務上は、ごく少数の株主のみが存する株式会社でなければ、持分会社を設立する新設合併を実施することは困難である。

(2) 消滅当事会社が持分会社である場合

　持分会社を設立する新設合併における消滅当事会社が持分会社である場合、当該持分会社は、新設合併契約について総社員の同意を得なければならない（法813条1項）。もっとも、定款に別段の定めがある場合には、総社員

の同意は不要となる（同項ただし書）。

　なお、【書式３－18】【書式３－19】の各書式は、消滅当事会社が株式会社である場合を想定しているが、消滅当事会社が持分会社の場合でも、「株主」を「社員」という記載に改めれば書式として使用することができるものとなっている。

【書式３－18】　株主へ同意を求める通知書

　　　　　　　　　　　　　　　　　　　　　　　　　平成〇年〇月〇日

株　主　各　位

　　　　　　　　　　　　　　　　　　　　　　　〇県〇市〇町〇番〇号
　　　　　　　　　　　　　　　　　　　　　　　〇〇株式会社
　　　　　　　　　　　　　　　　　　　　　　　代表取締役　　〇〇〇〇

　　　　　　　　　　　　　合併に関するご通知

拝啓　ますますご清祥のこととお喜び申し上げます。
　さて、当社は、取締役会決議に基づき、平成〇年〇月〇日、〇〇合同会社を設立する新設合併を行うことにつき、〇〇合名会社と合併契約を締結いたしました。
　上記合併契約の内容を記載した書面及び関係書類につきましては、平成〇年〇月〇日から〇〇合同会社の成立日である平成〇年〇月〇日まで、当社本店に備え置き、株主の皆様は閲覧・謄写することが可能です。
　上記新設合併には、株主の皆様全員の同意を得ることが必要であり、本書をもって、当該合併にご賛同いただきますようお願い申し上げます。
　つきましては、お手数ながら後記の参考書類をご検討下さいまして同封の用紙に賛否をご表示いただき、ご押印のうえ、折り返してご送付くださいますようお願い申し上げます。

　　　　　　　　　　　　　　　　　　　　　　　　　　　　　　　　敬具

【書式3－19】 株主の賛否を表明する書面

○○株式会社宛

　　　　　　　　　　意見表明書

　○○株式会社の株主である○○○○は、○○合同会社を設立する新設合併を行うため、○○合名会社との間で締結した平成○年○月○日付合併契約につき、以下のとおり、意見を表明いたします。

　　　　　　　同意する　　　　　反対する

　　　　　　　　　　　　　　　　　　　平成○年○月○日
　　　　　　　　　　　　　　　　　　　○県○市○町○番○号
　　　　　　　　　　　　　　　　　　　○○○○　　㊞

規　定

会社法804条〔新設合併契約等の承認〕
1　（略）
2　前項の規定にかかわらず、新設合併設立会社が持分会社である場合には、新設合併契約について新設合併消滅株式会社の総株主の同意を得なければならない。
（以下、略）

会社法813条
1　次に掲げる行為をする持分会社は、新設合併契約等について当該持分会社の総社員の同意を得なければならない。ただし、定款に別段の定めがある場合は、この限りでない。
　一　新設合併
　二　（以下、略）

5　債権者保護手続

(1) 意　義

　債権者保護手続とは、新設合併に際して、会社債権者に対し異議を述べる機会を提供し、異議を述べた債権者については、その債権者が新設合併により害されるおそれがないときを除いて、弁済や担保提供をしなければならないことを定めた手続をいう（法810条）。

(2) 趣　旨

　会社債権者は、自らの債権の引当てとなる財産が当該会社に存在しているかどうかが一番の関心事である。通常、自らの債権が免責的に第三者に特定承継される場合には、原則として債権者が承諾することが必要である。

　これに対し、新設合併の場合には、債権者が有する消滅当事会社に対する債権および会社財産が、債権者の承諾なく、すべて新設会社に包括承継されてしまう。そのため、一方の消滅当事会社に対する債権者にとっては、合併する相手方当事会社の資産状況によっては、新設合併により引き当てとなる財産が縮減してしまう可能性が生じる。[7]

　しかし、会社債権者は、当該会社の株主でも社員でもないため、新設合併の可否を決する同意権を有していない。そこで、新設合併により影響を受ける債権者に異議を述べる機会を与え、会社債権者の保護を図っているのである。

(3) 株式会社が消滅当事会社となる場合の具体的手続

㋐ 対象債権者

　新設合併消滅株式会社のすべての債権者が対象となる（法810条1項1号）。

　新設合併においては、会社債権者の債権はすべて新設会社に包括承継されるため、消滅当事会社の債権者全員が、新設合併により影響を受けるといえるからである。

7　田邊光政監『詳解会社法の理論と実務〔第2版〕』（民事法研究会・2007年）729頁。

(ｲ)　**会社債権者に対する公告および個別催告**
　　(A)　方　　法
　消滅株式会社は、次の①～④の事項を官報に公告し、かつ、知れている会社債権者全員に、個別に催告しなければならない（法810条2項。【書式3－20】【書式3－21】参照）。
　①　新設合併をする旨
　②　他の消滅会社等および設立会社の商号および住所
　③　消滅株式会社等の計算書類に関する事項として法務省令で定めるもの
　④　債権者が一定の期間内に異議を述べることができる旨
　もっとも、消滅株式会社が、官報のほか、定款により日刊新聞紙に掲載する方法（法939条1項2号）または電子公告（同項3号）を公告方法と定めており、当該定款の規定に従い公告を行う場合には、知れている債権者に対する個別の催告は不要となる（法810条3項）。
　　(B)　時　　期
　上記(A)④の異議期間は1カ月以上とすることが要求されているが（法810条2項ただし書）、公告の始期については会社法上規定されていない。そのため、株主全員の同意を得る前に公告を行い、株主全員の同意を得た後、速やかに効力を生じさせることが可能である。
　これに対し、旧商法412条では、公告および催告の始期につき、原則として合併承認決議の日から2週間以内とされていた。会社法では、株主による承認の前から公告および催告を行うことを許可し、新設分割の効力発生までの必要期間の短縮を図っている。
　　(C)　異議を述べた債権者への対応
　会社債権者が異議期間内に異議を述べたとき（【書式3－22】参照）は、当該新設合併等をしても当該債権者を害するおそれがないときを除き、消滅株式会社は、当該債権者に対し、弁済、相当の担保の提供、または当該債権者に弁済を受けさせることを目的として信託会社等に相当の財産を信託するこ

とのうち、いずれかの対応を行わなければならない（法810条5項。【書式3－23】【書式3－24】参照）。

上記の「当該新設合併等をしても当該債権者を害するおそれがないとき」に該当することは、消滅株式会社が立証する必要がある。

なお、債権者が異議期間内に異議を述べなかったときには、当該債権者は、当該新設合併等について承認をしたものとみなされる（法810条4項）。

(D) 社債権者が異議を述べる場合

社債権者も会社に対する債権者であるが、異議を述べるためには、社債権者集会における決議によることを要する（法740条1項）。社債は、公衆に対する起債であり、集団性があるため、集団的かつ画一的な取扱いをなすことが妥当であるからである。

したがって、社債権者に対して個別的取扱いを行い償還することは、集団的かつ画一的な取扱いに反することになるため許されず、出席した社債権者の過半数の決議により、社債権者の意思が決定されることとなる。

なお、消滅株式会社が社債を発行している場合の債権者保護手続としては、異議のある社債権者が要件を満たせば社債権者集会の招集を請求することが可能となることから、通常どおり、社債権者に対しても個別の催告を行えば足りると考える。

(4) **持分会社が消滅当事会社となる場合の具体的手続**

持分会社が消滅当事会社となる場合でも、債権者保護手続が必要となり、具体的手続については、上記(3)の株式会社の場合と同一である（法813条2項により法810条を準用）。

もっとも、持分会社が公告および催告する内容には、「消滅株式会社等の計算書類に関する事項として法務省令で定めるもの」（法810条2項3号）は含まれない（法813条2項かっこ書）。

【書式3－20】 合併公告

合併公告

　甲乙は、合併して○○合同会社（住所　○県○市○町○番○号）を設立することにより解散することに致しました。

　両社の株主及び社員全員の同意は、平成○年○月○日に既に得ております。

　当該合併に対し、異議のある債権者は、本公告掲載の翌日から１箇月以内にお申し出下さい。

　なお、最終貸借対照表の開示状況は、次のとおりです。

(甲)　掲載紙　　　　官報
　　　掲載の日付　　平成○年○月○日
　　　掲載の頁　　　○頁
(乙)　掲載紙　　　　官報
　　　掲載の日付　　平成○年○月○日
　　　掲載の頁　　　○頁

平成○年○月○日

　　　　　　　　　　　　　(甲)　住所　○県○市○町○番○号
　　　　　　　　　　　　　　　　商号　○○株式会社
　　　　　　　　　　　　　(乙)　住所　○県○市○町○番○号
　　　　　　　　　　　　　　　　商号　○○合名会社

【書式3－21】 催告書

催告書

拝啓　時下ますますご盛栄の段慶賀申し上げます。

　さて、当会社は、平成○年○月○日、○県○市○町○番○号○○合名会社と合併し、○○株式会社を設立することにつき、株主全員の同意を得ました。

　上記に対し御異議がございましたら、平成○年○月○日までにその旨をお申出下されたく、以上会社法の規定により催告致します。

なお、当社及び○○合名会社の最新の貸借対照表は、以下のとおり公告しております。

　　　（甲）　掲載紙　　　　　官報
　　　　　　　掲載の日付　　　平成○年○月○日
　　　　　　　掲載の頁　　　　○頁
　　　（乙）　掲載紙　　　　　官報
　　　　　　　掲載の日付　　　平成○年○月○日
　　　　　　　掲載の頁　　　　○頁

敬具

　おって、御異議のない節は、御手数ながら別紙承諾書にご捺印の上ご返送下されたく存じます。

平成○年○月○日

○県○市○町○番○号
○○株式会社
代表取締役社長　○○○○　㊞

○県○市○町○番○号
○○○○　殿

【書式3－22】　合併異議申述書

合併異議申述書

　拝復、貴社におかれては、株主全員の同意に基づき、○○合名会社を合併し、○○合同会社を設立せられる趣にて、過日異議申出の御催告を受けましたが、私は、上記合併について異議がありますので、会社法第810条の規定により上記異議を申し述べます。

敬具

平成○年○月○日

○県○市○町○番○号
債権者　○○○○　㊞

○県○市○町○番○号
○○株式会社
代表取締役社長　○○○○　殿

【書式3－23】　証明書（合併をしてもその者を害するおそれのないことの証明）

証明書

　株主全員の同意に基づく○○合名会社との合併についての公告又は通知に対して異議を述べた○○○については、次のとおりその債権の弁済期における弁済が確実であり、合併をしてもその者を害するおそれがないことを証明する。

記

　　○○○○が有する債権
　　債権額　　　　　　　　金○円
　　弁済期　　　　　　　　平成○年○月○日
　　担保の有無　　　　　　有（又は無）
　　合併当事会社の資産状況　別紙貸借対照表のとおり
　　その他の営業実績等　　別紙営業報告書のとおり
　　附属書類
　　登記事項証明書　　　　○通
　　貸借対照表　　　　　　2通
　　営業報告書　　　　　　2通

平成○年○月○日

　　　　　　　　　　　　　　　　○県○市○町○番○号
　　　　　　　　　　　　　　　　○○株式会社
　　　　　　　　　　　　　　　　代表取締役社長　○○○○　㊞

※合併に異議を述べた債権者がいる場合において、合併をしてもその者を害するおそれがないときに添付する必要がある。

【書式3－24】 弁済金受領証書

弁済金受領証書

一　金○円也　ただし、○○の売掛代金
　貴社と○○合名会社の合併につき○月○日異議があることを申し出ましたところ、本日上記金額の弁済を受け、正に受領しました。

平成○年○月○日
　　　　　　　　　　　　　　　　　　　　　　　　　　○県○市○町○番○号
　　　　　　　　　　　　　　　　　　　　　　　　　　　　　○○○○　　㊞

○県○市○町○番○号
○○株式会社
代表取締役社長　　○○○○　　殿

規　定

会社法810条〔債権者の異議〕
1　次の各号に掲げる場合には、当該各号に定める債権者は、消滅株式会社等に対し、新設合併等について異議を述べることができる。
　一　新設合併をする場合　新設合併消滅株式会社の債権者
　二　（略）
　三　（略）
2　前項の規定により消滅株式会社等の債権者の全部又は一部が異議を述べることができる場合には、消滅株式会社等は、次に掲げる事項を官報に公告し、かつ、知れている債権者（同項の規定により異議を述べることができるものに限る。）には、各別にこれを催告しなければならない。ただし、第4号の期間は、1箇月を下ることができない。
　一　新設合併等をする旨
　二　他の消滅会社等及び設立会社の商号及び住所
　三　消滅株式会社等の計算書類に関する事項として法務省令で定めるもの
　四　債権者が一定の期間内に異議を述べることができる旨

3　前項の規定にかかわらず、消滅株式会社等が同項の規定による公告を、官報のほか、第939条第1項の規定による定款の定めに従い、同項第2号又は第3号に掲げる公告方法によりするときは、前項の規定による各別の催告（新設分割をする場合における不法行為によって生じた新設分割株式会社の債務の債権者に対するものを除く。）は、することを要しない。
4　債権者が第2項第4号の期間内に異議を述べなかったときは、当該債権者は、当該新設合併等について承認をしたものとみなす。
5　債権者が第2項第4号の期間内に異議を述べたときは、消滅株式会社等は、当該債権者に対し、弁済し、若しくは相当の担保を提供し、又は当該債権者に弁済を受けさせることを目的として信託会社等に相当の財産を信託しなければならない。ただし、当該新設合併等をしても当該債権者を害するおそれがないときは、この限りでない。

会社法813条
1　（略）
2　第810条（第1項第3号及び第2項第3号を除く。）の規定は、新設合併消滅持分会社又は（略）について準用する。この場合において、同条第1項第2号中「債権者（第763条第1項第12号又は第765条第1項第8号に掲げる事項についての定めがある場合にあっては、新設分割株式会社の債権者）」とあるのは「債権者」と、同条第3項中「消滅株式会社等」とあるのは「新設合併消滅持分会社（新設合併設立会社が株式会社又は合同会社である場合にあっては、合同会社に限る。）又は新設分割合同会社」と読み替えるものとする。

6　株式買取請求権等の不存在

(1)　意　義

　株式会社を設立する新設合併と異なり、持分会社を設立する新設合併においては、株主は、株式買取請求および新株予約権買取請求を行うことはできない（法806条1項1号、808条1項）。

(2) 趣　旨

　持分会社を設立する新設合併では、株主全員の同意が必要とされているのであるから（法804条2項）、反対株主が株式買取請求を行う必要はなく、また、消滅株式会社が新株予約権を発行している場合には、合併契約において当該新株予約権に代わる金銭を定めるからである（法755条1項8号）。

規　定

> **会社法806条〔反対株主の株式買取請求〕**
> 1　新設合併等をする場合（次に掲げる場合を除く。）には、反対株主は、消滅株式会社等に対し、自己の有する株式を公正な価格で買い取ることを請求することができる。
> 　一　第804条第2項に規定する場合
> 　二　（以下、略）
>
> **会社法808条〔新株予約権買取請求〕**
> 1　次の各号に掲げる行為をする場合には、当該各号に定める消滅株式会社等の新株予約権の新株予約権者は、消滅株式会社等に対し、自己の有する新株予約権を公正な価格で買い取ることを請求することができる。
> 　一　新設合併　第753条第1項第10号又は第11号に掲げる事項についての定めが第236条第1項第8号の条件（同号イに関するものに限る。）に合致する新株予約権以外の新株予約権
> 　二　（以下、略）

7　新株予約権者に対する通知

　持分会社を設立する新設合併においては、上記6のとおり、消滅株式会社の新株予約権者は新株予約権買取請求権を有していないが、消滅株式会社は、新株予約権者全員に対して、当該新設合併について総株主の同意を得た日から2週間以内に、新設合併等をする旨、他の消滅会社等および設立会社

の商号および住所を通知しなければならない（法806条3項）。

なお、消滅株式会社が、上記通知に代えて公告を行う場合には、その公告をもって通知に代わるものとされる（法806条4項）。

規　定

会社法808条〔反対株主の株式買取請求〕
1、2　（略）
3　次の各号に掲げる消滅株式会社等は、第804条第1項の株主総会の決議の日（同条第2項に規定する場合にあっては同項の総株主の同意を得た日、第805条に規定する場合にあっては新設分割計画の作成の日）から2週間以内に、当該各号に定める新株予約権の新株予約権者に対し、新設合併等をする旨並びに他の消滅会社等及び設立会社の商号及び住所を通知しなければならない。
一　新設合併消滅株式会社　全部の新株予約権
（略）
4　前項の規定による通知は、公告をもってこれに代えることができる。
5　（以下、略）

8　消滅会社の株主・新株予約権者への提出公告

消滅株式会社が、株券発行会社である場合には、割当期日までに会社に株券を提出しなければならない旨を、当該日の1カ月前までに公告し、かつ、株主・登録株式質権者に対し各別に通知しなければならない（法219条1項6号）。

消滅会社が新株予約権証券（新株予約権付社債）を発行している場合についても同様である（法293条1項3号）。

【書式3－25】 合併につき株券提出公告

合併につき株券提出公告

　当社と〇〇合名会社は合併して、〇〇合同会社（住所　〇県〇市〇町〇番〇号）を設立することにより解散することに致しましたので、当社の株券（新株予約権証券、新株予約権付社債券を含む）を所有する方は、効力発生日までに当社にご提出下さい。

平成〇年〇月〇日
〇県〇市〇町〇番〇号
〇〇株式会社
代表取締役社長　〇〇〇〇

規　定

会社法219条〔株券の提出に関する公告等〕
1　株券発行会社は、次の各号に掲げる行為をする場合には、当該行為の効力が生ずる日（略）までに当該株券発行会社に対し当該各号に定める株式に係る株券を提出しなければならない旨を株券提出日の1箇月前までに、公告し、かつ、当該株式の株主及びその登録株式質権者には、各別にこれを通知しなければならない。ただし、当該株式の全部について株券を発行していない場合は、この限りでない。
一～五　（略）
六　合併（合併により当該株式会社が消滅する場合に限る。）　全部の株式（以下、略）

9　合併の登記

　持分会社を設立する新設合併を行ったときは、新設合併により消滅する会社については解散の登記を、設立する会社については設立の登記をしなければならない（法922条2項）。

上記登記を行う期限は、新設合併により消滅する会社の種類により分類され、規定されている（法922条2項各号）。
　そして、新設合併の効力は、新設持分会社が設立の登記が完了したことにより生じる（法756条）。その効果は、次の①〜④のとおりである。
　①　消滅当事会社の権利義務の承継（法756条1項）。
　②　消滅当事会社の株主・社員が、合併契約に従い、新設持分会社の社員となる（同条2項）。
　③　消滅当事会社の株主・社員に合併対価として社債を交付する場合には、同株主・社員が社債権者となる（同条3項）。
　④　消滅当事会社の新株予約権は消滅（同条4項）。

規　定

会社法922条〔新設合併の登記〕
1　（略）
2　2以上の会社が新設合併をする場合において、新設合併により設立する会社が持分会社であるときは、次の各号に掲げる場合の区分に応じ、当該各号に定める日から2週間以内に、その本店の所在地において、新設合併により消滅する会社については解散の登記をし、新設合併により設立する会社については設立の登記をしなければならない。
　一　新設合併により消滅する会社が株式会社のみである場合　次に掲げる日のいずれか遅い日
　　イ　第804条第2項の総株主の同意を得た日
　　ロ　新設合併により消滅する会社が新株予約権を発行しているときは、第808条第3項の規定による通知又は同条第4項の公告をした日から20日を経過した日
　　ハ　第810条の規定による手続が終了した日
　　ニ　新設合併により消滅する会社が合意により定めた日
　二　新設合併により消滅する会社が持分会社のみである場合　次に掲げる日のいずれか遅い日
　　イ　第813条第1項の総社員の同意を得た日（同項ただし書に規定す

> る場合にあっては、定款の定めによる手続を終了した日）
> 　ロ　第813条第２項において準用する第810条の規定による手続が終了した日
> 　ハ　新設合併により消滅する会社が合意により定めた日
> 三　新設合併により消滅する会社が株式会社及び持分会社である場合　前２号に定める日のいずれか遅い日

10　新設持分会社の手続

　株式会社を設立する新設合併の場合、新設株式会社において、新設合併契約等に関する書面等の備置・閲覧等が必要となる（法815条）。しかし、持分会社を設立する新設合併の場合には、新設持分会社においては、上記備置・閲覧等は要求されておらず、不要である。

　なお、新設持分会社の設立においては、通常の持分会社の設立における定款の作成規定（法575条）、合同会社の設立時の出資履行規定（法578条）の適用が排除されている（法816条１項）。

第3　株式会社を設立する新設合併

I　総説

　第1Ⅱのとおり、株式会社を設立する新設合併の合併当事会社には、持分会社もなることができる。

　ここでは、株式会社を設立する新設合併において、株式会社および持分会社が合併当事会社となる場合について解説する。

　なお、参考書式については、株式会社同士が合併当事会社となって株式会社を設立する新設合併を想定した【書式3－1】ないし【書式3－10】を引用している。

Ⅱ　新設合併の手続

1　総説

　株式会社を設立する新設合併における合併当事会社の手続の流れについては、〔表3－5〕のとおりである。

　株式会社を設立する新設合併においても、消滅当事会社となる持分会社の手続は、持分会社を設立する新設合併の場合と同じである。

　しかし、株式会社を設立する新設合併において消滅当事会社となる株式会社の手続は、持分会社を設立する新設合併に比べ、次の①～④のとおり、4点の差異が存する。

①　合併契約につき、株主総会の特別決議で足りる。
②　反対株主の株式買取請求権あり。
③　新株予約権者による新株予約権買取請求権あり。

④　新設株式会社において、合併契約内容等の事後開示が必要。

2　合併契約の締結

(1)　手　続

　合併当事会社が合併契約を締結するために必要な内部手続は、持分会社を設立する新設合併を行う場合と同様である（第2Ⅱ2参照）。

　つまり、消滅株式会社においては、合併契約につき取締役会決議を経たうえで（法362条4項）、代表取締役または代表執行役が、会社を代表して合併契約を締結することとなる。

　また、消滅持分会社では、原則として社員の過半数をもって合併契約につき決定した後、業務執行社員が代表して合併契約の締結を行う（法590条2項、599条1項本文）。

(2)　新設合併契約書の作成

㋐　意　義

　会社が、他の会社と合併をなす場合には合併契約によることとし（【書式3－1】参照）、新設合併により株式会社を設立する場合、新設合併契約において、少なくとも法753条各号記載の事項を定めなければならないとした。

　規　定

> **会社法748条〔合併契約の締結〕**
> 　会社は、他の会社と合併することができる。この場合においては、合併をする会社は、合併契約を締結しなければならない。
>
> **会社法753条〔株式会社を設立する新設合併契約〕**
> 1　2以上の会社が新設合併をする場合において、新設合併により設立する会社（以下この編において「新設合併設立会社」という。）が株式会社であるときは、新設合併契約において、次に掲げる事項を定めなければならない。
> 　一　新設合併により消滅する会社（以下この編において「新設合併消滅

会社」という。）の商号及び住所
二　株式会社である新設合併設立会社（以下この編において「新設合併設立株式会社」という。）の目的、商号、本店の所在地及び発行可能株式総数
三　前号に掲げるもののほか、新設合併設立株式会社の定款で定める事項
四　新設合併設立株式会社の設立時取締役の氏名
五　（編注：条文記載略、ただし、機関形態に合わせた設立時会計参与、設立時監査役、設立時会計監査人の氏名）
六　新設合併設立株式会社が新設合併に際して株式会社である新設合併消滅会社（以下この編において「新設合併消滅株式会社」という。）の株主又は持分会社である新設合併消滅会社（以下この編において「新設合併消滅持分会社」という。）の社員に対して交付するその株式又は持分に代わる当該新設合併設立株式会社の株式の数（種類株式発行会社にあっては、株式の種類及び種類ごとの数）又はその数の算定方法並びに当該新設合併設立株式会社の資本金及び準備金の額に関する事項
七　新設合併消滅株式会社の株主（新設合併消滅株式会社を除く。）又は新設合併消滅持分会社の社員に対する前号の株式の割当てに関する事項
八　（編注：条文記載略、ただし、新設合併消滅株式会社の株主に対して、株式に代えて新設合併設立株式会社の社債等を交付するときの社債等に関する事項）
九　（編注：条文記載略、ただし、上記の場合における社債等の割当てに関する事項）
十　（編注：条文記載略、ただし、新設合併消滅会社が新株予約権を発行している場合の、新株予約権者に対して、交付する新設合併設立株式会社の新株予約権又は金銭に関する事項）
十一　（編注：条文記載略、ただし、上記の場合の新株予約権又は金銭の割当てに関する事項）
2　（以下、略）

(イ)　**法定記載事項**

合併契約には、以下の事項につき記載する必要がある（法753条1項各号）。

① 　消滅会社の商号および住所（1号）　　消滅会社を合併契約上で特定する趣旨である。

② 　新設株式会社の目的、商号、本店所在地および発行可能株式総数（2号）　　新設合併により設立する株式会社を明示する趣旨である。

③ 　上記②以外に新設株式会社の定款に定める事項（3号）　　新設合併により設立する株式会社の根本規範となる定款記載事項を明示し、株主が当該合併に対し賛否を判断する材料とする趣旨である。

④ 　新設株式会社の設立時取締役、設立時参与、設立時監査役および設立時会計監査人の氏名・名称（4号・5号イ～ハ）　　新設合併に際して選任される設立時役員等は、株主総会が合併契約を一括して承認する形で選任されるものであり、各候補者につき、個別に賛否が問われることは予定されていない（施行規則89条4号～7号）。

　　なお、設立時代表取締役、設立時委員、設立時執行役は、新設会社の取締役（取締役会）が選定する（法47条、48条）。

⑤ 　株主・社員に対して交付する新設株式会社の株式数等（6号・7号）
　　株式会社を設立する新設合併契約においては、消滅会社の株主・社員に交付する株式数または数の算定方法、設立会社の資本金および準備金の額に関する事項、株式の割当てに関する事項を記載しなければならない。

　　株式会社を設立する新設合併においては、消滅株式会社の株主または消滅持分会社の社員に対し、新設株式会社の株式を交付しなければならない（法753条1項6号）。

　　もっとも、一方の消滅会社の株主に対してだけ、社債・新株予約権のみを交付し、株式を交付しないという取扱いは可能である（非株式交付消滅会社。計算規則77条1号ロ）。

　　また、新設会社の株式や持分に加えて、社債等（社債、新株予約権お

よび新株予約権付社債）を交付することも可能である。

　新設会社の株式の割当ては、消滅会社が種類株式を発行していない株式会社である場合には、株主平等の原則に従い、消滅会社の株式1株当たりに、新設会社の株式をいくら割り当てるかが機械的に決定される（法753条3項）。

　これに比べて、消滅会社が持分会社である場合には、法753条3項のような平等原則の規定はなく、新設会社の株式をどの社員にいくら割り当てるかは、持分比率と関係なく決定することができる。これは、消滅当事会社となる持分会社では、新設合併について社員全員の同意を必要とするため、平等の原則を定めなくとも、社員を不当に害することはないからである。

　消滅株式会社が種類株式を発行している場合には、上記記載は各種類株式ごとに定めることになるが、各種類株式間の割当比率が問題となる（法753条2項）。

　種類株式すべてに市場価格が存在すれば公正な割当比率の算出は困難ではないが、市場価格が存在しない場合には、客観的な基準がないため、算出が非常に困難になる。その場合には、種類株主総会（法322条1項7号）により賛成決議を得ることにより解決を図ることになる。

⑥　株主・社員に対して交付する新設株式会社の社債等（8号・9号）
　株式会社を設立する新設合併契約においては、消滅会社の株主・社員に対し、消滅会社の株式・持分に代えて、新設株式会社の社債、新株予約権、新株予約権付社債（以下、「社債等」という）を交付することを、合併契約において定めることができる。

　また、新設会社の株式や持分に加えて、社債等を交付することも可能である。

　新設株式会社が社債等を消滅会社の株主・社員に交付する場合には、㋐社債の種類、種類ごとの各社債の合計額または算定方法、および割当てに関する事項、㋑新株予約権の内容、数または算定方法、および割当

てに関する事項、㋒新株予約権付社債については㋐㋑の内容および割当てに関する事項を合併契約書に記載しなければならない。

　社債等の割当て方法については、新設会社の株式の割当ての場合と同じである（上記⑤参照）。

　なお、吸収合併においては、消滅会社の株主・社員に対し、存続会社の株式や社債等を交付することなく、金銭を交付することもできる（法749条1項2号）。しかし、新設合併においては、合併対価として金銭を交付することは認められていない。

⑦　株主・社員に対して交付する新設株式会社の新株予約権等（10号・11号）　株式会社を設立する新設合併契約においては、消滅株式会社の新株予約権者に対し、当該消滅会社の新株予約権に代えて、新設株式会社の新株予約権または金銭を交付しなければならない。

　㋐新設株式会社の新株予約権を交付する場合には、当該新株予約権の内容、数または算定方法、および割当てに関する事項を、㋑金銭を交付する場合には、当該金銭の額または算定方法、および割当てに関する事項を、合併契約に記載することを要する。

　㋒　任意的記載事項

　法定記載事項以外の任意的記載事項については、持分会社を設立する新設合併の場合と同様である（第2Ⅱ2⑵㋑参照）。

3　合併契約書等の備置き・開示

　消滅株式会社においては、合併契約内容等を記載した書面等を事前開示することが求められるが、消滅持分会社においては、事前開示規定がいっさい設けられていない（法803条）。

　これは、持分会社を設立する新設合併における事前開示手続と同様である（消滅株式会社における具体的な事前開示手続については、第2Ⅱ3⑴参照）。

4 株主総会の承認および社員の同意

(1) 消滅当事会社が株式会社である場合

㈦ 意　義

　株式会社を設立する新設合併における消滅当事会社が株式会社である場合、当該株式会社は、株主総会の特別決議によって、新設合併契約について承認を受けなければならない（法804条1項、309条2項12号）。

　また、合併によりある種類の株主に損害を及ぼすおそれがある場合等（法322条1項7号。定款で種類株主総会を排除した場合を除く）、いくつかの場合には、種類株主総会の承認決議が必要である。

　なお、持分会社を設立する新設合併の場合には、消滅株式会社は総株主の同意を得る必要があるが（法804条2項）、これは、持分会社を設立する場合には消滅株式会社の組織変更を伴うことを理由とする。

㈧ 趣　旨

　新設合併は、会社の基礎に重大な影響を与えることから、原則として株主総会の特別決議（法804条1項、309条2項12号）を必要とすることにより株主を保護することとした。

規　定

> **会社法804条〔新設合併契約等の承認〕**
> 1　消滅株式会社等は、株主総会の決議によって、新設合併契約等の承認を受けなければならない。
> （以下、略）

㈨ 具体的手続

(A) 総会の期日

　新設合併の効力は、登記による新設会社の成立により発生するので（法49条、754条、758条）、登記前に合併承認決議が行われることを要する（法922条

1項1号イ・ロ)。

　　　(B)　総会招集通知

　総会招集通知を書面(電磁的記録)により行う場合は、通知に議案(合併契約)の概要を記載・記録することを要する(法299条4項、298条1項5号、325条。【書式3－2】参照)。

　　　(C)　決議要件

　総株主の議決権の過半数を有する株主が出席し、または定款に定める議決権の数を有する株主が出席し、その議決権の3分の2以上の多数による賛成が必要となる(法309条2項12号。【書式3－3】参照)。

　(2)　消滅当事会社が持分会社の場合

　株式会社を設立する新設合併を行う場合、消滅持分会社は、社員全員の同意を得る必要がある(法813条1項1号)。当該手続については、持分会社を設立する新設合併を行う場合と同様である(第2Ⅱ4(2)参照)。

5　反対株主等の株式買取請求権

　(1)　意　義

　株式会社を設立する新設合併を行う場合、消滅株式会社において、反対の意思を有する株主は、自己の有する株式を、合併の承認決議がなければ有したであろう公正な価格で買い取るべき旨を、会社に対して請求することができる(法806条)。

　ただし、新設会社が持分会社となる場合には、買取請求は認められない(法806条1項2号)。これは、持分会社を設立する新設合併においては、当該合併につき株主全員の同意が必要とされるため、買取請求によって保護する必要がないからである。

　(2)　趣　旨

　新設合併が行われた場合、当事会社の財産状態は大きく変動し、株主の地位に重大な影響を及ぼすことが考えられ、株主を保護することが必要とされる。

そこで、新設合併の決議については、特別決議を要するものとして要件が厳格にされているが、最終的には多数決により決議される以上、あくまで新設合併に対し反対の意思を有する少数株主に対しては、その投下資本の回収の観点からの保護が図られなければならない。
　このため、定款変更、資本減少、会社分割の場合と同じく、投下資本の回収を認め、経済的保護を与えることとした。

規　定

会社法806条〔反対株主の株式買取請求〕
1　新設合併等をする場合（次に掲げる場合を除く。）には、反対株主は、消滅株式会社等に対し、自己の有する株式を公正な価格で買い取ることを請求することができる。
　一　第804条第2項に規定する場合
　二　第805条に規定する場合
2　前項に規定する「反対株主」とは、次に掲げる株主をいう。
　一　第804条第1項の株主総会（新設合併等をするために種類株主総会の決議を要する場合にあっては、当該種類株主総会を含む。）に先立って当該新設合併等に反対する旨を当該消滅株式会社等に対し、通知し、かつ、当該株主総会において当該新設合併等に反対した株主（当該株主総会において議決権を行使することができるものに限る。）
　二　当該株主総会において議決権を行使することができない株主
3　消滅株式会社等は、第804条第1項の株主総会の決議の日から2週間以内に、その株主に対し、新設合併等をする旨並びに他の新設合併消滅会社、新設分割会社又は株式移転完全子会社（以下この節において「消滅会社等」という。）及び設立会社の商号及び住所を通知しなければならない。ただし、第1項各号に掲げる場合は、この限りでない。
4　前項の規定による通知は、公告をもってこれに代えることができる。
5　第1項の規定による請求（以下この目において「株式買取請求」という。）は、第3項の規定による通知又は前項の公告をした日から20日

以内に、その株式買取請求に係る株式の数（種類株式発行会社にあっては、株式の種類及び種類ごとの数）を明らかにしてしなければならない。
6 　株券が発行されている株式について株式買取請求をしようとするときは、当該株式の株主は、消滅株式会社等に対し、当該株式に係る株券を提出しなければならない。ただし、当該株券について第223条の規定による請求をした者については、この限りでない。
7 　株式買取請求をした株主は、消滅株式会社等の承諾を得た場合に限り、その株式買取請求を撤回することができる。
8 　新設合併等を中止したときは、株式買取請求は、その効力を失う。
9 　第133条の規定は、株式買取請求に係る株式については、適用しない。

会社法807条〔株式の価格の決定等〕
1 　株式買取請求があった場合において、株式の価格の決定について、株主と消滅株式会社等（新設合併をする場合における新設合併設立会社の成立の日後にあっては、新設合併設立会社。以下この条において同じ。）との間に協議が調ったときは、消滅株式会社等は、設立会社の成立の日から60日以内にその支払をしなければならない。
2 　株式の価格の決定について、設立会社の成立の日から30日以内に協議が調わないときは、株主又は消滅株式会社等は、その期間の満了の日後30日以内に、裁判所に対し、価格の決定の申立てをすることができる。
3 　前条第7項の規定にかかわらず、前項に規定する場合において、設立会社の成立の日から60日以内に同項の申立てがないときは、その期間の満了後は、株主は、いつでも、株式買取請求を撤回することができる。
4 　消滅株式会社等は、裁判所の決定した価格に対する第1項の期間の満了の日後の年6分の利率により算定した利息をも支払わなければならない。
5 　消滅株式会社等は、株式の価格の決定があるまでは、株主に対し、当該消滅株式会社等が公正な価格と認める額を支払うことができる。
6 　株式買取請求に係る株式の買取りは、設立会社の成立の日（略）

に、その効力を生ずる。
7　株券発行会社は、株券が発行されている株式について株式買取請求があったときは、株券と引換えに、その株式買取請求に係る株式の代金を支払わなければならない。

(3) 具体的手続

① 株主は、会社合併承認の株主総会に先立って、会社に対して書面にて新設合併に反対の意思を通知(【書式3－4】参照)したうえで総会に出席し、決議の際、反対の意思表示を行い、会社に対して、自己の有する株式を公正な価格で買い取るよう請求する(法806条2項1号)。また、当該総会において議決権を行使できない株主も請求可能である(同項2号)。

② 消滅株式会社は、合併承認の決議の日から2週間以内に、その株主に対して新設合併をする旨と新設会社の商号および住所を通知しなければならない(法806条3項)。また、通知に代えて公告によることも可能である(同条4項)。

③ 買取請求は、上記通知または公告の日より20日以内に株式の種類および数を記載した書面を会社に提出して行わなければならない(法806条5項。【書式3－5】参照)。買取請求の撤回は、会社の承諾を得た場合に限り可能となる(同条7項)。

④ 株式の価格について、株主と会社との間に協議が整った場合、各当事会社は、新設会社が成立した日から60日以内にこれを支払う必要がある(法807条1項)。

新設会社が成立した日から30日以内に、協議が整わなかった場合、各当事会社は、その期間満了後30日以内に裁判所に価格の決定を申し立てることができる(法807条2項)。

この価格決定の手続は、非訟事件手続として行われる。当事会社は、決定価格に対して、成立の日から60日を経過した後の期間について年6

分の割合による利息の支払いが必要となる（法807条4項）。もっとも当事会社は、価格決定があるまでは、自己が公正な価格であると認める額を株主に対して支払うことができ（同条5項）、その部分について利息支払いを免れることができる。

⑤　会社成立の日から60日以内に価格決定の申立てがない場合には、株主はいつでも買取請求を撤回することができる（同条3項）。

6　債権者保護手続

株式会社を設立する新設合併を行う場合、消滅株式会社・消滅持分会社ともに、すべての債権者に対し個別催告等を行い、当該新設合併に異議を述べた債権者に対し原則として弁済をする等の債権者保護手続をとらなければならない（法810条、813条2項。【書式3－6】ないし【書式3－10】参照）。

上記債権者保護手続の具体的手続は、持分会社を設立する新設合併における債権者保護手続と同様である（第2Ⅱ5参照）。

7　消滅株式会社における新株予約権者の新株予約権買取請求

消滅会社が株式会社の場合、新株予約権の新株予約権者は、消滅株式会社に対し、自己の有する新株予約権を公正な価格で買い取ることを請求することができる（法808条1項2号）。

買取価格が公正な価格であること、および行使期間等は、反対株主の株式買取請求の場合と同様である。

なお、持分会社を設立する新設合併においては、合併契約に新株予約権に代わる金銭を定めるため（法755条1項8号）、新株予約権の買取請求権は定められていない。

規　定

会社法808条〔新株予約権買取請求〕

1　次の各号に掲げる行為をする場合には、当該各号に定める消滅株式会社等の新株予約権の新株予約権者は、消滅株式会社等に対し、自己の有する新株予約権を公正な価格で買い取ることを請求することができる。
一　新設合併　第753条第1項第10号又は第11号に掲げる事項についての定めが第236条第1項第8号の条件（同号イに関するものに限る。）に合致する新株予約権以外の新株予約権
（以下、略）

8　消滅会社の株主・新株予約権者への提出公告

　消滅株式会社が株券発行会社である場合には、株券および新株予約権証券の提出公告（【書式3-11】参照）を行う必要がある。提出公告の方法については、持分会社を設立する新設合併を行う場合と同様である（第2Ⅱ8参照）。

9　合併の登記

　株式会社が新設合併を行い、新設会社が株式会社である場合には、①合併承認総会の決議の日、②株主・新株予約権者に対する買取請求権の通知・公告をした日から20日を経過した日、③債権者の異議手続が終了した日、④当事会社が合意により定めた日のうちのいずれか遅い日から2週間以内に、新設会社の本店の所在地において、消滅会社につき解散の登記、新設会社につき設立の登記をしなければならない（法922条、976条1号、商業登記法79条、81条ないし83条）。
　なお、新設合併の効力は、新設会社の設立の登記による成立（法49条）によって生ずる（法754条）。

規　定

会社法922条〔新設合併の登記〕

> 1 2以上の会社が新設合併をする場合において、新設合併により設立する会社が株式会社であるときは、次の各号に掲げる場合の区分に応じ、当該各号に定める日から2週間以内に、その本店の所在地において、新設合併により消滅する会社については解散の登記をし、新設合併により設立する会社については設立の登記をしなければならない。
> （以下、略）

10 新設株式会社における事後開示

(1) 意 義

　新設株式会社は、新設合併の効力発生日後遅滞なく、新設合併により承継した権利義務等を記載し、または記録した書面または電磁的記録を作成し、効力発生日から6カ月間、本店に備え置いて、株主および会社債権者（新株予約権者を含む）の閲覧または謄本・抄本交付請求等に応じなければならない（法801条1項・4項）。

　なお、持分会社を設立する新設合併においては、新設持分会社に事後開示は義務づけられていない（第2Ⅱ11参照）。

(2) 趣 旨

　合併手続の経過等の開示を要求することにより、その適正な履行を間接的に担保するほか、株主または会社債権者の合併の無効の訴えを提起すべきか否かを判断する資料を提供することを趣旨とする。

　このため、その備置期間は、合併の無効の訴えの提訴期間（法828条1項7号・8号）と一致している。

(3) 事後開示事項

　事後開示が必要とされる書面の記載事項は、次の①～⑥のとおりである（施行規則211条、213条）。

　① 効力発生日
　② 反対株主の株式買取請求（法806条）および新株予約権買取請求（法808条）の手続の経過

③ 新設合併により新設合併設立会社が新設合併消滅会社から承継した重要な権利義務に関する事項
④ 消滅会社が新設合併契約等備置開始日から備え置いた書面等に記載・記録された事項
⑤ 合併の登記をした日
⑥ その他新設合併に関する重要な事項（施行規則211条）

(4) 閲覧権者

閲覧権者は、新設分割会社の株主および債権者である。

消滅株式会社の株主が新設株式会社からその株式以外の交付を受けた場合には、株主の資格でこの書類等の閲覧等を請求することができない。

しかし、合併により新設会社の債権者となれば、その資格で閲覧等を請求することが可能である。[8]

規　定

会社法815条〔新設合併契約等に関する書面等の備置き及び閲覧等〕
1　新設合併設立株式会社は、その成立の日後遅滞なく、新設合併により新設合併設立株式会社が承継した新設合併消滅会社の権利義務その他の新設合併に関する事項として法務省令で定める事項を記載し、又は記録した書面又は電磁的記録を作成しなければならない。
2　（略）
3　次の各号に掲げる設立株式会社は、その成立の日から6箇月間、当該各号に定めるものをその本店に備え置かなければならない。
　一　新設合併設立株式会社　第1項の書面又は電磁的記録及び新設合併契約の内容その他法務省令で定める事項を記載し、又は記録した書面又は電磁的記録
　二、三　（略）
4　（以下、略）

---

[8] 江頭・前掲（注4）878頁、相澤哲＝細川充「組織再編行為(下)」商事法務1753号49頁。

第4 持分会社が存続会社（株式会社または持分会社が消滅会社）となる吸収合併

I 吸収合併の意義

1 意 義

吸収合併とは、一方当事会社（消滅会社）のすべてが消滅して、消滅会社の権利義務の全部を他方当事会社（存続会社）に承継させる（包括承継）形式で行われる会社合併である（法2条27号）。

たとえば、持分会社Aが存続会社、株式会社Bが消滅会社の場合、A社がB社の権利義務を包括的に承継し、B社の株主はA社の社員となる。

規 定

> 会社法2条27号〔定義〕
> 二十七　吸収合併　会社が他の会社と合併する場合であって、合併により消滅する会社の権利義務の全部を合併後存続する会社に承継させるものをいう。

2 合併の効果

① 吸収合併の場合、合併により消滅する会社は解散する（法471条4号）。消滅会社において清算手続は行われず（法475条1号）、消滅会社は解散と同時に消滅する。

② 吸収合併による存続会社は、合併の対価として、消滅会社の株主もしくは社員に対し、株主の持株数もしくは社員の出資割合に応じて存続会

社の持分等の交付を行う。

③　吸収合併により、存続会社は効力発生日に消滅会社の権利義務を包括的に承継する（法750条1項、752条1項）。

Ⅱ　持分会社が存続会社となる場合の吸収合併の手続

以下、持分会社が存続会社となる吸収合併を行う場合の手続に従って、各制度の解説を順に行うこととする（なお、吸収合併を行うにあたってのモデルスケジュールは、〔表3－2〕を参照）。

1　総説

持分会社が存続会社となる吸収合併の場合であっても、合併契約を締結し、株主および社員による承認を得るとともに、債権者の異議手続を履行し、消滅会社の財産等を存続会社に承継させ、合併の登記を行うといった一連の手続が必要となる。

ただし、持分会社が存続会社となる場合、当事会社の双方が株式会社の場合と異なり、〔表3－7〕〔表3－8〕のような手続の流れとなる。

〔表3－7〕　消滅会社が株式会社の場合の手続

		持分会社（存続会社）	株式会社（消滅会社）
①	内部手続	社員の過半数（法590条）	取締役会（法362条4項）
②	契約	合併契約締結（法751条）	
③	事前開示		合併内容の事前開示（法782条）

④	株主・社員の承認手続	総社員の同意 （法802条1項1号）	株主総会の承認 （法783条、784条）
	反対株主の保護		反対株主の株式買取請求 （法785条、786条）
	新株予約権者の保護		新株予約権者の新株予約権買取請求（法787条、788条）
	債権者の保護	債権者保護手続 （法802条2項、799条、800条）	債権者保護手続（法789条）
⑤	効力発生	変更登記（法921条）	解散登記（法921条）

〔表3－8〕 消滅会社が持分会社の場合の手続

		持分会社（存続会社）	持分会社（消滅会社）
①	内部手続	社員の過半数（法590条）	
②	契約	合併契約（法751条）	
③	事前開示		
④	債権者の保護	債権者保護手続 （法802条2項、799条、800条）	債権者保護手続 （法793条2項、789条、790条）
⑤	効力発生	変更登記（法921条）	解散登記（法921条）

　持分会社における社員の地位は持分という。各社員は持分に基づいて、会社に対し、権利を有し義務を負う。持分会社は、株式会社と異なり、いずれも社員間の信頼関係が厚く、そのため、原則として各社員に業務執行権・代表権が与えられ、企業の所有と経営が一致する。株式会社の株主が業務執行権を取締役に委任しているのと最も大きな差異である。
　持分会社が存続会社となる吸収合併の手続は、基本的に、株式会社が存続会社となる吸収合併の場合と同様である。持分会社が当事会社となる合併に

おいて株式会社の合併手続と異なるのは、持分会社においては、社員間の信頼関係が厚いことから、株主総会の承認に代わって総社員の同意が必要とされていることである。ただし、定款に別段の定めがある場合は、この限りではない（法793条1項、802条1項）。

総社員の同意が必要とされているため、株式会社の場合と異なり、合併に反対する社員の持分買取請求権は存在しない。債権者保護手続や合併の効力発生日の変更については、株式会社における手続が準用されている（法793条2項、802条2項）。

2　合併契約の締結

株式会社であると持分会社であるとを問わず、会社が合併をするにあたっては、合併契約を締結しなければならない（法748条）。合併の自由化により、会社法は、株式会社が存続会社となる合併も、持分会社が存続会社となる合併も認めているが、持分会社が存続会社となる合併契約書の法定記載事項は以下のとおりである（法751条）。

会社法は、詳細に合併契約に記載すべき内容を規定しているが、大別すると、当事者の表示、合併後の組織、合併条件、および効力発生日となる。

規　定

会社法748条〔合併契約の締結〕
　会社は、他の会社と合併することができる。この場合においては、合併をする会社は、合併契約を締結しなければならない。

(1)　当事者の表示

規　定

会社法751条〔持分会社が存続する吸収合併契約〕
1　会社が吸収合併をする場合において、吸収合併存続会社が持分会社

であるときは、吸収合併契約において、次に掲げる事項を定めなければならない。
一　持分会社である吸収合併存続会社（以下この節において「吸収合併存続持分会社」という。）及び吸収合併消滅会社の商号及び住所

合併契約においては、合併当事会社の商号および住所を記載しなければならないとされている。

(2)　**合併後の組織**
規　定

同条１項
二　吸収合併消滅株式会社の株主又は吸収合併消滅持分会社の社員が吸収合併に際して吸収合併存続持分会社の社員となるときは、次のイからハまでに掲げる吸収合併存続持分会社の区分に応じ、当該イからハまでに定める事項
　　イ　合名会社　当該社員の氏名又は名称及び住所並びに出資の価額
　　ロ　合資会社　当該社員の氏名又は名称及び住所、当該社員が無限責任社員又は有限責任社員のいずれかであるかの別並びに当該社員の出資の価額
　　ハ　合同会社　当該社員の氏名又は名称及び住所並びに出資の価額

持分会社が存続会社となる場合、吸収消滅株式会社の株主または吸収消滅持分会社の社員が吸収合併持分会社の社員となるときは、当該社員に関する記載が必要とされる。持分会社においては、社員間の人的関係を重視するため、各社員の氏名または名称および住所、当該社員の種別、そして出資の価額が登記事項とされている（合名会社につき法912条、合資会社につき法913条、合同会社につき法914条）。

それゆえ、吸収合併によって、新たに社員が入社する場合には、これらの事項についても定める必要がある。

(3) 合併条件

規　定

> **同条１項**
> 三　吸収合併存続持分会社が吸収合併に際して吸収合併消滅株式会社の株主又は吸収合併消滅持分会社の社員に対してその株式又は持分に代わる金銭等（吸収合併存続持分会社の持分を除く。）を交付するときは、当該金銭等についての次に掲げる事項
> 　イ　当該金銭等が吸収合併存続持分会社の社債であるときは、当該社債の種類及び種類ごとの各社債の金額の合計額又はその算定方法
> 　ロ　当該金銭等が吸収合併存続持分会社の社債以外の財産であるときは、当該財産の内容及び数若しくは額又はこれらの算定方法
> 四　前号に規定する場合には、吸収合併消滅株式会社の株主（吸収合併消滅株式会社及び吸収合併存続持分会社を除く。）又は吸収合併消滅持分会社の社員（吸収合併存続持分会社を除く。）に対する同号の金銭等の割当てに関する事項
> 五　吸収合併消滅株式会社が新株予約権を発行しているときは、吸収合併存続持分会社が吸収合併に際して当該新株予約権の新株予約権者に対して交付する当該新株予約権に代わる金銭の額又はその算定方法
> 六　前号に規定する場合には、吸収合併消滅株式会社の新株予約権の新株予約権者に対する同号の金銭の割当てに関する事項
> 七　（略）
> ２　前項に規定する場合において、吸収合併消滅株式会社が種類株式発行会社であるときは、吸収合併存続持分会社及び吸収合併消滅株式会社は、吸収合併消滅株式会社の発行する種類の株式の内容に応じ、同項第４号に掲げる事項として次に掲げる事項を定めることができる。
> 一　ある種類の株式の株主に対して金銭等の割当てをしないこととするときは、その旨及び当該株式の種類
> 二　前号に掲げる事項のほか、金銭等の割当てについて株式の種類ごとに異なる取扱いを行うこととするときは、その旨及び当該異なる取扱いの内容

> 3　第1項に規定する場合には、同項第4号に掲げる事項についての定めは、吸収合併消滅株式会社の株主（吸収合併消滅株式会社及び吸収合併存続持分会社並びに前項第1号の種類の株式の株主を除く。）の有する株式の数（前項第2号に掲げる事項についての定めがある場合にあっては、各種類の株式の数）に応じて金銭等を交付することを内容とするものでなければならない。

　吸収合併の結果、消滅会社の権利義務が包括的に存続持分会社に承継される。そのため、消滅会社の株主または社員にとっては、合併に際し、その有する株式または持分と引き換えに交付される対価が極めて重要となる。そこで、合併契約においては、消滅会社の株主または社員に対して何をどれだけ交付するかを記載しなければならない。

　持分会社が存続会社となる場合に交付される対価は、持分会社の持分、社債もしくはそれ以外の財産となるが、いずれも交付金額に加え、算定方法も合併契約書に記載しなければならない。

　消滅会社が株式会社であって、種類株式発行会社である場合、存続持分会社および消滅株式会社は、消滅株式会社の発行する種類の株式の内容に応じ、金銭等の交付に関する事項として、ある種類の株式の株主に対して金銭等の割当てをしない旨、または、株式の種類ごとに異なる取扱いをすることも可能である（法751条2項）。

　消滅株式会社が種類株式発行会社でない場合は、消滅株式会社の株式1株当たり、存続持分会社の持分もしくは持分に代わる金銭等をどれだけ割り当てるかは、所有株式数によって自動的に決まるが、種類株式発行会社の場合、各種類株式の株主間に不公正が生じないようにする必要があるからである。

(4) 効力発生日

規　定

> 同条1項

七　効力発生日

　吸収合併においては、合併契約に「効力発生日」を定めなければならず（法751条1項7号）、当事者間で定めた効力発生日に、合併の効力が生じる（法752条1項）。
　もっとも、吸収合併消滅会社の解散は、吸収合併の登記の後でなければ第三者に対抗することができない（法752条2項）。これは、効力発生日から解散登記までの間に、吸収合併消滅株式会社の代表取締役等が対外的な行為を行った場合であっても、画一的な処理をするためである。

【書式3－26】　吸収合併契約書

合併契約書

　○○合名会社（以下「甲」という。）と○○株式会社（以下「乙」という。）は、両者の合併に関して以下のとおり合併契約を締結した。

（合併の方法）
第1条　甲及び乙は、甲を存続会社、乙を消滅会社として吸収合併する。

（当事会社の商号及び住所）
第2条　合併当事会社の商号及び住所は、以下のとおりである。
　　(1)　吸収合併存続持分会社
　　　　　商号　○○合名会社
　　　　　住所　○県○市○町○番○号
　　(2)　吸収合併消滅株式会社
　　　　　商号　○○株式会社
　　　　　住所　○県○市○町○番○号

（社員）
第3条　乙の株主のうち、本件合併によって甲の社員となる者の氏名、住所、責

任の範囲及び出資価額は次のとおりとする。
　(1)　氏名　　　(2)　住所　　　　　(3)　責任の範囲　(4)　出資価額
　　○○○○　　　○県○市○町○番○号　有限責任　　　○万円
　　○○　○　　　○県○市○町○番○号　有限責任　　　○万円
　　……
　　……

(割当比率)
第4条　乙の株主は、吸収合併存続会社となる甲の社員となるが、その株式と社員出資口数の交換比率は、1対1とする。端数については、合併交付金の交付により調整する。

(新株予約権)
第5条　乙の新株予約権は、合併効力発生日に消滅するものとし、当該新株予約権に代えて当該新株予約権1株につき、○円を新株予約権者に交付する。

(効力発生日)
第6条　吸収合併の効力発生日は、平成○年○月○日とする。ただし、合併手続の進行状況を考慮して、必要に応じて甲乙協議の上、これを変更することができるものとする。

(善管注意義務)
第7条　甲及び乙は、本契約締結後、効力発生日前日に至るまで、善良なる管理者の注意をもって各業務を遂行し、かつ、一切の財産の管理を行う。

(総会の承認等)
第8条　甲及び乙は、平成○年○月○日までに、各々社員総会および株主総会を招集し、本契約の承認ならびに合併の実行に必要な事項について決議を経るものとし、その承認決定後は、甲乙互いにその旨を相手方に通知する。

(変更等)
第9条　この契約締結の日から効力発生日までの間において、天災地変その他の理由により、甲若しくは乙の資産状態又は経営状態に重大な変更が生じた場

合又は隠れたる重大な瑕疵が発見された場合には、甲及び乙が協議の上、本契約を変更し又は解除することができる。

（協議）
第10条　本契約に定めのない事項、または本契約の各条項の解釈に疑義が生じた事項については、甲乙誠意をもって協議の上解決する。

（停止条件）
第11条　本契約は関係官庁の認可がない場合又は甲乙各々の株主又は社員の同意を得たときにおいてその効力を生じる。

本契約の締結を証するため本書2通を作成し、甲乙各1通を保有する。

平成○年○月○日

　　　　　　　　（甲）　○県○市○町○番○号
　　　　　　　　　　　　○○合同会社
　　　　　　　　　　　　業務執行社員　○○○○　㊞

　　　　　　　　（乙）　○県○市○町○番○号
　　　　　　　　　　　　○○株式会社
　　　　　　　　　　　　代表取締役　　○○○○　㊞

3　合併内容の事前開示

(1)　合併契約の備置きおよび閲覧等

規　定

会社法782条〔吸収合併契約等に関する書面等の備置き及び閲覧等〕
1　次の各号に掲げる株式会社（以下この目において「消滅株式会社等」という。）は、吸収合併契約等備置開始日から吸収合併、吸収分割又は株式交換（以下この節において「吸収合併等」という。）がその効力を生ずる日（以下この節において「効力発生日」という。）後6箇月を経過

する日（吸収合併消滅株式会社にあっては、効力発生日）までの間、当該各号に定めるもの（以下この節において「吸収合併契約等」という。）の内容その他法務省令で定める事項を記載し、又は記録した書面又は電磁的記録をその本店に備え置かなければならない。
一　吸収合併消滅株式会社　吸収合併契約
（以下、略）

　消滅会社が株式会社の場合、消滅株式会社は、合併契約書等の内容を記載し、または記録した書面をその本店に備え置かなければならない（法782条1項、施行規則182条）。合併契約等備置開始日後に各事項に変更が生じたときは、変更後の当該事項を記載した書面を備え置かなければならない（同条1項6号）。

　合併契約の効力発生のためには、消滅株式会社における株主総会の承認が必要とされている（法783条1項）。そのため、株主が当該合併契約の内容の是非を判断する資料を公開しておく必要があるのである。

(2)　**備置きおよび閲覧等の対象となる事項**
　規　定

会社法施行規則182条〔吸収合併消滅株式会社の事前開示事項〕
1　（略）
一　合併対価の相当性に関する事項
二　合併対価について参考となるべき事項
三　吸収合併に係る新株予約権の定めの相当性に関する事項
四　計算書類等に関する事項
五　吸収合併が効力を生ずる日以後における吸収合併存続会社の債務（法第789条第1項の規定により吸収合併について異議を述べることができる債権者に対して負担する債務に限る。）の履行の見込みに関する事項
（以下、略）

㋐　**合併対価の相当性に関する事項**（施行規則182条1項1号）

　合併対価とは、存続持分会社が吸収合併に際して、消滅株式会社の株主に対してその株式に代えて交付する金銭等をいう（施行規則182条2項）。合併対価が相当か否かは、消滅株式会社の株主にとっては重大な関心事である。合併自体には賛成であっても、合併対価が不相当な場合、消滅株式会社の株主は、消滅株式会社が過小評価されていることになるからである。

　合併対価の相当性に関する事項としては、合併対価として相当な金額か、対価として当該種類の財産を選択した理由等を記載する必要がある（施行規則182条3項）。存続会社が持分会社となる吸収合併において、合併の対価は持分会社の持分に限られない。そのため、合併対価として選択された財産が、合併対価として適切であることをも説明しなければ、消滅株式会社の株主の納得を得ることはできず、最終的には株主総会で合併の承認を得ることが困難となる。

　㋑　**合併対価について参考となるべき事項**（施行規則182条1項2号）

　合併対価として消滅株式会社の株主に対して存続持分会社の持分が交付される場合には存続会社の定款の定め、存続会社以外の会社の株式等が交付されるときは当該会社の定款および貸借対照表等を記載する必要がある。合併対価として受領する財産が持分会社の持分の場合、持分会社の定款には、各社員の出資の価額または評価の基準等が記載されており（法567条1項）、後記計算書類の開示とあわせて合併対価の相当性を判断できること、また、他社の株式等が交付されるときは当該会社の定款および貸借対照表によって合併対価の相当性を判断できると想定されている。

　また、合併対価の換価方法に関する事項（合併対価を取引する市場、合併対価の取引の媒介、取次ぎまたは代理を行う者、合併対価の譲渡その他処分に制限があるときはその内容）、合併対価に市場価格あるときはその価格に関する事項や合併対価にかかる権利の内容（剰余金の配当を受ける権利、残余財産の分配を受ける権利、株主総会における議決権等）等も記載しなければならない（施行規則182条4項）。合併対価を得た後、これを換価して投下資本の回収を

予定している消滅株式会社の株主に対し、換価の容易性や換価制限等を開示するためである。

　　(ｳ)　**吸収合併に係る新株予約権の定めの相当性に関する事項**（施行規則182条1項3号）

　消滅株式会社が新株予約権を発行している場合、合併の効力発生日に当該新株予約権は消滅する（法752条2項）。そのため、合併契約において定めた消滅株式会社の新株予約権者に対して交付する当該新株予約権に代わる金銭の額またはその算定方法に関する事項、新株予約権者に対する金銭の割当てに関する事項を記載しなければならない（施行規則182条5項）。

　　(ｴ)　**計算書類等に関する事項**（施行規則182条1項4号）

　合併対価を含めた吸収合併の適否を判断するため、消滅株式会社の株主・債権者にとっては相手方当事会社である存続持分会社の経営状況の把握が重要となる。債権者にとっては、合併後に存続持分会社から債権回収ができるか否かが合併の適否を判断する鍵となるであろうし、株主にとっては、上記(ｱ)(ｲ)の開示とあわせて合併対価の相当性を判断することになる。

　存続持分会社について最終事業年度に係る貸借対照表等、最終事業年度の末日後の日を臨時決算日とする臨時計算書類等があるときは、当該臨時計算書類等の内容を記載する必要がある。また、最終事業年度の末日後に重要な財産の処分、重大な債務の負担その他の会社財産の状況に影響を与える事象が生じたときは、その内容も記載しなければならない（施行規則182条6項1号）。消滅株式会社の株主・債権者にとっては、合併の効力発生日の存続持分会社の経営状況を把握する必要があるからである。

　消滅株式会社については最終事業年度の末日後に重要な財産の処分、重大な債務の負担その他の会社財産の状況に影響を与える事象が生じたときは、その内容を記載しなければならない（施行規則182条6項2号）。

　　(ｵ)　**存続会社の債務の履行の見込みに関する事項**（施行規則182条1項5号）

　吸収合併が効力を生じる日以後における存続会社の債務の履行の見込みに

関する事項である。ただし、吸収合併について異議を述べることができる債権者に対する債務に限る。これは、消滅株式会社の債権者に対し、上記各開示事項から、吸収合併によっても当該債権者が害されることはないということを説明するものである。

(3) 備置期間
規　定

会社法782条〔吸収合併契約等に関する書面等の備置き及び閲覧等〕

1　（略）
2　前項に規定する「吸収合併契約等備置開始日」とは、次に掲げる日のいずれか早い日をいう。
　一　吸収合併契約等についての株主総会（種類株主総会を含む。）の決議によってその承認を受けなければならないときは、当該株主総会の日の2週間前の日（第319条第1項の場合にあっては、同項の提案があった日）
　二　第785条第3項の規定による通知を受けるべき株主があるときは、同項の規定による通知の日又は同条第4項の公告の日のいずれか早い日
　三　第787条第3項の規定による通知を受けるべき新株予約権者があるときは、同項の規定による通知の日又は同条第4項の公告の日のいずれか早い日
　四　第789条の規定による手続をしなければならないときは、同条第2項の規定による公告の日又は同項の規定による催告の日のいずれか早い日
（以下、略）

　合併契約書および上記(2)の閲覧等の対象となる事項を記載した書面を備置する期間は、備置開始日から吸収合併の効力発生日までの間である（法782条1項本文）。

　持分会社を存続会社とする吸収合併における「備置開始日」とは、次の①～④の日のうち、いずれか早い日をいう（法782条2項本文）。

①　株主総会の2週間前の日（ただし、書面同意の場合には目的事項の提案があった日）
②　株式買取請求のために株主への通知を要する場合に、合併の効力発生日の20日前までに行う株主に対する通知または公告の日
③　消滅会社の新株予約権者に対して通知を要する場合には、当該新株予約権者に対する通知または公告の日
④　債権者保護手続における債権者に対する個別の催告または公告の日

なお、法782条1項本文では、吸収合併消滅株式会社は、吸収合併契約等備置開始日から吸収合併がその効力を生ずる日後6カ月を経過する日が備置期間の終期とされている。これは、合併契約の内容等を記載した書面が、合併無効の訴えを提起するか否かの判断材料となるため、合併無効の訴えを提起しうる期間である「合併の効力が生じた日から6カ月以内」（法828条1項7号）に備置期間の終期を合わせたことによる。

これに対して、「吸収合併消滅株式会社においては、効力発生日」とされているのは、合併無効の訴えの被告が、吸収合併後存続する会社とされているため（法834条7号）、吸収合併消滅株式会社は吸収合併の効力発生後は被告となり得ないからである。

(4)　**閲覧・謄写等の請求の費用負担**
　規　定

会社法782条〔吸収合併契約等に関する書面等の備置き及び閲覧等〕
1、2　（略）
3　消滅株式会社当の株主及び債権者（株式交換完全子会社にあっては、株主及び新株予約権者）は、消滅株式会社等に対して、その営業時間内は、いつでも、次に掲げる請求をすることができる。ただし、第2号又は第4号に掲げる請求をするには、当該消滅株式会社等の定めた費用を支払わなければならない。
一　第1項の書面の閲覧の請求
二　第1項の書面の謄本又は抄本の交付の請求
三　第1項の電磁的記録に記録された事項を法務省令で定める方法に

> より表示したものの閲覧の請求
> 四　第1項の電磁的記録に記録された事項を電磁的方法であって消滅株式会社等の定めたものにより提供することの請求又はその事項を記載した書面の交付の請求

　消滅株式会社の株主および債権者は、営業時間内はいつでも閲覧、謄本または抄本の交付を請求できるが、交付に必要な費用は請求者の負担とされている（法782条3項）。これは、消滅株式会社の費用負担とすると、濫用的に閲覧、謄本または抄本の交付請求がなされる危険性があり、この場合、消滅株式会社の負担が甚大になることから、請求者が、合併の相当性に疑問を持ち、自らの費用負担をしてでも請求したい場合に正当な権利行使として認めたものである。

(5)　消滅会社が持分会社の場合

　消滅会社が持分会社の場合、株式会社が消滅会社となる場合と異なり、合併契約の内容を記載した書面等の備置きおよび閲覧等は認められていない。

　これは、株式会社と異なり、持分会社は緊密な社員間の人的関係が構築されており、定款に別段の定めない以上は吸収合併の効力発生のために社員全員の同意が必要であるため（法793条1項）、同意を得る前提として、社員総会の開催前に合併契約の内容に関する事項は社員全員に開示されることから、備置きおよび閲覧等を義務づける必要がないためである。

4　株主または社員の同意

(1)　消滅株式会社における株主総会の承認

㋐　承認総会の期日

　消滅株式会社は、効力発生日の前日までに、株主総会の決議によって、吸収合併契約等の承認を受けなければならない（法783条1項）。総会の招集通知を書面（または電磁記録）により行う場合には、通知に議案の概要を記載・記録することを要する。

規　定

> **会社法783条〔吸収合併契約等の承認等〕**
> 1　消滅株式会社等は、効力発生日の前日までに、株主総会の決議によって、吸収合併契約等の承認を受けなければならない。
> 2　（以下、略）

　(イ)　決議要件

　決議要件は、定款で加重されていない限り特別決議を要する。具体的には、議決権の過半数（3分の1以上の割合を定款で定めた場合にあっては、その割合以上）を有する株主が出席し、出席した株主の議決権の3分の2（定款で加重されている場合は加重された割合）以上の賛成が必要となる（法309条2項12号）。

　ただし、消滅会社の株主に対して、合併対価として吸収持分会社の持分等が交付されるときは、交付を受ける株主全員の同意が必要となる（法783条2項・4項）。

　また、消滅会社が種類株式発行会社で、ある種類株式の株主に譲渡制限株式等を交付するときは、譲渡制限株式等の割当てを受ける当該種類株式自体が譲渡制限株式である場合を除き、種類株主総会の決議が必要である（法783条3項）。この場合の決議要件は、議決権を行使することができる株主の半数以上（これを上回る割合を定款で定めた場合にあってはその割合以上）であって、当該株主の議決権の3分の2以上（定款で加重されている場合は加重された割合以上）の賛成である（法324条3項2号）。

　(ウ)　株主総会の承認が不要な場合（法784条）

　特別支配関係のある会社間で合併を行う場合、仮に株主総会を開催したとしても結論に相違はないため、迅速かつ簡易な合併を可能とするため、株主総会の承認を不要とする略式合併が認められている。具体的には、存続会社が消滅会社の総株主の議決権の10分の9以上を有するときは、存続会社は特別支配会社となり、消滅会社の株主総会決議は不要となる。

(2) 持分会社における総社員の同意

　吸収合併において、持分会社が消滅会社となる場合は消滅持分会社の総社員の同意が、持分会社が存続会社となる場合は存続持分会社の総社員の同意が、必要となる（存続会社につき法802条1項、消滅会社につき法793条1項）。

　株式会社と異なり、持分会社は社員間の人的関係が緊密である。そのため、仮に相当な合併対価を得られるとしても、吸収合併によって当該持分会社が消滅するか否かの重大事項については、総社員の同意が必要とされているのである。

　他方、存続持分会社にとっては、吸収合併によって消滅会社の株主または社員が、新たに存続持分会社の社員に加わることになるのであるから、その可否は社員全員にとって重大事項であるため、総社員の同意が必要とされている。

規　定

会社法793条〔消滅持分会社における総社員の同意〕
1　次に掲げる行為をする持分会社は、効力発生日の前日までに、吸収合併契約等について当該持分会社の総社員の同意を得なければならない。ただし、定款に別段の定めがある場合は、この限りではない。
　一　吸収合併（吸収合併により当該持分会社が消滅する場合に限る。）
（以下、略）

会社法802条〔存続持分会社における総社員の同意〕
1　次に掲げる行為をする持分会社（以下この条において「存続持分会社等」という。）は、当該各号に定める場合には、効力発生日の前日までに、吸収合併契約等について存続持分会社等の総社員の同意を得なければならない。ただし、定款に別段の定めがある場合は、この限りではない。
　一　吸収合併（吸収合併により当該持分会社が存続する場合に限る。）
　　　第751条第1項第2号に規定する場合

(以下、略)

5 消滅株式会社における反対株主の株式買取請求

(1) 公正な価格での買取り

　消滅会社が株式会社の場合、反対株主は、消滅株式会社に対し、自己の有する株式を公正な価格で買い取ることを請求することができる（法785条1項）。吸収合併によって、消滅株式会社の権利義務は存続持分会社に包括的に承継されるため、当事会社の財産状況が大きく変動する可能性があり、株主の地位に重大な影響を及ぼすことがありうる。株主総会決議は特別決議を要するものの、合併対価に不服がある等の理由から合併決議に反対する少数株主を保護するために、買取請求が認められている。

　ここで問題となるのは「公正な価格」の算定方法である。会社法制定前は、株式買取請求価格は「合併の決議がなかったとすれば有していたはずの公正な価格」とされていた（旧商法408条ノ3）。しかし、合併には賛成であるが合併対価にのみ不服がある株主も存在するのであって、このような株主は、合併によるシナジー効果を反映した合併対価はより高額であってしかるべきと考えているのである。

　そのような観点からすると、「公正な価格」には、シナジー効果も反映させる必要がある。すなわち、合併から生ずるシナジーをも会社の有していた潜在的価値であり、これを反映したもの、すなわち株価上昇分を考慮した価格が株式買取請求にかかる「公正な価格」であるとされるべきである。[9]

　規　定

会社法785条〔反対株主の株式買取請求〕
1　吸収合併等をする場合（次に掲げる場合を除く。）には、反対株主は、消滅株式会社等に対し、自己の有する株式を公正な価格で買い取ることを請求することができる。

9　江頭・前掲（注4）872頁。

（以下、略）

(2) 行使権者

「反対株主」とは、合併承認株主総会に先立って、決議に反対する旨を当該消滅会社に通知し、かつ、当該株主総会において反対した株主のみならず、当該株主総会においては議決権を有しないため、議決権を行使することができなかった議決権制限株式の株主も含まれる（法785条2項）。

合併決議に反対する少数株主を保護するため、現実に株主総会において議決権を行使できない株主にも買取請求権が認められている。

(3) 行使期間

消滅株式会社は、原則として、効力発生日の20日前までに、株主に対して吸収合併をする旨を通知しなければならない。会社からの通知により、株主は吸収合併が行われることを知ることとなる。そのため、効力発生日の20日前の日から効力発生日の前日までが行使期間となっている（法785条5項）。

買取請求の撤回は、会社の承諾を得た場合に限り可能となる（法785条6項）。

(4) 買取請求権行使の効力発生日

消滅会社の株式買取の効力は、代金支払いの時ではなく、合併の効力発生日に生ずる（法786条5項）。

(5) 買取価格の決定

買取請求のなされた株式の買取価格について、株主と消滅会社（効力発生日後にあっては、存続会社）との間に協議が整ったときには、消滅会社は合併の効力発生日から60日以内にその支払いをしなければならない（法786条1項）。これに対し、効力発生日から30日以内に協議が整わないときは、株主または存続会社は、当該期間の満了後30日以内に、裁判所に対し、価格の決定の申立てをすることができる（同条2項）。

(6) 消滅会社が持分会社の場合の持分買取請求の不存在

　消滅会社が持分会社の場合、持分会社の総社員の同意が必要とされる。そのため、合併に反対する社員がいる以上、合併の効力が生じないので、反対社員の持分買取請求権を認める意味はない。

　したがって、消滅会社が持分会社の場合には社員の持分買取請求権は認められていない。

6　消滅株式会社における新株予約権者の新株予約権買取請求

　消滅会社が株式会社の場合、新株予約権の新株予約権者は、消滅株式会社に対し、自己の有する新株予約権を公正な価格で買い取ることを請求することができる（法787条1項）。

　買取価格が公正な価格であること、および行使期間等は、反対株主の株式買取請求の場合と同様である。

7　債権者保護手続

(1) 債権者の異議

　合併の効力発生要件として、消滅会社の株主または社員の同意は要件とされているが、債権者の同意は要件とされていない。吸収合併の結果、存続会社は消滅会社の権利義務を包括承継するのであって、一方当事会社の経営状態が悪い場合、当該会社の債権者にとっては、合併によって債権回収が困難となる危険性がある。

　そのため、消滅会社も存続会社も、合併の効力発生日より前に、債権者に対する保護手続を終了させなければならない。消滅会社が持分会社の場合、消滅株式会社の規定が準用されており（法793条2項、789条1項）、存続会社が持分会社の場合も、存続株式会社の規定が準用されている（法802条2項、799条1項）。

　債権者の保護手続が終了していない場合には、合併の効力が発生しないとして、債権者の保護を図っている（法752条6項）。

消滅会社において、異議を述べることができる債権者に限定は付されていない。全債権者が吸収合併による影響を受ける可能性があるからである。

規　定

> **会社法789条〔債権者の異議〕**
> 1　次の各号に掲げる場合には、当該各号に定める債権者は、消滅株式会社等に対し、吸収合併等について異議を述べることができる。
> 一　吸収合併をする場合　吸収合併消滅株式会社の債権者
> （以下、略）

(2)　**消滅会社の具体的手続**

　(ア)　債権者に対する公告および個別催告

　消滅会社は、①吸収合併をする旨、②相手方当事会社の商号・住所、③消滅会社が株式会社である場合には消滅株式会社の計算書類に関する事項として法務省令で定めるもの、④債権者が一定の期間内（1カ月を下回ることは不可）に異議を述べることができる旨を官報で公告しなければならず、かつ知れている債権者（異議を述べることができる者に限る）には、各別に催告しなければならない（法789条2項、793条2項）。

　もっとも、消滅会社が、官報のほか、定款により日刊新聞紙に掲載する方法または電子公告を広告方法と定めており（法939条1項2号・3号）、当該定款の規定に従い公告を行う場合は、知れている債権者に対する個別催告は不要となる（法789条3項）。

　法務省令が定める計算書類に関する事項は、①最終の事業年度に係る貸借対照表またはその要旨の公告・電磁的方法による開示を行っている場合には、その検索方法（施行規則188条1号・2号）、②最終事業年度に係る有価証券報告書を提出している場合にはその旨（同条3号）、③特例有限会社であるため①の公告等を行っていない場合にはその旨（同条4号）、④最終事業年度がない場合にはその旨（同条5号）、⑤上記①～④のいずれにも該当し

ない場合には、最終事業年度に係る貸借対照表の要旨の内容（同条7号）である。

なお、消滅会社が持分会社である場合、法789条2項3号は準用されていない。

　　(イ)　催告期間

異議期間は1カ月以上とすることが要求されているが、公告の始期については会社法上特に規定されていない。そのため、消滅会社の株主または社員の同意を得る前に公告を行い、同意後、速やかに効力を生じさせることも可能である。

　　(ウ)　異議を述べた債権者への対応

消滅会社の債権者が異議期間内に異議を述べたときは、当該吸収合併を行っても当該債権者を害するおそれがないときを除き、消滅会社は当該債権者に対し、弁済、相当の担保の提供、または当該債権者に弁済を受けさせることを目的として信託会社等に相当の財産を信託しなければならない。

債権者は、当該吸収合併によって自己の権利を侵害されるおそれがあると考えて異議を述べているのであり、当該債権者の債権の満足が図られるような対応が必要とされるのである。

これに対し、債権者が異議期間内に異議を述べなかったときには、当該債権者は、当該吸収合併を承認したものとみなされる。

規　定

> **会社法789条〔債務者の異議〕**
> 1　（略）
> 2　前項の規定により消滅株式会社等の債権者の全部又は一部が異議を述べることができる場合には、消滅株式会社等は、次に掲げる事項を官報に公告し、かつ、知れている債権者（同項の規定により異議を述べることができる者に限る。）には、各別にこれを催告しなければならない。ただし、第4号の期間は、1箇月を下ることができない。

> 　一　吸収合併等をする旨
> 　二　存続会社等の商号及び住所
> 　三　消滅株式会社等及び存続会社等（株式会社に限る。）の計算書類に関する事項として法務省令で定めるもの
> 　四　債権者が一定の期間内に異議を述べることができる旨
> 3　前項の規定にかかわらず、消滅株式会社等が同項の規定による公告を、官報のほか、第939条第1項の規定による定款の定めに従い、同項第2号又は第3号に掲げる公告方法によりするときは、前項の規定による各別の催告（吸収分割をする場合における不法行為によって生じた吸収分割株式会社の債務の債権者に対するものを除く。）は、することを要しない。
> 4　債権者が第2項第4号の期間内に異議を述べなかったときは、当該債権者は、当該吸収合併等について承認をしたものとみなす。
> 5　債権者が第2項第4号の期間内に異議を述べたときは、消滅株式会社等は、当該債権者に対し、弁済し、若しくは相当の担保を提供し、又は当該債権者に弁済を受けさせることを目的として信託会社等に相当の財産を信託しなければならない。ただし、当該吸収合併等をしても当該債権者を害するおそれがないときは、この限りではない。

(3)　存続会社の具体的手続

　持分会社が存続会社となる場合の具体的手続は、上記(2)に示した消滅会社における債権者保護手続と同様である（法802条2項、799条）。法792条2項3号について、存続会社が持分会社の場合には、消滅会社が株式会社の場合のみ計算書類に関する事項を公告、催告することが要求されている点が異なるのみである。

8　株券・新株予約権証券の手続

　消滅会社が株式会社であって、株券発行会社（法117条6項）である場合には、合併の効力発生日までに株券を提出しなければならない旨を、当該日の1カ月前までに公告し、かつ、株主および登録株式質権者に対し、個別に通

知しなければならない（法219条1項6号）。消滅会社が新株予約権証券を発行している場合も同様である（法293条1項3号）。

この場合、株券および新株予約権証券は、合併の効力発生日に無効となる（法219条3項、293条3項）。

9　合併の効力発生と吸収合併の登記

吸収合併においては、合併契約書で定めた効力発生日に、合併の効力が生じる（法751条1項7号）。もっとも、債権者保護手続が終了していることが前提である（法752条6項）。そして、合併の効力が生じた日から2週間以内に、その本店の所在地において、吸収合併によって消滅する会社については解散の登記をし、吸収合併後存続する会社については変更の登記をしなければならない（法921条）。

合併の効力発生により、存続会社が消滅会社の権利義務を承継する（法752条1項）。持分会社が存続会社となる場合、消滅株式会社の株主または消滅持分会社の社員は、効力発生日に合併契約書に記載した事項（社員の氏名または名称および住所、無限責任社員・有限責任社員の別、社員の出資の価額）に従い、存続持分会社の社員となる。この場合、存続持分会社は、効力発生日に、社員に係る定款を変更したものとみなされる（同条3項）。

また、合併対価に吸収合併存続持分会社の社債を交付する場合は、吸収合併消滅株式会社の株主または吸収合併消滅持分会社の社員は、効力発生日に、社債権者となる（法752条4項）。吸収合併消滅株式会社が新株予約権を発行している場合には、効力発生日に当該新株予約権は消滅する（同条5項）。

規　定

会社法921条〔吸収合併の登記〕
　　会社が吸収合併をしたときは、その効力が生じた日から2週間以内に、その本店の所在地において、吸収合併により消滅する会社につい

ては解散の登記をし、吸収合併後存続する会社については変更の登記をしなければならない。

第5 株式会社が存続会社（持分会社が消滅会社）となる吸収合併

I 株式会社が存続会社となる場合の吸収合併の手続

1 総説

株式会社が存続会社となる吸収合併の場合の手続の概略は、〔表3－9〕のとおりである。基本的には、株式会社が消滅会社となる場合の手続と同様であるが、株式会社が存続会社となる場合、存続会社の新株予約権者の買取請求は認められていない。吸収合併によって、存続会社の新株予約権者の地位に変更はないからである。

以下、株式会社が消滅会社となる場合の手続と異なる点について解説する。

〔表3－9〕 株式会社が存続会社となる場合の手続

		株式会社	持分会社
①	合併契約締結の内部手続	取締役会（法362条4項）	社員の過半数（法590条2項）
②	契約	合併契約締結（法749条)	
③	事前開示	合併内容等の事前開示（法794条）	
④	株主・社員の承認手続	株主の承認（法795条）	総社員の同意（法793条1項1号）
④	反対株主の保護	株式買取請求（法797条、798条）	

	新株予約権者の保護		
	債権者の保護	債権者保護手続（法799条）	債権者保護手続（法793条）
⑤	効力発生	登記（消滅会社の解散登記、設立会社の設立登記）	
⑥	事後開示	合併内容等の事後開示（法794条）	

2 合併契約の締結

株式会社が存続会社となる場合に、合併契約に記載しなければならない事項は以下のとおりである（法749条）。

(1) 当事者の表示

合併当事会社の商号および住所を記載しなければならない（法749条1項1号）。

(2) 合併後の組織

株式会社が存続会社となる場合、消滅会社の社員は、存続会社の株式または株式に代わる金銭等の交付を受けるのみである。持分会社が存続会社となる場合と異なり、合併対価の受領によって、当然に吸収合併存続株式会社の組織に影響を与えることはない。

(3) 合併条件

合併条件に関して、合併契約に定めなければならない内容は、存続会社が株式会社である場合、存続会社が持分会社の場合と異なり、新株予約権や新株予約権付社債が合併対価となることがあるため、これらに関する記載が必要となる。

また、合併対価が存続会社の株式である場合には、資本金・準備金の額に関する事項を定める（法749条1項2号イ）。合併に際して資本金または準備金として計上すべき額については、計算規則に詳細に規定されている（計算規則58条、59条）。

それ以外は、存続会社が持分会社である場合と同様である（第4Ⅱ2(3)参照）。

規　定

会社法749条〔株式会社が存続する吸収合併契約〕
1　（略）
　一　（略）
　二　吸収合併存続株式会社が吸収合併に際して（略）持分会社である吸収合併消滅会社（略）の社員に対して（略）その持分に代わる金銭等を交付するときは、当該金銭等についての次に掲げる事項
　　イ　当該金銭等が吸収合併存続株式会社の株式であるときは、当該株式の数（種類株式発行会社にあっては、株式の種類及び種類ごとの数）又はその数の算定方法並びに当該吸収合併存続株式会社の資本金及び準備金の額に関する事項
　　ロ　当該金銭等が吸収合併存続株式会社の社債（新株予約権付社債についてのものを除く。）であるときは、当該社債の種類及び種類ごとの各社債の金額の合計額又はその算定方法
　　ハ　当該金銭等が吸収合併存続株式会社の新株予約権（新株予約権付社債に付されたものを除く。）であるときは、当該新株予約権の内容及び数又はその算定方法
　　ニ　当該金銭等が吸収合併存続株式会社の新株予約権付社債であるときは、当該新株予約権付社債についてのロに規定する事項及び当該新株予約権付社債に付された新株予約権についてのハに規定する事項
　　ホ　当該金銭等が吸収合併存続株式会社の株式等以外の財産であるときは、当該財産の内容及び数若しくは額又はこれらの算定方法
　三　前号に規定する場合には、（略）吸収合併消滅持分会社の社員（吸収合併存続株式会社を除く。）に対する同号の金銭等の割当てに関する事項
　四～六　（略）（吸収合併消滅会社が株式会社の場合の規定であるため）
2、3　（略）

(4) 効力発生日

合併契約に効力発生日を定めなければならないことも、存続会社が持分会社である場合と同様である（第4Ⅱ2(4)参照）。

3 合併内容の事前開示

存続会社が株式会社である場合も、消滅会社が株式会社である場合と同様、合併契約等を備置きおよび閲覧に供さなければならない（法794条1項、計算規則191条）。

備置開始日や費用負担を請求者がする点も、消滅会社が株式会社である場合と同様である。なお、消滅会社が持分会社の場合、消滅会社に新株予約権者は存在しないため、この点に関して消滅会社が株式会社の場合と異なるのは、吸収合併によって、当該株式会社は存続会社として存続するため、合併の効力発生日後も6カ月間は合併契約等を備え置く必要がある点である。合併の効力発生後も株主および債権者は合併無効の訴えを提起することができ、提訴期間が合併の効力発生日から6カ月とされているため、提訴の判断材料となる合併契約等の事後開示も同期間とされている（法828条1項7号）。

規　定

> **会社法794条〔吸収合併契約等に関する書面等の備置き及び閲覧等〕**
> 1　吸収合併存続株式会社（略）は、吸収合併契約等備置開始日から効力発生日後6箇月を経過する日までの間、吸収合併契約等の内容その他法務省令で定める事項を記載し、又は記録した書面又は電磁的記録をその本店に備え置かなければならない。
> （以下、略）

4 株主または社員の同意

(1) 存続株式会社における株主総会の承認

合併承認には株主総会の特別決議が必要となる（法309条2項12号）。

そして、吸収合併の際に合併差損が生じる場合、存続会社の取締役は、株主総会においてその旨、つまり合併差損が発生する理由を説明しなければならない（法795条2項）。合併差損が生じる場合とは、次の①②の場合である。

① 吸収合併存続株式会社が承継する吸収合併消滅会社の債務の額が承継資産額を超える場合
② 吸収合併存続株式会社が吸収合併消滅株式会社の株主に対して交付する合併対価（吸収合併存続株式会社の株式等を除く）の帳簿価格が承継資産額から承継債務額を控除して得た額を超える場合

　また、消滅会社から承継する資産に存続会社の株式が含まれる場合にも、存続会社の取締役は、株主総会において、当該株式に関する事項を説明しなければならない（法795条3項）。

(2)　消滅持分会社における総社員の同意

第4Ⅱ4(2)で述べたのと同じである。

5　存続株式会社における反対株主の買取請求

第4Ⅱ5で述べたのと同じである。

6　債権者保護手続

第4Ⅱ6で述べたのと基本的には同じである。存続会社の株式会社が公告・催告すべき事項は、①合併をする旨、②消滅会社の商号および住所、③存続株式会社の計算書類に関する事項として法務省令で定めるもの、④債権者が一定の期間内に異議を述べることができる旨である（法799条）。

7　合併の効力発生と吸収合併の登記

前記第4Ⅱ9で述べたのと同じである。

第4章
会社合併の瑕疵と紛争

I　総　説

　会社合併の手続や内容に何らかの違法があるにもかかわらず、合併がなされようとする場合、または、合併がなされた場合、これを争う法的手段としてどのようなものがあるか。

　この点、会社合併の効力発生前においては、株主に合併の差止請求が認められている（法784条の2、796条の2、805条の2）。これは、従前、略式合併の場合にのみ認められていた差止制度が、平成26年改正により拡張されたのである。このほかに、取締役ないし執行役に対する違法行為等の差止請求（法360条、422条）による対応も可能であるものと解される。

　これに対し、会社合併の効力発生後においては、明文上は、会社合併無効の訴えをもってのみ、会社合併の無効を主張しうる。本来であれば、法の一般原則により、誰でも、いつでも、どのような方法であっても、会社合併の無効を主張できるはずであるが、会社法は、会社合併の効力発生後においては、合併無効の訴えという特別の訴訟制度をもってのみ主張しうることとしたのである。

　したがって、会社合併の効力発生後については、会社合併の瑕疵を争う方法は、原則として合併無効の訴えに限られることとなる。

　もっとも、本章IVで述べるように、単に合併の登記等の外観が存するだけで合併の実体が全く存しない場合には、解釈上、合併不存在確認の訴えが認められると解される。

　なお、取締役が、合併に関し違法行為等を行った場合、株主は、差止請求や合併無効の訴えを提起するのとは別に、当該取締役を株主総会の決議による解任することができる（法339条1項）。また、株主は、株主総会での解任が否決された場合には取締役解任の請求（法854条。ただし、総株主の議決権の100分の3または発行済株式総数の100分の3以上の株式を有する株主に限られる）および取締役の職務執行停止の仮処分を行うことができる。

合併の効力が発生する前であれば、かかる方法により、違法行為等に基づく合併を阻止することも可能であろう。

Ⅱ　合併の差止請求

　違法な合併等に対する事前救済手段として、平成26年改正前会社法は、略式合併に限定して株主による合併の差止請求の制度を設けていた。しかし、事後的に合併の効力が否定されると法律関係を複雑・不安定にするおそれがあり、かかる不都合を回避するためには、略式合併に限らず、違法な合併等についてできる限り合併の効力発生前に対処できるようにすることが望ましい。そこで、平成26年改正法は、略式合併に限定せずに、株主による合併の差止制度を認めることとした。

　もっとも、簡易合併の要件を満たす場合については、総会決議を不要とした趣旨が株主への影響の軽微性にあることにかんがみ、差止請求もなし得ないものとしている。

1　原告適格

　原告となるのは、合併当事会社の株主である。

　原告は、訴え提起の時のみならず、口頭弁論終結時まで引き続き株主でなければならないと解される。

2　被告適格

　被告となるのは、当該原告が株式を有している当事合併会社である。

3　差止めの対象

　合併自体が差止めの対象となる。

　なお、簡易合併については差止めの対象から除外される。簡易合併は、株主への影響が軽微であることから総会決議を不要としたものであり、平成26年改正法は、同様の趣旨から、簡易合併における株主の株式買取請求権を否定した（法797条1項ただし書）。そして、同様の趣旨から、差止請求の対象

からも除外されたのである。

4　差止事由

　差止事由としては、①当該吸収合併が法令または定款に違反すること（法令定款違反）、②略式合併の場合において、吸収合併消滅会社の株主等に対して交付する株式の数などの合併条件が、消滅株式会社等または存続株式会社等の財産の状況その他の事情に照らして著しく不当であること（合併条件の著しい不当）のいずれかを充足し、かつ、株主が不利益を受けるおそれがあることが必要である。

　なお、合併条件が著しく不当であるときには、取締役・執行役が善管注意義務・忠実義務の違反（法330条・民法644条、法355条の違反）を生じているといえるが、差止事由としての法令違反は会社を名宛人とする法令の違反を意味すると解されているため、直ちには当該法令違反にはあたらないものと解されている。したがって、通常の合併においては、合併条件の著しい不当は差止事由とはならず、当該不当性は株主総会において合併が否決されることをもって是正されることが予定されているといえる。

5　管　轄

　管轄は、本店所在地の地方裁判所に認められる（民事訴訟法4条1項・4項）。

【書式4－1】　訴状（合併差止請求事件）

訴　　状

平成　年　月　日

東京地方裁判所民事部　御中

原告代理人弁護士　○　○　○　○　㊞

　　　　　　　　　〒○○○-○○○○　○○県○○市……
　　　　　　　　　　原　　告　　△　△　△　△

　　　　　　　　　〒○○○-○○○○　東京都○○区……（送達場所）
　　　　　　　　　　上記代理人弁護士　○　○　○　○
　　　TEL ○○（○○○○）○○○○　FAX ○○（○○○○）○○○○

　　　　　　　　　〒○○○-○○○○　東京都○○区……
　　　　　　　　　　被　　　　　告　　株式会社××
　　　　　　　　　　上記代表者代表取締役　□　□　□　□

合併差止請求事件
　訴訟物の価格　160万円
　ちょう用印紙額　1万3000円

第1　請求の趣旨
　1　被告は、株式会社△△と合併してはならない。
　2　訴訟費用は被告の負担とする
　との判決を求める
第2　請求の原因
　1　当事者
　　　原告は、被告の株主である（甲1）。
　　　被告は、株式会社△△が総株主の議決権の10分の9以上を有する株式会社である（甲2）。
　2　差止事由
　　　被告は、平成○年○月○日、株式会社△△との間で、被告を消滅会社とし株式会社△△を存続会社とする合併契約を締結した（甲3）。
　　　しかしながら、同契約では、合併比率が、資産状態、収益力に照らして被告に著しく不公正なものとなっている。
　　　すなわち、……（省略）
　　　そのため、被告と株式会社△△の合併契約における合併条件は、「当事会社の財産の状況その他の事情に照らして著しく不当」なものである。
　3　原告の損害

上記合併比率では、原告が合併により取得する株式の価値が、原告が現在有する株式の価値に比べ、著しく減少することは明らかである。
　4　結論
　　よって、原告は、被告が株式会社△△と合併することを差し止めることを求める。

以上

証　拠　資　料

1　甲1号証　　株主名簿の写し
2　甲2号証　　履歴事項全部証明書
3　甲3号証　　合併契約書
4　甲4号証　　株式会社△△株価推移グラフ写し

附　属　書　類

1　訴状副本　　　　　　　　1通
2　甲号証写し　　　　　　各1通
3　履歴事項全部証明書　　　1通
4　訴訟委任状　　　　　　　1通

6　合併禁止仮処分

(1)　仮処分の必要性

　差止請求権を裁判上行使する場合、差止請求訴訟について判決が確定する前に、合併の効力が発生すると、差止請求訴訟は訴えの利益を欠き却下される。
　そこで、訴えを提起する際には、本案とともに、仮の地位を定める仮処分手続をとり、合併の差止めを請求することとなる。
　この場合、被告会社に対し合併の禁止を命ずる仮の地位を定める仮処分を求めることとなる（民事保全法23条2項）。

(2)　仮処分に反する合併の効力

　仮処分がなされた場合、取締役は会社に対し当該行為の不作為義務を負う

ため、仮処分に反する行為を行った取締役は、会社に対して損害賠償責任を負う。

　では、仮処分に反し合併がなされた場合、かかる事由は合併無効の訴えの無効事由となるか。

　この点について、仮処分には対世的効力はなく、会社に対し不作為義務を課すにすぎないため、仮処分に反することは、無効事由に当たらないと解することもできよう（東京高判昭和62・12・23判タ685号253頁参照）。

　しかしながら、旧商法280条ノ10に基づく新株発行差止請求権を被保全権利とする仮処分に関する事例ではあるが、最判平成5・12・16（民集47巻10号5423頁）は、仮処分命令に違反することが新株発行無効原因になる旨判示した。この判決は、仮処分制度の実効性を確保しようとしたものである。

　そして、会社合併が組織法上の行為の典型であり、会社合併においては、新株発行以上に違法を是正する必要性が高いため、仮処分制度の実効性の確保がより要請されることになる。

　そのため前掲・最判平成5・12・16に照らし、仮処分に反して合併がなされた場合、かかる事由は、合併無効の訴えの無効事由になると解される。

(3)　訴えの変更

　仮処分に反し合併がなされた場合、株主等は、本案の差止請求の訴えについては訴えの利益がなくなるため、合併無効の訴えに訴えの変更をすることなる。

　ここで、差止請求の訴えと合併無効の訴えは、いずれも合併の違法等を問題とするものであるため、請求の基礎に変更がなく訴えの変更を認めること自体に問題がない場合が多いであろう。

　もっとも、この場合であっても、出訴期間の遵守（法828条1項7号・8号）が問題となる。

　この点、前掲・最判平成5・12・16は、訴え変更後の請求は、新たな訴えの提起にほかならないことから、変更後の請求につき出訴期間の制限がある場合、出訴期間の遵守は原則として訴え変更の時が基準となるが、変更前後

の請求の間に存する関係から、変更後の新請求に係る訴えを当初の訴え提起時に提起されたものと同視できる特段の事情があるときは、出訴期間が遵守されたものと取り扱うのが相当であると判示している。

　本判決は、差止原因が同時に無効原因にもなりうる場合に、差止請求訴訟の提起には、新株発行がなされた場合にはその効力を争うとの意思も表明されていると解したものである。

　そのため、合併の差止請求においても、同様に、差止請求時に上記特段の事情が認められる場合には、出訴期間の遵守は差止請求時を基準に判断されると解される。

【書式４－２】　仮処分命令申立書（取締役違法行為差止仮処分命令申立事件）

```
                      仮処分命令申立書

                                        平成　年　月　日

  東京地方裁判所民事部　御中

                        債権者代理人弁護士　○　○　○　○　㊞


                 〒○○○－○○○○　○○県○○市……
                                    債権者　△　△　△　△


                 〒○○○－○○○○　東京都××区……（送達場所）
                                    上記代理人弁護士　○　○　○　○
                 TEL ○○ (○○○○) ○○○○　FAX ○○ (○○○○) ○○○○


                 〒○○○－○○○○　東京都××区……
                                    債務者　□　□　□　□


  取締役違法行為差止め仮処分命令申立事件
　　ちょう用印紙額　2000円
```

第1　申立ての趣旨
  1　債務者は、株式会社〇〇（本店所在地東京都〇〇区〇〇町〇丁目〇番〇号）を代表して、同会社と株式会社△△とを合併してはならない。
  2　申立費用は債務者の負担とする
との裁判を求める。

第2　申立ての理由
  1　被保全権利
  (1)　当事者
       債権者は、株式会社〇〇の株式を6か月以上前から引き続き所有する株主である（甲1）。
       債務者は株式会社〇〇の代表取締役である（甲2）。
  (2)　債務者の違法行為
       債務者は、独断で、株式会社△△を消滅会社とし株式会社〇〇を存続会社とする吸収合併をすることを企てており、すでに取締役会の決議を経ることなく、株式会社△△との間で、合併契約を締結している（甲3、甲4）。
       しかしながら、株式会社△△との合併契約の締結には取締役会の承認が必要であるため、上記合併契約の締結は、会社法362条4項に反する違法行為である。
  (3)　著しい損害
       株式会社△△は経営状況の悪化が著しく（甲5）、仮に、株式会社〇〇が株式会社△△と合併すると、株式会社〇〇の経営状況も同様に悪化し、株式会社〇〇に著しい損害が生じるおそれがある。
  (4)　小活
       したがって、債権者は、債務者に対し、会社法360条1項に基づき、上記合併の差止請求権を有する。

  2　保全の必要性
       債権者は、債務者に対して上記合併を差し止めるべく合併差止請求訴訟の提起を準備中であるが、本案判決の確定をまっていたのでは、その間に、債務者が、株式会社△△との合併を行う蓋然性が高い（甲4）。

そして、株式会社△△との合併がなされると、本案請求自体が無意味になることに加え、株式会社○○は上記のとおり著しい損害を被ることになる。
　したがって、仮処分による保全の必要性がある。

3　よって、債権者は、債務者が、株式会社○○を代表して、同社と株式会社△△を合併してはならないとの仮処分を求める。

以上

疎　明　資　料

1　甲1号証　　株主名簿の写し
2　甲2号証　　履歴事項全部証明書
3　甲3号証　　合併契約書
4　甲4号証　　陳述書
5　甲5号証　　株式会社△△株価推移グラフ写し

附　属　書　類

1　申立書副本　　　　　　　1通
2　甲号証写し　　　　　　各1通
3　履歴事項全部証明書　　　1通
4　訴訟委任状　　　　　　　1通

【書式4－3】　訴状（取締役違法行為差止請求事件）

訴　　状

平成　年　月　日

東京地方裁判所民事部　御中

原告代理人弁護士　○　○　○　○　㊞

〒○○○－○○○○　○○県○○市……

原告　△　△　△　△

〒○○○-○○○○　東京都××区……（送達場所）
上記代理人弁護士　○　○　○　○
TEL ○○（○○○○）○○○○　FAX ○○（○○○○）○○○○

〒○○○-○○○○　東京都××区……
被告　□　□　□　□

取締役違法行為差止請求事件
　訴訟物の価格　　　160万円
　ちょう用印紙額　　1万3000円

第1　請求の趣旨
1　被告は、株式会社○○の取締役会決議なくして、同会社を代表して株式会社△△との間で合併契約を締結してはならない。
2　訴訟費用は被告の負担とする
との判決を求める

第2　請求の原因
1　当事者
　　原告は、株式会社○○の株式を6か月以上前から引き続き所有する株主である（甲1）。
　　被告は株式会社○○の代表取締役である（甲2）。
2　被告の違法行為
　　被告は、平成○年○月○日、取締役会において、株式会社△△を消滅会社とし株式会社○○を存続会社とする吸収合併を行うことを提案したが、被告以外の取締役が全員反対したため、被告の議案は否決された（甲3）。
　　しかしながら、被告は、その後も、株式会社△△との間で、上記内容のまま合併をすることを進めており、取締役会の承認を経ることなく合併契約を締結するおそれが高い。
　　そして、このような取締役会の承認を経ない合併契約の締結は、会社法362条4項に反する違法行為である。
3　著しい損害

株式会社△△は経営状況の悪化が著しく（甲4）、仮に、株式会社○○が株式会社△△と合併すると、株式会社○○の経営状況も悪化し、株式会社○○に著しい損害が生じるおそれがある。
4　結論
　　よって、原告は、被告が、取締役会の決議なく、株式会社○○を代表して株式会社△△と合併契約を締結することを差し止めることを求める。

以上

　　　　　　　　　　　　証　拠　資　料
1　甲1号証　　株主名簿の写し
2　甲2号証　　履歴事項全部証明書
3　甲3号証　　取締役会議事録
4　甲4号証　　株式会社△△株価推移グラフ写し

　　　　　　　　　　　　附　属　書　類
1　訴状副本　　　　　　　　1通
2　甲号証写し　　　　　　　各1通
3　履歴事項全部証明書　　　1通
4　訴訟委任状　　　　　　　1通

Ⅲ　取締役等に対する差止請求

1　総　説

　株主および監査役ないし監査等委員である取締役は、取締役の違法行為等に対する差止請求権を有している（法360条、399条の 6 、385条 1 項）。また、株主および監査委員は、執行役または取締役の違法行為等に対する差止請求権を有している（法407条、422条）。

　したがって、取締役または執行役が手続や内容に何らかの違法があるにもかかわらず合併を行おうとする場合には、株主による本章Ⅱの差止請求とは別に、株主、監査役、監査委員は、これらの差止請求権を行使して、会社合併を差し止めることができる。

　これらの差止請求は、裁判外、裁判上ともに行使できるが、その実効性を考えると、裁判上の行使をすることとなる。また、裁判上の差止請求権を行使する場合、同請求権の行使は、代表訴訟の一種と考えられるため、代表訴訟の規定を類推適用することとなる。

　以下は、裁判上の請求を前提に述べる。

2　原告適格

(1)　**株主**（法360条）

　差止請求権を行使できる株主は、提訴請求の 6 カ月前（これを下回る期間を定款で定める場合は、その期間）から引き続き株式を保有する者に限られる。株主が、相続、合併などの包括承継により株式を取得したときは、被承継者の保有期間を含めることができる。

　もっとも、非公開会社（全株式譲渡制限会社）の場合は、この株式保有期間の制限はない（法360条 2 項）。

　また、訴え提起の時のみならず、口頭弁論終結時まで株主でなければなら

ないと解される。

(2) **監査役**（法385条1項）

監査役設置会社の監査役は、取締役の違法行為等の差止めを請求することができる。

もっとも、定款の定めにより、監査の範囲を会計に関するものに限定されている場合、当該監査役には差止請求権は認められない（法389条7項）。

(3) **監査委員**（法407条）

委員会設置会社においては、各監査委員は、執行役および取締役の違法行為等の差止めを請求することができる。

3 被告適格

差止請求訴訟において被告となるのは、株式会社ではなく、違法行為を行いまたは行おうとする取締役または執行役である。

4 差止めの対象

差止請求における差止めの対象は、取締役等の法令定款に違反する行為である（法360条、385条、407条）。そのため、合併手続においても、取締役等が合併に関してした個別の行為が差止めの対象になる。

しかし、株主らが、取締役等の個別の違法行為等を事前に察知して差止請求をすることは、現実には不可能であるため、差止めの対象を個別の行為に限定すると、株主らが違法な手続に基づく合併を阻止できなくなり、取締役等の違法行為を抑止しようとした法の趣旨が没却されることとなる。

そこで、かかる不都合を回避するため、会社合併においては、個別の手続行為をも包含する、合併の効力発生に向けられたあらゆる行為並びに対抗要件具備行為を一体としてとらえたところの会社合併行為も差止めの対象になると解し、個別の違法行為の終了にかかわらず差止請求を認めるべきである。

5　差止事由等

　監査役設置会社および委員会設置会社の株主が差止請求をする場合、当該会社に回復することができない損害が生じるおそれがある場合でなければならない。

　これに対し、上記以外の会社の株主、監査役および監査委員が差止請求をする場合、当該法令、定款に反する行為により、株式会社に著しい損害が生じるおそれがあれば足りる。

　このように、一定の会社の株主につき要件が加重されているのは、請求権の濫用を防止するためである。

　なお、会社法784条の２等に基づく合併の差止請求制度においては、株主に損害が生じるおそれがあることが差止事由になっていないのに対し、取締役の違法行為の差止請求制度においては、会社に損害が生じるおそれがあることを要する点に、留意が必要である。

6　管　轄

　管轄について、本店所在地の地方裁判所に管轄があること自体には争いがない（民事訴訟法５条８号ハ、４条４項）。

　もっとも、この管轄について、代位訴訟に関する規定（法856条）を類推適用して専属管轄と解するか、これに加え、被告取締役の普通裁判籍所在地（民事訴訟法４条２項）にも管轄を認めるかにつき争いがある。

　この点については、専属管轄の規定をみだりに類推適用すべきでないとの見解が有力である。[1]

---

[1] 坂井芳雄「新株発行の差止および取締役に対する行為の差止の仮処分」村松俊夫裁判官還暦記念『仮処分の研究(下)』（日本評論社・1966年）226頁。

Ⅳ　合併無効の訴え

1　訴えの性質

　原告の請求が、一定の法律要件に基づく特定の権利または法律関係の変動の主張と、これを宣言する形成判決の要求を内容とする訴えを、形成の訴えというが、この訴えは、訴えをもって裁判所に権利または法律関係の変更を求めることができる旨法律に規定されている場合に限り認められる。

　そして、合併無効の訴えは、「訴えをもってのみ主張することができる」（法828条1項柱書）とされており、法律関係の変動を宣言する判決が確定してはじめて、吸収合併については消滅会社の回復および存続会社の発行した株式の無効という効果を、新設合併については合併による消滅会社の回復および新設会社の解散という効果が生じるものであるから、形成の訴えに当たる。[2]

2　合併無効事由

(1)　総　説

　会社合併の無効事由について、会社法は何ら規定をおいていない。したがって、どのような事由があった場合に合併が無効となるのかは、解釈に委ねられている。

　そして、会社合併は株主や会社債権者等多数の利害関係人が存在することから、法的安定性が重視されるべきであって、軽微な違法にしかすぎないか、または治癒されて合併の効力に影響がない場合は合併の効力には影響を与えないと解すべきである。[3]

---

[2] 佐々木宗啓＝野崎治子「合併無効等の訴え」判タ1174号44頁。
[3] 山口和男編『会社訴訟非訟の実務〔改訂版〕』（新日本法規・2004年）597頁。

(2) 合併をする会社、存続会社または新設会社が法定の適格を欠く場合

特例有限会社は、吸収合併存続会社になることはできない（整備法37条）。この制限に反する違法は、合併無効事由になると解する。[4]

解散後の株式会社、持分会社を存続会社とすることはできない（法474条1号、643条1号）。これに反する違法も、合併無効事由になると解する。なお、法474条1項、643条1号の反対解釈からすると、解散後の株式会社、持分会社であっても、新設合併をするか、または存立中の会社を存続会社とするのであれば、合併をすることはできる。

また、破産会社についても、合併をすることができない。それは、破産財団の管理処分権限が破産管財人に専属し、株主総会において合併の承認決議ができないこと等を理由とする。そのため、これに反する違法も合併無効事由になる。[5]

(3) 合併契約に意思の欠缺ないし瑕疵ある意思表示がある場合

合併契約は法律行為であるため、民法の意思表示に関する規定が適用される。したがって、合併契約の意思表示に意思の欠缺があって無効である場合、瑕疵ある意思表示であって取り消された場合は、合併無効原因となる。[6]

この点、合併の法的性質につき、解散会社の営業を出資とする存続会社の新株発行または新設会社の設立であるという現物出資説を前提として、法51条2項、102条4項を類推し、合併の効力発生日以降は、意思の欠缺および瑕疵ある意思表示による合併の無効・取消しの主張はできないことから、合併無効事由として、意思の欠缺および瑕疵ある意思表示を主張することはできないとの見解がある。しかし、法は、債務超過会社との合併を認めているのであり（法795条2項）、そもそも現物出資説に立脚するものではないと考えられることから、この見解は妥当でない。

4 　上柳克郎ほか編『新版注釈会社法(13)』（有斐閣・1990年）243頁。
5 　江頭憲治郎『株式会社法〔第6版〕』852頁。
6 　上柳ほか・前掲（注4）243頁。

(4) 合併契約上の必要的決定事項を欠く場合

合併契約において、必要的決定事項を定めなければならないことから（法749条1項、753条1項等）、合併契約の必要的決定事項の定めを欠く場合には、無効原因となるものと考えられる。

(5) 合併承認決議がない場合（簡易合併および略式合併の場合を除く）、またはその決議が無効ないし取り消された場合

合併承認決議がなく、またはその決議が無効ないし取り消されたときは、合併は無効である。簡易合併や略式合併の要件がないにもかかわらず、簡易合併や略式合併の手続によった場合も、違法に承認決議を欠くことと同様であるから、当該合併は無効である。

もっとも、合併無効の訴えと、合併承認決議の取消しの訴えまたは無効確認・不存在確認の訴えとの関係が問題となる。

まず、合併の効力発生日までは、決議の取消し等の訴えによってのみ、合併について争うことができると解される（設立無効の訴え等も同様である）。なぜなら、合併無効の訴えは合併の無効を争う唯一の手段として会社法が規定しているものであることから、合併の効力発生日以降はそれによってのみ、合併の無効を争うべきであると考えられるが、それ以前の段階においても、合併を争う手段を与えるべきであるからである。[7] なお、決議の取消しの訴えの場合には、決議の日から3カ月以内に訴える必要がある（法831条1項）。

そして、合併の効力発生日以降は、上記のとおり合併無効の訴えによってのみ、合併の効力を争うことができる。この場合の提訴期間については、仮に決議の取消しを理由とする合併無効の訴えであっても、下記のとおり、効力発生日から6カ月以内であると解すべきである。[8] 決議の取消し等の訴えを提起していた場合は、合併の効力発生後は合併無効の訴えに訴えの変更をすることを要し、それをしなかった場合には、訴えの利益を失うと考えられ

---

7 上柳ほか編・前掲（注4）244頁。
8 山口編・前掲（注3）599頁。

る。[9]

(6) 合併契約の取締役会承認決議を欠き、または取締役会承認手続に瑕疵がある場合

合併契約は「重要な財産の処分及び譲受け」（法362条4項1号）ないし「重要な業務執行」（会社法362条4項柱書）に含まれることから、取締役会の決議が必要となる。この決議を欠き、または手続に瑕疵があることが、合併無効原因となるか問題となる。

この点、簡易合併および略式合併については、当事会社の一方が他方の従属会社であること等から株主総会決議が不要とされていることからすると、取締役会決議は重要なものであると考えられ、これを欠くことは合併無効事由になると解すべきである。

他方、通常の合併においては、株主総会決議がより重要な意義を有することから、当該株主総会決議の瑕疵を検討すれば足り、別途取締役会決議の瑕疵を検討する必要はないと考える。[10]

(7) 合併契約書の備置を懈怠した場合

会社は、合併契約について承認を受けた株主総会の日の2週間前等の日から合併の成立の日後6カ月を経過する日まで、合併契約書等を本店に備え置かなければならない（法782条1項・2項、794条1項・2項、803条1項・2項）。

まず、株主総会の日までの備置義務は、合併についての議決権行使等の判断材料を与え、また株主等の取締役等に対する違法行為等の差止請求（法360条、422条、407条1項、365条1項）、略式合併の差止請求（法784条2項、796条2項）を行使する機会を保障することを目的として会社に義務付けられたものであるから、この備置義務の懈怠は合併無効事由となると解する。もっとも、この備置義務を懈怠しなかったとしても、株主総会の決議に影響

---

9 減資無効の訴えにつき、大隅健一郎＝今井宏『会社法論中巻Ⅱ〔新版〕』（有斐閣・1983年）545頁。
10 分割無効の訴えにつき、今中利昭ほか編『会社分割の理論・実務と書式〔第6版〕』243頁。

を与えなかったことが認められる場合、また、合併差止請求をしたとしても差止めの事由がないためにこれが許容されないと認められる場合には、合併無効事由にはならないと解する（最判平成9・1・28民集51巻1号71頁参照）。

そして、それ以降から合併の成立の日後6カ月を経過するまでは、会社法801条3項、815条3項所定の書類の備置義務もあるが、合併無効の訴えの提訴期間が6カ月であることからすると、その期間の備置義務は、それを検討する機会を与えるためのものであると解される。したがって、この備置義務の懈怠も合併無効事由になると解する。

(8) 債権者保護手続に瑕疵がある場合等

会社は、合併をするにあたり、債権者の全部または一部が異議を述べることができる場合には、法定事項を官報に公告し、原則として、知れたる債権者に催告しなければならない（法789条2項、799条2項、810条2項）。

また、債権者が異議を述べたときは、会社は、原則として、当該債権者に対し、弁済し、もしくは相当の担保を提供し、または当該債権者に弁済を受けさせることを目的として信託会社等に相当の財産を供託しなければならない。

これらの債権者保護手続に瑕疵がある場合、または弁済等を行わない場合は、合併無効事由になるものと解される。[11]

(9) 合併差止仮処分に違反してなされた合併

合併無効事由になると解される。詳しくは前述したとおりである。

(10) 合併比率の不均衡

合併比率が不当であるとしても、合併契約の承認決議に反対した株主は会社に対し、株式買取請求権を行使できるのであるから、合併比率の不当または不公正ということ自体が合併無効事由になるものではないと考えられる（東京高判平成2・1・31資料版商事法務77号193頁参照）。

もっとも、特別の利害関係を有する者が議決権を行使したことによって、合併比率が著しく不当な決議がされた場合には、株主総会の決議の取消しの

11　上柳ほか編・前掲（注4）245頁。

訴えを提起することができるのであって（法831条1項3号）、その場合は合併無効原因となると解する。[12]

(11) 合併登記が無効な場合

会社が合併をしたときは、登記をしなければならず（法921条、922条）、新設合併の場合は、新設会社の設立の登記により、新設合併の効力を生ずることとなるから（法49条、754条、756条）、合併登記が無効な場合は合併無効事由になると解する。[13]

なお、吸収合併の効力は、登記によるものではないことから、登記の無効は吸収合併の効力に影響を及ぼさない。

(12) 独占禁止法に定める手続に違反して合併をした場合等

国内の会社は、合併をしようとする場合において、一定の要件に該当する場合には、公正取引委員会で定めるところにより、合併に関する計画を公正取引委員会に届け出なければならない（独占禁止法15条2項）。そして、届出受理の日から30日（ただし、公正取引委員会は、その必要があると認める場合には、当該期間を短縮することができる）を経過するまでは、合併をしてはならない（同条5項）。

公正取引委員会は、これらの規定に違反して会社が合併した場合においては、合併の無効の訴えを提起することができる旨の規定があり（独占禁止法18条1項）、これらの規定違反は合併無効事由となる。[14]

なお、この独占禁止法違反を理由とする合併無効の訴えは、公正取引委員会のみが提起できると解する。[15]

(13) 合併後の企業担保権の順位に関する企業担保権者間に協定がない場合

企業担保法上、合併をする会社の双方の総財産が企業担保権の目的となっているときは、合併後の企業担保権の順位に関する企業担保権者間に協定が

---

12 大隅健一郎＝今井宏『会社法論下巻Ⅱ』（有斐閣・1991年）90頁。
13 上柳ほか編・前掲（注4）435頁。
14 上柳ほか編・前掲（注4）246頁。
15 今村成和『独占禁止法〔新版〕』（有斐閣・1978年）223頁。

なければ、合併をすることができないと定められており（企業担保法8条2項）、当該協定がないことは、合併無効事由となる。[16]

⒁ 合併について認可を要するときに認可を欠く場合

各業法において、合併は、内閣総理大臣ないし主務大臣の認可を受けなければ、効力を生じない旨の規定があり（銀行法30条1項、保険業法153条1項3号、信託業法36条1項、鉄道事業法26条2項、軌道法22条、道路運送法36条2項、海上運送法18条2項）、このような認可を欠くことは、合併無効事由となる。[17]

3　原告適格

⑴　総　説

合併無効の訴えにおいて原告適格を有する者は、合併の効力が生じた日において、合併をした会社の株主、取締役、執行役、監査役、清算人、もしくは社員であった者、または存続会社、もしくは新設会社において、それらの地位にある者、さらには破産管財人、合併について承認をしなかった債権者（法828条2項7号・8号）、公正取引委員会（独禁法18条1項）、企業担保権者（企業担保法8条3項）である。

⑵　株　主

合併の効力が生じた日において合併をする会社の株主であった者、または訴え提起時から口頭弁論終結時まで存続会社ないし新設会社の株主であることを要する。[18]

なお、持株数の要件はないことから、1株の株主でも原告適格が認められる。また、議決権のない株主でも原告適格が認められる。さらに株式買取請求権を行使した株主も、合併の効力発生日、または当該株式の代金の支払いの時にその効力が生じるから（法786条5項、798条1項・5項、807条5項）、

16　上柳ほか編・前掲（注4）246頁。
17　上柳ほか編・前掲（注4）246頁。
18　山口編・前掲（注3）600頁。

提訴可能である。

そして、株式を相続により準共有するに至った共同相続人は、法106条の定めるところに従い、右株式につき「権利を行使する者1人」を定めて会社に通知し、この権利行使者において株主権を行使することを要するところ、右共同相続人が準共有株主としての地位に基づいて法828条1項7号・8号による合併無効の訴えを提起する場合も、右と理を異にするものではないから、権利行使者としての指定を受けてその旨を会社に通知していないときは、特段の事情がない限り、原告適格を有しない（最判平成3・2・19判時1389号140頁）。

なお、株主は、自らの利益については適正な手続を経て保護されていることから、消滅会社における合併承認決議の取消しを合併無効事由として援用できるのは、消滅会社の株主であった存続会社の株主に限られ、当初から存続会社の株主である株主は、当該無効事由を主張することはできないと解する。[19]

(3) 取締役

合併の効力が生じた日において合併をする会社の取締役であった者、または訴え提起時から口頭弁論終結時まで存続会社ないし新設会社の取締役であることを要する。

取締役である者が合併無効の訴えを提起した場合、被告を代表するのは、株主総会が定めた者（法353条）、取締役会が定めた者（法364条）、監査役（法386条1項）、または監査委員会が選定する監査委員（法408条1項2号）である。これは、当該取締役が、株主や債権者の地位で提訴した場合も同様であるが、消滅会社の取締役であったとしても、存続会社または新設会社の取締役でなければ、被告を代表するのは、取締役等である（法349条）。

そして、主張できる無効事由には、独占禁止法違反以外の制限はないものと解する。

19　石井照久「株主総会決議の瑕疵」田中耕太郎編『株式会社法講座(3)』（有斐閣・1956年）966頁。

(4) 執行役

　合併の効力が生じた日において合併をする会社の執行役であった者、または訴え提起時から口頭弁論終結時まで存続会社ないし新設会社の執行役であることを要する。

　執行役である者が合併無効の訴えを提起した場合、被告を代表するのは、監査委員会が選定する監査委員である（法408条1項2号）。

　そして、主張できる無効事由には、独占禁止法違反以外の制限はないものと解する。

(5) 監査役

　合併の効力が生じた日において合併をする会社の監査役であった者、または訴え提起時から口頭弁論終結時まで存続会社ないし新設会社の監査役であることを要する。

　ただし、監査役の監査の範囲を会計に関するものに限定する旨の定款の定めがある株式会社の監査役は除かれる（法2条9号参照）。

　そして、主張できる無効事由には、独占禁止法違反以外の制限はないものと解する。

(6) 清算人

　通常清算の場合の清算人、特別清算の場合の清算人の両者をいう。

　合併の効力発生日において合併をする会社の清算人であった者、または訴え提起時から口頭弁論終結時まで存続会社ないし新設会社の清算人であることを要する。

　そして、主張できる無効事由には、独占禁止法違反以外の制限はないものと解する。

(7) 破産管財人

　合併後に存続会社ないし新設会社が破産した場合を想定したものである。

　訴え提起時から口頭弁論終結時まで、存続会社ないし新設会社の破産管財人であることを要する。

　そして、主張できる無効事由には、独占禁止法違反以外の制限はないもの

と解する。

　なお、会社更生、民事再生における管財人には、合併無効の訴えの原告適格はない。

(8) 合併について承認をしなかった債権者

　合併について承認をしなかった債権者も、合併無効の訴えを提起することができる。

　「合併について承認をしなかった債権者」とは、当該合併をする会社の債権者は、合併について異議を述べることができると定められていること（法789条1項、793条2項、799条1項、802条2項、810条1項、813条2項）、およびその異議申立期間内に異議を述べなかったときは、合併について承認したものとされていること（法789条4項等）に鑑み、異議申立期間内に合併について異議を述べた債権者のことをいう。

　会社に知れている債権者（なお、「知れている債権者」とは、債権者が誰であるか、またその債権はいかなる原因に基づくいかなる請求権かのおおよそが会社に知られている債権者をいい、訴訟において当該債権の存否を争っている債権者も含まれるとされており（大判昭和7・4・30民集11巻706頁参照）、さらに金銭債権のように数額が知れている必要もないとされている（大判昭和10・2・1民集14巻75頁））であるにもかかわらず、会社から異議申立ての催告を受けなかった債権者は、異議申立ての機会を与えられなかったのであるから、「合併について承認をしなかった債権者」に含まれる（会社が官報に公告し、さらに公告方法として、時事に関する事項を掲載する日刊新聞紙に掲載する方法、または電子公告の方法によることを定款で定めた場合（法939条1項2号・3号）に、その方法で公告した場合を除く（法789条3項等））。

　さらに、債権者が異議を述べたときは、当該合併をする会社は、当該債権者に対し、弁済し、もしくは相当の担保を提供し、または当該債権者に弁済を受けさせることを目的として信託会社等に相当の財産を信託しなければならないとされているところ（法789条5項等）、弁済がなされれば当該債権者は債権者でなくなるため原告適格を失い、担保提供または信託を受ければ当

該債権者は訴えの利益がなくなると解される[20]。

　合併について承認をしなかった債権者は、債権者保護手続の瑕疵を理由としてのみ、合併無効の訴えを提起することができると考える。なぜなら、債権者のうち「合併を承認しなかった債権者」のみが原告適格を有すること、および当該債権者が弁済、もしくは担保提供、または信託を受けられなかったことを主張することができれば、債権者の保護として十分であることなどからである[21]。

(9) 公正取引委員会

　公正取引委員会も、合併無効の訴えを提起することができる（独占禁止法18条1項）。

　ただし、公正取引委員会が合併無効事由として主張できるのは、独占禁止法15条2項・4項および5項の規定の違反のみである。

(10) 企業担保権者

　企業担保権者も、合併無効の訴えを提起することができる（企業担保法8条3項）。

　合併をする会社の双方の総財産が企業担保権の目的となっているときは、合併後の企業担保権の順位に関する企業担保権者間に協定がなければ、合併をすることができないと定められていることに鑑み（企業担保法8条2項）、当該協定がないことを理由としてのみ合併無効の訴えを提起することができると解すべきである[22]。

4　被告適格

　吸収合併の無効の訴えにおいては存続会社、新設合併の無効の訴えにおいては新設会社が被告適格を有する（法834条7号・8号）。

20　鈴木竹雄＝竹内昭夫『会社法〔第3版〕』（有斐閣・1994年）522頁。
21　減資無効の訴えにつき、大隅＝今井・前掲（注9）544頁。
22　上柳ほか編・前掲（注4）250頁。

5　管　轄

　被告となる会社、すなわち吸収合併における存続会社ないし新設合併における新設会社の本店の所在地を管轄する地方裁判所の管轄に専属する（法835条1項）。
　「本店の所在地」に関し、実体的に営業の本拠地となっている現在の本店所在地をいうとした裁判例（東京高判平成10・9・11判タ1047号289頁）がある一方で、定款で定め、登記をした「本店の所在地」（形式的意味における本店の所在地）をいうとした裁判例（東京高判平成11・3・24判タ1047号289頁）もある。

6　提訴期間

　合併無効の訴えは、吸収合併ないし新設合併の効力が生じた日から6カ月以内に訴えを提起しなければならない（法828条1項7号・8号）。
　ここで「効力が生じた日」とは、吸収合併の場合は、合併契約において定められる「吸収合併がその効力を生ずる日」（法749条1項6号、751条1項7号）のことをいう。なお、この効力発生日が変更された場合には（法790条、793条2項）、その日となる。
　そして、新設合併の場合は、新設会社の設立の登記により、新設合併の効力を生ずることとなるから（法49条、754条、756条）、この日が「効力が生じた日」となる。
　この期間経過後に新たな無効事由を追加主張することはできない（最判昭和51・12・24民集30巻11号1076頁）。
　もっとも、公正取引委員会が独占禁止法に基づいて提訴する場合は、会社法とは別の観点から、排除措置のための特則を定めたものであり、公正取引委員会のみが同条に基づく提訴ができるものと解されるところ、同条に基づく合併無効の訴えについては、時間の経過によっても排除措置をとるべき必要性と公益性があることには変わりがないと考えられる。そこで、同条に基

づき公正取引委員会が合併無効の訴えを提起する場合については、出訴期間の制限がないとされている。[23]

なお、合併無効の原因が、たとえば新設会社の定款上の目的が公序良俗に反するときのように、無効確認の利益が存在する限り、いつでも合併無効の訴えを提起することができ、出訴期間に制限がないとする見解がある。[24]しかし、合併契約の公序良俗違反や合併総会決議の無効を理由に6カ月の出訴期間内に合併無効の訴えを提起すべきであり、出訴期間経過後は、合併無効の訴えによるべきではなく、むしろ、存続会社または新設会社の解散命令を請求すべきものである。[25]

7　他の訴えの類型との関係

新設合併の無効を主張する場合、合併無効の訴えによるべきであり、設立無効の訴えによることはできない。なぜなら、新設合併無効の訴えを規定したのは、それによるべきという趣旨であるからである。[26]

8　訴　額

160万円である（民事訴訟費用等に関する法律4条2項）。

9　株主および債権者の担保提供

株主（ただし、当該株主が取締役、監査役、執行役または清算人であるときを除く）または合併について承認をしなかった債権者が合併無効の訴えを提起したときは、裁判所は、被告すなわち存続会社ないし新設会社の申立てにより、訴えを提起した株主または債権者に対し、相当の担保を立てるべきことを命ずることができる（法836条1項・2項）。

23　上柳ほか編・前掲（注4）254頁。
24　松田二郎＝鈴木忠一『条解株式会社法(下)』（弘文堂・1952年）663頁。
25　東京地方裁判所商事研究会編『類型別会社訴訟Ⅱ〔第2版〕』（判例タイムズ社・2008年）713頁。
26　山口・前掲（注3）6頁。

もっとも、被告が当該担保提供命令の申立てをするには、株主等の訴えが「悪意」によるものであることを疎明しなければならない。ここでの「悪意」とは、合併無効事由として主張した事実に事実的、法律的根拠のないことを知りながら、または合併無効の訴えの制度の趣旨を逸脱し、不当な目的をもって被告を害することを知りながら訴えを提起した場合をいうものと解される（大阪高決平成9・11・18判時1628号133頁参照）。

10 弁論および裁判の併合等

合併無効の訴えが数個同時に係属するときは、その弁論および裁判は、併合してしなければならない（法837条）。

もっとも、当該規定は訓示規定にすぎず、これに反して併合せずに裁判をなしたとしても、裁判の効力はこれによって影響を受けるものではない（大判昭和8・3・10民集12巻462頁参照）。

11 合併無効判決の効力

(1) 対世的効力

合併無効の訴えを認容する確定判決は、第三者に対してもその効力を有する（対世効。法838条）。そのため、処分権主義や弁論主義の適用が制限され、請求の認諾や訴訟上の和解をすることはできない。また、自白をしたとしても、自白の拘束力は認められない（吸収合併無効訴訟の事案について、名古屋地判平成19・11・21金商1294号60頁）。

他方で、棄却する判決は、対世効はないが、提訴期間が合併の効力発生日から6カ月以内であることに鑑みると、事実上、棄却判決後に再度争うことは不可能であると思われる。

(2) 不遡及効

合併無効の訴えを認容する判決が確定したときは、当該合併の無効は、将来に向かってのみその効力を失う（法839条）。

すなわち、存続会社または新設会社と第三者との間の法律関係、会社が株

主に対してした利益配当、合併後になされた株式の譲渡など、いずれもその効力に影響を及ぼさない。

(3) 権利義務の帰属

合併無効の訴えに係る請求を認容する判決が確定したときの権利義務の帰属について、会社法は以下のとおり規定している。

当該合併をした会社は、合併の効力発生日以後に、存続会社ないし新設会社が負担した債務について、連帯して弁済する責任を負う（法834条1項）。

他方で、合併の効力発生日以後に存続会社ないし新設会社が取得した財産は、当該合併をした会社の共有に属する（法834条2項）。

そして、前記債務の負担部分および上記財産の共有部分については、各会社の協議によって定めることとし（法834条3項）、協議が整わないときは、各会社の申立てにより、合併の効力発生日の時における各会社の財産の額その他一切の事情を考慮して、裁判所が定める（同条4項）。

また、消滅会社の株主はその会社の株主として復活するが、合併にあたって持株を端数株式として処分された株主は、株主として復活しない。合併後発行された株式については、新株引受または株式配当に基づき取得した株式はもとの株主の地位の帰趨によるが、その他の株式は合併した会社の協議による。

復活した消滅会社の代表取締役・取締役・監査役については、合併当時の代表取締役等が当然に復職するのではなく、消滅会社の復活後にこれらの者の選任がなされるまでは、合併無効判決確定の時における存続会社または新設会社の代表取締役等が、消滅会社の代表取締役等としての権利義務を有する（法346条1項、351条1項）。

12　敗訴原告の損害賠償義務

合併無効の訴えを提起した原告が敗訴した場合において、原告に悪意または重大な過失があったときは、原告は、被告に対し、連帯して損害を賠償する責任を負う（法846条）。

13　合併無効の登記

合併無効の訴えに係る請求を認容する判決が確定した場合には、吸収合併の無効の訴えであれば、存続会社についての変更の登記および消滅会社についての回復の登記を、新設合併の無効の訴えであれば、新設合併の無効の訴えに係る請求を認容する判決新設会社の解散の登記および消滅会社についての回復の登記を、裁判所書記官が、職権で、各会社の本店および支店の所在地を管轄する登記所にそれぞれ嘱託する（法937条3項2号・3号・4項）。

14　合併無効の訴えと会社更生法

会社更生法に基づく更生計画による合併の遂行については、更生会社の株主、取締役、執行役、監査役、清算人、破産管財人および債権者は、合併無効の訴えを提起することができない（会社更生法210条3項）。

もっとも、合併の相手方たる他の会社の株主等による合併無効の訴えの提起は認められる。

この場合に、他の会社が更生会社固有の合併無効事由を主張できるかが問題となるが、更生会社に関する瑕疵の主張はなし得ないものと解する[27]。

【書式4－4】　訴状（吸収合併無効請求事件）

訴　　状

平成　年　月　日

大阪地方裁判所　御中

原告訴訟代理人弁護士　○　○　○　○　㊞

---

[27] 分割無効の訴えにつき、今中ほか編・前掲（注10）243頁。

〒○○○−○○○○　大阪市○○区……
　　　　　　　原　　　　　告　○　○　○　○

〒○○○−○○○○　大阪市中央区北浜……
　　　　　　　　○○法律事務所（送達場所）
　　　　　　　上記訴訟代理人弁護士　○　○　○　○
TEL ○○（○○○○）○○○○　FAX ○○（○○○○）○○○○

〒○○○−○○○○　大阪市○○区……
　　　　　　　被　　　　　告　株式会社○○
　　　　　　　上記代表者代表取締役　○　○　○　○

吸収合併無効請求事件
　訴訟物の価額　160万円
　ちょう用印紙額　1万3000円

第1　請求の趣旨
　1　被告と□□株式会社（解散時の本店所在地　大阪市○○区……）との間において平成○○年○月○○日にされた合併は、これを無効とする。
　2　訴訟費用は、被告の負担とする。
　との判決を求める

第2　請求の原因
　1　原告は、被告の株主である（甲1）。
　2　被告は□□株式会社との間で、平成○○年○月○○日、別紙目録記載の事項を定めた合併契約（以下、「本件合併契約」という。）を締結した（甲2ないし甲4）。
　3(1)被告は、簡易合併の要件を満たしているものとして、株主総会決議による吸収合併契約の承認を受けずに、合併を行った。
　(2)そして、被告は、□□株式会社の株主であった者に対し、合併に際し合計1億円を交付したが、被告が□□株式会社から承継した純資産の帳簿価額は5000万円であった。
　(3)つまり、被告及び□□株式会社は、簡易合併の要件を満たしていないにも

かかわらず、合併承認決議をしていないことになる（会社法第796条3項柱書但書、同法795条2項2号）。
　4　よって、原告は、被告と□□株式会社との間の合併には無効事由が存するものであるから、合併を無効とすることを求める。

証　拠　方　法

1　甲第1号証　　株主名簿
2　甲第2号証　　合併契約書
3　甲第3号証　　履歴事項全部証明書（被告）
4　甲第4号証　　履歴事項全部証明書（□□株式会社）

附　属　書　類

1　訴状副本　　　　　　　1通
2　甲号証写し　　　　　各1通
3　証拠説明書　　　　　　1通
4　代表者事項証明書　　　1通
5　訴訟委任状　　　　　　1通

以　上

V　合併不存在確認の訴え

1　総　説

　会社法は、会社合併の効力発生後にその瑕疵を争う手段について、合併無効の訴えを定めるのみである。そして、合併無効の訴えでは、人的範囲や期間、方法につき制限がなされている。

　しかしながら、会社合併には、単に合併の登記等の外観が存するだけで合併の実体が全く存しない場合もあり、このような場合も合併無効の訴えによらなければその瑕疵を争えないとすると、上記制限により、実体に反する登記等の外観を除去し得ない場合が生じて不都合である。

　ここで、会社法は、会社組織に関する訴えの1つとして、新株発行不存在の確認の訴え（法829条）を設けている。そして、単に合併の登記等の外観が存するだけで合併の実体が全く存しない場合に対世効をもって不存在の確認をする必要のあることは、新株発行の場合と合併の場合とで変わりはない。

　また、合併の無効原因があるにとどまる場合について、合併無効の訴えが用意されているのであれば、合併の外観があるだけで実は存在すらしない場合についてもこれを争う手段を認めなければ均衡を欠くこととなる。

　そこで、単に合併の登記等の外観が存するだけで合併の実体が全く存しない場合には、合併不存在確認の訴えが認められると解すべきである。

2　性　質

　合併不存在は、合併不存在確認の訴えによらなくても、攻撃防御方法として主張することができると解される。

　そのため、合併不存在確認の訴えは、形成訴訟ではなく確認訴訟であると解される。

以下は、裁判上の請求を行うことを前提に述べる。

3　訴えの類型等

　合併不存在確認の訴えは、単に合併の登記等の外観が存するだけで合併の実体が全く存しない場合に合併の不存在を確定するものであるが、かかる判決の内容は、会社と取引関係に立つ第三者を含めて広い範囲の法律関係に影響を及ぼす可能性がある。
　そのため、これに伴う法律関係は画一的に解する必要があり、認容判決には、対世効が認められる必要がある。
　このように、合併不存在確認の訴えは、認容判決に対世効を必要とする点で、一般の確認の訴えとは異なる会社法上の特別の訴えであると解される。
　そして、合併不存在確認の訴えの訴訟要件や効果等については、同じく会社法上の特別の訴えとして定められている合併無効の訴えの規定を、上記訴えの性質および新株発行の不存在確認の訴えと新株発行の無効の訴えの関係を参考にしつつ、適切な範囲で準用すべきである。

4　原告適格

　新株発行不存在確認の訴えに関し原告適格規定が設けられていないことから、合併不存在確認の訴えについても、合併無効の訴えに準じるのではなく、当該紛争の実体に応じて個別に確認の利益を確認すべきである。

5　被告適格

　被告適格については、判決に対世効を認めること（下記7参照）、また、新株発行不存在確認の訴えの被告適格者が新株発行無効の訴えのそれと同様であることから、合併無効の訴えの場合と同様に、存続会社、新設会社のみに被告適格が認められると解される。

6　合併不存在原因

　合併不存在とは、単に合併の登記等の外観が存するだけで合併の実体が全く存しない場合をいう。

　具体的には、①会社合併の手続が全くされずに会社合併の登記がなされていること、②およそ代表権限のない者が合併手続を行ったことなどが挙げられる。

　これに対し、代表権限のある者が合併に関わっている場合には、その手続や内容に著しい瑕疵があるとしても、合併自体は存在しているため、不存在事由にならないと解される。また、代表権限のある者の関与がない場合であっても、事実上の代表者が合併手続を行った場合には、それだけでは合併の実体を欠くとはいえないことが多いであろう。

7　管轄、出訴期間等

　管轄については、会社の組織に関する訴えの規定（法835条）を準用すべきであり、会社の本店所在地にある地方裁判所に専属管轄が認められると解される。

　出訴期間については、合併の実体が存在しない場合には一定期間が経過したからといって存在しなかった合併が存在することになるわけではないこと、出訴期間の制限を設けると、その期間経過後には合併不存在の外観を除去する方法がなくなり、法律関係を安定させる方法がなくなることから、制限はないと解される。

8　判決の効力

　合併不存在確認の訴えを認容する判決は、会社法838条の準用により、第三者に対してもその効力を有するものと解される。

　また、会社の組織に関する訴えについての敗訴原告の損害賠償義務の規定（法846条）や裁判による登記の嘱託の規定（法937条3項2号・3号）も準用さ

れるものと解される。

しかし、合併無効の訴えに関する不遡及効の規定やこれを前提とする権利義務の帰属の規定については、合併不存在確認の訴えが形成訴訟ではなく確認訴訟であることから、準用されないと解される。

【書式4－5】 訴状（合併不存在確認請求事件）

訴　　状

平成　年　月　日

東京地方裁判所民事部　御中

原告代理人弁護士　〇　〇　〇　〇　㊞

〒〇〇〇－〇〇〇〇　〇〇県〇〇市……
原　　　　　告　△　△　△　△

〒〇〇〇－〇〇〇〇　東京都〇〇区……（送達場所）
上記代理人弁護士　〇　〇　〇　〇
TEL 〇〇（〇〇〇〇）〇〇〇〇　FAX 〇〇（〇〇〇〇）〇〇〇〇

〒〇〇〇－〇〇〇〇　東京都〇〇区……
被　　　　　告　株式会社〇〇
上記代表者代表取締役　□　□　□　□

合併不存在確認請求事件
　訴訟物の価格　　160万円
　ちょう用印紙額　1万3000円

第1　請求の趣旨
　1　被告と株式会社△△との合併が不存在であることを確認する。
　2　訴訟費用は被告の負担とする

との判決を求める。

第2　請求の原因
1　被告は、平成△年△月△日設立の発行済株式総数100万株の株式会社であり、原告は、被告の発行済株式のうち1万株を有する株主である（甲1）。
2　被告は、平成△年△月△日、被告について、株式会社△△を消滅会社とし被告を存続会社とする吸収合併がなされたことを内容とする変更の登記をした（甲2）。
　　しかしながら、被告は、株式会社△△との合併をするに当たり必要となる手続を何ら履践していない。
3　よって、被告と株式会社△△との上記合併は実体を欠くものであるため、原告は、被告と株式会社△△との合併が不存在であることの確認を求める。

以上

証　拠　資　料
1　甲1号証　　株主名簿の写し
2　甲2号証　　履歴事項全部証明書

附　属　書　類
1　訴状副本　　　　　　　　　1通
2　甲号証写し　　　　　　　　各1通
3　履歴事項全部証明書　　　　1通
4　訴訟委任状　　　　　　　　1通

第5章

会社合併の会計処理

I　合併に関する会計基準等

1　合併に関する会計基準等の概要、会社法との関係

　近年、企業の外部環境の構造的な変化に対応するため企業結合が活発に行われるようになり、企業組織再編成の重要性が高まるに従い、企業結合の経済的実態を正しく認識できる会計処理方法を確立し、適切な投資情報のディスクロージャーを図るという観点から、首尾一貫した会計基準が必要とされ、「企業結合に係る会計基準」（平成15年10月31日企業会計審議会）が整備された。

　続いて、事業を分離する企業の会計処理および企業結合における結合当事企業の株主に係る会計処理などを定めることを目的として「事業分離等に関する会計基準」（平成17年12月27日企業会計基準委員会）が整備された。

　その後、上記2つの基準を適用する際の指針を定めることを目的として「企業結合会計基準及び事業分離等会計基準に関する適用指針」（平成19年11月15日企業会計基準委員会）が整備された。

　一方、会社法において、会社の会計は一般に公正妥当と認められる企業会計の慣行に従う（法431条、614条）として、企業組織再編に係る会計処理をどのように選択・適用するかは会計慣行（会計基準、適用指針）に委ねることとしている。なお、のれんおよび株主資本に関しては、会社計算規則（以下、「計算規則」という）において、組織再編ごとに規定を置いている。

2　結合基準の改正

(1)　改正の概要

　このように、わが国において企業結合全般に適用される会計基準が整備されるようになったが、国際的な会計基準では、企業結合の経済的実態に応じて、いわゆるパーチェス法と持分プーリング法の両者を使い分けるという従

来の取扱いを変更し、持分プーリング法を廃止することになった。このため、わが国における企業結合に係る会計基準について、国際的な会計基準との間で取扱いが異なっていることが認識されるようになり、また、この点がクローズアップされるようになってきた。

そこで、企業会計基準委員会において、平成19年8月に国際会計基準審議会（IASB）と共同で公表したいわゆる東京合意に基づいて、国際会計基準との調和を図るため、以下の項目を中心に検討が行われ、平成20年12月26日に改正された「企業結合に関する会計基準」（以下、「結合基準」という）、「事業分離に関する会計基準」（以下、「分離基準」という）、「企業結合会計基準及び事業分離等会計基準に関する適用指針」（以下、「適用指針」という）が公表された。また、当該企業結合に関する会計基準等の改正に伴い、それに関連する会計基準等も改正された。

そして、平成20年改正会計基準の後、「企業結合会計の見直しに関する論点の整理」（平成21年7月2日企業会計基準委員会）が公表され、一般から寄せられた意見を参考に審議された後、少数株主持分（非支配株主持分）の取扱い、企業結合に係る取得関連費用の会計処理、暫定的な会計処理の確定に関する処理を主な改正内容とする結合基準、適用指針が平成25年9月13日に公表された。

〔表5—1〕 結合基準の改正内容

	項目〔改正前〕	平成20年12月26日改正	平成25年9月13日改正
1	持分プーリング法の廃止〔改正前：持分の結合と判定された場合、持分法の適用が認められる。〕	廃止された。	
2	取得企業の決定〔改正前：取得と持分と	まず、連結会計基準の考え方によって決定する。	

第5章　会社合併の会計処理

	を識別する基準と整合した形で実施する。〕	連結会計基準の考え方では、取得企業が明確でない場合、企業結合会計基準等により取得企業を決定する。	
3	株式を取得対価とする場合の当該対価の時価の測定日〔改正前：原則として合意発表日前の合理的な期間における株価を基礎として算定する。〕	原則として、企業結合日における株価を基礎として算定。なお、事業分離においては、事業分離日の株価を基礎として算定する。	
4	少数株主持分（※）の測定〔改正前：部分時価評価法と全面時価評価法との選択適用が認められる。〕※項目10参照。	全面時価評価法のみ（部分時価評価法は廃止）認められる。	
5	段階取得における会計処理〔改正前：支配獲得に至る個々の取引ごとに支払対価となる財の時価を算定し、それらを合算したものを取得原価とする。連結財務諸表上も、子会社株式の取得が複数の取引により達成された場合には、子会社とな	連結財務諸表上は、支配獲得に至る個々の取引ごとの支払対価となる財のすべてについて企業結合日における時価をもって算定し、これを取得原価とする。なお、個別財務諸表上は、個々の取引ごとの原価の合計額をもって、これを取得原価とする。	

314

I　合併に関する会計基準等

	る会社に対する支配を獲得するに至った個々の取引ごとの原価の合計額が当該投資の金額とされる。〕		
6	企業結合により受け入れた研究開発の途中段階の成果の会計処理〔改正前：取得の対価の一部を研究開発費等に配分した場合には、当該金額を配分時の費用とする。〕	当該成果が識別可能性の要件を満たす限り、その企業結合日における時価により資産計上する。	
7	企業結合により受け入れた識別可能な無形資産の取扱い〔改正前：取得した資産に法律上の権利または分離して譲渡可能な無形資産が含まれる場合には、取得原価を当該無形資産等に配分することができる（容認規定）。〕	識別可能と判断された無形資産は、資産として計上する。	
8	負ののれん〔改正前：規則的に償却する（20年以内の一定期間）。〕	すべての識別可能資産および負債が把握され、それらに対する取得原価の配分が適切に行われているかの見直しを行っても、なお負ののれんが発	

315

		生する場合、発生事業年度で一時に利益（原則として特別利益）として処理する。	
9	在外子会社株式の取得等により生じたのれんの会計処理〔改正前：発生時の為替相場により換算する。〕	決算日の為替相場により換算する。	
10	少数株主持分（用語変更）との取引	少数株主持分との取引	非支配株主持分との取引
11	取得関連費用の会計処理	取得とされた企業結合に直接要した支出額のうち、取得の対価性が認められる外部アドバイザー等に支払った特定の報酬・手数料等は取得原価に含め、それ以外の支出額は事業年度の費用として処理する。	取得関連費用（外部アドバイザー等に支払った特定の報酬・手数料等）は、発生した事業年度の費用として処理する。
12	取得原価の配分方法（暫定的な会計処理が確定した場合の取扱い）		暫定的な会計処理の確定が企業結合年度の翌年度に行われたかのように会計処理を行う。なお、取得原価の当初配分額に重要な見直しがなされた場合には、当該見直しがなされた事業年度において、その見直しの内容および金額を注記する。

| 13 | 親会社が子会社を吸収合併する場合（共通支配下の取引）における親会社（吸収合併存続会社）の会計処理 | 少数株主持分相当額と、取得の対価（少数株主に交付した親会社株式の時価。なお、取得に直接要した支出額は加算）との差額は、のれん（または負ののれん）とする。 | 非支配株主持分相当額と、取得の対価（非支配株主に交付した親会社株式の時価）との差額は、その他資本剰余金とする。 |

(2) 結合基準等の見直しに向けた検討と平成25年改正

東京合意を踏まえたプロジェクト計画のうち、いわゆるEU同等性評価に係る項目を対象とするものとして上記(1)の平成20年12月26日付けの改正（いわゆるステップ1）が行われたが、それ以外の項目を対象とするプロジェクト（いわゆるステップ2）も進められた。

このステップ2は、既存の差異に関連するプロジェクト項目として、中期的に対応するとしているものであり、平成23年までに、結合基準等をどのように見直していくかについての検討に資するよう、平成21年7月10日に企業会計基準委員会より「企業結合会計の見直しに関する論点の整理」（以下、「結合会計論点整理」とする）が公表された。

結合会計論点整理では、主に、ステップ1の対象とされなかったのれんの償却に関する論点のほか、IASBや米国財務会計基準審議会（FASB）が共同で見直すプロジェクト（フェーズ2）の検討の中で取り上げた論点を対象として検討されている。結合会計論点整理の対象とされる主な論点、それに対するわが国の会計基準の取扱い、国際的な会計基準（国際財務報告基準および米国会計基準）の取扱いおよび検討されている今後のわが国の会計基準の方向性については、〔表5－2〕のとおりとされた。

〔表5−2〕 結合会計論点整理の主な論点および内容

	主な論点		わが国の会計基準の取扱い	国際的な会計基準の取扱い	今後の方向性
1	非支配株主持分の取扱い		連結財務諸表を親会社の財務諸表の延長線上に位置づけ、親会社の株主の持分のみを反映させる考え方（親会社説）により、会計処理を行う。	親会社に帰属しない非支配持分は、概念フレームワークにいう負債の定義を満たさず、むしろ、企業集団内の子会社の一定の株主が保有する当該子会社の純資産に対する残余持分を表しており、概念フレームワークの資本の定義を満たすという考え方により、会計処理を行う。	支配が継続している場合の子会社に対する親会社持分の変動による差額について、以下の観点から検討する。 (1) 当該差額について、純資産の部における評価・換算差額等として、将来に繰延、子会社でなくなったときに損益に振り替える。 (2) 子会社に対する親会社持分が変動した理由に応じて、当該差額を処理する。
2	取得原価の決定				
		①	取得の基本的な処理方法	原則として、取得の対価（支払対価）となる財の企業結合日における時価で算定し、識別可能資産および負債に当該時価を基礎として配分する。	識別可能資産および負債を、取得日の公正価値により直接的に測定する。	取得の基本的な処理は、わが国の会計基準も国際的な会計基準も時価（公正価値）を基礎として処理されるため、特段の見直しは予定していない。

②	条件付取得対価の交付	条件付取得対価の交付または引渡しが確実となるまで会計処理を行わない。	取得日の公正価値によって認識し、取得日以後に当該公正価値の変動があった場合に一定の会計処理を行う。	企業結合日における時価で取得原価に含めることが適当であるが、引き続き検討する。
③	取得に要した支出	・取得の対価性が認められる特定の報酬・手数料等は取得原価に含め、それ以外の支出額は発生時の費用として会計処理を行う。 ・企業結合の際の株式の交付に伴い発生する支出は、取得原価に含めず、別途、株式交付費として、原則として支出時の費用として会計処理を行う。	・発生時の費用とし、取得原価に含めないものとする。 ・企業結合に伴って発行する資本証券の発行費については、資本から控除する。	・株式交付費以外の取得に要した支出は、どこまでを取得原価とするかについて、実務上、議論となることが多いため、国際的な会計基準と同様、今後は発生時に費用とすることが考えられる。 ・株式交付費用は、今後の議論の動向を注視するものの、現状の会計処理を踏襲する。
④	新株予約権の交付	原則として、企業結合日の時価により取得原価に含める（取得に直接要した支出額に準じた会計処理）。	企業結合日前における被取得企業の報酬部分に相当する金額を譲渡対価の測定に含める。	取得に要した支出額の取り扱いが見直される場合には、新株予約権の交付に関する取扱いも検討する。
3	取得原価の配分			

①	識別可能資産および負債の認識原則	原則として、一般に公正妥当と認められる企業会計の基準で認められる資産および負債を認識する。	原則として、概念フレームワークにおける定義を満たす資産および負債を認識する。	国際的な会計基準では、識別可能資産および負債の認識条件として、企業結合において交換したものの一部であることが定められており、企業結合とは別の取引か否かの基準も示されているため、わが国の会計基準でも、今後、このような取り扱いについて明示することが検討される。
②	識別可能資産および負債の測定原則	原則として、企業結合日の時点の時価を基礎として、識別可能資産および負債に対して、企業結合日以後1年以内に取得原価を配分する。	原則として、取得日の公正価値で測定する。	・原則的な取扱いについては、国際的な会計基準と大きな差異はないと考えられる。 ・一方、例外として認められている暫定的な会計処理の確定と見直しにより取得原価の配分額を修正した場合について国際的な会計基準と同様に、取得日時点に遡って修正することが考えられる。

③	売却目的で保有する資産への取得原価の配分	特段の定めは設けられていない（企業結合日の時価を基礎として取得原価が配分されると考えられる）。	認識原則の例外として、公正価値から売却費用控除後の金額で測定する。	別の会計基準を参照して時価から売却費用等を控除後の金額を用いるという対応ではなく、企業結合に関する会計基準等の中で対応することが考えられる。
④	偶発負債および企業結合に係る特別勘定への取得原価の配分	・偶発負債について、現在の債務であっても蓋然性の高くないものは負債に計上されず、識別可能負債として取得原価を配分しない。 ・企業結合に係る特別勘定について、取得後に発生することが予測される特定の事象に対応した費用または損失であって、その発生の可能性が取得の対価の算定に反映されている場合には、識別可能負債として取得原価を配分する。	・偶発債務について、過去の事象から生じた債務であり、信頼性をもって公正価値を測定できる場合には、蓋然性が高くない場合でも、識別可能負債として認識される。 ・企業結合に係る特別勘定について、取得企業が発生を予想していても義務付けられていなければ、取得日時点では識別可能負債としては認識しない。	国際的な会計基準とのコンバージェンスの観点からは、企業結合時に限って、負債の認識に関する蓋然性の基準を除外すること、また、企業結合に係る特別勘定の取扱いを見直すことが考えられるが、さまざまな意見もあり、現行の取扱いを見直す必要があるのかどうか、引き続き検討する。
		被取得企業の識別可能純資産の時価のうち、少数株主に帰属	非支配持分は、取得日における非支配持分の公正価値または	国際的な会計基準の取扱いを踏まえ、少数株主持分を取得日

⑤	非支配株主持分の測定	する金額により測定する。	被取得企業の識別可能純資産の公正価値の比例持分額のいずれかで測定する。	の時価による（全部のれんが計上）ことも認められるべきという意見もあることから、選択適用できるようにするかどうか、引き続き検討する。
⑥	繰延税金資産および負債への取得原価の配分	被取得企業および取得した事業から生じる一時差異等に係る税金の額を、将来の事業年度において回収または支払いが見込まれない額を除き、企業結合日に繰延税金資産および負債として計上する。	被取得企業および取得した事業から生じる一時差異等に係る税金の額を、企業結合日に繰延税金資産または負債として計上する点で、わが国の会計基準とほぼ同一である。	国際的な会計基準との取扱いは共通しているが、最近の国際的な会計基準の開発過程で取り上げられた以下の点などに関して検討している。 (1)被取得企業の一時差異等に関する税効果が取得日以降に変動したときの会計処理 (2)被取得企業の法人税等に関連する不確実性が取得日以降に変化した場合の会計処理
4	のれんの会計処理			
		のれんは、原則として、20年以内のその効果が及ぶ期間にわたって、規則的な償	のれんは、取得日時点で認識し、減損損失を控除した金額で測定する。	のれんの償却自体の意義や償却手続、自己創設のれんの計上との関係から、それ

①	のれんの償却	却を行う。 なお、規則的な会計処理を行う場合においても、減損会計基準に従った減損処理が行われる。		それぞれの考え方が支持されているため、わが国における会計基準を見直すかどうかは、引き続き検討する。 なお、(1)のれんの減損処理、(2)無形資産への配分について、追加検討事項としている。
②	のれんに関する税効果	会計上、認識しない。 のれんは配分残余としての性格を有しているため、税効果を認識しても同額ののれんが計上されること、また、連結財務諸表上、のれんに対する税効果を認識すると、また、のれんが変動し、それに対してさらに税効果を認識するという循環が生じてしまうという技術的な対応のためである。	国際財務報告基準では、のれんの当初認識に関する将来減算一時差異に対しては、将来、解消できる可能性が高い範囲で認識する。 一方、のれんの当初認識に関する将来加算一時差異に対する税効果は認めないため、当初認識時に繰延税金負債は認識しない。	わが国の法人税法における非適格組織再編に該当する場合に「資産調整勘定」「差額負債調整勘定」が生じるケースがあるが、これらの性格は、会計上ののれんとは必ずしも同じではないため、会計上ののれんに対応するものとして取り扱うことが適当でないと考えられ、改めて見直す必要性は乏しいと考えられる。
		連結財務諸表上、被投資会社に対する投資の会計処理は以下のように行う。	親会社が子会社に対する支配を喪失する場合、支配喪失日に以下の会計処理を行	(1)被投資会社に対する支配を喪失したが関連会社に該当する場合、支配の

| 5 | 子会社に対する支配の喪失 | (1)子会社株式の一部売却または増資等による支配喪失の場合
(a)関連会社に該当する場合、連結財務諸表上は持分法による評価額を修正する。
(b)子会社および関連会社に該当しなくなった場合、個別財務諸表上の帳簿価額をもって評価する。
(2)子会社の企業結合による支配喪失の場合
(a)関連会社に該当する場合、持分法の適用により、結合後企業に係る投資会社の持分の増加額と従来の結合当事企業に係る投資会社の持分の減少額との差額を、のれんおよび持分変動差額として処理する。 | う。
(1)子会社の資産（のれんを含む）、負債および非支配持分（非支配持分に帰属するその他の包括利益の要素を含む）の認識を注視する。
(2)受取対価および残存持分を、公正価値で認識する。
(3)差額を、親会社に帰属する損益として認識する。 | 喪失によっても、引き続き保有する関連会社に対する投資の実態または本質が変わったものとみなせないため、投資は継続しているとみて、支配喪失時においても関連会社株式は、帳簿価額のままとすることが考えられる。一方で、連結財務諸表上は、国際的な会計基準とのコンバージェンスを重視し、関連会社株式を時価で評価することが考えられる。
(2)被投資会社に対する支配を喪失し関連会社にも該当しない場合、以下の取扱いについて検討する。
(a)企業結合による場合は、投資が清算されたとして、交換損益を認識する。
(b)売却等による場 |

		(b)子会社および関連会社に該当しなくなった場合、時価に基づいて測定され、交換損益が認識される。		合、以下のいずれかの方法とすることが考えられる。 (ア)上記(a)と同様、売却された株式のみならず、残存投資も時価で評価し、差額を損益とする。 (イ)投資は継続しているとみて、残存投資は帳簿価額のままとする。

　結合会計論点整理について、一般から寄せられた意見を参考にしつつ審議が重ねられ、前記に記載のとおり、平成25年9月13日に少数株主持分（非支配株主持分）の取扱い、企業結合に係る取得関連費用の会計処理、暫定的な会計処理の確定に関する処理を主な改正内容とする結合基準、適用指針が改正された。

　なお、結合会計論点整理に掲げられていた項目のうち、平成25年における改正とされなかったもののうち、〔表5－3〕の項目については、その経緯が結合基準に示されている。

〔表5－3〕「結合会計論点整理」の検討項目と経緯

	検討項目	経　　緯
1	のれん（償却・非償却）	国際的な会計基準と同様に非償却とすべきかどうかについて審議が続けられてきたが、現状では、連結財務諸表および個別財務諸表ともに会計基準を改正することについて市場関係者の合意形成が十分に図れていない状況にあると考えられる。また、2011年11月にIASBに対してのれんを非償却とする国際財務報告基準（IFRS）第3号「企業結合」の取扱いに係る適用後レビューの必要性の提案をASBJが行っていることも踏まえ、平成25年改正会計基準においても、現行の償却処理を継続するとした。
2	子会社に対する支配を喪失した場合の残存する投資に係る会計処理	国際的な会計基準との差異は存在するが、分離基準や「金融商品に関する会計基準」等の他の会計基準に影響する横断的な論点であることに加え、段階取得の検討経緯を踏まえると、実務における段階取得の適用状況をまず検討すべきという意見もある。これらの点を踏まえ、今後、段階取得の適用状況の調査を含む、企業結合に係る実態調査を適切な時期に始めることとし、そのうえで、わが国の会計基準を取り巻く状況を踏まえて検討に着手する時期を判断することとした。
3	その他（全部のれん方式の採用の可否、条件付き取得対価の取扱い、企業結合に係る特定勘定の取扱い等）	改正することにより財務報告の改善が図れるか否かについての意見が分かれているものや、改正の必要性や適時性に乏しいという意見が大半を占めているものであるため、平成25年改正会計基準の対象とはせず、継続検討課題とすることとした。

3　結合基準

　結合基準は、企業結合に該当する取引を適用対象としているが、ここにいう企業結合とは、「ある企業又はある企業を構成する事業と他の企業を構成

する事業とが1つの報告単位に統合されること」と定義されている。なお、複数の取引が1つの企業結合を構成している場合には、それらを一体として取り扱うことになる（結合基準5）。

たとえば、合併は前記企業結合の定義に該当する取引であり、合併当事企業は、結合基準に従って合併に係る会計処理を行うことになる。

なお、結合基準における各用語の定義は、次のとおりである。

「企業」とは、会社および会社に準ずる事業体をいい、会社、組合その他これらに準ずる事業体（外国におけるこれらに相当するものを含む）をいう（結合基準4）。

「事業」とは、企業活動を行うために組織化され、有機的一体として機能する経営資源をいう（結合基準6）。

「支配」とは、ある企業または企業を構成する事業の活動から便益を享受するために、その企業または事業の財務および経営方針を左右する能力を有していることをいう（結合基準7）。

「共同支配」とは、複数の独立した企業が契約等に基づき、ある企業を共同で支配することをいう（結合基準8）。

「取得」とは、ある企業が他の企業または企業を構成する事業に対する支配を獲得することをいう（結合基準9）。

「取得企業」とは、ある企業または企業を構成する事業を取得する企業をいい、当該企業を「被取得企業」という（結合企業10）。

「共同支配企業」とは、複数の独立した企業により共同で支配される企業をいい、「共同支配企業の形成」とは、複数の独立した企業が契約等に基づき、当該共同支配企業を形成する企業結合をいう（結合基準11）。

「結合当事企業」とは、企業結合に係る企業をいい、このうち、他の企業または他の企業を構成する事業を受け入れて対価（現金等の財産や自社の株式）を支払う企業を「結合企業」、当該他の企業を「被結合企業」という。また、企業結合によって統合された1つの報告単位となる企業を「結合後企業」という（結合基準13）。

「時価」とは、公正な評価額をいう。通常、それは観察可能な市場価格をいい、市場価格が観察できない場合には、合理的に算定された価額をいう（結合基準14）。

「企業結合日」とは、被結合企業もしくは取得した事業に対する支配が取得企業に移転した日、または結合当事企業の事業のすべてもしくは事実上すべてが統合された日をいい、企業結合日の属する事業年度を「企業結合年度」という（結合基準15）。

「共通支配下の取引」とは、結合当事企業（または事業）のすべてが、企業結合の前後で同一の株主により最終的に支配され、かつ、その支配が一時的でない場合の企業結合をいう。親会社と子会社の合併および子会社同士の合併は、共通支配下の取引に含まれる（結合基準16）。

結合基準は、企業結合について会計上3つに分類（取得、共同支配企業の形成、共通支配下の取引等）し、それぞれに適用すべき会計処理を規定している。

したがって、結合当事企業は、当該企業結合がどの会計上の分類に該当するのかを識別し、会計処理を行うことになる。

(1) 共通支配下の取引等

企業集団内の合併等の企業結合に関して、結合基準は、共通支配下の取引に係る部分と非支配株主との取引に係る部分とについてそれぞれ規定し、両者を合わせて共通支配下の取引等として規定している。

共通支配下の取引とは、上記のとおり、結合当事企業（または事業）のすべてが、企業結合の前後で同一の企業により最終的に支配され、かつ、その支配が一時的ではない場合の企業結合とされる。共通支配下の取引は、親会社の立場からは企業集団内における純資産等の移転取引として内部取引と考えられているため、たとえば、完全親子会社間との合併や親会社の完全支配下にある子会社同士の合併は、共通支配下の取引として認識される。

一方、非支配株主との取引とは、親会社が非支配株主から子会社株式を追加取得する取引等をいう（適用指針200）。たとえば、100％関係にない親子会

〔図5－1〕 共通支配下の取引、非支配株主との取引、および、それ以外の取引

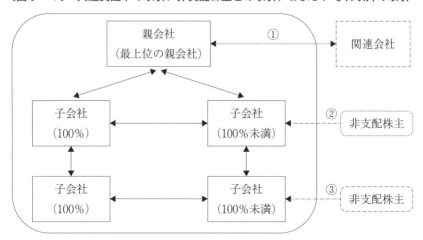

◆──▶：共通支配下の取引
◆┈┈▶：共通支配下の取引等以外（取得または共同支配企業の形成）（適用指針435）【上記①】
◆┄┄─：非支配株主との取引【上記②】
◆┄┄─：非支配株主との取引以外（適用指針206(4)）【上記③】

社間の合併や子会社と他の子会社の合併、子会社と孫会社の合併において、最上位の親会社が、子会社の非支配株主から子会社株式等を取得する部分については、非支配株主との取引として認識される。

なお、最上位ではない親会社と子会社との合併において、最上位でない親会社が当該子会社の非支配株主から子会社株式を取得する取引は、最上位の親会社からみて、企業集団内部の取引であると考えられるため、非支配株主との取引には該当しないことに留意する必要がある。

(ア) 共通支配下の取引の範囲

支配の主体となる「同一の企業」にいう「企業」の範囲は、公開企業のみならず、非公開企業や外国企業も含まれる（適用指針435）。また、支配の主体の範囲として、個人も含まれると解し、「同一の株主」として取り扱われることに留意する必要がある（適用指針201）。共通支配下の取引は、上記のとおり、親会社の立場からは企業集団内における内部取引であると考えら

れ、また、企業集団は支配により形成されていることを考えると、支配の主体が企業であれ、個人であれ本質的には差異はないと考えられている（適用指針435）。

したがって、同一株主が企業あるいは個人のいずれの場合であっても、当該同一の株主により支配されているか否かによって、支配されているか否かの判定が行われる（支配力基準による判定）。

【参考】 関連会社との企業結合

> 投資会社とその関連会社との企業結合は、共通支配下の取引に該当しないことに留意する必要がある。すなわち、関連会社との企業結合は、親会社および子会社から形成される企業集団内における企業結合ではないと解されるためであり、後述する取得と共同支配企業の形成のいずれかに識別される（適用指針435）。

【参考】 支配力基準による判定

> 同一の株主により支配されているか否かの判定は、ある株主と緊密な者[1]および同意している者[2]が保有する議決権を合わせて、結合当事企業のすべてが、企業結合の前後で同一の株主により最終的に支配されているかを実質的に判定するものである。この支配の判定は、「連結財務諸表における子会社及び関連会社の範囲の決定に関する適用指針[3]」に準じて行うことになる（適用指針202）。
> (1) 自己と出資、人事、資金、技術、取引等において緊密な関係にあることにより自己の意思と同一の内容の議決権を行使すると認められる者をいう。
> (2) 自己の意思と同一の議決権を行使することに同意している者をいう。
> (3) 企業会計基準適用指針第22号

　(イ)　共通支配下の取引等の会計処理

　　(A)　共通支配下の取引に係る会計処理

共通支配下の取引は、親会社の立場からは企業集団内における内部取引と

考えられるため、個別財務諸表上、移転する資産および負債は、移転元（吸収合併の場合は消滅会社）において付されていた適正な帳簿価額を基礎として会計処理を行う（結合基準41、適用指針200）。また、移転された資産および負債の差額は、純資産として処理され、移転された資産および負債の対価として取得する株式の取得原価は、当該資産および負債の適正な帳簿価額に基づいて算定する（結合基準42、43）。一方、連結財務諸表上は、内部取引としてすべて消去する（結合基準44）。

(B) 非支配株主の取引に係る会計処理

非支配株主との取引は、企業集団の最上位に位置する会社（最上位の親会社）が非支配株主から子会社株式を追加取得する取引とされ、個別財務諸表上、非支配株主持分相当額と、取得の対価（非支配株主に交付した親会社株式の時価）との差額をその他資本剰余金とする（適用指針200、206）。

(C) 抱合せ株式に係る会計処理

結合企業（吸収合併では存続会社）が、企業結合（合併）に先立って保有している被結合企業（吸収合併では消滅会社）の株式は、抱合せ株式といわれる。共通支配下の関係にある合併において、抱合せ株式は、次のように会計処理を行うことになる。

① 親会社と子会社との合併の場合

親会社において、親会社持分相当額と親会社が保有していた子会社株式（抱合せ株式）の帳簿価額との差額を、特別損益に計上する（適用指針206）。

ここにいう親会社持分相当額とは、親会社が子会社から受け入れた資産および負債との差額のうち株主資本の額を合併期日直前の親会社持分と非支配株主持分との持分比率に基づき按分して算定した額をいう。

② 同一の株主に支配されている子会社同士の合併の場合

同一の株主に支配されている子会社同士の合併（ただし、対価として新株を発行する場合）において、存続会社である子会社が消滅会社である子会社の株式を保有している場合（抱合せ株式を保有している場合）、

第5章　会社合併の会計処理

存続会社は、増加すべき株主資本について、以下のいずれかの方法により会計処理を行う（適用指針247）。

㋐　消滅会社の株主資本の額から当該抱合せ株式の帳簿価額を控除した差額を払込資本の増加として処理する（当該差額がマイナスの場合には、その他利益剰余金の減少として処理する）。

〔図5－2〕　抱合せ株式──親会社と子会社の合併

親会社が保有していた子会社株式の簿価と子会社から受け入れた純資産との差額を「抱合せ株式消滅差損益」として特別損益として計上する。

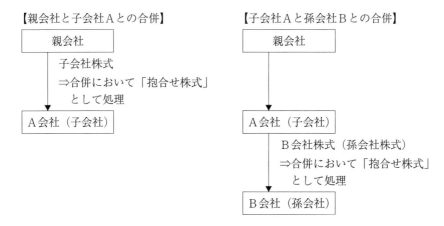

〔図5－3〕　抱合せ株式──同一の株主に支配されている子会社同士の合併

【子会社A（存続）とC（消滅）の合併】

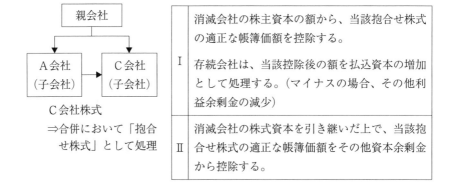

㋑ 消滅会社の株主資本を引き継いだうえで、当該抱合せ株式の帳簿価額をその他資本剰余金から控除する。

(ウ) 共通支配下における合併の主な類型とその会計処理の概要

共通支配下における合併の主な類型として、以下の8つの形態を取り上げ、その会計処理の概要について解説を行う。合併の形態としては、吸収合併を前提とする。

なお、具体的な会計処理については、後記Ⅱ1において解説を行う。

1	最上位の親会社（以下、親会社とする）と子会社（親会社が100％保有。以下、子会社(a)とする）との合併	垂直型合併
2	親会社と孫会社（子会社(a)が100％保有。以下、孫会社(a)とする）との合併	
3	子会社(a)と孫会社(a)との合併	
4	親会社と子会社（親会社が100％未満保有。以下、子会社(b)とする）との合併	
5	親会社と孫会社（子会社(b)が100％未満保有。以下、孫会社(b)とする）との合併	
6	子会社(b)と孫会社(b)との合併	
7	子会社(a)と子会社(b)との合併	水平型合併
8	孫会社(a)と孫会社(b)との合併	

(A) 親会社と子会社(a)との合併（図5－4）

子会社(a)は親会社に議決権を100％保有され、子会社(a)において非支配株主が存在しない資本関係となっているため、非支配株主との取引はない。

親会社は、保有している抱合せ株式について、合併の対価を交付しないが（法749条1項3号）、親会社持分相当額と親会社が保有している子会社(a)株式

第5章 会社合併の会計処理

〔図5−4〕 親会社と子会社との合併　　〔図5−5〕 親会社と孫会社との合併
　　　　　（ケース1）（上記(A)）　　　　　　　　　（ケース1）（上記(B)）

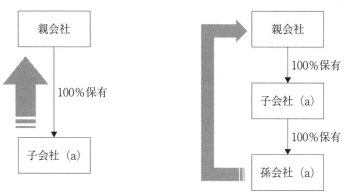

の帳簿価額との差額を、抱合せ株式消滅差損益として認識する（前記(イ)(C)①）。

　(B)　親会社と孫会社(a)との合併（図5−5）

　孫会社(a)は子会社(a)に議決権を100％保有され、孫会社において非支配株主が存在しない資本関係となっていることから、前記(A)と同様、非支配株主との取引はない。

　一方、親会社が中間子会社たる子会社(a)から孫会社(a)株式を取得する取引は、共通支配下の取引として会計処理を行う。

　(C)　子会社(a)と孫会社(a)との合併（図5−6）

　孫会社(a)は子会社(a)に議決権を100％保有され、孫会社(a)において非支配株主が存在しない資本関係となっていることから、上記(A)と同様、非支配株主との取引はない。

　子会社(a)が保有している抱合せ株式については、子会社(a)持分相当額と子会社(a)が保有している孫会社(a)株式の帳簿価額との差額を、抱合せ株式消滅差損益を認識する（前記(イ)(C)①）。

　(D)　親会社と子会社(b)との合併（図5−7）

　子会社(b)において、非支配株主が存在する資本関係となっていることか

334

〔図5－6〕 子会社と孫会社との合併　　〔図5－7〕 親会社と子会社との合併
　　　　　（ケース1）（上記(C)）　　　　　　　　（ケース2）（上記(D)）

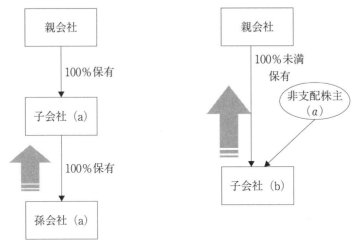

ら、合併に伴い親会社は子会社(b)の非支配株主(α)から子会社(b)株式を追加取得することになる。

　親会社は企業集団内において最上位の親会社であるため、当該親会社が非支配株主から子会社株式を追加取得する取引は、当該親会社の立場からみて外部取引と考えられ、非支配株主との取引として会計処理を行うことになる（前記(イ)(B)）。

　親会社は、保有している抱合せ株式について、親会社持分相当額と親会社が保有している子会社(b)株式の帳簿価額との差額を、抱合せ株式消滅差損益として認識する（前記(イ)(C)①）。

　(E)　**親会社と孫会社(b)との合併（図5－8）**

　孫会社(b)において、非支配株主(β)が存在する資本関係になっていることから、合併に伴い親会社は孫会社(b)の非支配株主(β)から孫会社(b)株式を追加取得することになる。

　親会社は企業集団内において最上位の親会社であるため、当該親会社が非支配株主(β)から孫会社(b)株式を取得する取引は、当該親会社の立場からみて

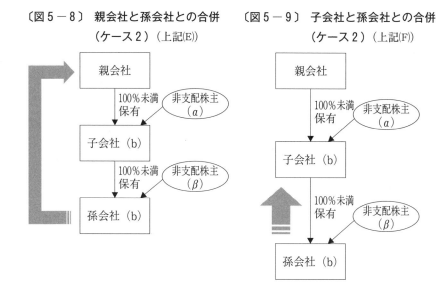

〔図5-8〕 親会社と孫会社との合併
　　　　（ケース2）（上記(E)）

〔図5-9〕 子会社と孫会社との合併
　　　　（ケース2）（上記(F)）

外部取引と考えられるため、前記(D)と同様、非支配株主との取引として会計処理を行うことになる。

　一方、親会社が中間子会社たる子会社(b)から孫会社(b)株式を取得する取引は、共通支配下の取引として会計処理を行う。

　なお、親会社は、合併前に孫会社(b)株式を保有している場合（抱合せ株式を保有している場合）、親会社持分相当額と親会社が保有している孫会社(b)株式の帳簿価額との差額を、抱合せ株式消滅差損益として認識する（前記(イ)(C)①)。

　(F)　子会社(b)と孫会社(b)との合併（図5-9）

　孫会社(b)において、非支配株主(β)が存在する資本関係になっていることから、合併に伴い子会社(b)は孫会社(b)の非支配株主(β)から孫会社(b)株式を追加取得することになる。

　この場合、合併の前後で最上位の親会社からの支配に変更はないため、当該支配が一時的でないならば、非支配株主(β)から孫会社(b)株式を取得する取引は、企業集団内部の移転取引と考えられるため、共通支配下の取引として

会計処理を行うことになる（非支配株主との取引とならない）。

子会社(b)が有している抱合せ株式については、子会社(b)持分相当額と子会社(b)が保有している孫会社(b)株式の帳簿価額との差額を抱合せ株式消滅差損益を認識する（前記(イ)(C)①）。

(G) 子会社(a)と子会社(b)との合併（図5－10）

子会社(b)に非支配株主が存在する場合に、同一の株主に支配されている子会社同士の合併において、存続会社である子会社(a)は、子会社(b)の非支配株主(a)から子会社(b)株式を追加取得することになる。

この場合、合併の前後で最上位の親会社による支配に変更はないため、親会社の支配が一時的でないならば、非支配株主(a)から子会社(b)株式を取得する取引は、企業集団内部の移転取引と考えられるため、共通支配下の取引として会計処理を行うことになる。

なお、子会社(a)が抱合せ株式を有している場合は、存続会社たる子会社(a)の増加資本の調整として処理する（前記(イ)(C)②）ことになり、抱合せ株式消滅差損益は認識しないことに留意する必要がある。

〔図5－10〕 子会社と子会社との合併（上記(G)）

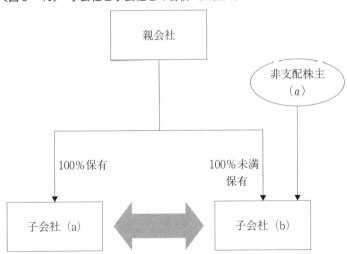

〔図5−11〕 孫会社と孫会社との合併（上記(H)）

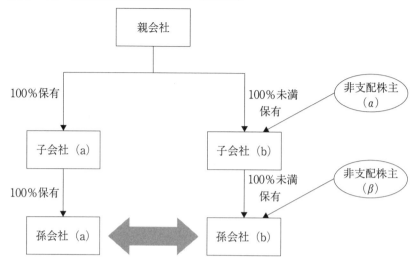

(H) 孫会社(a)と孫会社(b)との合併（図5−11）

　孫会社(b)に、非支配株主(β)が存在する場合に、合併に伴い存続会社である孫会社(a)は孫会社(b)の非支配株主(β)から孫会社(b)株式を追加取得することになる。

　この場合、合併の前後で最上位の親会社による支配に変更はないため、支配が一時的でないならば、非支配株主(β)から孫会社(b)株式を取得する取引は、企業集団内部の移転取引と考えられるため、共通支配下の取引として会計処理を行うことになる。

　なお、孫会社(a)が抱合せ株式を有している場合は、存続会社たる孫会社(a)の増加資本の調整として処理する（前記(イ)(C)②）ことになり、抱合せ株式消滅差損益は認識しないことに留意する必要がある。

(2) 共同支配企業の形成

　合併を例にとる場合、複数の独立した企業のそれぞれの同一事業を専業とする子会社同士が合併し、契約等に基づいて当該企業が共同で合併後の子会社を支配する場合における当該合併は、共同支配企業の形成に該当する。

㋐　共同支配企業の形成の適用要件

　合併のうち、次の要件のすべてを満たすものは共同支配企業の形成とする（適用指針175）。
① 共同支配投資企業となる投資企業は、複数の独立した共同支配企業の形成とする（独立企業要件）
② 共同支配投資企業となる投資企業が共同支配となる契約等を締結していること（契約要件）
③ 合併に際して支払われた対価のすべてが、原則として、議決権のある株式であること
④ ①～③以外に支配関係を示す一定の事実が存在しないこと（その他の支配要件）

　㋑　共同支配企業の形成における会計処理

　共同支配企業の形成と判定される場合には、以下の会計処理を行うことになる。

　　(A)　資産および負債の会計処理

　合併により引き継ぐ資産および負債を合併の効力発生日の前日における消滅会社の適正な帳簿価額で引き継ぐ（結合基準116、適用指針184）。

　　(B)　増加資本の会計処理

① 株主資本項目の取扱い

　　新株を発行した場合、存続会社（共同支配企業）は、合併期日の前日における消滅会社の純資産の部の各項目を以下に従って処理する。

　㋐　原則的な会計処理

　　存続会社は、消滅会社の合併期日の前日の適正な帳簿価額による株主資本の額を、払込資本（資本金または資本剰余金）として処理する。

　　増加すべき払込資本の内訳項目は（資本金、資本準備金またはその他資本剰余金）は、会社法の規定に基づき決定する（適用指針185(1)①）。

　　具体的には、共通支配下の取引（子会社同士の合併）における株主資本の内訳項目の決定方法に準じて処理を行う。

なお、消滅会社の合併期日の前日の適正な帳簿価額による株主資本の額がマイナスの場合および抱合せ株式等の会計処理により株主資本の額がマイナスとなる場合には、払込資本をゼロとし、その他利益剰余金のマイナスとして処理する。

また、存続会社が当該合併の対価として自己株式を処分した場合、消滅会社の合併期日の前日の適正な帳簿価額による株主資本の額から処分した自己株式の帳簿価額を控除した額を払込資本の増加（当該差額がマイナスの場合はその他資本剰余金の減少）として会計処理する。

さらに、抱合せ株式等がある場合、当該抱合せ株式等の額は、払込資本の額から減額する（適用指針185、186）。

④　容認される会計処理

存続会社は、消滅会社の合併期日の前日の資本金、資本準備金、その他資本剰余金、利益準備金およびその他利益剰余金の内訳科目を、抱合せ株式等の会計処理を除き、そのまま引き継ぐことができる（適用指針185(1)②、計算規則36条）。

この取扱いは、消滅会社の適正な帳簿価額による株主資本の額がマイナスとなる場合も同様となる。

また、存続会社が当該合併の対価として自己株式を処分した場合は、当該自己株式の帳簿価額をその他資本剰余金から控除する（適用指針186）。

さらに、抱合せ株式等がある場合、当該抱合せ株式等の額は、その他資本剰余金から減額する（適用指針185、186）。

② 株主資本項目以外の取扱い

存続会社は、消滅会社の合併期日の前日の評価・換算差額等および新株予約権の適正な帳簿価額を引き継ぐ（適用指針185(2)）。

(3) 取　得

共通支配下の取引等、および共同支配企業の形成以外の企業結合は、「取得」として識別される。

取得に該当する場合、パーチェス法により会計処理を行う。具体的には、取得企業の決定、取得原価の算定、取得原価の配分という会計処理を順次行う。

以下、吸収合併（取得企業は存続会社）を前提に、取得と判定された場合の会計処理の概要について解説を行う。

なお、取得における具体的な会計処理については、後記Ⅱ2(1)において解説を行う。

(ア) 取得企業の決定方法

被取得企業（消滅会社）の支配を獲得することになる取得企業（存続会社）の決定は、企業会計基準第22号「連結財務諸表に関する会計基準」（以下、「連結会計基準」という）の考え方を用いて決定される（結合基準18）。連結会計基準において、他の結合当事企業を支配する結合当事企業が明確である場合、原則として、当該支配する結合当事企業が取得企業になるとしている。

連結会計基準の考え方によってどの結合当事企業が取得企業になるかが明確でない場合には、以下の事項を考慮して取得企業を決定することになる（結合基準18）。

① 主な対価の種類として、現金もしくは他の資産を引き渡すまたは負債を引き受ける場合

通常、当該現金もしくは他の資産を引き渡すまたは負債を引き受ける企業が取得企業となる（結合基準19）。

② 主な対価の種類が株式（出資を含む）である場合

通常、当該株式を交付する企業が取得企業となる。

ただし、逆取得のケース（株式を交付した企業が取得企業にならないケース）も考えられるため、以下の事項を総合的に勘案する必要がある（結合基準20）。

㈠　総体として株主が占める相対的な議決権比率の大きさ
ある結合当事企業の総体としての株主が、結合後の議決権比率のうち最も大きい割合を占める場合には、通常、当該結合当事企業が取得企業となる。なお、結合後企業の議決権比率を判断するにあたっては、議決権の内容や潜在株式の存在について考慮しなければならない。
㈡　最も大きな議決権比率を有する株主の存在
結合当事企業の株主または株主グループのうち、ある株主または株主グループが、結合後企業の議決権の過半には至らないものの最も大きな割合を有する場合において、当該株主等以外には重要な議決権比率を有していないときは、通常、当該株主等がいた結合当事企業が取得企業となる。 　なお、ここにいう重要な議決権比率を有していない場合とは、関連会社に当たる程度にまで議決権比率を有しているような株主または株主グループが他には存在しない場合をいう（適用指針32－3）。
㈢　取締役等を選解任できる株主の存在
結合当事企業の株主または株主グループのうち、ある株主または株主グループが、結合後企業の取締役会その他これに準ずる機関（重要な経営事項の意思決定機関）の構成員の過半数を選任または解任できる場合には、通常、当該株主または株主グループのいた結合当事企業が取得企業となる。
㈣　取締役会等の構成
結合当事企業の役員もしくは従業員である者またはこれらであった者が、結合後企業の取締役会その他これに準ずる機関（重要な経営事項の意思決定機関）を事実上支配する場合には、通常、当該役員または従業員のいた結合当事企業が取得企業となる。
㈤　株式の交換条件
ある結合当事企業が他の結合当事企業の企業結合前における株式の時価を超えるプレミアムを支払う場合には、通常、当該プレミアムを支払った結合当事企業が取得企業となる。ここにいう時価を超えるプレミアムを支払う場合とは、たとえば、株式の交換比率の算定にあたり、企業結合の主要条件が合意された日などの企業結合前における株式の市場価格（株価）に加えて、支配する対価としてのプレミアムが反映されている場合が該当することになる（適用指針32－4）。

③ 結合企業のうち、いずれかの企業の相対的な規模が著しく大きい場合

いずれかの企業の相対的な規模（たとえば、総資産額、売上高あるいは純利益）が著しく大きい場合には、通常、相対的な規模が著しく大きい結合当事企業が取得企業となる（結合基準21）。

④ 結合当事企業が3社以上である場合

結合当事企業が3社以上である場合の取得企業の決定にあたっては、前記③に加えて、いずれかの企業がその企業結合を最初に提案したかについても考慮する（結合基準22）。

　(ｲ)　取得原価の算定

被取得企業（消滅会社）の取得原価は、原則として、取得の対価（支払対価）となる財の企業結合日における時価で算定する。

支払対価が、現金以外の資産の引渡し、負債の引受けまたは株式の交付となる場合には、支払対価となる財の時価と被取得企業の時価のうち、より高い信頼性をもって測定することが可能な時価により算定する。

① 支払対価として株式を交付する場合の留意点

支払対価として交付される取得企業等の株式について市場価格（「金融商品会計に関する実務指針」（以下、「金融商品会計実務指針」という）48項）がある場合、支払対価となる財の時価は、原則として、結合日における株価を基礎として算定する。

支払対価として交付される取得企業等の株式について市場価格がない場合で、取得企業の株式に合理的に算定された価額（金融商品会計実務指針54項）を得られるときは、企業結合日における当該価額を基礎として算定する。この合理的に算定された価額には、以下の評価額が含まれるが、複数の評価額が利用されているときは、これらを加重平均するなど、当該価額を合理的に算定する。

　　㋐　類似会社比準方式による評価額（金融商品会計実務指針54項(1)）

　　㋑　割引将来キャッシュ・フロー法による評価額（同項(2)）

また、取得企業の株式に合理的に算定された価額が得られない場合

で、被取得企業の株式に合理的に算定された価額があるときは、企業結合日における当該価額を基礎に算定する。

さらに、被取得企業の株式に合理的に算定された価額が得られない場合には、被取得企業から受け入れた識別可能資産または負債の企業結合日の時価を基礎とした正味の評価額（時価純資産額）を基礎に算定する。この場合、取得原価の算定と取得原価の配分が一体の手続となるため、取得に要した支出額（取得の対価性が認められるものに限る）を除き、のれん（または負ののれん）が発生しないことに留意する必要がある（適用指針357）。

② 取得が複数の取引により達成される場合（段階取得）の留意点

段階取得における被取得企業の取得原価の算定は、次のように行う（結合基準25）。

個別財務諸表上	支配を獲得するに至った個々の取引ごとの原価の合計額をもって、被取得企業の取得原価とする。 　具体的には、吸収合併において、取得企業（存続会社）の株式が交付され、取得企業が合併直前に被取得企業の株式を保有していた場合、取得企業が交付する取得企業株式の時価と合併期日の被取得企業の株式の帳簿価額を合算して取得原価を算定する（適用指針46）。
連結財務諸表上	支配を獲得するに至った個々の取引すべての企業結合日における時価をもって、被取得企業の取得原価を算定する。 　なお、当該被取得企業の取得原価と、支配を獲得するに至った個々の取引ごとの原価の合計額（持分法適用関連会社と企業結合した場合には、持分法による評価額）との差額は、当期の段階取得に係る損益として処理する。 　具体的には、吸収合併において、取得企業（存続会社）の株式が交付され、取得企業が合併直前に被取得企業の株式を保有していた場合、取得企業が交付する取得企業の株式の時価と、合併直前の被取得企業の株式の時価を合算して取得原

	価を算定し、合併直前の被取得企業の株式の帳簿価額と合併期日の時価との差額は、当期の段階取得に係る損益として処理される。また、これに見合う金額は、個別財務諸表において計上されたのれん（または負ののれん）の修正として処理される（適用指針46-2）。

③　取得関連費用

　　取得関連費用（外部のアドバイザー等に支払った報酬・手数料等）は、発生した事業年度の費用として処理する（結合基準26）。

④　条件付取得対価の会計処理

　　条件付取得対価とは、企業結合契約において定められるものであって、企業結合契約締結後の将来の特定の事象または取引の結果に依存して、企業結合日後に追加的に交付または引き渡される取得の対価をいう（結合基準27）。

　　条件付取得対価のうち、将来の業績に依存する条件付取得対価、および特定の株式または社債の市場価格に依存する条件付取得対価について、次のような会計処理を行う。

(ア)　将来の業績に依存する条件付取得対価
条件付取得対価の交付または引渡しが確実となり、その時価が合理的に決定可能となった時点で、支払対価を取得原価として追加的に認識するとともに、のれんまたは負ののれんを追加的に認識する。 　追加的に認識されるのれんまたは負ののれんは、企業結合日時点で認識されたものと仮定して計算し、追加認識する事業年度以前に対応する償却額および減損損失額は損益として処理する。
(イ)　特定の株式または社債の市場価格に依存する条件付取得対価
条件付取得対価の交付または引渡しが確実となり、その時価が合理的に決定可

能となった時点で、次の会計処理を行う。
(i) 追加で交付可能となった条件付取得原価を、その時点の時価に基づき認識する。
(ii) 企業結合日現在で交付している株式または社債をその時点の時価に修正し、当該修正により生じた社債プレミアムの減少額またはディスカウントの増加額を将来にわたって規則的に償却する。

(ウ) 取得原価の配分

　取得原価は、被取得企業（消滅会社）から受け入れた資産および引き受けた負債のうち、企業結合日において識別可能なもの（識別可能資産および負債）の企業結合日時点の時価を基礎として、当該資産および負債に対して企業結合日以後1年以内に配分する（結合基準28）。
　なお、取得原価の配分において、以下の事項に留意する必要がある。

(i) 受け入れた資産について、法律上の権利など分離して譲渡可能な無形資産が含まれている場合

　当該無形固定資産は識別可能なものとして取り扱う（結合基準29）。
　「分離して譲渡可能な無形資産」とは、受け入れた資産を譲渡する意思が取得企業にあるか否かにかかわらず、企業または事業と独立して売買可能なものをいい、当該無形資産は、独立した合理的な価格を算定できるものでなければならない（適用指針59）。すなわち、分離して譲渡可能な無形資産であるか否かは、対象となる無形資産の実態に基づいて判断すべきであるが、たとえば、ソフトウェア、顧客リスト、特許で保護されていない技術、データベース、研究開発活動の途中段階の成果（最終段階にあるものに限らない）等についても分離して譲渡可能なものがあることに留意する必要があるとされる（適用指針367）。
　また、特定の無形資産に着目して企業結合が行われた場合など、企業結合の目的の1つが特定の無形資産の受け入れであり、その無形資産の金額が重要になると見込まれる場合には、当該無形資産は分離可能なものとして取り扱われ

	る。したがって、このような場合には、当該無形資産を識別可能資産として、取得原価を配分することになる（適用指針59－2）。
(ii)	取得後に発生することが予測される特定の事象に対応した費用または損失であって、その発生の可能性が取得の対価の算定に反映されている場合
	当該予測される費用または損失を負債として認識する。なお、当該負債は、原則として、固定負債として表示し、その主な内容および金額は連結貸借対照表および個別貸借対照表の注記事項となる（結合基準30）。

　(エ)　のれん

　取得原価が、受け入れた資産および引き受けた負債に配分された純額を上回る場合には、その超過額を、のれんとして会計処理し、下回る場合には、その不足額を、負ののれんとして会計処理する（結合基準31）。

　　(A)　のれんの会計処理

　のれんは、資産として計上し、20年以内のその効果が及ぶ期間にわたって、定額法その他合理的な方法により規則的に償却する。

　のれんの金額に重要性が乏しい場合には、当該のれんが発生した事業年度の費用として処理することができる（結合基準32）。

　なお、のれんの償却において、以下の事項に留意する必要がある（適用指針76）。

ア	のれんの償却開始時期は、企業結合日とする。 なお、みなし取得日による場合には、当該みなし取得日が四半期首であるときには、償却開始日は四半期首からとなり、四半期末であるときには翌四半期首からとなる。
イ	のれんを、企業結合日に全額費用処理することはできない（エを除く）。
ウ	のれんの償却額は、販売費および一般管理費に計上する。減損処理以外の事由でのれんの償却額を特別損失に計上することはできない。

エ	重要性が乏しい場合に当該のれんが生じた事業年度において費用処理を行うとき、当該費用の表示区分は販売費および一般管理費とする
オ	関連会社と企業結合したことにより発生したのれんは、持分法による投資評価額に含まれていたのれんの未償却額と区別せず、企業結合日から新たな償却費間にわたり償却する。
カ	のれんの償却期間および償却方法は、企業結合ごとに取得企業が決定する。
キ	のれんの未償却残高は、減損処理の対象となる。

(B) 負ののれんの会計処理

負ののれんが生じると見込まれる場合には、次の処理を行う。

ア	取得企業は、すべての識別可能資産および負債（前記(ウ)(ii)を含む）が把握されているか、また、それらに対する取得原価の配分が適切に行われているかどうかを見直す処理を行う。
イ	上記アの見直しを行っても、取得原価が受け入れた資産および引き受けた負債に配分された純額を下回り、負ののれんが生じる場合には、当該負ののれんが生じた事業年度の利益（原則として特別利益）として処理する（結合基準33）。

なお、負ののれんが生じると見込まれるときにおける取得原価が、受け入れた資産および引き受けた負債に配分された純額を下回る額に重要性が乏しい場合には、上記の処理を行わず、当該下回る額を当期の利益として処理することができる（結合基準33）。

(オ) 増加資本の会計処理

(A) 新株を発行した場合

支払対価として、取得企業（存続会社）が新株を発行した場合には、払込資本（資本金または資本剰余金）の増加として会計処理を行う。

増加すべき払込資本の内訳項目（資本金、資本準備金またはその他資本剰余金）は、会社法の規定に基づき決定する（適用指針79、計算規則35条）。

(B) 自己株式を処分した場合

　取得企業が保有する自己株式を処分した場合には、増加すべき株主資本の額（自己株式の処分の対価の額。新株の発行と自己株式の処分を同時に行った場合には、新株の発行と自己株式の処分の対価の額）から処分した自己株式の帳簿価額を控除した額を払込資本の増加（当該差額がマイナスとなる場合にはその他資本剰余金の減少。なお、当該差額がマイナスとなる場合において、当該マイナス差額が自己株式の帳簿価額を上回る場合、この上回る額は、その他の利益剰余金の減少とする（計算規則35条ただし書））として会計処理を行う（適用指針80）。

(C) 取得企業の株式以外の財産を交付した場合

　取得企業が取得企業株式以外の財産を交付した場合には、当該交付した財産の時価と企業結合日の前日における適正な帳簿価額との差額を損益として会計処理を行う（適用指針81）。

(D) 子会社が親会社株式を交付した場合（いわゆる三角合併の場合）

　子会社が親会社株式を支払対価として他の企業と企業結合する場合（いわゆる三角合併などの場合）には、次のような会計処理を行う（適用指針82）。

個別財務諸表上	親会社株式に付した財産の時価と企業結合日の前日における適正な帳簿価額との差額を損益として会計処理を行う。
連結財務諸表上	個別財務諸表において計上された損益を、資本取引として自己株式処分差額に振替、企業会計基準第1号「自己株式及び準備金の額の減少等に関する会計基準」の定めに従って会計処理を行う。

【逆取得とされるケース】

　逆取得とされる場合、被取得企業（消滅会社）は、次の会計処理を行う。

　吸収合併において消滅会社が取得企業となる場合、存続会社（被取得企業）

は、個別財務諸表上、消滅会社（取得企業）の資産および負債を合併直前の適正な帳簿価額により計上する（結合基準34、112、113）。

また、合併の対価として存続会社株式を交付する場合、当該資産および負債の差額は、次のように処理を行う。

(i) 原則的な会計処理

　消滅会社の合併期日の前日の適正な帳簿価額による株主資本の額を払込資本（資本金または資本剰余金）とし、増加すべき払込資本の内訳項目（資本金、資本準備金またはその他資本剰余金）は、会社法の規定に基づき決定する。

　なお、抱合せ株式等がある場合には、当該抱合せ株式等の額は、払込資本の額から減額する（適用指針84、84-2）。

(ii) 認められる会計処理

　合併の対価として、存続会社株式のみを交付する場合、消滅会社の合併期日の前日の資本金、資本準備金、その他資本剰余金、利益準備金およびその他利益剰余金の内訳科目を抱合せ株式等の会計処理を除き、そのまま引き継ぐことができる。

　なお、抱合せ株式等がある場合には、当該抱合せ株式等の額は、その他資本剰余金から減額する（適用指針84、84-2）。

【参考】　中小企業における合併の会計処理（中小企業の会計に関する指針）

1．中小企業の会計に関する指針の概要

　中小企業が、計算書類の作成にあたり、拠ることが望ましい会計処理や注記等を示すものとして、「中小企業の会計に関する指針」（以下、「中小企業会計指針」という）が整備されており、中小企業は、本指針に依り計算書類を作成することが推奨されている。なお、中小企業会計指針は、あくまでも簡便的な処理を明記したものに過ぎないため、一般に公正妥当と認められる企業会計の基準、会社計算規則の適用が排除されるものではない点に留意する必要がある。

　また、会社法上、取締役と共同して計算書類の作成を行う「会計参与制度」が導入されている。会計参与制度を採用した会社において、会計参与が取締役と共同して計算書類を作成するにあたってよることが適当な会計のあり方を中

小企業会計指針が示すものと位置付けられる。

　ここにいう中小企業、すなわち中小企業会計指針の適用対象となる企業は、以下の除く株式会社とされる。また、特例有限会社、合名会社、合資会社または合同会社についても、中小企業会計指針によることが推奨されている。
　（１）　金融商品取引法の適用を受ける会社並びにその子会社及び関連会社
　（２）　会計監査人を設置する会社及びその子会社

2．合併における中小企業会計指針の適用

　中小企業が合併を行う場合、中小企業会計指針の各論「組織再編の会計（企業結合会計及び事業分離会計）」に従って会計処理することになる。

　「組織再編の会計」において、結合基準および分離基準の規定を抜粋した形で以下のような要点を定められている。なお、中小企業の会計に関する指針に明記されていない取引については、一般に公正妥当と認められる企業会計の基準である結合基準、分離基準および適用指針に従って会計処理を行うことになる。たとえば結合企業等の株主に係る会計処理は、中小企業会計指針では特段の規定を置いていないことから、分離基準の規定に従って会計処理を行うことになる。

- 企業結合が行われた場合、結合企業に適用すべき会計処理は、企業結合の会計上の分類に基づき決定される。会計上の分類は、取得（一方の会社が他の会社を支配したと認められる企業結合）、共同支配企業の形成（共同支配となる企業結合）および共通支配下の取引等（親会社と子会社、あるいは子会社と子会社の企業結合などグループ内の組織再編）である。
- 企業結合が被結合企業から受け入れる資産および負債は、企業結合が取得と判定される場合には時価を付し、それ以外の場合には被結合企業の適正な帳簿価額を付すことになる。時価を付すべき場合にも、一定の要件を満たす場合には、被結合企業の適正な帳簿価額に拠ることができる。
- 事業分離等が行われた場合、分離元企業に適用すべき会計処理は、分離元企業にとって移転した事業に対する投資が継続しているかどうかに基づき決定される。
- 投資が継続している場合（受取対価が株式のみで、その株式が子会社株式または関連会社株式に該当する場合）には、損益は発生せず、投資が清算された場合（受取対価が現金の場合など）には、原則として、移転損益が発生する。

> （「中小企業の会計に関する指針（平成27年版）」日本公認会計士協会、日本税理士協会、日本商工会議所、企業会計基準委員会より抜粋）
>
> また、本文の「資産及び負債の受入れに関する会計処理」において、結合企業が受け入れる資産および負債を時価以下の範囲で適宜に評価替えするような会計処理は認められないことを本文に明記する等、従来の会計実務との変更を認識されやすいような配慮がされている特徴がある。

4　事業分離等に関する会計基準

分離基準は、前記Ⅰ1に記載のとおり、事業を分離する企業の会計処理に加えて、企業結合における結合企業の株主に係る会計処理を規定している（分離基準1）。

したがって、企業結合が合併の場合、合併当事企業の株主は、分離基準に従って合併に係る会計処理を行うことになる。

以下、吸収合併を前提に解説を行う。

(1)　概　要

合併当事企業の株主は、被結合企業たる消滅会社の株主および結合企業たる存続会社の株主である。

消滅会社の株主は、合併によって存続会社から対価を受け取ることから、当該受け取りに係る会計処理を行うことになる。

存続会社の株主は、合併によって対価を受け取ることはないが、通常、存続会社に対する持分比率が変動することから、当該持分比率の変動に係る会計処理を行うことになる。

分離基準は、「投資の継続・清算」という概念に基づいて、消滅会社の株主、存続会社の株主に係る会計処理を行うと規定している。

(2) 消滅会社（被結合企業）の株主に係る会計処理
　(ア) 投資の継続か清算かの判定

　消滅会社の株主にとって、投資が継続しているとみるか、清算されたとみるかの判定は、消滅会社の株主が受け取る対価の種類（現金等の財産のみの場合、存続会社の株式のみの場合、現金等の財産と存続会社の株式である場合）ごとに大別して判断し、次にそれぞれにおいて、消滅会社の株主にとって消滅会社および存続会社がどのような属性であるか（子会社となる場合、関連会社となる場合、子会社や関連会社以外の投資先となる場合）を判断して行うことになる。

　(イ) 投資が清算したと判定される場合

　消滅会社に対する投資が清算されたと判定される場合、消滅会社の株式と引き換えに受け取った財の時価と、消滅会社の株式に係る合併直前の適正な帳簿価額との差額を、交換損益として認識するとともに、改めて当該受け取った財の時価で投資を行ったものとして会計処理を行う（分離基準32）。

　(ウ) 投資が継続していると判定される場合

　消滅会社に対する投資が継続していると判定される場合、交換損益を認識せず、消滅会社の株式と引き換えに受け取った財の取得原価は、消滅会社の株式に係る適正な帳簿価額に基づいて算定する（分離基準32）。

　(エ) 受取対価となる財の時価

　交換損益を認識する場合の財の時価は、受取対価が現金以外の資産等の場合、受取対価となる財の時価と引き換えた消滅会社の株式の時価のうち、より高い信頼性をもって測定可能な時価により算定する（分離基準33）。

　(オ) 消滅会社（被結合企業）の株主に係る会計処理

　前記(ア)から(エ)に基づき、消滅会社（被結合企業）の株主は、受取対価の種類ごと、さらに、合併前の消滅会社および合併後の存続会社（結合企業）の属性ごとに、それぞれ受取対価の価額、交換損益に係る会計処理を行う。

　　(A) 受取対価が現金等の財産のみの場合

　受取対価が現金等の財産のみである場合、当該対価は、消滅会社の株主が

保有していた消滅会社株式と明らかに性格が異なる資産であり、消滅会社の株主における投資の継続性は認められないため、その投資は清算されたものとして、交換損益を認識する。

消滅会社の株主が対価として受け取る現金等の財産の額は、消滅会社の株主にとっての消滅会社および存続会社の属性に基づき会計処理を行う（分離基準35～37）。

具体的には、次のような会計処理を行うことになる。

消滅会社 （被結合企業）	合併後、消滅会社株主にとっての存続会社の属性	交換損益の認識	受取対価の額の算定
子会社	子会社	認識する	合併前に付されていた現金等の財産の適正な帳簿価額
	子会社以外	認識する	時価
子会社以外	会社（子会社、関連以外）	認識する	時価

(B) 受取対価が存続会社の株式のみである場合

受取対価が存続会社の株式のみである場合、消滅会社の株主にとっての消滅会社および合併後の存続会社の属性に基づき会計処理を行う（分離基準38～44）。

たとえば、消滅会社が子会社であったとき、合併の対価として存続会社株式のみを消滅会社の株主に交付する合併が行われた場合、合併後の存続会社が消滅会社の株主にとって子会社となるケースは、消滅会社を吸収合併した存続会社に対し、消滅会社の株主の投資が継続して行われていると考えられるため、交換損益を認識しない。

消滅会社 (被結合企業)	合併後、消滅会社株主にとっての存続会社の属性	交換損益の認識	受取対価の額の算定
子会社	子会社 または関連会社	認識しない	合併前の消滅会社株式の適正な帳簿価額
	子会社、関連会社、共同支配企業以外の会社	認識する	時価
関連会社	子会社 または関連会社	認識しない	合併前の消滅会社株式の適正な帳簿価額
	関連会社、共同支配企業以外の会社	認識する	時価
子会社、関連会社以外	子会社 または関連会社	認識しない	合併前の消滅会社株式の適正な帳簿価額
	子会社、関連会社、共同支配企業以外の会社	認識しない	合併前の消滅会社株式の適正な帳簿価額

(C) **受取対価が現金等の財産および存続会社の株式である場合**

受取対価として現金等の財産が含まれており、消滅会社の株主における投資の継続性が一部認められなくなる。

消滅会社が子会社であったとき、合併後の存続会社が消滅会社の株主にとって子会社または関連会社となるケースおよび消滅会社が関連会社であったとき、合併後の存続会社が消滅会社の株主にとって関連会社となるケースは、交換利益のみ認識する。

上記以外のケースについては、交換損益を認識することになる(分離基準45～47)。

消滅会社 （被結合企業）	合併後、消滅会社株主にとっての存続会社の属性	交換損益の認識	受取対価の額の算定	
			現金等の財産	株式の取得原価
子会社	子会社	交換利益のみ認識する〈1〉	〈2〉	〈3〉
	関連会社	交換利益のみ認識する〈4〉	〈5〉	〈6〉
	子会社、関連会社、共同支配企業以外の会社	認識する〈7〉	〈5〉	〈5〉
関連会社	子会社または関連会社	認識する〈4〉	〈5〉	〈6〉
	関連会社、共同支配企業以外の会社	認識する〈7〉	〈5〉	〈5〉
子会社、関連会社以外	子会社または関連会社	認識する〈8〉	〈5〉	〈9〉
	子会社、関連会社、共同支配企業以外の会社	認識する〈8〉	〈5〉	〈9〉

〈1〉 受け取った現金等の財産の移転前に付されていた適正な帳簿価額(a)＞消滅会社株式の適正な帳簿価額(b)

〈2〉 合併前に付されていた現金等の適正な帳簿価額

〈3〉 (a)＜(b)となる場合、(b)を株式の取得原価とする。

〈4〉 受け取った現金等の財の時価(c)＞(b)

〈5〉 時価

〈6〉 (c)＜(b)となる場合、(b)を株式の取得原価とする。

〈7〉 (c)＞(b)

〈8〉 消滅会社株式の適正な帳簿価額を、現金等の財産の時価と残存部分である存続会社株式の時価の比率により按分して、現金等の財産の時価に対応する部分を算定する(d)。

そして、以下の算式による交換損益を算定する。

〈9〉 ((c)+存続会社の株式の時価)－消滅会社株式の適正な帳簿価額
　　　　　(c)－(d)

(3) 存続会社（結合企業）の株主に係る会計処理

(ア) 投資の継続か清算かの判定

　存続会社（結合企業）の株主は、消滅会社の株主に係る会計処理と同様、投資の継続、清算という概念に基づいて、その会計処理を行うことになる。

　存続会社の株主は、合併に伴って対価を受け取ることはないが、消滅会社の株主に対して支払う対価によって、合併後の存続会社に対する持分比率が変動する。

　したがって、その投資の継続か清算かの判定は、合併前後において存続会社株主にとって、存続会社がどのような属性であるかに基づいて行うことになる。

(イ) 投資が清算したと判定される場合

　合併により存続会社の株主の持分比率が変動した結果、その投資が清算されたと判定される場合には、損益を認識する（分離基準48）。

(ウ) 投資が継続していると判定される場合

　合併により存続会社の株主の持分比率が変動した場合でも、その投資が継続していると判定される場合には、損益を認識しない（分離基準48）。

(エ) 存続会社（結合企業）の株主に係る会計処理

　前記(ア)から(エ)に基づき、存続会社（結合企業）の株主は、合併前後における存続会社株主にとっての存続会社の属性ごとに従って、損益および保有する株式の科目に係る会計処理を行う。

　たとえば、子会社を存続会社とする合併を行った場合において、当該合併により存続会社株主の存続会社に対する持分比率が減少する場合、当該減少により合併後の存続会社が子会社の区分からその他投資先の区分になるときは、投資は清算していると判断し、損益を認識することになる。この場合、

子会社株式から、その他有価証券へ時価により科目振替を行う（適用指針288）。

具体的には、次のような会計処理を行うことになる。

存続会社	消滅会社	損益の認識	科目振替
子会社	子会社	認識しない	なし
	関連会社	認識しない	関連会社株式へ振替
	その他投資先	認識する	その他有価証券へ振替（*）
関連会社	子会社	認識しない	子会社株式へ振替
	関連会社	認識しない	なし
	その他投資先	認識する	その他有価証券へ振替（*）
その他投資先	子会社または関連会社	認識しない	子会社株式または関連会社株式へ振替
	その他投資先	認識しない	なし

（*） 時価により振り替える

【参考】 存続会社がその親会社の株式を対価として交付する場合
　　　　（三角合併のケース）

> 同一の親会社に支配されている子会社同士の合併において、子会社（存続会社）がその親会社の株式を対価として他の子会社（消滅会社）を吸収合併する（いわゆる三角合併）ときに、消滅会社の株主（親会社）が自己株式を取得する場合には、引き換えられた消滅会社の株式の適正な帳簿価額により算定することになる（適用指針244）。

Ⅱ 合併の会計処理

1 グループ内企業との合併における会計処理

前記Ⅰ3(1)(ウ)に記載したとおり、グループ内企業の合併として、以下の8つの合併の類型を取り上げ、具体的な会計処理について解説を行うこととする。なお、前記Ⅰ3(1)(ウ)における概略図等、随時参照されたい。

(1)	最上位の親会社(以下、親会社とする)と子会社(a)との合併(100%保有関係)	垂直型合併
(2)	親会社と孫会社(a)との合併(同上)	
(3)	子会社(a)と孫会社(a)との合併(同上)	
(4)	親会社と子会社(b)との合併(100%未満保有関係)	
(5)	親会社と孫会社(b)との合併(同上)	
(6)	子会社(b)と孫会社(b)との合併(同上)	
(7)	子会社(a)と子会社(b)との合併	水平型合併
(8)	孫会社(a)と孫会社(b)との合併	

上記(1)～(8)の合併について、合併の類型として、垂直型合併と水平型合併とに分けられるが、垂直型合併のうち(1)～(3)の合併は、前記Ⅰ3(1)(ウ)に記載のとおり、非支配株主との取引、中間子会社との取引を除けば(4)～(6)の合併と同様の会計処理となるため、グループ内企業の合併の会計処理の解説は、(4)～(8)の合併の類型について行うこととする。

なお、以下の事項を前提として解説を行う。
① 吸収合併を前提とすること。
② 子会社(b)、孫会社(b)に中間子会社（親会社の子会社で消滅会社以外の会社をいう）が存在すること。
③ 消滅会社は存続会社の関連会社ではないこと。なお、前記Ⅰ3(1)(ア)に記載したとおり、親会社とその関連会社との合併は、共通支配下の取引等に該当しない点に留意する必要がある。

(1) **垂直型合併**
　(ア) **親会社と子会社(b)との合併（親会社が存続会社）**

親会社が支払う合併対価の交付先は、中間子会社および中間子会社以外の非支配株主(a)であり、それぞれに関して、のれんおよび増加資本の会計処理を行うことになる。親会社が子会社(b)の非支配株主(a)に対して合併対価を支払う取引は、非支配株主との取引となる。

　(A) 資産および負債の会計処理

消滅会社たる子会社(b)は、合併期日の前日に決算を行い、資産、負債および純資産の適正な帳簿価額を算定する（適用指針205）。

存続会社たる親会社は、子会社(b)から受け入れる資産および負債について、合併期日の前日に付された適正な帳簿価額により計上する（結合基準41、適用指針206）。

なお、親会社が連結財務諸表を作成する場合において、当該子会社の純資産等の帳簿価額を修正しているときは、個別財務諸表上も、連結財務諸表上の金額である修正後の帳簿価額（のれんを含む）により、資産および負債を受け入れることとなる（結合基準注解（注9）、適用指針207）。

親会社が連結財務諸表を作成していない場合であっても、連結財務諸表上の帳簿価額を合理的に算定できるときは、当該帳簿価額を用いることになる。なお、親会社が他の会社の株式を取得して子会社化した直後に合併した場合は、通常、連結財務諸表上の帳簿価額を合理的に算定できる場合に該当するものと考えられる。（適用指針207-2）。

(B) のれんの会計処理

親会社において、中間子会社および中間子会社以外の非支配株主とに分けて、それぞれに対応するのれんの額を算定する。

中間持分相当額と中間子会社へ交付する対価との差額が生じる場合には、原則として、払込資本（資本金または資本剰余金）を計上する（適用指針206(3)）。

非支配株主持分相当額と非支配株主へ交付する対価との差額は、原則として、その他資本剰余金を計上する。すなわち、非支配株主との取引として、非支配株主へ支払われる対価は時価で算定されるため、通常、当該支払対価と非支配株主持分相当額との差額が発生し、その差額は、その他資本剰余金として計上することになる。

(C) 増加資本の会計処理

① 増加する払込資本の額

親会社が合併の対価として株式を交付する場合、親会社において増加する払込資本の額は、株主資本等変動額の範囲内で合併契約の定めに従い決定される。

㋐ 中間子会社部分

中間子会社部分は、中間子会社持分相当額を算定し、その額を増加する払込資本として処理する。中間子会社持分相当額は、子会社から受け入れた資産と負債の差額のうち、株主資本の額に合併期日の前日の持分比率を乗じて算定する。

㋑ 非支配株主部分

非支配株主持分は、対価として非支配株主に交付する株式（時価）を増加する払込資本として処理する。

② 増加すべき払込資本の内訳項目

増加する払込資本の内訳項目およびその変動額は、会社法の規定に基づき決定する（適用指針206）。

(D) 抱合せ株式の会計処理

親会社は子会社(b)に対するいわゆる抱合せ株式を有しているが、当該抱合せ株式に対して、合併の対価を支払うことはなく、親会社持分と抱合せ株式との差額を、特別損益（抱合せ株式消滅差損益）として認識する。

(E) 存続会社の株主、消滅会社の株主の会計処理

① 存続会社の株主の会計処理

存続会社となる親会社の株主にとって、合併前後で、その投資先である親会社の属性が変化していない場合、親会社の株主は、損益を認識しない。

② 消滅会社の株主の会計処理

消滅会社の株主において、合併により損益を認識するか否かは、前記Ⅰ4(2)に基づき、合併対価の種類（現金のみか、株式のみか、混合か）、投資先の属性の状況によって決定される。

合併の対価として株式を受け取る場合、消滅会社の株主（中間子会社および非支配株主）にとって、合併前後のその投資先の属性により交換損益を認識するか否かを判断する。

たとえば、合併の対価が株式のみのとき、投資先の属性が合併前後で変化しなかった場合（合併前後で投資先が子会社、関連会社以外の場合など）は、交換損益を認識しない。

Ⅱ 合併の会計処理

【設例】親会社（甲社）と子会社（b社）との合併

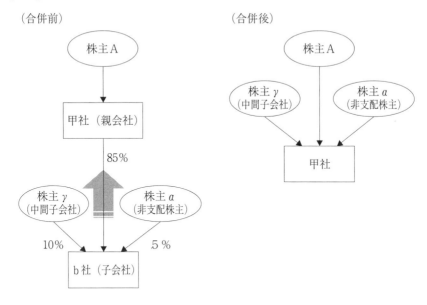

〔前提条件〕

① 甲社（親会社）がb社（子会社）を吸収合併する
② 甲社が保有するb社株式　簿価500
③ 株主γ（中間子会社）が保有するb社株式　150
④ 株主a（少数株主）が保有するb社株式　50
⑤ b社に対する持株比率　甲社85％、株主γ10％、株主a5％
⑥ 甲社が支払う合併対価　400
　　支払先は、株主γ250（すべて甲社株式）、株主a150（すべて甲社株式）
⑦ b社の合併直前の貸借対照表（資産および負債は連結上の時価と同額と仮定する）

363

第5章 会社合併の会計処理

b社貸借対照表

資産	2,000	負債	400
		資本金	200
		資本剰余金	200
		利益剰余金	600
		評価差額金	400
		新株予約権	200
合計	2,000	合計	2,000

【甲社における会計処理】

① 株主甲社持分（親会社 85％）

借方		貸方	
資産	1,700	負債	340
		b社株式	500
		抱合株式消滅益（＊1）	350
		評価差額金	340
		新株予約権	170

（＊1） 親会社持分相当額850（(2,000－400－400－200)×85％）－b社株式500
　　　＝350

② 株主γ持分（中間子会社 10％）

借方		貸方	
資産	200	負債	40
		払込資本（＊1）	100

借方		貸方	
		評価差額金	40
		新株予約権	20

（＊1） 中間子会社持分相当額100（2,000－400－400－200）×10％

なお、払込資本の内訳項目は、会社法の規定に従う。

③ 株主a持分（非支配株主　5％）

借方		貸方	
資産	100	負債	20
その他資本剰余金（＊1）	100	払込資本（＊2）	150
		評価差額金	20
		新株予約権	10

（＊1） 取得原価150－非支配株主持分相当額50（2,000－400－400－200）×5％
　　　＝100
（＊2） 非支配株主に対して交付する株式（時価）　150

なお、払込資本の内訳項目は、会社法の規定に従う。

①～③の仕訳をまとめると、以下となる。

【会計上の受入処理】

借方		貸方	
資産	2,000	負債	400
その他資本剰余金	100	b社株式	500
		払込資本	250
		抱合せ株式消滅益	350
		評価差額金	400
		新株予約権	200

【参考】税務上の処理
前提：b社B/Sにおいて、b社の資本金等の額を100、利益積立金額を400とする。

■税務上の受入仕訳

借方		貸方	
資産	1,600	負債	600
		b社株株式	500
		資本金等	100
		利益積立金	400

■別表4

区分		総額	留保	社外流出
減算	抱合せ株式消滅益	350	350	

■別表5　利益積立金額の計算に関する明細書

区分	期首利益積立金額	当期の増減 減	当期の増減 増	差引翌期首利益積立金額
資本積立金 （その他資本剰余金）			△100	△100
資本金等			150	150
繰越損益金			350	350

■別表5　資本積立金額の計算に関する明細書

区分	期首利益積立金額	当期の増減 減	当期の増減 増	差引翌期首利益積立金額
利益積立金			100	100
利益積立金			△150	△150

【株主γ（中間子会社）における会計処理】

借方		貸方	
甲社株式（その他有価証券）	150	b社株式（その他有価証）	150

（＊）　交換損益の認識なし。簿価による科目振替。

【株主α（少数株主）における会計処理】

借方		貸方	
甲社株式（その他有価証券）	50	b社株式（その他有価証券）	50

（＊）　交換損益の認識なし。簿価による科目振替。

　(イ)　**親会社と孫会社(b)との合併（親会社が存続会社）**

　親会社、孫会社(b)とも、前記(ア)と同様の会計処理を行う。

　親会社が孫会社の非支配株主(β)に対して合併対価を支払う取引は、非支配株主との取引となることに留意する必要がある。

　なお、親会社が孫会社(b)の株式を合併前に保有（抱合せ株式を保有）している場合、当該抱合せ株式について、前記の親会社と子会社(b)との合併と同様の会計処理を行う。

　また、子会社(b)は、中間子会社と位置付けられることから、前記(ア)における中間子会社と同様の会計処理が行う。

　親会社の株主についても、前記(ア)と同様の会計処理を行う。

　(ウ)　**子会社(b)と孫会社(b)との合併（子会社(b)が存続会社）**

　子会社(b)が孫会社(b)の非支配株主(β)から孫会社(b)株式を取得する取引は、前記Ⅰ3(1)(ウ)(F)のとおり、非支配株主との取引ではなく、共通支配下の取引として会計処理を行うことになる。したがって、子会社(b)は、当該取引について、前記(ア)における中間子会社部分と同様の会計処理を行う。

　　(A)　資産および負債の会計処理

　前記(ア)と同様、消滅会社たる孫会社(b)は、合併期日の前日に決算を行い、資産および負債の適正な帳簿価額を算定する（適用指針205）。

存続会社たる子会社(b)は、孫会社から受け入れる資産および負債について、合併期日の前日に付された適正な帳簿価額により計上する（適用指針207）。連結財務諸表上は、親会社と子会社(b)との合併と同様の取扱いとなるが、この場合の連結財務諸表上の帳簿価額とは、子会社(b)にとっての連結財務諸表上の帳簿価額となる。

　　(B)　のれんの会計処理

　子会社(b)は、孫会社(b)の非支配株主(β)から孫会社(b)株式を取得するが、当該取得取引は、前記Ⅰ3(1)(ウ)(F)のとおり、非支配株主との取引ではなく、共通支配下の取引であるため、中間子会社部分に係る会計処理に準じた処理を行う。

　非支配株主持分相当額と非支配株主へ交付する対価との差額が生じる場合には、払込資本（資本金または資本剰余金）を計上する（適用指針206(3)）。

　　(C)　増加資本の会計処理

①　増加する払込資本の額

　　子会社(b)が合併の対価として株式を交付する場合、子会社(b)において増加する払込資本の額は、株主資本等変動額の範囲内で合併契約の定めに従い決定される。

　　非支配株主部分との取引は、前述のとおり、共通支配下の取引であり、孫会社(b)から受け入れる資産および負債の差額のうち、非支配株主持分相当額を払込資本の増加として処理する（適用指針206(4)）。したがって、中間子会社持分相当額と非支配株主持分相当額の合計額が払込資本の増加額となる。

②　増加すべき払込資本の内訳項目

　　子会社(b)における増加する払込資本の内訳項目およびその変動額は、会社法の規定に基づき決定する（適用指針206）。

　　(D)　抱合せ株式の会計処理

　子会社(b)は、孫会社(b)に対するいわゆる抱合せ株式について、子会社(b)に対する持分と抱合せ株式との差額を、特別損益（抱合せ株式消滅差損益）と

して認識する。

　　(E)　**存続会社の株主、消滅会社の株主の会計処理**
① 存続会社の株主の会計処理

　子会社(b)の株主である親会社および非支配株主(a)にとって、合併前後で、その投資先である子会社(b)の属性が変化していない場合、親会社および非支配株主(a)は、損益を認識しない。

② 消滅会社の株主の会計処理

　消滅会社の株主（中間子会社および非支配株主(β））にとって、その投資先は、合併前は孫会社(b)社、合併後は子会社(b)となる。

　当該消滅会社の株主において、合併により損益を認識するか否かは、前記Ⅰ4(2)に基づき、合併対価の種類（現金のみか、株式のみか、混合か）、投資先の属性の状況によって決定する。

　たとえば、合併の対価が株式のみのとき、投資先の属性が合併前後で変化しなかった場合（合併前後で投資先が子会社、関連会社以外の場合など）は、交換損益を認識しない。

(2)　水平型合併
　　㈦　**子会社(a)と子会社(b)との合併（子会社(a)が存続会社）**

　同一の株主たる親会社に支配されている子会社(a)が子会社(b)の非支配株主(a)から子会社(b)株式を取得する取引は、前記Ⅰ3(1)㈦(G)のとおり、非支配株主の取引ではなく、共通支配下の取引として会計処理を行うことに留意する必要がある。

　　(A)　**資産および負債の会計処理**

　消滅会社たる子会社(b)は、合併期日の前日に決算を行い、資産および負債の適正な帳簿価額を算定する（結合基準41、適用指針242、246、250）。

　存続会社たる子会社(a)は、子会社(b)から受け入れる資産および負債について、子会社(b)において合併期日の前日に付された適正な帳簿価額により計上する（結合基準41、適用指針243、247、251）。

　なお、合併に要した支出額は、発生時の事業年度の費用として会計処理す

る（適用指針247）。

(B) のれんの会計処理

子会社(a)は、合併における対価として、現金等の財産を支払う場合、現金等の財産の子会社(a)における帳簿価額と子会社(b)の適正な帳簿価額による株主資本の額との差額を、のれんとして計上する。

また、合併の対価として、現金等の財産および子会社(a)株式を支払うときに、子会社(b)の株主資本の額がプラス、かつ、現金等の財産が子会社(b)の適正な帳簿価額による株主資本の額より多額となる場合、払込資本の額はゼロとし、当該差額をのれんとして処理する（適用指針251(2)①）。子会社(b)の株主資本の額がマイナスの場合、現金等の財産の移転前に付された適正な帳簿価額と等しい額をのれんとして処理する（適用指針251(2)②）。

(C) 増加資本の会計処理

① 増加する払込資本の額

子会社(a)は、合併の対価として、子会社(a)の株式のみを支払う場合、子会社(b)の合併期日の前日の適正な帳簿価額による株主資本の額を払込資本の額として処理する（適用指針247(2)）。

② 増加すべき払込資本の内訳項目

子会社(a)は、増加すべき株主資本の内訳項目（資本金、資本準備金または資本剰余金）について、会社法の規定に基づき決定する（適用指針247(2)、185(1)①、計算規則35）。

なお、合併の対価の全部が子会社(a)の株式である場合、子会社(b)の合併期日の前日の資本金、資本準備金、その他の資本剰余金、利益準備金およびその他利益剰余金の内訳項目を抱合せ株式等の会計処理を除きそのまま引き継ぐことが認められている（適用指針247(2)、185(1)②、計算規則36）。

(D) 抱合せ株式の会計処理

子会社(a)が保有するいわゆる抱合せ株式について、合併の対価として子会社(a)株式を発行した場合、子会社(a)は、増加する株主資本について、以下の

いずれかの会計処理を行う（適用指針247(3)）。したがって、当該子会社同士の合併の場合は、抱合せ株式消滅差損益は認識しないことに留意する必要がある。

ア	消滅会社たる子会社(b)の株主資本の額から当該抱合せ株式の帳簿価額を控除した額を払込資本の増加として処理する。なお、当該差額がマイナスの場合には、その他利益剰余金の減少として処理する。
イ	消滅会社たる子会社(b)の株主資本を引き継いだうえで、当該抱合せ株式の適正な帳簿価額をその他資本剰余金から控除する。

(E) 存続会社の株主、消滅会社の株主の会計処理

(i) 存続会社の株主の会計処理

存続会社たる子会社(a)の株主である親会社にとって、合併前後で、その投資先である子会社(a)の属性が変化していない場合、親会社は、損益を認識しない。

(ii) 消滅会社の株主の会計処理

消滅会社の株主（親会社および非支配株主(a)）にとって、その投資先は、合併前は子会社(b)社、合併後は子会社(a)となる。

当該消滅会社の株主において、合併により損益を認識するか否かは、前記Ⅰ4(2)に基づき、合併対価の種類（現金のみか、株式のみか、混合か）、投資先の属性の状況によって決定する。

たとえば、合併の対価が株式のみのとき、投資先の属性が合併前後で変化しなかった場合（合併前後で投資先が子会社、関連会社以外の場合など）は、交換損益を認識しない。

【三角合併におけるのれんの額の算定】

なお、いわゆる三角合併のように、子会社(a)が親会社株式を対価として子会社(b)と合併を行う場合、親会社株式の適正な帳簿価額と子会社(b)の適正な帳簿価額による株主資本の額との差額を、のれん（または負ののれん）として計上する

第5章　会社合併の会計処理

（適用指針243(1)））。

【設例】子会社（a社）と子会社（b社）との合併

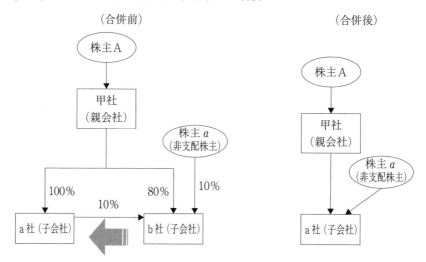

〔前提条件〕

① a社（子会社）およびb社（子会社）は共に株主甲（親会社）の子会社
② a社がb社を吸収合併する
③ 甲社が保有するb社株式　簿価500
④ 株主αが保有するb社株式　簿価50
⑤ a社が保有するb社株式　簿価50
⑥ b社に対する持株比率　甲社80％、株主a社10％、株主α（非支配株主）10％
⑦ a社が支払う合併対価　550
　　支払先は、株主甲500（すべてa社株式）、株主α50（すべてa社株式）
⑧ b社の合併直前の貸借対照表

b 社貸借対照表

資産	2,000	負債	400
		資本金	200
		資本剰余金	200
		利益剰余金	600
		評価差額金	400
		新株予約権	200
合計	2,000	合計	2,000

【a社における会計処理】

① 株主甲社持分（親会社 90％）

借方		貸方	
資産	1,800	負債	360
		b社株式（＊1）	50
		払込資本（増加資本）（＊1）	850
		評価差額金（＊2）	360
		新株予約権（＊2）	180

（＊1） 抱合せ株式の簿価。抱合せ株式消滅差損益は認識しない。増加する払込資本に係る会計処理となる。

（＊2） b社簿価（持分相当額）を、そのまま引き継ぐ。

② 株主a社持分（非支配株主 10％）

借方		貸方	
資産	200	負債	40
		払込資本（増加資本）（＊1）	100

評価差額金（＊１）	40
新株予約権（＊１）	20

（＊１） ｂ社簿価（持分相当額）により、そのまま引き継ぐ。

【留意事項】

> 合併の対価の全部がａ社株式であるため、ｂ社の資本金、資本剰余金、利益剰余金、評価差額金、新株予約権をそのまま引き継ぐ会計処理も認められる。

【甲社（親会社）の会計処理】

借方	貸方
ａ社株式（子会社株式） 500	ｂ社株式（子会社株式） 500

（＊） 交換損益の認識なし。簿価による科目振替

【株主 α（非支配株主）の会計処理】

借方	貸方
ａ社株式（その他有価証券） 50	ｂ社株式（その他有価証券） 500

（＊） 交換損益の認識なし。簿価による科目振替

　　(イ)　孫会社(a)と孫会社(b)との合併

　孫会社(a)と孫会社(b)との合併は、前記(ア)の子会社(a)と子会社(b)との合併と同様の会計処理となる。

　すなわち、孫会社(a)は、孫会社(b)の非支配株主(β)から孫会社(b)株式を取得するが、当該取引について、非支配株主との取引ではなく、共通支配下の取

引として会計処理を行うことになり、中間子会社部分に係る会計処理に準じた処理を行う。

また、孫会社(a)が孫会社(b)に対するいわゆる抱合せ株式を有している場合、孫会社(a)は、前記(ア)と同様、増加する株主資本の調整する会計処理を行い、抱合せ株式消滅差損益は認識しないことに留意する必要がある。

存続会社となる孫会社(a)の株主である子会社(a)および消滅会社となる孫会社(b)の株主である子会社(b)、非支配株主(β)についても、前記(ア)と同様の会計処理を行うことになる。

【合併の対価が支払われない場合（無対価の場合）の会計処理】

1．合併対価が支払われないケース

　水平型合併のうち、完全親子会社関係（親会社による完全支配）にある子会社同士（同一の親会社に各子会社の株式のすべてを直接または間接保有されている場合の当該各子会社同士）の吸収合併において、合併消滅会社の株主（親会社）に合併の対価が支払われない場合がある。これは、合併の対価を支払うか否かにかかわらず、親会社の子会社に対する持分比率は合併の前後で100％と変化はなく、企業集団の経済的実態には影響を与えないためと考えることによる（適用指針437-2）。

2．存続会社における会計処理

　合併の対価が支払われない場合、対価の支払いの有無が会計処理に影響を与えることが適当でないとの考えに基づき、合併存続会社は、合併消滅会社の株主資本の額を抱合せ株式等の会計処理を除き引き継ぐ会計処理を行う（株主資本の額を増加させる処理を行う。適用指針203-2、185(1)②）。

　なお、増加すべき株主資本の内訳項目については、会社法の規定に基づき決定するが、会社法上、合併存続会社が、合併に際して株式を発行していない場合には、資本金および準備金を増加させることは適当でないと考えられる。そこで、増加すべき株主資本の内訳項目は、会社法の規定に従い、合併消滅会社の資本金および資本準備金は、その他資本剰余金として引き継ぎ、利益準備金は、その他利益剰余金として引き継ぐ処理を行うことになる（計算規則36条2項）。

3．子会社の株主（親会社）における会計処理

合併当事企業たる各子会社の株主である親会社は、合併存続会社株式の帳簿価額に合併消滅会社株式の帳簿価額を加算させる会計処理を行う。この場合、合併前後において親会社の持分は継続しており、損益は発生しない。

〔図5－12〕　無対価による子会社間（完全支配下の子会社間）の合併

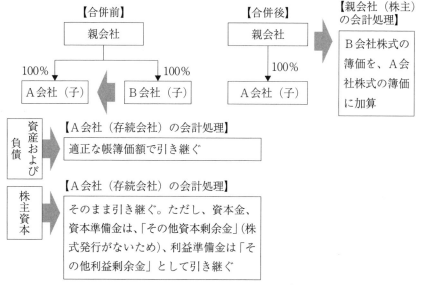

2　グループ外企業との合併における会計処理

　グループ外企業との合併について、共同支配企業の形成に該当するケースは少ないため、取得と逆取得と判定される場合の吸収合併について、その具体的な会計処理の解説を行う。

(1)　取　得

　グループ外企業との合併が、取得と識別された場合、前記Ⅰ3(3)のとおり、パーチェス法を適用する。

　消滅会社は、会計上も清算し、合併期日の前日までの期間を消滅会社にとっての最終事業年度とみなし、その財務諸表を作成する。当該財務諸表は、

正味実現価額に基づくことが考えられるが、実務における費用対効果を勘案し、消滅会社が継続すると仮定した場合の適正な帳簿価額により作成することになる（適用指針83、391）。

存続会社は、取得企業の決定および配分という手続に従い、会計処理を行う。

なお、以下、存続会社が取得企業になるという前提のもと、その会計処理について解説を行う。

 (ｱ) 取得原価の算定

合併が取得と識別された場合、存続会社は、パーチェス法を適用し、消滅会社の取得に係る取得原価を、取得の対価となる財の合併期日における時価により算定する。なお、取得関連費用（外部のアドバイザー等に支払った特定の報酬や手数料等）は、発生した事業年度の費用として処理する（結合基準23、26）。

 (A) 取得の対価の算定

取得の対価が、現金以外の資産の引渡し、負債の引受または株式の交付の場合には、支払対価となる財の時価と消滅会社または取得した事業の時価のうち、より高い信頼性をもって測定可能な時価で算定する（結合基準23）。

 (i) 対価が存続会社の株式の場合

支払対価として、取得企業たる存続会社の株式を交付する場合の取得対価の算定は、次のとおりとなる。

対価の算定区分	対価の算定方法
(1) 存続会社の株式に市場価格がある場合	
	当該市場価格に基づき算定。 原則として、合併の日における市場価格に交付株式を乗じた額（適用指針38）
(2) 市場価格（上記(1)）がない場合	

α　類似会社比準方式、割引将来キャッシュ・フロー法による評価額があり、かつ、その価額が合併比率の算定の基礎として利用されている場合	合併日における当該価額に交付株式数を乗じた額
β　αによって算定できない場合で、消滅会社株式に合理的に算定された価額があり、かつ、その価額が合併比率の算定基礎として利用されている場合	合併日における当該価額に交付株式数を乗じた額
γ　βによって算定できない場合	消滅会社から取得した識別可能資産および負債の企業結合日の時価を基礎とした正味の評価額

　(ii)　対価が存続会社の株式以外の場合

　取得の対価が存続会社の株式以外の場合として、以下のケースが考えられている。

　①　対価が種類株式の場合
　②　対価が現金の場合
　③　対価が自社以外の株式（親会社株式等）の場合

　①　対価が種類株式の場合、種類株式に市場価格があるときは、合併日における市場価格に交付株式数を乗じた額により、取得対価を算定する。市場価格がないときに取得企業の種類株式について合理的に算定された価額が得られる場合は、合併日の当該価額に交付株式数を乗じた額により、取得対価を算定する（適用指針42）。

　②　対価が現金の場合、現金の支出額により、取得対価を算定する（適用指針44）。

　③　対価が自社以外の株式の場合、たとえば親会社株式を対価とするときは、当該親会社株式の時価により取得対価を算定する（適用指針45）。

(B) 新株予約権等を交付した場合の取得原価の算定

 存続会社が、消滅会社の株主に対して、消滅会社株式と引き換えに、存続会社の新株予約権を交付した場合、これを取得の対価として処理する。この場合に、存続会社が交付した新株予約権に付すべき帳簿価額は、合併期日の時価による（適用指針50(1)）。

 消滅会社の新株予約権者に対して、存続会社の新株予約権または現金を交付したときは、取得原価に含める。新株予約権に付すべき帳簿価額は、原則として、合併期日の時価による（適用指針50(2)）。

(イ) 取得原価の配分

 存続会社は、取得原価について、消滅会社から取得した資産および引き受けた負債のうち合併期日において識別可能なもの（識別可能資産および負債）に対して、その合併期日における時価を基礎として配分する（適用指針51）。この場合の時価として、次のものを基礎として算定する。

① 観察可能な市場価格に基づく価額
② 上記①がない場合には、合理的に算定された価額

 なお、消滅会社の資産および負債の合併期日の前日の適正な帳簿価額と、合併期日における時価との差異が重要でないと見込まれる場合には、消滅会社の適正な帳簿価額を基礎として取得原価の配分額を算定できる（適用指針54）。

 また、識別可能資産および負債の範囲については、消滅会社の合併期日前の貸借対照表において計上されていたかどうかにかかわらず、企業がそれに対して対価を支払って取得した場合、原則として、わが国において一般に公正妥当と認められる企業会計の基準の下で認識されるものに限定される（適用指針52）。

 たとえば、取得後短期間で発生することが予測される費用または損失であって、その発生の可能性が取得の対価の算定に反映されている場合には、負債として認識することができる。この場合、結合基準で定める一定の要件を満たしているときには、企業結合に係る特定勘定で認識することが適当であ

り、具体的には、以下の損失、費用が考えられる（適用指針62、372、373）。

① 人員の配置転換や再教育費用
② 割増（一時）退職金
③ 訴訟案件等に係る偶発債務
④ 工事用地の公害対策や環境整備費用
⑤ 資産の処分に係る費用

【参考】 中小企業における取得原価の算定、配分方法

> 　中小企業会計指針では、取得と判定された場合でも、簡便的な会計処理が認められており、中小企業において、以下の取得原価の算定、配分方法が認められている（中小企業会計指針80）。
> (1) 資産および負債の受入れに関する会計処理
> 　（原則法）
> 　企業結合が取得と判定された場合には、結合企業は被結合企業（吸収合併消滅会社）から受け入れる資産および負債に企業結合日の時価を付さなければならない。
> 　（簡便法）
> 　結合企業が受け入れる資産および負債について、以下のいずれかの要件を満たす場合には、被結合企業の適正な帳簿価額を付すことができる。
> 　　① 企業結合日の時価と被結合企業の適正な帳簿価額との間に重要な差異が見込まれるとき
> 　　② 時価の算定が困難なとき
> (2) 対価の支払いに関する会計処理
> 　（原則法）
> 　企業結合が取得と判定された場合および共通支配下の取引等のうち非支配株主との取引（親会社と子会社が合併する場合で、非支配株主が保有する子会社株式を交換する取引など）に該当する場合には、結合企業が交付する株式等の財は時価で測定しなければならない。
> 　（簡便法）
> 　株式等の財の時価の算定が困難な場合には、上記(1)により算定された資産および負債の時価を基礎とした評価額（時価の算定が困難な場合には適正な帳簿価額

による純資産額）を用いることができる。

　(ウ)　のれんの会計処理
　　(A)　のれんの計上額

　存続会社は、取得原価と取得原価の配分額との差額をのれんの額として算定する（適用指針30）。

　なお、取得原価が取得原価の配分額を下回る場合は、当該差額は「負ののれん」として負債に計上する。

　　(B)　のれんの償却期間等

　のれんは、資産に計上し、20年以内のその効果が及ぶ期間にわたり、合理的な方法により規則的に償却する（結合基準32、適用指針30）。

　のれんは、合併期日に全額費用処理することは認められず、前記償却期間にわたって償却し、その償却額は原則として、販売費および一般管理費に計上する。この償却額は減損処理の対象となるが、減損処理以外の事由で特別損失に計上することはできない（適用指針76、77）。

　負ののれんが生じると見込まれる場合には、次の処理を行う。

　なお、負ののれんが生じると見込まれるときにおける取得原価が、受け入れた資産および引き受けた負債に配分された純額を下回る額に重要性が乏しい場合には、次の処理を行わず、当該下回る額を当期の利益として処理することができる（結合基準33）。

a	取得企業は、すべての識別可能資産および負債（前記(iii)(イ)を含む）が把握されているか、また、それらに対する取得原価の配分が適切に行われているかどうかを見直す処理を行う（結合基準33(1)）。
β	上記 a の見直しを行っても、取得原価が受け入れた資産および引き受けた負債に配分された純額を下回り、負ののれんが生じる場合には、当該負ののれんが生じた事業年度の利益（原則として特別利益）として処理する（結合基準33(2)、適用指針78）。

(エ) **増加資本の会計処理**

(A) **株主資本の取扱い**

① 存続会社（取得企業）が新株を発行した場合の株主資本の会計処理

合併の対価として、存続会社が新株を発行した場合には、払込資本（資本金または資本剰余金）の増加として処理する。パーチェス法の会計処理において、取得企業の増加資本は、払込資本を増加させることが適当と考えるためであり、留保利益である利益剰余金を増加させない（適用指針79、384）。

増加すべき払込資本の内訳項目（資本金、資本準備金またはその他資本剰余金）は、会社法の規定に基づき決定する（適用指針79）。具体的には、合併契約書の規定に基づいて、資本金、資本準備金、その他の資本剰余金のいずれかを増加させる（法749条、計算規則35条）。

② 存続会社（取得企業）が自己株式を処分した場合等の会計処理

存続会社が保有する自己株式を処分した場合には、増加資本の額から処分した自己株式の帳簿価額を控除した額を払込資本の増加として処理する。なお、当該控除差額がマイナスとなる場合は、その他の資本剰余金の減少として処理する。

増加する払込資本の内訳項目（資本金、資本準備金またはその他資本剰余金）については、会社法の規定に基づき決定する（適用指針80）。

③ 存続会社が抱合せ株式を保有している場合

存続会社が合併日直前の抱合せ株式を保有している場合、取得の対価は、合併期日の当該抱合せ株式の帳簿価額と存続会社が交付する存続会社株式の時価と合算することになる（適用指針46）。

④ 消滅会社が自己株式を保有している場合

消滅会社が保有する自己株式に対しては、存続会社株式は割り当てられない（法749条1項3号）。

⑤ 存続会社（取得企業）の株式以外の財産を交付する場合（対価の柔軟化）

㋐ 存続会社の株式以外の財産を交付した場合

当該交付した財産の時価と企業結合日の前日における適正な帳簿価額との差額を損益に計上する（適用指針81、389）。

㋑ 存続会社が親会社株式を交付した場合

存続会社が親会社株式を支払対価として他の企業と企業結合する場合（いわゆる三角合併などの場合）には、次のように会計処理を行う。

(i) 個別財務諸表上の会計処理

存続会社が交付した親会社株式の時価と企業結合日の前日における適正な帳簿価額との差額を損益に計上する（適用指針82(1)、81）。

(ii) 連結財務諸表上の会計処理

前記(i)において計上された損益を、連結財務諸表上は資本取引として自己株式処分差額に振り替え、「自己株式等会計基準」（＊） 9項、10項および12項の定めに従って処理する（適用指針82(2)）。

（＊） 企業会計基準第１号「自己株式及び準備金の額の減少等に関する会計基準」をいう。

(B) 株主資本以外の項目の取扱い

存続会社が新株予約権を交付した場合には、これを取得の対価の一部として処理し、原則として、新株予約権者となる者との間で新株予約権の交換条件を決定したときの時価により処理する（適用指針50）。

㋒ 存続会社の株主および消滅会社の株主の会計処理

(A) 存続会社の株主の会計処理

存続会社となる会社の株主にとって、合併前後で、その投資先である会社の属性が変化していない場合、存続会社の株主は、損益を認識しない。

(B) 消滅会社の株主の会計処理

消滅会社の株主において、合併により損益を認識するか否かは、前記Ⅰ４(2)に基づき、合併対価の種類（現金のみか、株式のみか、混合か）、投資先の属性の状況によって決定される。

たとえば、合併の対価が株式のみのとき、投資先の属性が合併前後で変化

第5章　会社合併の会計処理

した場合（合併前は投資先が子会社、合併後は子会社・関連会社以外の場合）は、交換損益を認識する。

【設例】取得と判定される場合の合併

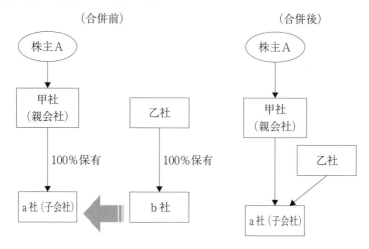

〔前提条件〕
① a社（子会社）とb社とは資本関係はない。
② a社がb社を吸収合併する。
③ 乙社が保有するb社株式　簿価1,200
④ b社に対する持株比率　乙社100％
⑤ a社が支払う合併対価　2,800
　　支払先は、株主乙社　2,500（すべてa社株式）、b社の新株予約権者300（すべてa社新株予約権）
⑥ 合併後もa社は甲社の子会社
⑦ b社の合併直前の貸借対照表

b 社貸借対照表

資産	2,000	負債	400
(時価)	(3,000)	(時価)	(500)
		資本金	200
		資本剰余金	200
		利益剰余金	600
		評価差額金	400
		新株予約権	200
		(時価)	(300)
合計	2,000	合計	2,000

【a 社における会計処理】

借方		貸方	
資産	3,000	負債	500
のれん（＊1）	300	払込資本（増加資本）	2,500
		新株予約権（＊2）	300

（＊1） 取得原価2,800(甲社株式（時価）2,500＋新株予約権300)－取得原価の配分額2,500＝300
（＊2） 新株予約権の時価　300

【甲社（親会社）の会計処理】
結合企業の株主として会計処理を行う。
持分比率が変動するが、a 社（子会社）株式から a 社（子会社）株式への振り替えであり、個別財務諸表上は、損益を認識しない。

【乙（合併後はａ社の関係会社ではない）の会計処理】

借方	貸方
ａ社株式（その他有価証券）　2,500	ｂ社株式（子会社株式）　1,200 交換損益　1,300

（＊）　消滅会社（被結合企業）の株主乙にとって、投資先の属性が、子会社から子会社・関連会社以外に変化しており、交換損益を認識する。

(2)　逆取得

　逆取得とは、取得企業が法律上存続する会社（存続会社）と異なる場合、すなわち、消滅会社が取得企業となる場合をいい、存続会社の個別財務諸表上では、次の会計処理を行う。

㋐　資産および負債の会計処理

　存続会社（被取得企業）の個別財務諸表上、消滅会社（取得企業）の資産および負債を合併期日の前日の適正な帳簿価額により計上する（適用指針84）。

㋑　増加資本の会計処理

(A)　原則的な処理

　消滅会社の合併期日の前日の適正な帳簿価額による株主資本の額を払込資本（資本金または資本剰余金）として処理する。

　増加すべき払込資本の内訳項目（資本金、資本準備金またはその他資本剰余金）は、会社法の規定に基づき決定する。なお、消滅会社の合併期日の前日の適正な帳簿価額による株主資本の額がマイナスとなる場合には、払込資本をゼロとし、その他利益剰余金のマイナスとして処理する（適用指針84(1)①ア）。

(B)　簡便的な処理

　合併の対価として、存続会社が新株のみを発行している場合には、消滅会社の合併期日の前日の資本金、資本準備金、その他資本剰余金、利益準備金

およびその他利益剰余金を、抱合せ株式の処理等を除き、そのまま引き継ぐことができる。この取扱いは、消滅会社の適正な帳簿価額による株主資本の額がマイナスとなる場合も同様である（適用指針84(1)①イ）。

(C) **株主資本以外の項目の引き継ぎ**

存続会社は、消滅会社の合併期日前日の評価・換算差額等および新株予約権の適正な帳簿価額を引き継ぐ。したがって、消滅会社のその他有価証券評価差額金や土地再評価差額金の適正な帳簿価額もそのまま引き継ぐことになる（適用指針84②）。

(D) **保有する自己株式を処分した場合**

① 前記(A)の原則的な処理を行う場合、存続会社（被取得企業）は、消滅会社（取得企業）の合併期日の適正な帳簿価額による株主資本の額から処分した自己株式の帳簿価額を控除した差額を払込資本の増加として処理する。なお、当該差額がマイナスの場合は、その他資本剰余金の減少として処理する。（適用指針84(2)①）。

② 前記(B)の簡便的な処理を行う場合、合併の対価として存続会社（被取得企業）の自己株式を処分した場合には、消滅会社の合併期日の前日の株主資本の構成をそのまま引き継ぎ、処分した自己株式の帳簿価額をその他資本剰余金から控除する（適用指針84(2)②）。

【差損が生じる場合の簡易合併】

> 会社法上、吸収合併の存続会社において、合併により次のような差損が生じる場合には、株主総会の決議を経る等、一定の手続きを踏むことにより吸収合併することは可能（法795条1項・2項）だが、簡易合併を行うことは認められない（法796条2項ただし書）。
> ① 存続会社が承継する消滅会社の債務の額（施行規則195条1項）で定める額。承継債務額）が承継する消滅会社の資産の額（施行規則195条2項～5項）を超える場合（法795条2項1号）。
> ② 存続会社が消滅会社の株主に対して交付する金銭等（存続会社の株式等を

除く）の帳簿価額が承継資産額から承継負債額から控除して得た額（純資産額）を超える場合（法795条2項2号）。

　たとえば、消滅会社の子会社の純資産が40（債務超過会社でない）、存続会社が子会社株式100を保有している場合（抱合せ株式を保有している場合）、資本剰余金はマイナス60となり（計算規則36条）、差損が生じるケースに該当する。

（存続会社の仕訳）
〈借方〉承継純資産　　　　40　〈貸方〉子会社株式　　　100
　　　その他資本剰余金　60
　　　　（合併差損）

　上記は、合併差損が生じるケースに該当するため、簡易合併の実施は認められない。
　上記のような場合において、子会社株式の実質価額が著しく低下しているときは、合併を行うことを見越して、事前に、子会社株式評価損を計上することにより、合併差損が計上されず、簡易合併を行うことが可能になる。

第6章

会社合併の税務

I　適格再編成の要件

　税務においては、合併による被合併法人から合併法人への資産の移転は、時価による譲渡として取り扱われる（法人税法62条）。この場合、被合併法人において移転資産等の譲渡損益課税があり、被合併法人は合併法人から新株等を取得し、被合併法人の株主に交付したものとされる。被合併法人の株主においては旧株の譲渡損益およびみなし配当の課税関係が生ずることになる（法人税法24条、61条の２）。

　しかし、税制適格要件（法人税法２条12号の８）を満たす合併については、特例として、資産等の移転は簿価による引き継ぎとなり（法人税法62条の２）、株主における旧株の譲渡損益およびみなし配当課税も繰り延べられる。この合併を法人税法上、適格合併という。ここでは、この適格合併の要件について述べることとする。

1　株式のみ交付要件

(1)　合併対価の制限

(ア)　概　要

　適格合併の場合、合併の対価は、被合併法人の株主等に合併法人株式または合併親法人株式のいずれか一方の株式または出資以外の資産が交付されないもの、という定めがある。金銭交付合併は非適格合併となる（法人税法２条）。つまり、後述する３類型のいずれに該当するとしても、合併の対価は合併法人か合併親法人の株式（株式または出資をいう）のうちどちらかの株式のみに限られ、併用した場合は適格合併にならない。

　また、会社法上、無対価で吸収合併を行うことも考えられるが、対価として株式を必ず交付すべきとされていないことから、無対価の吸収合併は適格要件に反するものではないと思われる。なお、無対価適格合併は平成22年度改正において整備され、100％の完全支配関係において、親会社による子会

社の合併、兄弟会社の合併などが定義された（法人税法施行令4条の3第2項1号、同2号イ・ロ・ハ・ニ、119条の3第10項）。

　(イ)　合併親法人株式についての補足

　会社法の改正により平成19年5月より三角合併等が可能となった。これに伴い、適格合併の要件として、被合併法人の株主に合併の対価として100％親会社の株式のみが交付されることが追加された。

　合併親法人株式とは、合併法人と親法人との間に、当該親法人による100％の直接の支配関係が合併の直前および合併後に継続することが見込まれることが必要である。つまり、合併後に親法人または合併法人が解散することが見込まれている場合には、合併親法人株式には該当しないことになるが、適格合併により解散することが見込まれている場合に限り、以下の事由も特例として認められている（法人税法施行令4条の3第1項）。

① 　合併後にその合併に係る親法人を被合併法人とする適格合併を行うことが見込まれている場合は、合併後に合併法人と親法人との間に親法人による完全支配関係があり、適格合併後にその適格合併に係る合併法人と当該合併に係る合併法人との間に、その適格合併に係る合併法人による直接完全支配関係が継続すること。

② 　合併後にその合併に係る合併法人を被合併法人とする適格合併を行うことが見込まれている場合は、合併時から適格合併の直前の時までその合併法人と親法人との間にその親法人による直接完全支配関係が継続すること。

　(2)　非適格とされる金銭の交付に該当しないもの

　上記(1)によると、たとえば、合併に際して対価として被合併法人の株主等に金銭を交付した場合には適格合併にはならないこととなるが、以下のものについては適格要件の判定に影響を与えない（金銭を交付してもよい）。

① 　被合併法人の株主等に剰余金の配当として金銭を交付する場合……この場合、合併契約書にその旨を記載することとなる。

② 　合併反対株主の買取請求権の行使に対して交付される金銭

③　1株未満の株式が生じた場合に、その1株未満の株式数の合計数に相当する株式を競売または裁判所の許可を得た売却、または買取りによって譲渡換金して交付する金銭

　㋐　1株未満の株式数の合計数に相当する株式を買い取った代金として交付されたものであるときは、と規定されている（法人税基本通達1-4-2）ので、この要件を守ればよい。

　㋑　しかし、同通達には交付された金銭が状況を総合勘案して実質的に被合併法人の株主に支払う合併の対価と認められるときは、金銭交付として取り扱う（非適格となる）との文言もある。たとえば、端数の代り金として金銭を交付する行為は原則的に適格要件の判定に影響を与えないが、端数を利用して大多数の株主に金銭を交付する場合は、キャッシュアウトマージャーとして、実質的に金銭等の交付に該当すると解される場合もあるだろう。

④　端数に対応する金銭を取得した被合併法人の株主の所得は譲渡所得となる（法人税法施行令23条3項8号）。

(3) 合併比率の調整のための合併交付金の支払い

合併比率の調整のために合併交付金を支払った場合は、非適格合併になる。

2　100％グループ（完全支配関係）

(1) 定　義

100％支配グループとは、当事者間100％保有と同一者（同一者が、個人の場合は、その株主等の親族等を含める）100％保有がある。これを完全支配関係といい、法人税法施行令4条の2に定義された。なお、100％支配関係には、5％未満の従業員のみで構成される従業員持株会株式を含めることとなった（法人税法施行令4条の2第2項）。

100％支配グループ内の適格合併の要件は、法人税法2条12号の8イに定められており、自己株式を除く発行済株式の全部を保有する関係としての

〔図6-1〕 親子関係

〔図6-2〕 兄弟関係

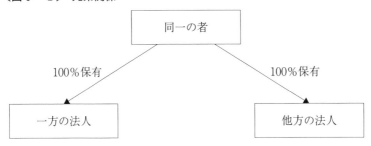

100％支配グループの定義は法人税法施行令4条の3（適格合併における株式の保有関係）に記載されている。以下、同施行令に規定する100％支配グループのパターンを図示すると次のようになる。

上記の場合において、一方の法人が他方の法人の発行済株式等の全部を保有するかどうかの判定は、当該一方の法人の当該他方の法人に係る直接保有および間接保有の株式の保有割合を合計した割合により行う。

間接保有の割合とは、次に掲げる場合の区分に応じ、それぞれに定める割合をいう。

① 他方の法人の株主等である法人の発行済株式等の全部が一方の法人により所有されている場合→株主等である法人の有する他方の法人の株式

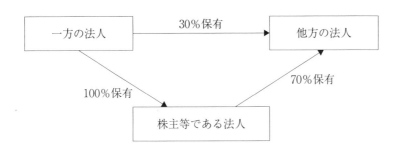

数が当該他方の法人の発行済株式等の総額のうちに占める割合（株主等である法人が2以上ある場合には、当該2以上の株主等である法人につきそれぞれ計算した割合の合計割合）

② 他方の法人の株主等である法人（①の「株主等である法人」を除く）と一方の法人との間にこれらの者と発行済株式等の所有を通じて連鎖関係にある1または2以上の法人（以下、②において「出資関連法人」という）が介在している場合（出資関連法人および株主等である法人が、それぞれその発行済株式等の全部を一方の法人または出資関連法人により所有されている場合に限る）→株主等である法人の有する他方の法人の株式数が当該他方の法人の発行済株式等の総額のうちに占める割合（株主等である法人が2以上ある場合には、当該2以上の株主等である法人につきそれぞれ計算した割合の合計割合）

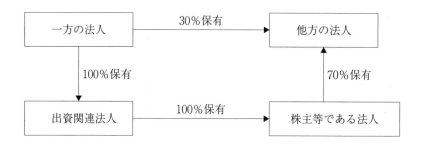

(2) **留意点**

(ア) **合併前の株式譲渡**

100％グループ内で株式譲渡を行うことは問題ない。つまり、合併前に100％未満である場合に発行済株式等のすべてを現金で取得して100％グループへの変更が行われた場合でも、税務上は100％グループと判定される。

また、有価証券の譲渡損益の認識は約定日基準で行うこととされている（法人税法61条の2）が、100％グループの判定は、原則として株主名簿に記載されている株主により判定する。

(イ) 株式持合い

　株式持合いは考慮せず、単純に保有株式数で判定するのが原則であるが、次のような場合は、まったく外部に株主がいないため、このような相互持合いに限って100％グループ内の合併に該当する（国税庁法人税質疑問4「資本関係がグループ内で完結している場合の完全支配関係」）。

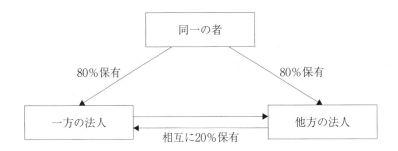

(3) 100％支配グループ内の適格合併の要件

　100％支配グループ内の組織再編においては、原則的に再編前において100％支配グループが再編を行い、再編後において100％支配関係を継続することが要件となっているが、当事者間100％支配グループ内の合併については、吸収合併・新設合併ともに支配関係を継続すべき旨の要件がない。

(ア) 親子関係

　親子関係の合併の場合は、その後の組織再編成について制約はない。つまり、上記1で述べた、対価としての金銭の交付がない合併であれば、適格合併となる。

(イ) 兄弟関係

　兄弟関係の合併の場合は、合併前の関係だけでなく、合併後においても同一の者が合併法人の発行済株式の全部を直接または間接に保有する関係が継続することが見込まれている必要がある（法人税法施行令4条の3第2項2号）。

　つまり、兄弟関係における合併後に、合併法人または支配者（同施行令で

いう「同一の者」）が解散することが見込まれている場合は、原則として100％グループの合併に該当しないが、適格合併により解散することが見込まれている場合に限り、以下の事由も特例として認められている。

① 合併後に同一の者を被合併法人とする適格合併を行うことが見込まれている場合

合併の時から適格合併の直前の時まで同一の者によって当該合併法人の発行済株式等の全部を直接または間接に保有され、適格合併後は当該適格合併に係る合併法人によって、当該合併法人の発行済株式等の全部を直接または間接に継続して保有されることが見込まれている場合

② 合併後に当該合併に係る合併法人を被合併法人とする適格合併を行うことが見込まれている場合

合併の時から適格合併の直前の時まで同一の者によって当該合併法人の発行済株式の全部を直接または間接に保有されることが見込まれている場合

(4) **注意点**

(ア) **無対価合併**

100％親子会社AB間では、Aを存続会社とする吸収合併に限り、必然的に無対価となる（法749条1項3号）。この場合、AがBの発行済株式等の全部を保有する関係がある場合に限り、適格合併となる（法人税法施行令4条の3第2項1号）。

同一者を親会社とする100％子会社同士の兄弟合併において、税務上は次の関係がある場合に限り、対価の交付を省略する無対価合併であっても適格合併とされることが、平成22年10月1日以後に行われる合併について明確化された（同項2号）。

① 合併法人が被合併法人の発行済株式等の全部を保有する関係

② 一の者が被合併法人および合併法人の発行済株式等の全部を保有する関係

③ 合併法人およびその合併法人の発行済株式等の全部を保有する者が被

合併法人の発行済株式等の全部を保有する関係
④　被合併法人およびその被合併法人の発行済株式等の全部を保有する者が合併法人の発行済株式等の全部を保有する関係

　(イ)　**兄弟関係における合併後の株主構成**

①　兄弟関係の場合において、合併後に100％グループ内で株式を譲渡しても、間接保有が継続している限り、100％グループ内の合併に該当する。

②　兄弟関係の場合において、合併法人が第三者割当増資を行い、外部株主が入ってくることが見込まれているような場合は、100％グループが継続することが見込まれていないため、100％グループ内の合併に該当しない。

③　兄弟関係の場合において、「合併法人の発行済株式の全部を直接又は間接に継続して保有されることが見込まれている」とは、あくまでも合併時点における見込みであり、後発事象により100％の資本関係の継続ができなくなったとしても適格要件の判定には影響を与えない。ただし、後発事象であるかどうかは、主観的な認定によるもので、実務としては避けたい。

④　兄弟関係の場合において、合併会社が上場することの蓋然性が高い場合には、「合併法人の発行済株式の全部を直接又は間接に継続して保有されることが見込まれている」場合に該当しないため、100％グループ内の合併に該当しない。しかし、株式公開後も同一者が50％超の株式を継続して保有することが見込まれている場合には、50％超100％未満グループ内の合併に該当する可能性がある。また、株式公開を行ったとしても、共同事業を営むための合併に該当する可能性があるが、共同事業要件における株主継続保有要件等に抵触するリスクがきわめて高い。

3　50％超グループ（支配関係）

(1)　50％超グループとは

「50％超100％未満のグループ」に係る株式の保有関係（自己株式を除いた発行済株式数）については、基本的な考え方は上記2（100％グループ内の合併）と同じである。平成22年10月1日以後に行われる無対価合併については、兄弟間の合併については前述2(4)(ア)③または④のいずれかの関係がある場合に限り、合併後に50％超の関係になったとしても適格合併とされることとなった（法人税法施行令4条の3第3項）。

(2)　50％超グループ内の適格合併の要件

法人税法2条12号の8ロでは、50％超グループの適格合併の要件を次のように定めている。

① 被合併法人の従業員の概ね80％以上に相当する数の者が当該合併後に合併法人の業務に従事することが見込まれていること（従業者引継要件。同号(1)）

② 被合併法人の当該合併前に営む主要な事業が合併後に合併法人において引き続き営まれることが見込まれていること（事業継続要件。同号(2)）

同一者50％超グループにおいても、合併後における同一者支配関係の継続を求めているのが特徴である。

(3)　従業者引継要件

(ア)　概　要

合併においては、被合併法人のすべての資産および負債が引き継がれることになる。したがって、適格合併においては事業に係る「物」の移転のみならず、「人」の移転についても考慮すべきであるとの考え方から従業者引継要件が加えられている。

適格合併における従業者引継要件とは、被合併法人のすべての従業者のうち概ね80％が合併法人に引き継がれ、合併法人の業務に従事することが見込まれることが必要とされている。ここでいう従業者とは、雇用規約に基づく

従業員だけをいうのではなく、取締役・執行役、監査役、執行役員、使用人（他社に出向してる者を除く）、出向受入社員、派遣社員、パート・アルバイト、日雇労働者も含まれる（ただし、日雇労働者は含めないこともできる）。下請先の従業員はたとえ自己の工場内でその業務の特定部分を継続的に請け負っている企業の従業員であっても「従業者」には該当しない（法人税基本通達1-4-4）。なお、合併により引き継がれた従業者は、合併後の合併法人の業務に従事することが見込まれていれば、必ずしも被合併法人から引き継いだ移転事業に従事する必要はない（法人税基本通達1-4-9）。

引き継ぎについては、概ね80％が合併法人に引き継がれることになってはいるが、実務上は合併交渉の中で余剰人員を合併法人に引き継ぐことはできないこととなり、合併前に被合併法人において人員削減などのリストラを行うことがある。このことについて経済的合理性があればよいが、単に従業員引継要件を充足するためにするものである場合には、包括的租税回避防止規定（法人税法132条の2）が適用される可能性もあるだろう。

　(イ)　留意点
① 　合併直後は80％以上の従業者を引き継いだとしても、その後、合併法人において退職勧告や他社への出向などにより結果的に80％を下回る従業者しか残らないことが予定されている場合などは、引継ぎの見込みがないと判断されるため、適格要件から外れる。合併後に従業者が自己都合により退職する場合などにも注意を要するので、人員の少ない中小企業においては、直前の従業員の継続勤務について、細心の注意を要する。
② 　合併後に当該合併法人を被合併法人とする適格合併を行うことが見込まれている場合には、当該合併直前の従業者の概ね80％相当数が当該合併法人の業務に従事し、当該適格合併に係る合併法人の業務にも従事することが見込まれる必要がある。このように、合併後の次の組織再編は適格合併に限定され、1回限りとされているのは、租税回避防止の意図によるものである。

(4) 事業継続要件

(ア) 概　要

　適格合併においては被合併法人から移転した事業の継続が求められる（合併法人の事業については継続要件が課せられていない）。しかし、事業の継続の期間や事業規模の維持についての具体的な指示はない。これは合併時に「継続の見込み」があるか否かにより判断する。合併後において、経済環境の変化により撤退やリストラを余儀なくされる場合も当然考えられることから、そのような場合には継続を断念することも致し方ないと解されるが、合併後に移転事業が継続できないことが当初から明らかである場合は、当然ながら適格要件を充足しない。

(イ) 留意点

①　被合併法人が従来から合併法人に不動産を賃貸することのみを業としている場合、合併後の被合併法人所有の不動産は合併法人所有となるため、被合併法人が行っていた不動産賃貸事業が消滅し、事業継続要件に抵触することになる。

②　販売会社が自社の商品のみ製造している会社を吸収合併した場合、合併後も合併法人の中で製造機能は継続するため事業継続要件に抵触しない。

③　被合併法人の事業が複数ある場合にはそのうち主要な事業（1つのみ）の判定を行い、その主要な事業が継続して営まれることが見込まれている必要がある。どの事業が「主要な事業」に該当するかは、それぞれの事業に属する収入金額または損益の状況、従業者の数、固定資産の状況等を総合的に勘案して判定する（法人税基本通達1-4-5）。

④　合併後に当該合併法人を被合併法人とする適格合併を行うことが見込まれている場合には、当該合併に係る被合併法人の当該合併前に営む主要な事業が当該合併法人において営まれ、当該適格合併に係る合併法人においても引き続き営まれることが見込まれている必要がある。このように、合併後の次の組織再編は適格合併に限定され、1回限りとされて

いる。

4 共同事業要件

(1) 共同事業要件とは

上記1、2で述べた株式の保有関係について判定した場合に50％以下の株式保有関係にある法人間の合併が適格合併であるためには、「共同で事業を営むための合併」に該当しなくてはならない。株式保有割合が50％以下の関係にある法人間あるいは全く資本関係のない法人間であっても、共同で事業を営むために合併が行われることがある。税法はこれらの企業グループの枠を超えた合併でも、被合併法人から移転した資産の支配は継続されているものとして、下記に述べる一定の場合には適格合併となるよう要件を設置している。

(2) 共同事業を営むための合併における適格要件

法人税法2条12号の8ハにおいて、共同事業を営むための適格合併の要件を政令で定めるものと規定し、その政令（法人税法施行令4条の3第4項）において次のように定めている。

① 被合併法人の被合併事業（被合併法人の合併前の主要な事業のうちいずれかの事業をいう）と合併法人の合併事業（合併法人の合併前の主要な事業のうちいずれかの事業をいう）とが相互に関連するものであること（事業関連性要件。同項1号）。

② 被合併法人の被合併事業と合併法人の合併事業（被合併事業に関連するものに限る）のそれぞれの売上金額、それぞれの従業者の数、資本金の額等の規模の割合のいずれか1つが概ね5倍を超えないこと（事業規模類似要件。同項2号）。

　または合併前の被合併法人の特定役員（社長、副社長、代表取締役、代表執行役、専務取締役もしくは常務取締役またはこれらに準ずる者をいう）のいずれかと合併法人の特定役員のいずれかが合併後に合併法人の特定役員となることが見込まれていること（特定役員派遣要件。同項2号）。

③　被合併法人の合併の直前の従業者のうち、その総数の概ね80％に相当する数の者が合併後に合併法人の業務に従事することが見込まれていること（従業者引継要件。同項3号）。

④　被合併法人の被合併事業（合併法人の合併事業と関連する事業に限る）が当該合併後に当該合併法人において引き続き営まれることが見込まれていること（事業継続要件。同項4号）。

⑤　合併直前の被合併法人の株主等で合併の対価として交付を受ける合併法人の株式または合併親法人株式の全部を継続して保有すると見込まれる者および合併法人（合併親法人株式の交付を受ける場合は、親法人を含む）が有する被合併法人の株式（無議決権株式を除く）を合計した数が被合併法人の発行済株式数（無議決権株式等は除く）の総数の80％以上であること。

　　　ただし、被合併法人の株主が50人以上の場合はこの要件は適用されない（株式継続保有要件。同項5号）。

(3)　共同事業要件の要点

前述1～3のグループ内合併における適格要件に加えて、事業関連性要件、事業規模類似要件（または特定役員引継要件）を満たさなければならない。中でも、最も注意すべきことは、被合併法人の株主数が50人未満の場合の「株式継続保有要件」である。

上記(2)③の従業者引継要件、④の事業継続要件は前述3「50％超100％未満のグループ」における適格合併の要件と判定方法と変わらない。よってここでは、その他の共同事業要件に固有の要件を中心に、その内容を述べることとする。

(4)　事業関連性要件

(ア)　概　要

合併前のそれぞれの当該法人において営んでいた事業が、相互に関連性があることを求めた要件である。税制上は、その関連性があるべき事業（被合併法人では被合併事業、合併法人では合併事業という）がそれぞれ当該法人に

おいてどのような位置付けであったかについて、次のように規定されている。

① 被合併法人の被合併事業……合併前に営む主要な事業のうちいずれかの事業
② 合併法人の合併事業……その合併法人が合併前に営む事業のうちのいずれかの事業をいい、その合併が新設合併である場合には他の被合併法人の被合併事業（法人税法施行令4条の3第4項1号）

このように、事業の関連性について、被合併法人についてはその主要な事業である必要があるが、合併法人については単に「事業」と規定されているのみで主要な事業である必要はないので、被合併法人のコア事業のいずれかと合併法人のノンコア事業とが相互に関連する場合であっても、事業関連性要件を満たす。

ところで、何をもって被合併事業と合併事業が「相互に関連する」というかについては、法人税法施行規則3条1項1号および2号に定めている。事業関連性要件を満たすためには、この1号および2号のいずれの要件も充足する必要がある。

【参考】 法人税法施行規則3条（事業関連性の判定）

> 法第2条第12号の8イ又はロ（定義）に該当する合併以外の合併が次に掲げる要件のすべてに該当するものである場合には、当該合併に係る令第4条の2第4項（適格組織再編成における株式の保有関係等）の規定の適用については、当該合併に係る被合併法人の同項第1号に規定する被合併事業（以下この項及び次項において「被合併事業」という。）と当該合併に係る合併法人（当該合併が法人を設立する合併である場合にあっては、当該合併に係る他の被合併法人。以下この項及び次項において同じ。）の同号に規定する合併事業（以下この項及び次項において「合併事業」という。）とは、同号の相互に関連するものに該当するものとする。
> 一 当該被合併法人及び合併法人が当該合併の直前においてそれぞれ次に掲げる要件のすべてに該当すること。
> イ 事務所、店舗、工場その他の固定施設（その本店又は主たる事務所の

所在地がある国又は地域にあるこれらの施設に限る。ハ(6)において「固定施設」という。）を所有し、又は賃借していること。
　ロ　従業者（役員にあつてはその法人の業務に専ら従事するものに限る。）があること。
　ハ　自己の名義をもつて、かつ、自己の計算において次に掲げるいずれかの行為をしていること。
　　(1)　商品販売等（商品の販売、資産の貸付け又は役務の提供で、継続して対価を得て行われるものをいい、その商品の開発若しくは生産又は役務の開発を含む。以下この号において同じ。）
　　(2)　広告又は宣伝による商品販売等に関する契約の申込み又は締結の勧誘
　　(3)　商品販売等を行うために必要となる資料を得るための市場調査
　　(4)　商品販売等を行うに当たり法令上必要となる行政機関の許認可等（行政手続法（平成5年法律第88号）第2条第3号（定義）に規定する許認可等をいう。）についての同号に規定する申請又は当該許認可等に係る権利の保有
　　(5)　知的財産権（特許権、実用新案権、育成者権、意匠権、著作権、商標権その他の知的財産に関して法令により定められた権利又は法律上保護される利益に係る権利をいう。(5)において同じ。）の取得をするための出願若しくは登録（移転の登録を除く。）の請求若しくは申請（これらに準ずる手続を含む。）、知的財産権（実施権及び使用権を含むものとし、商品販売等を行うために必要となるものに限る。(5)及び次号ロにおいて「知的財産権等」という。）の移転の登録（実施権及び使用権にあっては、これらの登録を含む。）の請求若しくは申請（これらに準ずる手続を含む。）又は知的財産権若しくは知的財産権等の所有
　　(6)　商品販売等を行うために必要となる資産（固定施設を除く。）の所有又は賃借
　　(7)　(1)から(6)までに掲げる行為に類するもの
二　当該被合併事業と合併事業との間に当該合併の直前において次に掲げるいずれかの関係があること。
　イ　当該被合併事業と合併事業とが同種のものである場合における当該被合併事業と合併事業との間の関係

ロ　当該被合併事業に係る商品、資産若しくは役務（それぞれ販売され、貸し付けられ、又は提供されるものに限る。以下この号及び次項において同じ。）又は経営資源（事業の用に供される設備、事業に関する知的財産権等、生産技術又は従業者の有する技能若しくは知識、事業に係る商品の生産若しくは販売の方式又は役務の提供の方式その他これらに準ずるものをいう。以下この号及び次項において同じ。）と当該合併事業に係る商品、資産若しくは役務又は経営資源とが同一のもの又は類似するものである場合における当該被合併事業と合併事業との間の関係

ハ　当該被合併事業と合併事業とが当該合併後に当該被合併事業に係る商品、資産若しくは役務又は経営資源と当該合併事業に係る商品、資産若しくは役務又は経営資源とを活用して営まれることが見込まれている場合における当該被合併事業と合併事業との間の関係

2　合併に係る被合併法人の被合併事業と当該合併に係る合併法人の合併事業とが、当該合併後に当該被合併事業に係る商品、資産若しくは役務又は経営資源と当該合併事業に係る商品、資産若しくは役務又は経営資源とを活用して一体として営まれている場合には、当該被合併事業と合併事業とは、前項第2号に掲げる要件に該当するものと推定する。

　(イ)　留意点

① 第1号は被合併法人および合併法人に事業があることを判定するものであるが、

　㋑　事業を行う場所の存在

　㋺　人（役員にあっては専属に限る）の存在、従業員にあっては、厚生年金保険等の明確な雇用関係

　㋩　自己の名義と計算で行う商品販売等の行為（準備行為を含む）

の3つがある場合について、事業があると判断される。㋩の準備行為については第1号ハ(2)～(6)に規定されているが、実務的には売上が必要であると考える。

② 第2号は関連性要件である。次のいずれかの場合は事業が相互に関連すると形式基準的に認められる。

イ　同種の事業を行う会社

　　ロ　同種の事業を行う会社でなくても、商品、資産もしくは役務または経営資源が同一のものまたは類似するものである場合

　これらのいずれにも該当しない場合は、

　　ハ　合併時点において合併後に相乗効果が見込まれている場合に、関連性があると判定される。

③　第2項は、合併後に実際に相乗効果が現れているときは、上記②ハの合併時点において合併後に相乗効果が見込まれているものと推定することによって、納税者の立証責任の軽減を図るものである。

(5) 事業規模類似要件

(ア) 概　要

　共同事業の規模の比率が、概ね1：5であることを求めた要件である。税法においては、当該法人双方の規模が大きく異なる法人間の合併は共同事業とはいえないとの観点から規模の制限を設けている。また、後述(6)特定役員派遣要件とのうちいずれか一方を満たせばよい。

　比較対象となる事業の規模は、①売上金額、②従業者数、③資本金、またはこれらに準ずるものであるが、これらのうちいずれかの規模の割合が概ね1：5であればよく、「これらに準ずるもの」とは金融機関における預金量等、客観的・外形的にその事業の規模を表すものと認められる指標をいう（法人税基本通達1-4-6）が、合併においては、③資本金を用いる場合が多い。

　比較の時期は合併直前であるため、合併の直前に事業規模が変動した結果、この規模要件を満たすような場合であっても、包括的租税回避防止規定に該当しない限り、規模要件に抵触しない。

(イ) 留意点

(A) 売上金額の比較について

　売上金額の規模の判定については、売上金額を比較する期間が規定されていない。しかし、合併の直前の規模を把握する必要があることから、事業規模を把握することができる範囲内でなるべく短い期間であることが望ましい

が、季節変動要因や短期的・異常的な要因による売上の増減も考えられるため、1年間の売上金額をもって把握すべきことが一般的であるケースが多い。

　(B)　従業者数の比較について

　従業者の範囲については、3「50％超100％未満のグループ」における適格合併の要件のうち「従業者引継要件」について述べたものと同様である。

　(C)　資本金額に比較について

　資本金の額を比較する場合は、合併直前の資本金の額で比較する。資本金は会社法上の資本金を意味するため、資本準備金、資本剰余金などは含まれない。

(6)　特定役員派遣要件

　(ア)　概　要

　成長著しい被合併法人との合併など、共同事業の判定要件として事業規模類似要件のみでは必ずしも相応しくない場合が考えられる。このため、事業規模類似要件の代替的要件として、特定役員派遣要件がある。

　これは、被合併法人の特定役員（社長、副社長、代表取締役、代表執行役、専務取締役もしくは常務取締役またはこれらに準ずる者で法人の経営に従事している者）のいずれかと合併法人（新設合併の場合は他の被合併法人）の特定役員のいずれかが、合併後に合併法人の特定役員となることが見込まれていることをいう（法人税法施行令4条の3第4項2号後段）。

　「これらに準ずる者」とは、役員または役員以外の者で、社長、副社長、代表取締役、代表執行役、専務取締役または常務取締役と同等に法人の経営の中枢に参画している者をいう（法人税基本通達1-4-7）。

　(イ)　留意点

① 　被合併法人の合併前の特定役員1名以上と合併法人の合併前の特定役員1名以上が、合併後の合併法人において特定役員となる必要があり、合併前の特定役員全員が合併後も特定役員になることを要求するものではない。

②　合併後の特定役員は通常の任期を全うしていればよいと考えられているが、適格合併にするために短期間だけ特定役員にするような不自然、不合理なものは認められない。

③　被合併法人と合併法人の特定役員を兼任しているような者がいる場合には、その者が合併後も特定役員となれば、経営参画要件を充足すると考えられる。

(7) 株式継続保有要件

(ア) 概　要

株式継続保有要件とは、被合併法人の株主の株式数で、議決権ベースで、交付株式（合併法人の親会社株式の交付を受ける場合にはその親会社株式）を1株でも譲渡する見込みがない者で有する被合併法人の株式数が、被合併法人の発行済株式数の80％以上であることを要求するものである。

株式継続保有要件については、平成19年度改正において、法人税法施行規則3条の2第3項が新設され、合併後において会社法135条3項の規定により、会社法上処分が要求されるものについて、これらの親会社株式となる株式について、これらを除いて判定することが明確化された（法人税法施行令4条の3第4項5号）。

平成20年度の改正後においては、合併について、このような合併後において交付を受ける株式が、自己株式、親法人株式となるものについて、法令上、算式の分子、分母に含めることが明確化された（財務省「平成20年度税制改正の解説」343頁）。さらに平成22年度改正において、合併法人が被合併法人の株主として交付を受ける株式（自己株式または合併親法人株式）を継続保有する見込みがあるかどうかにかかわらず、合併法人および他の被合併法人が有する被合併法人の株式の数を算式の分子の合計数に含め、みなし割り当てされたものを、分母の総数から除かないこととされた（財務省「平成22年度税制改正の解説」333頁）。

$$\frac{\text{交付株式全部継続保有見込者が有する被合併法人の株式（議決権のないものを除く。以下同じ）の数および合併法人および他の被合併法人（合併親法人株式の交付を受ける場合にあっては、合併親法人を含む）が有する被合併法人の株式の数}}{\text{被合併法人の発行済株式数（議決権のないものを除く）の総数}} \geqq 80\%$$

(ｲ) 留意点

① 株式譲渡、株式交換、株式移転により株式の継続保有が見込まれなくなる場合や、株式の売却、グループ内の株式譲渡などは株式継続保有要件に抵触する。

② 合併法人（または親法人）が解散することが見込まれている場合または被合併法人の法人株主が解散することが見込まれている場合は株式継続保有要件に抵触するが、適格合併により解散することが見込まれている場合に限り、以下の特例が認められている。なお、親法人とは、合併親法人株式の定義に規定する親法人をいう。

　㋐ 合併後に被合併法人の株主等で合併により交付を受ける合併法人の議決権株式（または合併親法人議決権株式）の全部を継続して保有することが見込まれる者（「当該者」という）を被合併法人とする適格合併を行うことが見込まれている場合においては、合併の時から適格合併の直前の時まで当該者が当該株式の全部を保有し、適格合併後は当該適格合併に係る合併法人が当該株式の全部を継続して保有することが見込まれている場合

　㋑ 合併後に当該合併法人（または親法人）を被合併法人とする適格合併を行うことが見込まれている場合においては、合併の時から適格合併の直前の時まで当該者が当該株式の全部を継続して保有することが見込まれている場合

③ 合併法人（または親法人）が第三者割当増資を行うことが見込まれている場合には、合併法人（または親法人）が新株を発行するが、被合併法人の株主が合併により交付を受けた合併法人の議決権株式（または合

併親法人議決権株式)を譲渡するわけではない。しかし、株式継続保有要件に抵触しないか一定の注意を要する。

④　この要件は、被合併法人の株主の合併法人(または親法人)株式の一部の譲渡という事後的な取引の事実によって、さかのぼって適格処理が否認されるので、被合併法人の株主数が50人未満の場合においては最大限の注意を要し、株主の株式の譲渡について合併法人は事前の確認と事後の細心の管理が必要である。

5　三社合併における適格判定

国税庁による三社合併に関する文書回答が行われ、2社ごとの合併ごとに適格判定を行う取扱いが下記のとおり明確化された。

「(1)　三社合併が行われた場合には、個々の合併ごとに適格判定を行うこととなる。

　　したがって、合併法人をA社とし、被合併法人をB社及びC社とする三社合併が行われた場合には、A社とB社との間の合併(以下「第1合併」といいます。)及びA社とC社との間の合併(以下「第2合併」といいます。)という2つの合併が行われているので、三社合併が行われる前のA社とB社、三社合併が行われる前のA社とC社のそれぞれの合併ごとに適格判定を行うこととなる」(国税庁ホームページ〈http://www.nta.go.jp/shiraberu/zeiho-kaishaku/bunshokaito/hojin/090130/01.htm#a01〉より)。

Ⅱ 合併比率と合併後の株式評価

1 合併比率とは

合併比率とは、被合併法人の旧株式１株に対して割り当てられる新株式（合併法人株式または合併親法人株式）の比率、すなわち合併当事会社のそれぞれの価値の比である。

$$合併比率 = \frac{被合併法人の１株当たりの価額}{合併法人の１株当たりの価額}$$

合併比率とは、株主の利益に直接影響を与える重要事項であり、合併比率算定書は合併承認株主総会の開日の２週間前から合併期日後６月を経過する日まで、各本店に備え置かなければならない。

2 比率算定方法

(1) 財産評価基本通達における「取引相場のない株式」の評価

中小企業間の合併において合併比率を決定する場合、その算定方法に絶対的・科学的方法が存在するわけではなく、当事会社の株主および税務当局に合理的な根拠を示すことができることが重要であり、実務的には財産評価基本通達における「取引相場のない株式」の評価を基準にするケース、つまり純資産価額方式（控除型）が多いと思われる。

さらに、所得税基本通達59-6、法人税基本通達9-1-14における中心的同族株主である場合の価額（土地と有価証券等をその時の価額とした純資産価額方式法人税等非控除型）または小会社方式で同純資産額と類似業種比準価額の50％併用方式を採用したり、同一の尺度の基づく（微調整を含む）算定方法であれば、評価の安全性が得やすいものと思われる。

同族株主間での合併における合併法人、被合併法人の株式保有割合が異な

る場合には、株主間での実質的な会社資産に対する持分の移転が生じ、株主が親族である場合には、その他の利益の享受として贈与税の課税対象となることがあるので注意が必要である（相続税法9条）。

また、非適格合併においては、被合併法人の最終事業年度の法人税等は合併法人に承継されるので、純資産価額で計算するときは、現実に課税される法人税等を織り込むことになる。

(2) 組織再編における非公開会社の株価としての併用方式

課税計算の目的でない株式の評価（＝時価）算定が要請される事例として、反対株主の買取請求権の行使、新株予約権の行使等のほか、企業の合併等組織再編の場面での株式評価が典型例として挙げられる。組織再編における非公開会社の株価は原則として収益還元方式、純資産価額方式および比準方式をそれぞれ算出し、それらを組み合わせた併用方式により評価しているケースがある。これについては、次のように言われている。

「併用割合について数字を前後して優先度合を付ける場合には、その理由が重要である。評価額が2つあればそれぞれ50％の併用、評価額が3つあれば3分の1ずつ、4つあれば4分の1ずつの併用と、平均的にそれぞれの評価額を併用する場合には、ある意味では評価方式の妥当性さえ主張されていれば、その評価額に問題はないと思慮される。しかし、いずれかの評価額にウエイト付けをした場合には、そのウエイトの理由が重要であり、株主に対して説明されなければならず、そのために開示が要請されているともいえる」（緑川正博著『非公開株式の評価』216頁、ぎょうせい）。

(3) 類似業種比準価額方式の併用

緑川・前掲書によれば「税務上の非公開会社の主な評価規定である財産評価基本通達においては、少数株主が所有する株式の評価方法として収益還元方式（配当還元方式）が採用されており、同族株主などの大株主が所有する株式の評価方式として収益還元方式は採用されていない。仮に同族株主の株式評価として収益還元方式が採用される場合には、当該企業の収益全額を資本還元率で除す収益還元方式が適すると考えられるが、過去の相続税の判決

において『将来収益の評定に難がある』として、その適用が退けられていることもある。税務上、収益面に関する評価といった場合には、もっぱら類似業種比準方式による調整で済ませられているといえる』（前掲書226頁）。

併用方式においては類似業種比準方式による調整も許容されるものと思われる。

(4) ディスカウントキャッシュフロー（DCF）法の併用

事業計画の見方により、過去延長型または予測によりフリーキャッシュフローを求め、それを現在価値に割り引く方法である。

DCF計算実務において用いられる割引率（資本コスト）は一般にCAPM（Capital Asset Pricing Model）理論によって算定した株主資本コストと負債コストとの加重平均資本コスト、すなわちWACC（Weighted Average Cost of Capital）に基づいて算出している。非現実的な事業計画に基づいた収益向上を認めてしまうと、評価額が非常に高額になるため、注意する必要がある。

(5) 比準方式の併用

緑川・前掲書によれば、「比準方式による場合は、ほとんどの場合が、相続税評価額において採用している類似業種比準方式ではなく、類似会社比準方式によっている。これは、両方式が同様に、評価会社の株価を業種が類似する公開会社の株価を通して、市場価格にスライドさせる手法であるものの、類似業種比準方式の場合の類似業種は、その業界の平均値であり、標本会社も明らかにされていないことが一因である。したがって、画一的な評価が求められず、評価会社の個別の価値を厳密に算定するには、類似会社比準法式の方がより優れているといえる」（前掲書229頁）と指摘されている。

3　合併後の類似業種比準価額の計算

(1) 合併の前後において会社実態に変化がない場合（合算方式）

評価会社が課税時期の直前に合併をした場合において、合併の前後で会社実態に変化がないと認められるときは、類似業種比準価額方式の各比準要素

は、合併法人と被合併法人のそれぞれの比準要素の金額の合計額を基にして計算する。この「会社実態に変化がないと認められる場合」とは、次の要件を満たすような場合をいう。

① 合併の前後で会社規模や主たる業種に変化がないこと
② 合併前後の1株当たりの配当、利益、純資産価額に大きな変動がないこと

しかし、これはあくまでも判断の1つの目安であり、実際の適用においては、個々の事実認定に属する問題となろう。この場合は、従来からの合算方式の計算ができる。

【合算方式の場合の配当の合算計算例】

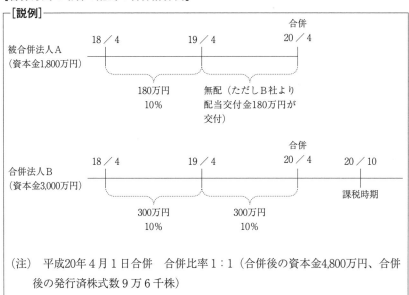

[説例]

被合併法人A（資本金1,800万円）
18/4　19/4　20/4 合併
180万円 10%　無配（ただしB社より配当交付金180万円が交付）

合併法人B（資本金3,000万円）
18/4　19/4　20/4 合併　20/10 課税時期
300万円 10%　300万円 10%

（注）平成20年4月1日合併　合併比率1：1（合併後の資本金4,800万円、合併後の発行済株式数9万6千株）
なお、図表内は配当金額。いずれも年1回決算。

年平均配当金額　$\dfrac{180万円+300万円+180万円+300万円}{2} = 480万円$

1株当たりの資本金等の額を50円とした場合の発行済株式数	$\dfrac{4,800万円}{50円} = 96万株$

1株当たりの資本金の額	$\dfrac{4,800万円}{9万6千株} = 500円$

1株（50円）当たりの配当金額	$\dfrac{480万円}{96万株} = 5円$

(2) 課税時期の直前前期に合併があった場合

上記以外は単体方式で計算することとなる。この場合、合併があった直前前期の利益金額を用いて計算することは適当ではないので、1株当たりの利益金額の計算において、直前2年間の平均値を採用することはできない。

算式は、分母を4として、分子は

$$\dfrac{Ⓒ}{C} \times 3 + \dfrac{Ⓓ}{D}$$

で計算することができる。

　Ⓒ＝評価会社の1株当たりの利益金額

　Ⓓ＝評価会社の1株当たりの簿価純資産価額

　C＝課税時期の属する年の類似業種の1株当たりの利益金額

　D＝課税時期の属する年の類似業種の1株当たりの簿価純資産価額

（注）　これらのC、Dの金額は、国税庁方式の類似業種比準価額の計算上、1株当たりの資本等の額を50円とした場合の金額として計算した金額である。

で計算することができる。

合併期日、直前前期の期首の場合は、通常の計算ができる。

(3) 課税時期の直前期に合併があった場合

合併期日が直前前期末の翌日に当たる場合には、利益金額と純資産価額の

2要素を基に計算する。それ以外の場合は、比準要素のうち、直前前期の配当金額および直前期の利益金額を用いて計算することは適当でないので、比準要素数1の会社の株式の評価方法に準じて計算することになる（財産評価基本通達189-2）。

(4) 課税時期の直前期末終了後に合併があった場合

合併の前後で会社実態に変化がある場合は、類似業種比準価額方式で計算することはできない。

Ⅲ　適格合併と資本金等の額・利益積立金額の増減

　会社法および会計基準による合併受入会計処理にかかわらず、適格合併の場合は、合併法人は被合併法人の利益積立金額を強制的に引き継ぐことになる。合併法人が受け入れる利益積立金額および資本金等の額は、次の算式に基づいて計算する。

合併法人における増減額（適格合併の場合）	資本金等の額	被合併法人の資本金等の額－抱合せ株式帳簿価額－増加資本金額等 （法人税法施行令8条1項5号）
	利益積立金額	被合併法人の移転純資産帳簿価額－同上 （法人税法施行令9条1項2号）

1　資本金等の額

　上記表中※「増加資本金額等」とは、次の金額の合計額をいう。
① 合併により増加した資本金の額または出資金の額（規定上、両建てとなっている）
② 被合併法人の株主等に交付した合併親法人株式の適格合併の直前の帳簿価額

　結果的には下記となる（法令＝法人税法施行令）。

【合併法人株式交付の場合】

合併法人	増加額	適格	資本金等の額	被合併法人の資本金等の額－抱合せ株式帳簿価額（法令8①五）
			利益積立金額	被合併法人の移転純資産帳簿価額－同上（法令9①二）
		非適格	資本金等の額	交付株式の時価（法令8①五）

【吸収合併（合併親法人株式交付の場合）】

合併法人	増加額	適格	資本金等の額	被合併法人の資本金等の額－合併親法人株式帳簿価額（法令8①五）
			利益積立金額	被合併法人の移転純資産帳簿価額－同上（法令9①二）
		非適格	資本金等の額	0（法令8①五）

① 適格合併により合併法人が被合併法人から移転を受けた合併法人の株式（自己の株式）の移転の直前の帳簿価額に相当する金額については、資本金等の額のマイナスとして処理される。

② 適格合併により被合併法人の株主である親法人（法人税法施行令119条の7の2第1項）が合併親法人株式（自己の株式）のみの交付を受けた場合には、被合併法人の株式のその交付の直前の帳簿価額について、資本金等の額のマイナスとして処理される。

2　利益積立金額の増減

被合併法人の最後事業年度終了の時の利益積立金額から、被合併法人の株主等に対する剰余金の配当を控除した金額が合併法人に引き継がれるとされていたが、平成22年度改正において、上記のように利益積立金額が差額として計算されることになった。以下の計算事例としては同一の結果となる。

3　合併事例

被合併法人が自己株式を保有したまま（取得価額50、税務上の取得資本金額20）のとき、存続会社の受け入れ（株主資本の構成）および税務上の株主資本の構成の比較を示すと、次のとおりである。

会社計算規則35条1項2号選択の場合は、合併契約で増加資本金を定めなければ全額がその他資本剰余金になる（＝300）。

会社計算規則36条を選択した場合には、消滅会社の資本構成を引き継ぐ。

Ⅲ　適格合併と資本金等の額・利益積立金額の増減

また消滅会社自己株式帳簿価額は移転して消滅し、その他資本剰余金のマイナスとするが、その他資本剰余金がマイナスとなるときは、その他利益剰余金に振り替える（250－50＝200）。

　税務上は適格合併であれば、受入簿価純資産から被合併法人から引き継ぐ利益積立金額を減算した金額を資本金等の額とする。被合併法人自己株式はもともと０資本金等の額から減額（100－20＝80）されているので、そのまま引き継ぐ。

	消滅会社		存続会社		
	会計	税務	会計 (計35Ⅰ②)	会計（計36）	税務
移転純資産 300	資本金 100 自己株式 ▲50 利益剰余金 250	資本金等の額　80 利益積立金 220	資本剰余金 300	資本金 100 利益剰余金 200	資本金等の額　80 利益積立金 220

Ⅳ 抱合せ株式の処理

1 法人税法の規定

　抱合せ株式とは、合併法人が合併直前に有していた被合併法人の株式または被合併法人の有する他の被合併法人の株式である。法人税においては、抱合せ株式に対しても合併新株が割り当てられ、簿価で譲渡したものとみなした取り扱いとなる（法人税法24条2項、61条の2第3項、法人税法施行令8条1項5号）。つまり、抱合せ株式に対して合併法人の株式の割当てまたは株式以外の資産の交付をしなかった場合（ただし非適格合併の場合については後記Ⅹ参照のこと）においても、合併法人が株式割当て等を受けたものとみなして、資本金等の額のマイナスとして処理される。

【適格合併の場合における抱合せ株式の処理】
　資産・負債の簿価取得と一体に、資本金等の額の増加額の中で処理される

　　　（純資産）　×××　　（資本金等の額）　×××
　　　　　　　↑簿価　　　（抱合せ株式）　×××
　　　　　　　　　　　　　（利益積立金額）　×××

2 会社法と法人税法との調整

(1) 利益剰余金のマイナス

　会社法では、資本剰余金がマイナス残高となることを認めていないので、これらがマイナスとなる場合には、当該マイナス分は利益剰余金からのマイナスとして処理される。一方、法人税法においては、株主からの払込資本と利益の区分を維持するため、マイナスの資本金等の額が認められており、利

益積立金で処理されることはない。このため、会社法上で利益剰余金のマイナス処理とされた場合でも、法人税法では資本金等の額のマイナス処理とされる場合がある。

(2) 共通支配下等の合併（共通支配株主が存在しない場合）

会社法では、抱合株式と対応簿価持分との差額が損益処理されるが、法人税法ではそのような処理は行わないので、不一致が発生する。

3 合併事例

同一の株主（個人）により支配されている会社同士の合併の会計処理と税務申告調整について検討する。甲社はグループ内の乙社を吸収合併しようと考えている。

(1) 前提

甲社、乙社の各株主構成および貸借対照表は次のとおりである。

(甲社)

株主	所有割合	所有株数
社長（A 氏）	60%	12,000
外部株主	40%	8,000
計	100%	20,000

(乙社)

株主	所有割合	所有株数
甲社	55%	5,500
甲社役員	10%	1,000

外部株主	35%	3,500
計	100%	10,000

甲社貸借対照表

諸資産	170	資本金	100
乙社株式	30	資本剰余金	10
		利益剰余金	90
計	200	計	200

乙社貸借対照表

諸資産	50	資本金	10
		資本剰余金	30
		利益剰余金	10
計	50	計	50

(2) **会計処理**

　合併比率は算定の結果1：0.6（乙社株式1株に対して甲社株式0.6株を交付）であり、甲社は乙社の甲社以外の株主に対して2,700株（1万株×45％×0.6）を交付した。

　甲社は社長のA氏が過半数を所有し、甲社役員もA氏と緊密者であるとした場合、乙社はA氏グループにより65％支配されていることになる。

　このような場合、甲社と乙社はA氏という同一の株主により支配されているので、甲社と乙社は共通支配下（同一の株主がいる場合）となる。

　㋐　**共通支配下の取引（会社計算規則35条1項2号）**

　まず、乙社から受け入れる資産・負債は、合併期日の前日に付された適正

な帳簿価額により計上する。甲社保有乙社株式は抱合せ株式であり、甲社は乙社株式の帳簿価額を合併期日において増加する剰余金から控除する。原則として、乙社の株主資本の額を払込資本として処理する。ここでは全額を資本剰余金として扱う。

その結果、甲社の受入仕訳は次のとおりである。

甲社の合併受入仕訳（株主資本等変動額の全部を資本剰余金とした場合）

諸資産	50	資本剰余金	50
資本剰余金	30	乙社株式	30

甲社合併後貸借対照表

諸資産	220	資本金	100
		資本剰余金	30
		利益剰余金	90
計	220	計	220

(イ) 共通支配下で株主資本等を引き継ぐ場合（会社計算規則36条）

合併の対価が株式のみである場合は、資本金、資本準備金、その他資本剰余金、利益準備金およびその他利益剰余金の内訳科目をそのまま引き継ぐことができる。

甲社の合併受入仕訳（選択：会社計算規則36条適用）

諸資産	50	資本金	10
		資本剰余金	30
		利益剰余金	10

資本剰余金	30	乙社株式	30

甲社合併後貸借対照表（会社計算規則36条適用）

諸資産	220	資本金	110
		資本剰余金	10
		利益剰余金	100
計	220	計	220

(3) 法人税の扱い

　一方、法人税においては、適格合併と非適格合併との２種に分類される。適格合併に該当する場合には、被合併法人から資産負債引継ぎは、被合併法人の簿価に基づいて処理され、抱合せ株式については、前述のように当該抱合せ株式のその株式割当て等の直前の帳簿価額に相当する金額を資本金等の額から減算する。設例では同一の者による持分割合50％超適格合併とする。

　その結果、税務上の受入仕訳は会社計算規則の処理にかかわらず、次のとおりとなる。

税務上の合併受入仕訳

諸資産	50	資本金等の額	10
		乙社株式	30
		利益積立金額	10

(4) 申告調整

㈦ 会社計算規則35条１項２号で処理している場合

　上記のとおり、会計処理と税務処理が異なるため、法人税申告書別表五(一)、(二)での調整が必要である。乙社の資本剰余金＝資本金等の額、利益剰余

金＝利益積立金額とすると、別表は次のとおりとなる。利益積立金額が増加するが、所得計算には影響しないため別表四の記入はない。

別表五㈠

I　利益積立金額

区分	期首	減	増	翌期首
甲社	90			90
資本剰余金（乙社）			10	10
計	90		10	100

II　資本金等の額

区分	期首	減	増	翌期首
資本金	100			100
資本剰余金	10	30	50	30
資本剰余金（調整）			△10	▲10
計	110	30	40	120

㈥　**会社計算規則36条で処理している場合**

この場合は、利益剰余金の引継ぎ＝利益積立金額の増加となる。

別表五㈠

I 利益積立金額

区分	期首	減	増	翌期首
甲社	90			90
利益剰余金（乙社）			10	10
計	90		10	100

II 資本金等の額

区分	期首	減	増	翌期首
資本金	100		10	110
資本剰余金	10	30	30	10
計	110	30	40	120

4 抱合せ株式

　合併法人が、抱合せ株式に対してその合併による株式の割当てまたは株式以外の資産の交付をしなかった場合において、株式の割当てを受けたものとみなして（抱合せ株式に対し被合併法人の他の株主等がその有していた被合併法人の株式に対して合併法人の株式その他の資産の交付を受けた基準と同一の基準により当該株式その他の資産の交付を受けたものとみなす）みなし配当の計算を行う（法人税法24条2項）。つまり、非適格合併の場合にはみなし配当の問題が生じるが（後のXにて後述）、被合併法人に他の株主等（合併法人の株式その他の資産の交付を受けた株主等）がいない場合（直接の100％親子間の合併）

には、合併法人は、抱合せ株式に対し合併法人の株式（自己の株式）の交付を受けたものとみなされる（適格合併となる）ため、抱合せ株式の薄価相当額について資本金等の額を減少させる（法人税法施行令8条1項5号）。

　なお、非適格合併の場合において、合併対価として合併法人の株式または合併親法人の株式のいずれか一方以外の資産が交付されるとき、その合併対価の価額からみなし配当の金額を控除した金額が合併法人が有していた被合併法人株式の譲渡対価となるため、被合併法人の株式の譲渡損益が計上されていた。

　しかし、平成22年10月1日以後の合併については、合併対価の種類にかかわらず、被合併法人への資産負債の投資が継続されているとの観点から、非適格合併における抱合せ株式について、合併法人において譲渡損益は計上しないこととなった（法人税法61条の2第3項）。

V 株主の税務

　適格合併においては株主には課税関係は生じない。被合併法人の株主は、合併により被合併法人の株式に替えて合併法人の株式または合併親法人の株式を受け取ることになるが、株主においては、旧株の帳簿価額が新株の帳簿価額になり、譲渡損益は生じない。
　また、Ⅲ 2 で述べたように、被合併法人の利益積立金額は合併法人にそのまま引き継がれることになるので、株主に対する利益積立金額の精算とみなされる部分はないこととなり、みなし配当は生じない。
　非適格合併の場合には、株主にはみなし配当および株式譲渡益課税の課税問題が生じることとなる。このことについては、Ⅹにて後述する。

1 譲渡益課税がない

　適格合併における被合併法人の株主が、その所有する株式（旧株）を発行した法人の合併により、合併法人からその合併法人の株式または親法人（合併の直前に合併法人を直接に完全支配している法人をいう）のいずれか一方の株式のみの交付を受けた場合には、旧株の譲渡対価は旧株の合併直前の帳簿価額であるとし、その合併の時点では、合併により消滅した株式に対し譲渡益課税を行わない（法人税法61条の 2 第 2 項）。
　つまり、適格合併の場合にはみなし配当が発生しないため、単に旧株の合併直前の帳簿価額を合併法人の株式または親法人の株式の帳簿価額に振り替えることとなる。

2 新株の取得価額

　株主が取得した新株（合併法人株式か親会社株式）の取得価額は、次の算式により計算することとなる（法人税法施行令119条 1 項 5 号）。

(算式)=(旧株1株の従前の取得価額+旧株1株当たりのみなし配当額
　　　　※+旧株1株当たりの新株の取得費用)÷取得した合併法人株
　　　　式の数／旧株の数

※「旧株1株当たりのみなし配当額」は、その合併が適格合併の場合は算出されない。

Ⅵ　適格合併と合併法人の受入れ

　適格合併による場合、合併法人は被合併法人が合併直前に所有していた資産を帳簿価額により引き継ぐことになる。この項ではこのことについて述べる。

1　帳簿価額による引継ぎ

(1)　概　要

　適格合併の場合、被合併法人が合併法人にその有する資産および負債の移転をしたときは、当該合併法人に最後事業年度終了の時の税務上の帳簿価額で移転し、いったんその帳簿価額相当額の合併法人の株式または合併親法人株式を取得すると同時に、その株式を、資本金等の額を減少させて被合併法人の株主等に交付したものとみなす（法人税法62条の2、法人税法施行令123条の3）。

　適格合併の場合、引継ぎを受けた資産および負債につき、後日の税務調査により否認金の額が判明した場合には、その額に基づき合併法人の引継価額を修正することになる。また、被合併法人に繰越欠損金がある場合において、合併法人がその繰越欠損金の全部または一部に相当する金額を会計上、営業権として受け入れている場合であっても、その会計上の営業権については移転がなかったことになる（法人税基本通達12の2-1-1）。

(2)　具体例

　被合併法人の最終事業年度終了時の税務上の簿価純資産700（内訳：資本金等の額300、利益積立金額400）・合併交付株式の時価800。適格合併に該当する。

【被合併法人の税務上の仕訳】
　　①　税務上の簿価純資産による合併新株の取得（資産・負債の簿価引継ぎ）
　　　（合併法人株式）または（合併親法人株式）　300　　（純資産）　700

（利益積立金額）　　　　　　　　　　　400
② 　株主に対する合併新株の交付
　　（資本金等の額）　300　（合併法人株式）または（合併親法人株式）　300

【合併法人の税務上の仕訳（合併法人株式交付の場合）】

　　純資産　700　　　　資本金等の額　300
　　　　　　　　　　　　利益積立金額　400

2　留意点

① 　被合併法人が被合併法人の株主等に交付する合併法人の株式または合併親法人株式は、適格合併の日の前日の属する事業年度終了の時の移転資産の帳簿価額から移転負債の帳簿価額および利益積立金額の合計額を減算した金額により交付したものとする。
② 　適格の場合の取り扱いは法人税の計算において新株を資本金等の額で交付したとみなす趣旨であり、実際の合併比率は時価をベースに計算する。時価以外の金額により合併比率を計算した場合には、相続税法基本通達9－2により株主間贈与の問題が生ずる。
③ 　合併法人は被合併法人の最終事業年度終了の時の税務上の帳簿価額により引継ぎを受ける（帳簿価額による引継ぎの強制）。

Ⅶ 青色欠損金の引継ぎ

1 制度の概要

　適格合併においては、原則として被合併法人の「未処理欠損金額」の引継ぎが認められる。未処理欠損金額とは、繰越青色欠損金の合計額ではなく、それぞれの事業年度ごとに生じた青色欠損金の各未控除額を指す。
　ただし、50％超グループ内の合併においては、未処理欠損金額の引継ぎについて一定の制限が設けられている。資本関係のない欠損法人との合併など租税回避目的の合併については、適格要件において「共同事業要件」（前述Ⅰ4を参照）を付すことにより、租税回避を防止している。しかし、資本関係のない欠損法人をいったんグループ化し、その後グループ内再編として業績好調な法人と適格合併を行うことも考えられ、このような場合は共同事業要件が不要となることから、同要件以外の租税回避防止要件として一定の制限が設けられているのである。
　また、非適格合併においては、未処理欠損金額の引継ぎは一切認められていない。

2 未処理欠損金の引継ぎの原則

　適格合併の場合、被合併法人に未処理欠損金額がある場合は、原則として、合併法人の合併事業年度以後の各事業年度に生じた欠損金とみなして、合併事業年度以後の各事業年度における繰越控除の対象として合併法人に引き継ぐことができる。この場合、被合併法人の適格合併の日から前7年以内に開始した事業年度において生じた未処理欠損金額が合併法人に引き継がれる（法人税法57条2項）。また、被合併法人が欠損金の生じた事業年度において青色申告書を提出している場合にのみ合併法人に未処理欠損金額を引き継ぐことができる（法人税法施行令112条2項）。以下の図において、欠損金の繰

越期間は、3月決算法人では、平成20年度より7年が順次9年間となる。9年間となるのは、①が平成28年度の場合である。平成29年度より9年は10年間となる。10年間となるのは、①が平成38年度の場合である。

【欠損金繰越控除制度の対象となる事業年度】（3月決算法人）

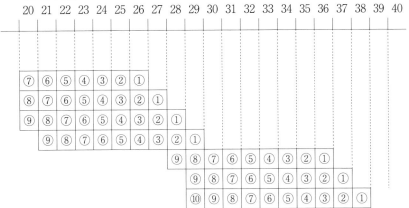

3　合併法人における未処理欠損金額の帰属年度の具体例

被合併法人の未処理欠損金は、それぞれ未処理欠損金額が生じた被合併法人の各事業年度の開始の日の属する合併法人の各事業年度に引き継ぐこととなる（法人税法57条2項）。以下の図において、欠損金発生事業年度により、⑦は順次⑧⑨⑩となる。

(1) **合併法人の合併事業年度開始の日以後に被合併法人の最終事業年度が開始する場合**

　(ア)　合併法人と被合併法人の事業年度が同じ場合

【期首合併】

被合併法人	⑦	⑥	⑤	④	③	②	①	
	↓	↓	↓	↓	↓	↓	↓	↕合併・
合併法人	⑦	⑥	⑤	④	③	②	①	

以上のように、合併法人と被合併法人が共に3月決算で、合併の日が4月1日の場合は、7年間の各同一期に帰属する。以下、事業年度と合併の日について、具体例で説明する。

以下、①から⑦は、合併前7年内事業年度の各事業年度をいい、最も古い事業年度が⑦で、合併直前事業年度が①である。

そして、合併法人の合併事業年度開始の日以後に開始した被合併法人の事業年度における未処理欠損金額については、合併法人の合併事業年度の前事業年度に引き継ぐことになる。

【期中合併】

被合併法人	⑦	⑥	⑤	④	③	②	①	
	↓	↓	↓	↓	↓	↓	↘	合併・
合併法人	⑥	⑤	④	③	②	①		

同一の3月決算であっても、10月1日が合併の日の場合は、被合併法人の最後の事業年度①（4月1日から9月30日までの事業年度）の欠損金は、被合併法人の②の欠損金とともに合併法人の①に帰属させる。この被合併法人の①と②を合併法人の①によせる結果、被合併法人の⑦の欠損金は、合併法人の⑥に帰属させることになる。この違いは、被合併法人の引き継ぐ欠損金の事業年度は同じで、合併法人の使用は期中合併のほうが早い。

(ｲ) 合併法人と被合併法人の事業年度が違う場合

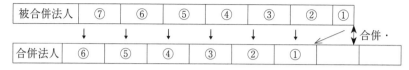

合併法人が3月決算、被合併法人が9月決算で、合併の日が12月1日の場合である。この場合、被合併法人の事業年度①は10月1日から11月30日までとなり、被合併法人の①と②は、合併法人の①に帰属させることになる。

(2) **合併法人の合併事業年度開始の日以前に被合併法人の最終事業年度が開始する場合**

被合併法人	⑦	⑥	⑤	④	③	②	①	
	↓	↓	↓	↓	↓	↓	↓	↕合併・
合併法人	⑦	⑥	⑤	④	③	②	①	

　合併法人が3月決算、被合併法人が5月決算で、合併の日が6月1日の場合である。この場合、遅く終了する被合併法人の①等の欠損金が合併法人の①等に帰属する。

(3) **合併法人に被合併法人の未処理欠損金額の帰属すべき対応事業年度がない場合**

　被合併法人の各事業年度で生じた青色欠損金を引き継ぐ場合に、その青色欠損金が生じた事業年度開始の日に合併法人がまだ設立されていなかったためその日を含む合併法人の各事業年度がない場合には、被合併法人の合併の日前7年以内に開始した各事業年度のうち最も古い事業年度開始の日からの合併法人の設立事業年度開始の日の前日までの期間を、その期間に対応する被合併法人の各事業年度ごとに区分したそれぞれの期間を、合併法人の事業年度とみなして、被合併法人の青色欠損金を引き継ぐものとされている（法人税法施行令112条3項）。

4　未処理欠損金の引継ぎの例外

　特定資本関係にあるグループ内の合併の場合に限って、欠損法人を買収後吸収合併することによる欠損法人の欠損金を利用しようとする租税回避防止のため、特定資本関係前から有している一定の未処理欠損金額について引き継ぎの制限が加えられている（法人税法57条3項）。

　特定資本関係とは、次の関係をいう。
　①　いずれか一方の法人が他方の法人の発行済株式（自己の株式を除く）

または出資の総数の100分の50を超える数の株式または出資を直接または間接に保有する関係

② 2の法人が同一の者によってそれぞれの法人の発行済株式総数の100分の50を超える数の株式または出資を直接または間接に保有する関係

・3以上の法人が合併当事者となる場合においては、各被合併法人ごとに被合併法人と合併法人との関係で判断することとなる。

・「同一の者」が個人である場合はその個人と特殊の関係のある個人を含めて判定する。

・発行済株式総数に対する保有割合で判定するので、議決権の有無は判定に影響しない。

したがって、次の①～④の場合は、この制限を受けない。

① グループ外の法人との適格合併（共同事業を営むための適格合併）

② 50％超のグループ内適格合併のうち特定資本関係が合併法人の合併事業年度開始の日の5年前の日前に生じている場合

③ 50％超のグループ内適格合併のうちみなし共同事業要件（下記5参照）に該当する場合

④ 平成22年10月1日以後に合併が行われる場合には、50％超の支配関係が、㋐適格合併の日の属する事業年度の開始の日の5年前の日、㋑合併法人の設立の日、㋒被合併法人の設立の日、のうち最も遅い日から継続している場合（ただし、新設分割等の一定の設立は除く）

5 みなし共同事業要件とは

「事業関連性要件」、「規模要件」、「規模継続要件」を満たすことができない場合は、「事業関連性要件」、「経営参画要件」を満たせばよい（法人税法施行令112条7項）。

① 事業関連性要件とは、前述Ⅰ4（共同事業要件）における事業関連性要件と同じである。

② 規模要件とは、前述Ⅰ4（共同事業要件）における規模要件と同じで

ある。
③ 規模継続要件とは、前述Ⅰ4（共同事業要件）にはない追加された要件である。
　㋐ 特定資本関係発生時と適格合併直前の時の被合併事業の事業規模が大幅（2分の1または2倍）に変化していないことが求められている。合併法人、被合併法人ともにこの要件を満たさなければならない。
　㋑ 上記の事業規模が大幅に変動しないことだけでなく、被合併事業が特定資本関係発生時から適格合併の直前の時まで継続的に営まれていることが必要になる（法人税法施行令112条7項3号）。
　㋒ 被合併法人が特定資本関係発生時から適格合併の直前の時までに適格合併、適格分割または適格現物出資により、被合併事業の全部または一部の移転を受けている場合には、当該直前の適格合併等の時を特定資本関係発生の時とし、「規模継続要件」の判定は、当該直前の適格合併等の時と当該適格合併の直前の時の被合併事業の事業規模を比較する。
　㋓ 「規模要件」と「規模継続要件」の指標は同じものに限る。
④ 経営参画要件とは、前述Ⅰ4（共同事業要件）における経営参画要件と基本的には同じであるが、適格合併の前における特定役員である者のいずれかの者が、特定資本関係が生じた日前（特定資本関係が法人の設立により生じたものであるときは設立日）に役員であった者に限られるという点に注意が必要である。なお、この場合の役員には、役員に準ずる者で同日において当該法人の経営に従事していた者も含まれる。
　このみなし共同事業要件における経営参画要件については、ソフトバンク株式会社（B社）とその関連会社であるヤフー株式会社（合併法人）において税務否認があり、東京地判平成26・3・18訟月60巻9号1857頁とその控訴審である東京高判平成26・11・5訟月60巻9号1967頁がある。前掲・東京高判平成26・11・5によれば、以下のとおりで、合併法人の代表者（丙氏）が、短期間に、被合併法人（C社）の非常勤かつ無

報酬の副社長になった行為について否認されたので、注意が必要である。

「そして、規模要件（施行令112条7項2号）等が充足されず、大規模な会社が多額の未処理欠損金額を有する小規模な会社を合併する場合であっても、一般に、合併法人のみならず、被合併法人の特定役員が合併後の合併法人の特定役員に就任するのであれば、双方の経営者が共同して合併後の事業に参画しており、経営面からみて、合併後も共同で事業が営まれていると評価でき、被合併法人の未処理欠損金額の引継ぎを認めても課税上の弊害が少ないことから、被合併法人の未処理欠損金額の引継ぎを制限する法57条3項を適用せずに、その制限なく、同条2項によるその引継ぎを認めることとしたものであり、施行令112条7項5号の定める特定役員引継要件は、双方の経営者が共同して合併後の事業に参画しており、経営面からみて、合併後も共同で事業が営まれていると評価できるための指標として定められたものと解すべきことは、前記(3)判示のとおりである」。

「丙氏の被合併法人であるＣ社の副社長への就任は、本件買収による特定資本関係発生の約2か月前であり、本件提案がされて、Ｂ社においてＣ社の株式譲渡・合併を行う方針を決定した約1か月後なのである」。

「そして、丙氏は、本件買収前のＣ社を代表して業務上の行為を行ったことを認めるに足りる証拠はない」。

「Ｂ社においてIDCSの株式譲渡・合併を平成21年3月末までに行う旨の方針が平成20年11月21日ころには定まり、同年12月26日の時点で、Ｃ社が独立した会社として存続する本件買収・本件合併の完了までの期間が3か月余りと短いにもかかわらず、丙氏がＣ社から役員報酬を受けないまま、代表権はもちろん部下も専任の担当業務もないＣ社の取締役副社長に就任したことが認められるのである」。

6　引き継ぐことができない未処理欠損金額

上記5のみなし共同事業要件に該当しない場合、引継制限を受ける未処理欠損金額は、以下のとおりである（法人税法施行令112条5項、11項）。
① 特定資本関係発生事業年度前の未処理欠損金額
② 特定資本関係発生事業年度以後の特定資本関係発生前に含み損がある場合のその含み損からなる特定資産譲渡等損失に相当する金額からなる欠損金額

つまり、特定資本関係発生事業年度以後の各事業年度における営業活動から生じた被合併法人の未処理欠損金額については、引継ぎが認められる。

特定資産譲渡等損失については、後掲Ⅷにて詳説する。

7　引き継ぐことができない未処理欠損金額の例外

上記5のみなし共同事業要件を満たさなかった場合は、原則として上記6の未処理欠損金額の引継ぎ制限があるが、被合併法人の特定資本関係発生直前事業年度終了時の含み損益の状況により、以下のような特例規定が設けられ、一定の未処理欠損金については引き継ぐことが認められる（法人税法施行令113条）。これは、新たにグループ法人とした法人に繰越欠損金がある場合でも、その法人の資産等に含み益があるときは、その繰越欠損金額を利用するためにその法人をグループ化したとはいえないと考えられることから、未処理欠損金額の引継ぎ制限を緩和したものである。

① 被合併法人の特定資本関係発生直前事業年度終了時において「時価純資産額＞簿価純資産額」かつ「時価純資産額－簿価純資産額（以下、この項において「時価純資産超過額」という）≧特定資本関係前未処理欠損金額の合計額」の場合
→未処理欠損金額の引継ぎに制限はない（法人税法施行令113条1項1号）。

第6章　会社合併の税務

```
                    特定資本関係事業年度前
欠損金額の引継ぎおよび繰越控除の制限
                     欠損金額      │ なし │ なし │
                       ∧
                   時価純資産超過額   │      │
```

②　被合併法人の特定資本関係発生直前事業年度終了時において「時価純資産額＞簿価純資産額」かつ「時価純資産超過額＜特定資本関係前未処理欠損金額の合計額」の場合

→特定資本関係発生事業年度以後の被合併法人の未処理欠損金額→引継ぎに制限はない。

→特定資本関係発生事業年度前の未処理欠損金額→特定資本関係発生事業年度直前期末における時価純資産超過額に相当する金額を限度として引継ぎ可能。時価純資産超過額を超える未処理欠損金額の引継ぎはできない（法人税法施行令113条1項2号）。

```
                    特定資本関係事業年度前
欠損金額の引継ぎおよび繰越控除の制限
                     欠損金額  │あり│ なし │ なし │
                       ∨
                   時価純資産超過額  │    │
```

③　被合併法人の特定資本関係発生直前事業年度終了時において「時価純資産額＜簿価純資産額」かつ「簿価純資産額－時価純資産額（以下、この項において「簿価純資産超過額」という）＜特定資本関係以後の特定資産譲渡等損失額の合計額」の場合

→特定資本関係発生事業年度前の被合併法人の未処理欠損金額→引継ぎはできない。

→特定資本関係発生事業年度以後の未処理欠損金額→このうち特定資本関係発生事業年度終了時の簿価純資産超過額までは引継ぎができな

い。しかし簿価純資産超過額を超える部分は、特定資本関係発生以後にさらに膨らんだ含み損に相当する金額であるため、引継ぎは可能である（法人税法施行令113条1項3号）。

なお、この場合であっても、特定資本関係発生以後の各事業年度における営業活動から生じた未処理欠損金については、原則同様、引継ぎが認められる。

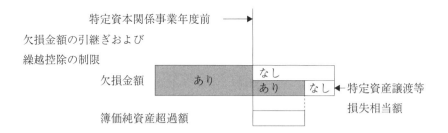

この被合併法人の未処理欠損金額の引継制限の緩和規定は、合併法人の適格合併の日の属する事業年度の確定申告書、修正申請書または更正請求書に「共同事業を営むための適格合併等に該当しない場合の引継対象未処理欠損金額又は控除未済欠損金額の特例に関する明細書（別表七㈠付表二）」の添付があり、かつ、特定資本関係発生事業年度の前事業年度終了時において有する資産と負債のすべてについて、その時における時価を明らかにするとともに、時価を明らかにする事項を記載した書類（公表資料、算定書、参考書類を含む）の保存がある場合に限り適用される。ただし、宥恕規定がある（法人税法施行令113条2項・3項）。

〔図6－3〕 未処理欠損金額の引継制限および自社欠損金の使用制限フローチャート

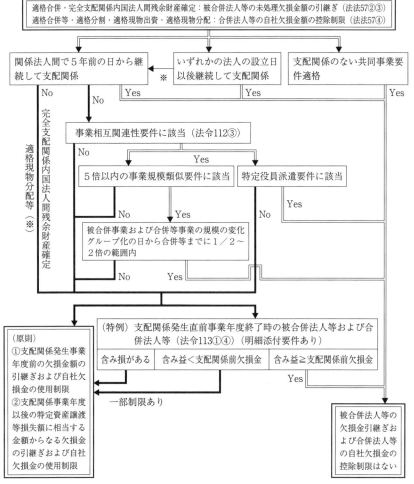

※新設合併、新設分割等の一定の設立は5年超要件へ（法令112④二）
※5年前の日：適格組織再編成等が行われた日の属する事業年度開始の日の5年前の日、または残余財産確定の日の翌日の属する事業年度開始の日の5年前の日
※残余財産の確定、適格現物分配の場合には、みなし共同事業要件なし
※事業が移転しない適格分割等の場合の欠損金の移転時時価評価の特例は、法令113⑤～⑦参照
※2社以上同時買収の場合には、合併等前2年以内の特定適格再編成等による含み損の移転による譲渡損失規制あり（法令112⑥など）

Ⅷ　特定資産譲渡等損失

1　概　要

　特定資本関係（前述Ⅶ4参照）にある適格合併および一定の非適格合併においては、合併法人において、合併後の一定期間内に含み損のある資産の譲渡等により生じる損失額の損金算入について制限を付している。

　再編後における資産の含み損（支配関係前からの含み損で、特定資産譲渡等損失相当額の欠損金引継制限を受けた部分を除く）の実現（これを特定資産譲渡等損失という）について損金不算入となるのは、下記の①および③を満たす場合である。

① 　特定資本関係が適格合併の属する事業年度開始の日前5年間に生じている、みなし共同事業要件（前述Ⅶ5参照）を満たさない適格合併（以下、この項において「特定適格合併」という）または非適格合併のうち100％グループ内で行われ資産の譲渡損益が計上されないものであり、かつ、

② 　合併が行われた日の属する事業年度開始の日から3年間

③ 　特定資本関係が生じた日（以下、この章において「特定資本関係発生日」という）から5年間

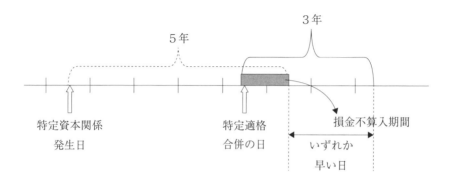

のうち、いずれか早い日までの期間に当該特定資産の譲渡等が行われた場合。図示すると、このようになる（法人税法62条の7第1項）。

ただし、特定資本関係が5年超または設立以来継続している場合は、この損金算入制限は受けない（3社利用に絡む一定の新設法人を除く）。

2　対象資産

支配関係前の直前期末において含み損がある場合に、特定資産譲渡等損失額の対象となる資産とは、下記の資産である。

① 被合併法人から適格合併により移転を受けた資産で、特定資本関係発生日前から有していたもの（特定引継ぎ資産）

② 合併法人が特定資本関係発生日前から有していた資産（特定保有資産）

この場合、上記特定資産の譲渡益がある場合には、譲渡益を上回る譲渡等損失額に相当する金額について損金不算入となる（法人税法62条の7第2項）。つまり、

㋐ 特定引継資産譲渡等損失額＝特定引継資産の損失額－特定引継資産の利益額

㋑ 特定保有資産譲渡等損失額＝特定保有資産の損失額－特定保有資産の利益額

として、特定資本関係発生日前より保有していた特定引継資産と特定保有資産の純損失の合計額が損金不算入の対象となり、㋐㋑間の損益通算は認められない。

また、これらの資産の譲渡による損失だけでなく、評価換え、貸倒れ、除却その他これらに類する事由による損失も対象となる。ただし、災害による資産の滅失、損壊、一定の減価償却資産の除却など、特定の場合の損失は対象にならない（法人税法施行令123条の8第7項）。

3　損金不算入から除外される資産

特定引継資産および特定保有資産に係る譲渡等損失のうち、以下の表中の

資産の譲渡による損失額については、損金不算入の制限を受けない（法人税法62の7第2項、同施行令123条の8第6項）。

①	棚卸資産（土地を除く）
②	売買目的有価証券
③	特定適格合併の日における帳簿価額または取得価額が1,000万円に満たない資産
④	特定資本関係発生日において含み損のない資産

また、上記表中③の帳簿価額または取得価額が1,000万円に満たない資産の判定単位は、次のとおりである。

金銭債権	1の債権者ごと
建物	1棟ごと
機械装置	通常取引される1単位
その他減価償却資産	建物・機械装置に準じて区分する
土地等	1筆ごと（一体として事業の用に供されている一団の土地またはその一団の土地等ごと）
有価証券	銘柄ごと
その他の資産	通常の取引単位

また、上記表中④については、合併事業年度の確定申告書に一定の明細書の添付があり、かつ、特定資本関係発生日の価額の算定基礎となる書類その他一定の書類を保存している場合に限られる（法人税法施行規則27条の15第2項）。

なお、この特定資産の譲渡等損失額の損金不算入額は、法人税申告書別表四において加算・社外流出として申告調整し、別表五の利益積立金額には影響させない。

4　特　例

　特定資本関係発生後5年以内に行われた特定適格合併であっても、特定資産を所有していた法人の特定資本関係発生事業年度の直前期末において、含み益がある場合は、特定資産譲渡等損失額は全額損金に算入することができる（法人税法施行令123条の9第1項1号）。また、特定資本関係発生事業年度の直前期末に含み損がある場合には、含み損相当額を限度として損金算入制限の対象となる額を計算する（法人税法施行令123条の9第1項2号）。

　この特例計算は、合併法人が、合併事業年度の確定申告等において、法人税申告書「別表十四の二」および同付表において計算した、合併当事法人の特定資本関係発生事業年度の直前期末の時価純資産価額等の計算明細を添付し、かつ、時価証明書類等を保存している場合に適用される（法人税法施行令123条の9第2項）。

　この特定資本関係発生事業年度の直前期末における時価評価は、特定引継資産および特定保有資産を有していたそれぞれの合併当事法人ごとに行い、時価純資産超過額または簿価純資産超過額を別個に計算する。

(1)　時価純資産価額≧簿価純資産額の場合（含み益がある場合）

　適用期間内の特定資産譲渡等損失額はないものとされ、すべての特定資産譲渡等損失額が損金算入できる。

(2)　時価純資産価額＜簿価純資産額の場合（含み損がある場合）

　簿価純資産超過額がある場合は、その額を限度として特定資産譲渡等損失額について損金不算入となるが、以下に該当する金額がある場合は、その合計額を簿価純資産超過額から控除することができる。

① 控除未済欠損金額の繰越制限または未処理欠損金額の引継ぎ制限において、特定資産譲渡等損失額からなる欠損金額として制限を受けた金額

の合計額

②　その事業年度の前事業年度までにすでに損金不算入とされた特定資産譲渡等損失額

すなわち、繰越欠損金の引継ぎ制限に関する特例の適用を受けた場合には、引継ぎ制限を受けた特定資産譲渡等損失相当額については特定資産譲渡等損失の損金算入制限を受けないことになる。

特定資産譲渡等損失の損金算入制限の事例（支配関係前含み損＝①の場合）

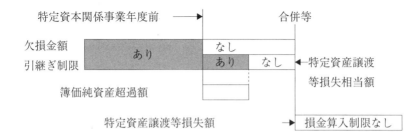

〔図6－4〕 特定資産譲渡等損失額の損金不算入規制フローチャート

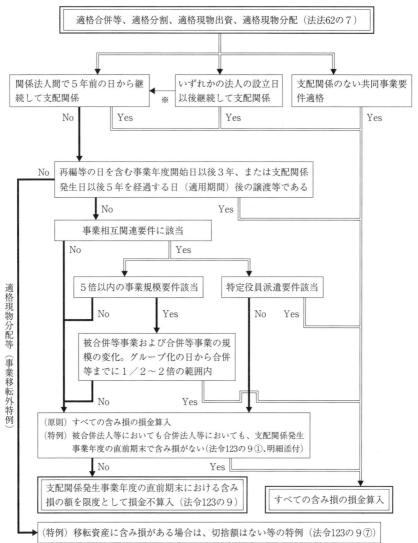

※新設合併、新設分割等の一定の設立の場合は5年超要件等が必要（法令123の8①）
※5年前の日：適格組織再編成等が行われた日の属する事業年度開始の日の5年前の日
※適格現物分配の場合には、みなし共同事業要件なし
※2社以上同時買収の場合には、合併等前2年以内のみなし特定引継資産規制あり

Ⅸ　親法人株式の取得と交付

1　概　要

　合併法人が適格合併により合併親法人株式を交付した場合は、譲渡損益は発生しない（法人税法61条の2第6項）。合併契約日に親法人株式等を有していた場合等にはみなし譲渡の課税問題が発生する。この項ではこのことについて述べる。

2　みなし譲渡

① 　合併法人が親会社株式を交付するために、合併に係る契約日に親法人株式を有していた場合には、合併契約書を締結した日において時価で親法人株式を譲渡し、直ちにその価額で取得したものとしてそれまでの含み益の清算を行う。
② 　契約日後に適格組織再編成により合併法人が親法人以外の者から親法人株式の移転を受けた場合または契約日後に株主適格の組織再編成により合併法人が親法人以外の者から親法人株式のみの交付を受けた場合には、移転または交付を受けた日において時価で親法人株式を譲渡し、直ちにその価額で取得したものとしてそれまでの含み益の清算を行う必要がある。
③ 　ただし、契約日後に適格組織再編成により合併法人が、親法人（見込まれる法人）から、親法人株式の移転を受ける場合、または契約日後に株主適格の組織再編成により合併法人が、親法人（見込まれる法人）から、親法人株式のみの交付を受ける場合には、上記のみなし譲渡の規定の適用はない（法人税法61条の2第22項、同施行令119条の11の2第2項）。

3　親法人株式の意義

　上記2における親法人株式とは、合併に係る契約日において、合併の直前に合併法人の発行済株式等の全部を直接に保有することが見込まれる法人の株式をいう。

4　留意点

① 　含み損益の清算が必要となる親法人株式は、合併により交付しようとすることが見込まれる親法人株式に限られる（法人税法施行令119条の11の2第3項）。
② 　合併法人が合併に係る契約日後に適格組織再編成により移転を受けまたは組織再編により交付を受けた含み損益を清算する前の親法人株式については、合併法人の当該移転または交付を受ける前から有していた親法人株式と異なる銘柄の株式として含み損益の清算を行う必要がある。
　すなわち、契約日後に取得した親法人株式は、まず、みなし譲渡の規定の適用を受け、時価相当額の帳簿価額が付された後に、すでに所有している親法人株式と同種の有価証券として、その帳簿価額の平均化の計算等を行う。

X 非適格合併の税務

1 非適格合併と被合併法人

(1) 概　要
　税制適格要件（前述Ⅰ参照）を満たさない合併は、非適格合併として、被合併法人から合併法人への資産等の移転について、原則、時価による譲渡として取り扱われる。つまり、被合併法人において、移転資産の譲渡損益課税が生じることとなる。

(2) 合併による資産等の時価による譲渡
　被適格合併の場合、被合併法人が合併法人に有する資産および負債の移転をしたときは、当該合併法人に非適格合併時の時価で移転し、その時価相当額の合併法人の株式その他の資産を取得するとともに、直ちにその株式その他の資産（抱合せ株式について株式割当て等を受けたものとみなされる合併法人の株式その他の資産を含む）を資本金等の額および利益積立金額を減少させて被合併法人の株主等に交付したものとみなすこととなっている（法人税法62条）。
　被合併法人の非適格合併時の資産の価額から負債の価額を控除した金額と「合併法人の株式その他の資産」の非適格合併時の時価が一致している場合は下記の事例となる。「合併法人の株式その他の資産」の非適格合併時の時価が時価純資産価額を超える場合には、営業権（資産調整勘定）の譲渡が計上されることになる（法人税法62条の8）。なお、平成22年度改正により、完全支配関係法人間の非適格合併については、実質的に資産の簿価移転とすることとなった（法人税法61条の13第7項）。

(3) 具体例
【前提】
・被合併法人の最終事業年度終了時の税務上の簿価純資産　800

（内訳：資本金等の額300、利益積立金額500）

・合併交付株式の時価　1,000
・合併交付金銭　200
・非適格合併に該当する

【税務上の仕訳】（以下、①において税率は各法人の実際の税率による）

① 時価による合併株式の取得（資産・負債の時価譲渡）

（現　金）	200	（純資産）	800
（合併新株式）	1,000	（譲渡益）	617
（未納法人税等）	217(注)		

（注）（合併交付株式の時価＋合併交付金銭）－簿価純資産
　　＝（1,000＋200）－800
　　＝400（移転純資産の税引後譲渡利益）
　　400×35.19％（総合税率）／（1－35.19％）＝217（未納法人税等）

（法人税法施行令123条2項）

　上記の譲渡益617は、留保金課税の適用はなく、法人税申告書別表四の三十五「非適格合併による移転資産等の譲渡利益額又は譲渡損失額」の欄に加算・社外流出項目として記載される。これは、被合併法人は取得した合併法人の株式その他の資産を直ちに被合併法人の株主等に交付したものとみなされるためである。

② 株主に対する合併新株の交付

（資本金等）	300	（現　金）	200
（利益積立金）	900(注)	（合併新株式）	1,000

　　（注）被合併法人の移転純資産の譲渡利益加算調整前利益積立金＋移転純資産の譲渡利益－同左の未払税金＝500＋617－217＝900

(4) 譲渡原価

　非適格合併の場合の移転資産・負債の譲渡原価は、被合併法人の最終事業年度終了の時の帳簿価額による。なお、以下の資産についても同様である。

① 棚卸資産（低価法の適用を受けたものに限る）

② 短期売買商品

③ 売買目的有価証券

④ 有価証券の空売り等取引に係る契約

⑤ デリバティブ取引に係る契約

⑥ 時価ヘッジ処理による売買目的外有価証券

⑦ 為替換算差額の益金または損金算入に規定する外貨建て資産等

　これは、①～⑦の移転資産・負債が合併期日の前日に終了する最後事業年度の所得金額の計算の際に時価に洗替えられているため、合併の日の移転資産・負債の時価と最終事業年度終了の時との帳簿価額とが一致しているためである（法人税法施行令123条の２）。

2　非適格合併と合併法人

(1)　概　要

　非適格合併の場合、合併法人については、次のような税務上の問題が生じる。

① 被合併法人の利益積立金額を引き継ぐことができない。また、増加する資本金等の額は、被合併法人の株主等に交付した合併法人の株式その他合併交付資産の時価の合計額を基として計算される。

② 被合併法人の繰越欠損金の引継ぎが認められない。

③ 資産調整勘定または差額負債調整勘定の計上や、退職給与負債調整勘定や短期重要負債調整勘定の計上が認められる（法人税法62条の８）。

(2)　資産調整勘定

(ア)　概　要

　法人が非適格合併によりその非適格合併等に係る被合併法人から資産または負債の移転を受けた場合において、その法人が非適格合併等により交付した非適格合併等対価額がその移転を受けた資産および負債の時価純資産価額を超えるときは、その超える部分の金額は、資産調整勘定の金額とされる（法人税法62条の８第１項）。

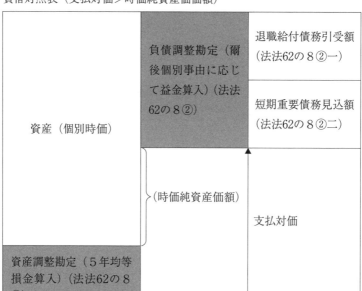

　この資産調整勘定の金額は、企業結合会計における（正の）差額のれんに相当するものといえる（この差額のれんと金額が異なることもある）。

(イ) 非適格合併等対価額

　非適格合併等対価額とは、法人が非適格合併等により交付した金銭の額および金銭以外の資産（非適格合併にあっては、法人税法62条1項に規定する新株等）の価額の合計額をいう（法人税法62条の8第1項）。

(ウ) 移転資産・負債の時価純資産価額

　移転を受けた資産および負債の時価純資産価額とは、法人が非適格合併により被合併法人から移転を受けた資産の取得価額の合計額からその移転を受けた負債の額の合計額を控除した金額をいう（法人税法62条の8第1項、同法施行令123条の10第3項）。移転を受けた資産が営業権であるときは、独立した資産として取引される慣習のある営業権に限って、上記の時価純資産価額を計算する資産とする。なお、これらの資産の取得価額や負債の額は、それ

ぞれ個々の価額(時価)によることになる。

　(エ) 資産調整勘定の金額
① 資産調整勘定の金額は、非適格合併等により交付した非適格合併等対価額がその移転を受けた資産および負債の時価純資産価額を超える場合のその超える部分の金額とされる(法人税法62条の8第1項)。
② ただし、移転を受けた資産の取得価額の合計額が負債の額の合計額に満たない場合には時価純資産価額はマイナスとなってしまうことから、この場合の資産調整勘定の金額は、非適格合併等対価額にその満たない部分の金額を加算した金額とされているが、欠損金代価額の場合は、資産等超過差額とされる。
③ この資産等超過差額がある場合には、資産調整勘定の金額は、これを除いた金額とされている(法人税法施行令123条の10第4項、法人税法施行規則27条の16)。

　(オ) 資産調整勘定の取崩し
　資産調整勘定を有する法人は、各資産調整勘定の金額に係る当初計上額を60で除して計算した金額に当該事業年度の月数を乗じて計算した金額に相当する金額を、当該事業年度において減額しなければならないこととされている(法人税法62条の8第4項)。
　また、その減額すべきこととなった資産調整勘定の金額に相当する金額は、その減額すべきこととなった日の属する事業年度の所得の金額の計算上、損金の額に算入することとされている(法人税法62条の8第5項)。

(3) 負債調整勘定
　(ア) 退職給与負債調整勘定
　法人が非適格合併等により被合併法人等から資産または負債の移転を受けた場合において、非適格合併等に伴い被合併法人等から引継ぎを受けた従業者につき退職給与債務引受けをした場合には、退職給与債務引受額(一般に退職給付引当金)を退職給与負債調整勘定の金額とする(法人税法62条の8第2項1号)。

(ｲ)　**短期重要負債調整勘定**

　法人が非適格合併等により被合併法人等から資産または負債の移転を受けた場合において、非適格合併等により被合併法人等から移転を受けた事業に係る将来の債務で、その履行が非適格合併等の日から概ね3年以内に見込まれるものについて、その法人がその履行に係る負担の引受けをした場合には、短期重要債務見込額を短期重要負債調整勘定の金額とする（法人税法62条の8第2項2号）。

　(ｳ)　**差額負債調整勘定**

　法人が非適格合併等により被合併法人等から資産または負債の移転を受けた場合において、非適格合併等に係る非適格合併等対価額がその被合併法人等から移転を受けた資産および負債の時価純資産価額に満たないときは、その満たない部分の金額を差額負債調整勘定の金額とする（法人税法62条の8第2項3号）。

　この差額調整勘定の金額は、企業結合会計における（負の）差額のれんに相当するものといえる。

　(ｴ)　**負債調整勘定の取崩し**

① 退職給与負債調整勘定または短期重要負債調整勘定の金額を有する法人が次に掲げる場合に該当する場合には、その負債調整勘定の金額につき、その該当することとなった日の属する事業年度において次に定める金額を減額しなければならない（法人税法62条の8第6項）。

　(ｱ)　退職給与引受従業者が退職その他の事由によりその法人の従業者でなくなった場合または退職給与引受従業者に対して退職給与を支給する場合……退職給与負債調整勘定の金額のうち減額対象従業者に係る退職給与負債相当額の合計額（法人税法施行令123条の10第10項）

　(ｲ)　短期重要債務見込額に係る損失が生じ、または非適格合併等の日から3年が経過した場合……短期重要負債調整勘定の金額のうち損失の額に相当する金額（3年が経過した場合にあっては、その短期重要負債調整勘定の金額）

② 差額負債調整勘定の金額を有する法人は、各差額負債調整勘定の金額に係る当初計上額を60で除して計算した金額に当該事業年度の月数を乗じて計算した金額に相当する金額を、当該事業年度において減額しなければならない（法人税法62条の8第7項）。
③ 上記①および②により減額すべきこととなった負債調整勘定の金額に相当する金額は、その減額すべきこととなった日の属する事業年度の所得の金額の計算上、益金の額に算入する（法人税法62条の8第8項）。

3 非適格合併と株主

(1) 概　要

金銭交付非適格合併の場合、被合併法人の株主については、旧株を売却したものと解され、株式の譲渡損益とみなし配当に関する課税問題が生じる。金銭交付のない非適格合併の場合は、被合併法人の株主にはみなし配当課税のみが生じることになる。

(2) 金銭等の交付のある非適格合併

株主における株式の譲渡損益に対する課税問題は、合併において移転する資産・負債の対価として株式以外の金銭その他の資産の交付があったか否かにより取り扱いが変わる。合併においては、被合併法人の株主に株式以外の金銭等の交付がない場合は、簿価による譲渡として、譲渡損益の額の認識を繰り延べることとなる。

これは、法人税法上適格であるか非適格であるかではなく、金銭等の交付があったかどうかで譲渡損益の課税の有無を判断する。したがって、非適格合併であっても金銭等の交付がなければ、株式の譲渡損益の額は認識せず、課税問題は発生しない。交付金銭等が支払われる場合は、株式の譲渡損益の額についての課税問題が発生する。

(3) 株主のみなし配当課税

株式の譲渡損益の額は、金銭等の交付の有無によって課税関係が変わるのに対し、みなし配当に関しては適格合併か非適格合併かによって課税関係が

異なる。

　被合併法人の利益を原資とする部分（利益積立金額）が合併法人の資本金等の額に組み入れられる場合、法人税法では、被合併法人の利益積立金額から合併法人の資本等の金額に振り替えられた部分について、いったん被合併法人の株主に配当として分配し、その分配部分を再び株主から出資を受けたとみなす。みなし配当課税は、株主への配当とみなされる部分について、株主に対し課税するものである。

【算式】

みなし配当の金額	交付金銭等－その株式に対応する資本金等の額
株式の譲渡損益	交付金銭等－みなし配当－帳簿価額

(4) みなし配当の通知と支払調書の提出

　合併によりみなし配当課税が発生する場合は、合併法人は、被合併法人の株主に対して、1カ月以内にみなし配当の通知をし、支払いの確定した日の属する年の翌年1月31日までに法定調書を提出する必要がある（所得税法225条）。

(5) みなし配当と株式の譲渡損益の関係

　株主に係るみなし配当課税と株式の譲渡損益課税の関係は次に図示するとおりである。

① 新株の譲渡益がある場合

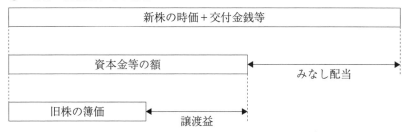

② 株式の譲渡損がある場合(1)

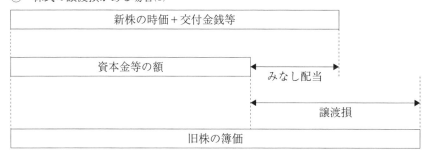

③ 株式の譲渡損がある場合(2)

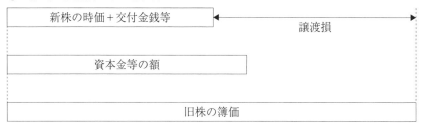

※みなし配当なし

(6) 合併法人株式のみを取得した場合（法人税法施行令119条1項5号、所得税法施行令112条）

$$\text{取得した合併法人株式1株の取得価額} = \text{旧株1株の従前の取得価額} + \text{旧株1株当たりのみなし配当額} +$$

$$\text{旧株1株当たりの新株の取得費用} \div \left(\frac{\text{取得した合併法人株の数}}{\text{旧株の数}} \right)$$

(7) 金銭交付非適格の場合

新株取得価額は、交付新株の時価となる。

(8) 完全支配関係がある法人間でのみなし配当事由が生じる取引

完全支配関係がある法人間で、みなし配当事由が生じる取引が行われた場

合の譲渡損益は計上できないことになった(法人税法61条の2第16項)。

〈参考文献〉
・緑川正博・竹内陽一編『組織再編税制と株主資本の実務』清文社
・緑川正博『非公開株式の評価』ぎょうせい
・稲見誠一・佐藤信祐『制度別逐条解説企業組織再編の税務』清文社
・佐藤信祐『組織再編における繰越欠損金の税務詳解〔第4版〕』中央経済社
・財団法人大蔵財務協会『平成27年版改正税法のすべて』
・財団法人大蔵財務協会『平成25年版改正税法のすべて』
・財団法人大蔵財務協会『平成24年版改正税法のすべて』
・財団法人大蔵財務協会『平成22年版改正税法のすべて』
・阿部泰久・小畑良晴・掛川雅仁・竹内陽一・塩野入文雄編『どこがどうなる?平成27年度税制改正の要点解説』清文社
・日本税理士連合会監修『グループ法人税制完全マニュアル』(月刊税理2010年9月臨時増刊号)ぎょうせい
・竹内陽一・神谷紀子・長谷川敏也・高橋祐介著『実践ガイド企業組織再編税制』清文社
・朝長英樹・阿部泰久・竹内陽一他著『グループ法人税制・資本関係取引等税制の解説&実務』税務経理協会
・朝長英樹・竹内陽一他著『会社合併実務必携〔第2版〕』法令出版
・朝長英樹『組織再編成をめぐる包括否認と税務訴訟』清文社

第 7 章
会社合併の労働問題

I 合併における労働契約の基本

1 合併による労働契約の当事者の帰趨

(1) 労働契約の単位

　労働契約とは使用者と労働者との間の契約である。使用者と労働者のそれぞれ他方当事者に対する民事上の権利義務を定める。

　この労働契約の使用者側の当事者は、法人格を有する者である。たとえば株式会社の中には事業部や支店という組織が存在するが、労働契約の当事者は株式会社であり、その事業部や支店等が当事者となることはない。「事業部採用」、「支店採用」あるいは「エリア採用」といわれる雇用形態もあるが、あくまでも労働契約の当事者は会社単位である。その労働契約の中で、配転や転勤等について事業部内や支店内などに限定されるにとどまる。職種に限定される労働契約もある。

　また、親子会社などの企業グループで経営を行うことがあるが、企業グループが労働契約の当事者となることはない。近年の持株会社による企業グループ経営においても、労働契約の当事者はホールディングスまたは各事業会社という法人格単位であり、そこから他の会社に出向する形態がとられることが多い。

(2) 労働契約の包括的承継

　合併は、2つ以上の会社が契約によって1つの会社に合体することである。合併の結果、全部または一部の会社が解散によって消滅する。

　会社が解散した場合、労働契約は終了することが当然の帰結である。清算により労働契約の一当事者である使用者の法人格が消滅するからである。

　しかしながら、合併では、解散の一方で新設会社または存続会社に消滅会社の権利義務関係がすべて包括承継される（法751条、754条1項）。このため、消滅会社の労働契約においては、使用者側の当事者が合併により替わる

こととなる。

(3) 労働契約の包括的承継に関する労働者の同意の要否

合併により労働契約の権利義務関係は新設会社に包括的に承継されるため、合併による当事者の変更についての労働者の同意は必要とされない。合併にあたって個々の労働者や労働組合が反対することもあるが、合併に伴って会社分割や事業譲渡がある場合は格別、合併自体に関しては、労働者の同意の有無は法的には意味を有しない。

2 合併による労働契約の内容の帰趨

(1) 労働契約の内容と就業規則

一般的に労働契約の内容は労働条件と呼ばれる。この内容は、労使の合意に基づくことが原則である。例外的に就業規則によることもある。しかし、日本においては全従業員に対して画一的な労働条件を定める必要が高く、就業規則どおりの労働条件が定められることとなる。このため、この就業規則の内容についての合意の成立が求められ、実務では入社時に労働者の同意をとりつけることが通常である。しかし、中小零細企業などではこの同意取得がなされないことも多く、また同意の取得という事実が就業規則の拘束力の要件として裁判上で争われることも好ましくない。このため、最高裁は、使用者が定めた就業規則が労働契約の内容となることを認めた（秋北バス事件　最大判昭和43・12・25民集22巻13号3459頁）。平成20年3月に施行された労働契約法は、この判例法理を確認して立法化した（7条）。

(2) 合併と労働条件統一の必要性

合併は包括承継なので、労働契約の内容はそのまま新当事者である新設会社または存続会社との間で維持される。このため、労働者からみたとき、相手方当事者である使用者が替わるだけで、労働契約の内容自体は変更がない。

この結果として、1つの会社の中に、出身会社により異なる複数の労働契約内容が存在することとなる。理論的には、複数の就業規則が存在し、数種

の労働契約が併存する。就業規則はたとえば始業および終業の時刻を定めるので、就業規則ごとに異なる始業終業時刻が定められていた場合には、1事業場で複数の労働時間管理がなされなければならない。これでは、整合的な労務管理は困難となるので、少なくとも同一事業場ではワーク・ルールとしての労働条件の統一が求められる。

この労働条件の統一は、基本的には就業規則を変更する方法による。合併の一当事者の就業規則に一致させることもあるが、一方的な吸収合併であれば格別、実際には双方が歩み寄る形で新たな労働条件での統一を図ることが通例である。

このように変更された就業規則が個々の労働者に対し拘束力を持つためには、個々の労働者の承諾が必要となる（労働契約法8条）。しかし、労働者が承諾しない場合も考えられる。最高裁は、「労働条件の集合的処理、特にその統一的かつ画一的な決定を建前とする就業規則の性質からいって、当該規則条項が合理的なものであるかぎり、個々の労働者において、これに同意しないことを理由として、その適用を拒否することは許されない」としていた（前掲・秋北バス事件）。この判例法理は、平成20年3月に施行された労働契約法10条において、「使用者が就業規則の現行により労働条件を変更する場合において、変更後の就業規則を労働者に周知させ、かつ、就業規則の変更が……その他就業規則の変更にかかる事情に照らして合理的なものであるときは、労働契約の内容である労働条件は、当該変更後の就業規則に定めるところによるものとする」と確認的に立法化された。

合併における労働条件の統一では、この就業規則の変更の合理性が問われる。もっとも、現実には、この合理性が紛争となることは少ない。裁判例を見ても、就業規則変更の合理性が主たる争点として争われた事件は稀であるし、少数組合の存在などの特別な事情が存在する場合が通常である。また、合理的であるか否かを事前に確定的に判断することはできない。最高裁まで争われた事件のほとんどが第1審と控訴審とでは異なる判断をしており、合理性の有無の予測は困難である。このため、実務的には、就業規則の変更の

合理性について紛争化させないことが何よりも重要となる。

実際の合併にあたっては、合併期日と同時に就業規則の変更を実施することが多い。したがって、労働者や労働組合との交渉は、合併前に行われる。

(3) 就業規則変更の合理性の判断

就業規則変更の合理性については、最高裁判決では、「就業規則の変更によって労働者が被る不利益の程度、使用者側の変更の必要性の内容・程度、変更後の就業規則の内容自体の相当性、代償措置その他関連する他の労働条件の改善状況、労働組合等との交渉の経緯、他の労働組合又は他の従業員の対応、同種事項に関する我が国社会における一般的状況等を総合考慮して判断すべきである」とされていた（第四銀行事件・最二小判平成9・2・28労判710号12頁）。これらが確認的に整理されて、平成20年3月に施行された労働契約法10条では、「労働者の受ける不利益の程度、労働条件の変更の必要性、変更後の就業規則の内容の相当性、労働組合等との交渉の状況その他の就業規則の変更に係る事情に照らして合理的」であることが求められることになった。

このうち、労働条件の変更の必要性については、「賃金、退職金など労働者にとって重要な権利、労働条件」については、「高度の必要性」に基づいた合理的な内容でなければならないとされる（前掲・第四銀行事件）。もっとも、実務的には、この合理性判断の中で、労働者の受ける不利益の程度の大きさと、労働組合等との交渉の状況が重要である。特に、労働組合等との交渉が誠実に行われた場合には紛争に至らないことが多く、そもそも合理性が問われなくなる。

(4) 合併における就業規則変更の合理性を肯定した判断例

合併に関連して就業規則変更の合理性が争われた事件の最高裁判決には、合理性を肯定したものと否定したものの両方がある。

合理性を肯定したものは、7つの農協組織の合併に関して、1組織の退職金支給倍率を引き下げて他の6組織の倍率に統一した事案である（大曲市農業協同組合事件・最三小判昭和63・2・16）。

同判決は、「新規程への変更によつて被上告人らの退職金の支給倍率自体は低減されているものの、反面、被上告人らの給与額は、本件合併に伴う給与調整等により、合併の際延長された定年退職時までに通常の昇給分を超えて相当程度増額されているのであるから、実際の退職時の基本月俸額に所定の支給倍率を乗じて算定される退職金額としては、支給倍率の低減による見かけほど低下しておらず、金銭的に評価しうる不利益は、本訴における被上告人らの前記各請求額よりもはるかに低額のものであることは明らかであり、新規程への変更によって被上告人らが被った実質的な不利益は、仮にあるとしても、決して原判決がいうほど大きなものではないのである。他方、一般に、従業員の労働条件が異なる複数の農協、会社等が合併した場合に、労働条件の統一的画一的処理の要請から、旧組織から引き継いだ従業員相互間の格差を是正し、単一の就業規則を作成、適用しなければならない必要性が高いことはいうまでもないところ、本件合併に際しても、右のような労働条件の格差是正措置をとることが不可欠の急務となり、その調整について折衝を重ねてきたにもかかわらず、合併期日までにそれを実現することができなかったことは前示したとおりであり、特に本件の場合においては、退職金の支給倍率についての旧花館農協と他の旧六農協との間の格差は、従前旧花館農協のみが秋田県農業協同組合中央会の指導・勧告に従わなかったことによって生じたといういきさつがあるから、本件合併に際してその格差を是正しないまま放置するならば、合併後の上告組合の人事管理等の面で著しい支障が生ずることは見やすい道理である。加えて、本件合併に伴って被上告人らに対してとられた給与調整の退職時までの累積額は、賞与及び退職金に反映した分を含めると、おおむね本訴における被上告人らの前記各請求額程度に達していることを窺うことができ、また、本件合併後、被上告人らは、旧花館農協在職中に比べて、休日・休暇、諸手当、旅費等の面において有利な取扱いを受けるようになり、定年は男子が1年間、女子が3年間延長されているのであって、これらの措置は、退職金の支給倍率の低減に対する直接の見返りないし代償としてとられたものではないとしても、同じく本件合併に

伴う格差是正措置の一環として、新規程への変更と共通の基盤を有するものであるから、新規程への変更に合理性があるか否かの判断に当たって考慮することのできる事情である。

右のような新規程への変更によって被上告人らが被った不利益の程度、変更の必要性の高さ、その内容、及び関連するその他の労働条件の改善状況に照らすと、本件における新規程への変更は、それによって被上告人らが被った不利益を考慮しても、なお上告組合の労使関係においてその法的規範性を是認できるだけの合理性を有するものといわなければならない。したがって、新規程への変更は被上告人らに対しても効力を生ずるものというべきである」とする。

この判決文中で、最高裁は、合併における就業規則変更の必要性について、「労働条件の統一的画一的処理の要請から、旧組織から引き継いだ従業員相互間の格差を是正し、単一の就業規則を作成、適用しなければならない必要性が高いことはいうまでもない」として、あるいは「本件合併に際してその格差を是正しないまま放置するならば、合併後の上告組合の人事管理等の面で著しい支障が生ずることは見やすい道理である」として、高度の必要性を容易に認める姿勢を見せる。

また、同判決で、最高裁は、合併の際の労働組合等との交渉の状況にも理解を示している。すなわち、「㈤本件合併に際しては、合併当事組合たる旧7農協の区区であつた給与、退職金等に関する規則、規程を統一し、労働条件の格差を是正することが不可欠の急務となり、特に、退職給与規程については、当時の旧花館規程の内容は前記のとおりであるのに対し、他の旧6農協のものは既に新規程の内容とほぼ同一のものとなっていたため、その調整について折衝が重ねられてきたが、合併期日までにその格差を是正することができなかった。退職給与規程の内容に右のような格差が生じたのは、かつては旧7農協の規程はほぼ同一の内容であったが、昭和43年、44年に旧花館農協以外の旧6農協が、職員給与の公務員並み引上げと退職金支給倍率の適正化という観点からの秋田県農業協同組合中央会の指導・勧告に従って給与

規程と退職給与規程とを併せて改正したのに対し、旧花館農協のみが、労働組合の反対などから、給与規程のみを改正し、退職給与規程については変更しなかったといういきさつによるものである。㈥上告組合は、結局旧花館農協職員側との調整がつかないまま、給与については、職員相互間の格差及び公務員との格差の是正措置として、当時旧7農協中最も高額であった大曲農協の職員の給与に準拠して調整することとし、退職給与については、前記のとおり新規程を作成、適用した」とした。

(5) 合併における就業規則変更の合理性を否定した判断例

合併そのものではないが、事業譲受後に不統一となっていた55歳と63歳の定年を57歳とし、63歳定年の予定であったすでに57歳を過ぎていた労働者について、退職金を従前の71カ月分（2007万8800円）から60カ月（1850万4000円）まで引き下げた事案がある。最高裁は、次の理由で、就業規則変更の合理性を否定した（朝日火災海上保険事件・最三小判平成8・3・26民集50巻4号1008頁）。

すなわち、「変更前の退職手当規程に定められた退職金を支払い続けることによる経営の悪化を回避し、退職金の支払に関する前記のような変則的な措置を解消するために、上告人が変更前の退職手当規程に定められた退職金支給率を引き下げたこと自体には高度の必要性を肯定することができるが、退職手当規程の変更と同時にされた就業規則の変更による定年年齢の引下げの結果、その効力が生じた昭和58年7月11日に、既に定年に達していたものとして上告人を退職することになる被上告人の退職金の額を前記の2007万8800円を下回る額にまで減額する点では、その内容において法的規範性を是認することができるだけの合理性を有するものとは認め難い。そのことは、右1に説示したところに照らして明らかである。したがって、被上告人に対して支払われるべき退職金の額を右金額を下回る額にまで減額する限度では、変更後の退職手当規程の効力を認めることができない」として、高度の必要性は肯定したが、労働者の不利益の大きさから合理性を否定した。もっとも、事案としての特別な事情があるともいえ、事例判断と理解することも

できる。

　むしろ、本最高裁判決では、労働協約に関する判断部分であるが、「かねてから、鉄道保険部出身の労働者の労働条件とそれ以外の労働者の労働条件の統一を図ることが労使間の長年の懸案事項であって、また、退職金制度については、変更前の退職手当規程に従った退職金の支払を続けていくことは、上告人の経営を著しく悪化させることになり、これを回避するためには、退職金支給率が変更されるまでは退職金算出の基準額を昭和53年度の本俸額に据え置くという変則的な措置を執らざるを得なかったなどの事情があったというのであるから、組合が、組合員全員の雇用の安定を図り、全体として均衡のとれた労働条件を獲得するために、一部の労働者にとっては不利益な部分がある労働条件を受け入れる結果となる本件労働協約を終結したことにはそれなりの合理的な理由があったものということができる」としており、合併に伴う労働条件統一の必要性には高い理解を示している。

(6)　合併における就業規則変更の合理性の緩やかな判断

　労働判例の一般的理解として、雇用保障に関する解雇権濫用法理と労働条件変更に関する就業規則不利益法理とは、表裏の関係にある。解雇権濫用法理により労働者の雇用を保障する代償として、使用者に労働条件変更の権限が認められる。時間外労働命令や転勤命令といった労働条件変更について使用者の裁量が強く認められ、権利濫用で無効となることは少ない。

　合併においても、包括承継により労働者の雇用保障が重視される一方で、使用者の労働条件変更権は緩やかに認められるという関係にある。このことは、合併をすること自体が、整理解雇においては解雇理由にならないことに対し、就業規則変更においては考慮要素として重視されることにつながる。

(7)　合併と労働協約の内容

　労働協約と就業規則とでは、労働協約の方が効力は強い。合併に際して労働条件を統一する場合、就業規則だけでなく、労働協約との関係にも企業は留意する必要がある。

　期間の定めのない労働協約は、90日前の通知により、企業はこれを解約す

ることができる。期間の定めがある労働協約は、期間中は解約できない。

　実務では、労働組合と十分に交渉を行って、労働協約の変更を実現することが多い。これができない場合には労働協約を解約することになるが、「労働組合等との交渉の状況」の点で就業規則の変更の合理性が厳しく判断されることになる。

Ⅱ　合併における労務管理の実務

1　人員削減の実務

(1)　合併前の整理解雇

実務では、合併後に余剰人員が生じることが通常である。また、合併を企画する段階において、純粋に戦略的な合併である場合は格別、人員過剰に陥っている場合も多い。

この余剰人員に関する労働契約の解消は、企業が一方的に行う場合には、いわゆる整理解雇となる。そして、この整理解雇については、「整理解雇の4要件」と称されるものが主張されて、有効性を厳格に判断する理論的根拠とされている。

整理解雇の4要件論では、①経営上の必要性、②整理解雇回避努力義務の履行、③人選の合理性、④手続の相当性が求められる。そして、この1つでも不十分であるときは、整理解雇が無効とされる。4つがそれぞれ独立した「要件」とされることにより、AND（「かつ」）条件となる。したがって、無効とされやすい。整理解雇を無効とすることを目的として立てられた理論とも言える。

しかし、近年は、整理解雇の4要件論は支持が少なく、4要素説または総合考慮説と称される考え方が主流となっている。裁判実務において顕著である。この考え方では、これら4つは「要件」ではなく「要素」であり、仮に1つ欠けても当然に整理解雇を無効とするものではない。むしろ、各要素は他を相互に補充し合う関係にある。また、この4つ以外にも、たとえば転職支援の提供、退職金の上積みなどが考慮要素とされうる。

この要素のうち、経営上の必要性については、経営者の判断が尊重される。かつては経常赤字が2期または3期続かなければならないとの主張もあったが、現在では、戦略的な人員削減でも合理性があれば足りるとまで緩や

かに解されている。もっとも、これは、総合考慮説の立場からの理解であり、他の要素がその分厳格に求められることになる。

　合併も、かつてのような救済的な色彩の強い合併だけでなく、事業のシナジー効果や資産の評価換え等の経営数字をつくるための合併まで幅広い種類のものがなされるようになってきている。そもそも経営状況が悪くて合併に追い込まれるような場合は、整理解雇の４要件または４要素を満たすことも可能であろう。一方で、経営状況がそこまで悪化していない場合は、経営上の必要性はかろうじて認められても、結論としては整理解雇は困難であるのが実情である。

　また、合併に伴い大きな労働紛争が生じることを経営者は嫌う傾向がある。労働組合が関与する集団労使紛争となると、合併計画自体が白紙に戻ることもある。紛争が長期化すると、合併後の経営にも大きな影響を及ぼしかねない。それだけに、整理解雇は最終手段であり、実務ではとられることがほとんどない。

　もっとも、倒産寸前の企業の吸収合併では、合併前に整理解雇を断行する例も見られる。また、事実上の合併に類するが、民事再生手続申立て後の事業譲渡前に整理解雇がなされることもある。実務では、労働者の協力を得て、辞職や合意退職で労働契約の解消を実現し、協力を得られなかった場合に限って整理解雇を行うようにするなど、紛争リスクをできる限り避けることに意を尽くす。

(2)　合併前の希望退職募集

(ア)　希望退職制度と希望退職プラン

　整理解雇は実務的には困難な点が多いので、希望退職募集で人員削減を実現することが通常である。合併後に行う例も見られるが、多くの場合は合併前に行われる。合併後は従業員を一致団結させて前向きの仕事を行うのが経営者の常識的な判断である。合併後に希望退職を募集すれば、出身会社間での人事の軋轢が当然に予想される中で、混乱の要因を増大させることになる。また、従業員のモチベーションに与える影響も少なくない。希望退職の

募集は短期間に終わらせることがコツである。

　希望退職の募集は、恒常的な人事「制度」として行われるよりも、一時的な「プラン」などとして実施されることが多い。「制度」であれば、労働協約や就業規則との整合性が問われてしまう。

　希望退職プランの設計は使用者の自由である。通常は、①対象者の設定、②退職パッケージの設定、③会社承認の有無、④人数、⑤募集期間、⑥退職時期、⑦その他の条件などが明記される。法的には、希望退職は労使の合意に基づく退職である。希望退職プランが使用者から労働者に対する申し込みの誘引であり、労働者の応募が申し込み、使用者の承認が承諾と構成される。

　　(イ)　対象者の設定

　対象者の設定は、原則として自由である。法律上明文のある男女差別、信条・国籍・社会的身分を理由とする差別、組合差別（不当労働行為）に該当するものは許されない。また、男女雇用機会均等法や育児介護休業法で保護される労働者に関する対象者基準の設定にも、十分に注意が必要となる。

　実務的には、年齢層と職種を特定して行うことが多い。地域や事業部門を特定して行うこともある。労働者には希望退職プランで退職できる一般的な権利はないから、対象者から除外されたことを不利益取扱いと主張することは、法的に理由がない。

　合併においては、余剰人員が生じやすい管理部門や重なり合う事業部門で、対象者が選定されることが多い。また、合併を機会に人員構成を適当なものにするために、一定の年齢層、たとえば中高年齢層を対象とすることもある。さらには、合併を機に現業部門などをアウトソーシングすることもあり、当該事業部門の関係者を転籍させるために希望退職の対象とする例も見られる。

　　(ウ)　退職パッケージの設定

　希望退職を募集する場合、応募を促進するために、退職金の割増などの退職パッケージの優遇を設定することが多い。転職支援金、転職支援会社の費

用負担、転職活動期間の就労免除、残余有給休暇の買い上げなどの点についても、パッケージを設定する。

　退職金の割増をどの程度にするかは、当該企業の財務状況や金融機関の支援状況、さらには人員削減の必要性の高さによる。

　倒産寸前の会社を救済合併するような事例では、自己都合退職の係数を適用した退職金の提案でも、応募の誘引となることもある。一方で、戦略的な合併に伴う希望退職では、年収の数年分の退職金の割増を提案することもある。もっとも、これは、長期雇用システムで定年までの高賃金を享受できたであろう正社員に対するものであり、年齢により支給係数に差が付くことが通常である。また、このような高水準の退職金の割増は将来の安定性が高い大企業の例である。加えて、人件費削減によるキャッシュフローの急激な回復を見込んで金融機関が資金調達に積極的に協力するという背景があり、一般化することはできない。むしろ、多くの事例においては、退職金の支給係数を会社都合とするだけとか、せいぜい数カ月の賃金を上積みするにとどまる。

　近年は、特に大企業では、転職支援会社の費用負担を行う例がある。この転職支援会社は、企業が退職勧奨をするツールとして使用される面もあり、単なる職業紹介とは異なる。

　　(エ)　会社承認の有無

　希望退職は、会社の希望退職者の募集は申し込みの誘引にとどまり、労働者の応募が労働契約解消の申し込みである。このため、会社が労働者の申し込みを承諾しないことができる。このことを明確にするため、希望退職の募集において、労働者に対し、「応募しても会社が承認しないことがあります」との一文が明記される。

　会社は、優秀な従業員が退職することを阻止することを意図する。優秀ではない従業員との労働契約を解消し、優秀な従業員だけで会社を組織することができれば、効率的な運営ができることは想像に難くない。しかし、実際には、優秀な人材は他社でも通用するので、希望退職に積極的に応募するこ

とが多い。そこで、会社承認を要件とすることで、優秀な従業員の応募を抑制する。それでも、現実に応募した場合には、取扱いに悩むことになる。

　このように会社承認を要件とすることは、最高裁判決も許容している。すなわち、「本件選択定年制による退職は、従業員がする各個の申出に対し、上告人（筆者注：会社）がそれを承認することによって、所定の日限りの雇用契約の終了や割増退職金債権の発生という効果が生ずるものとされており、上告人がその承認をするかどうかに関し、上告人の就業規則及びこれを受けて定められた本件要項において特段の制限は設けられていないことが明らかである。もともと、本件選択定年制による退職に伴う割増退職金は、従業員の申出と上告人の承認とを前提に、早期の退職の代償として特別の利益を付与するものであるところ、本件選択定年制による退職の申出に対し承認がされなかったとしても、その申出をした従業員は、上記の特別の利益を付与されることこそないものの、本件選択定年制によらない退職を申し出るなどすることは何ら妨げられていないのであり、その退職の自由を制限されるものではない。したがって、従業員がした本件選択定年制による退職の申出に対して上告人が承認をしなければ、割増退職金債権の発生を伴う退職の効果が生ずる余地はない。なお、前記事実関係によれば、上告人が、本件選択定年制による退職の申出に対し、被上告人らがしたものを含め、すべて承認をしないこととしたのは、経営悪化から事業譲渡及び解散が不可避となったとの判断の下に、事業を譲渡する前に退職者の増加によりその継続が困難になる事態を防ぐためであったというのであるから、その理由が不十分であるというべきものではない。そうすると、本件選択定年制による退職の申出に対する承認がされなかった被上告人らについて、上記退職の効果が生ずるものではないこととなる」と判断している（神奈川信用農業協同組合事件・最一小判平成19・1・18労判931号5頁）。

　希望退職への応募は労働契約終了という決断を従業員がしたことを意味し、仮に会社承認をしなかったとしても、将来的には退職を選択することが容易に想定される。このため、実務的には、優秀な人材に対し、早期の段階

で、募集しても承認しない旨を伝えることも行われる。ただし、合併は個々の従業員のキャリアプランに大きな影響を与える経営事象であるので、過度に会社の都合に応じた会社承認の運用をすることは、従業員の全体的な理解を得られないおそれがある。寛容な労務管理が必要とされる場面でもある。

　　(オ)　人　数

　希望退職募集の人数の設定は、会社の必要に応じて設定される。実務では、希望退職完了後の人員配置を見越して行うので、ある程度確定した数字となることが通常である。また、達成できる数字としておくことは、将来の希望退職への影響や経営者に対する従業員の信頼の面からも重要である。

　事例によっては、募集開始早々に応募が殺到することもある。これは事前に退職勧奨が相当になされていた場合であろう。実務では、設定した人数を目標として、この達成のために、経営者、人事部、事業部門長、さらには管理職が進捗を管理し、時期をみて退職勧奨を強化することになる。

　募集人数を超過する応募があった場合にどうするかは経営判断である。募集人数で締め切ることもある。応募者全員を退職させたうえで業務に必要な労働力を派遣や契約社員で補充することもできる。整理解雇と異なり合意退職なので、希望退職を進めつつ、別に正社員を採用することもできる。企業によっては、希望退職した労働者を、契約社員として、雇用期間を有期としたうえで賃金処遇を下げて再雇用する例も見られる。

　　(カ)　募集期間

　希望退職の募集（応募）期間の設定は自由である。応募が多数となる見込みがあれば、短期間で設定する。未達の見込みであれば、募集期間を長くしておいて退職勧奨を順次行う場合もあるし、短期の募集期間を数次予定して累計での目標数の達成を企図する場合もある。

　合併では、合併期日が決められ、合併後の人員計画も立てなければならないので、合併直前まで希望退職募集を行うことは、あまり好ましくない。少なくとも、数カ月前には希望退職手続がほぼ完了していることが相当である。

(キ) 退職時期

希望退職募集では、退職時期は労使の合意で定められるが、実際には使用者が募集要項で定めることが多い。

合併では、使用者としては、合併期日前日を退職日とすることが好都合である。しかし、これでは従業員が転職活動を十分にできなかったり、転職時期が制約されたりする。このため、実際には、退職時期を一応は合併期日前日に設定するものの、労使が個別に相談して、円満な合意に至ることが多い。

(ク) その他の条件

「競合他社に転職しない」という条件を希望退職募集の条件とする例も見られる。そもそも就業規則にこのような規定を持っている会社もあるが、退職に際して改めて行う合意であり、その効力は強くなる。

それでも、形式的にそのような文言があるだけで競合他社への転職の禁止が有効とされることはない。代償としての退職金割増額の多寡、競合の程度、さらには当該転職の個別事情などが勘案されて、その有効性が実質的に判断される。

確かに、使用者としては、このような条件を設定すること自体が労務管理としては必須であろう。しかし、合併のように主として会社側の要因を契機に退職に至る場合には、この競合他社への転職禁止条項が有効とされる場面が少なくなることはやむを得ない。また、人員削減の必要性が高いので、会社としても、競合他社への転職を容認せざるを得ない場面もある。それでも、優秀な人材が競合他社に転職することを看過することもできない。実務的には、この条件をどのように運用するかが問われることになる。

(ケ) 退職勧奨

退職勧奨は執拗に行うことが不法行為（民法709条、715条）に該当し、慰謝料請求の対象となるとされる。しかし、退職勧奨をすんなりと受け容れる従業員などほとんどいない。少なくとも、退職勧奨された従業員の内心は、不満と不信にあふれている。そして、退職勧奨を重ねて行うことは当然に予

477

定されている。対象となった従業員が退職を拒否したという一事だけで、その後の退職勧奨がただちに違法となるものでもない（日本アイ・ビー・エム事件・東京地判平成23・12・28労経速2133号3頁、東京高判平成24・10・31労経速2172号3頁）。

　一方、希望退職の応募が順調に集まらない場合、募集期間の中終盤には退職勧奨がかなり積極的かつ露骨になされることもある。紛争となることは好ましくないが、実現のためには、限界に近いことまで行われるのが実務であろう。企業は、弁護士の指導、コンサルタント会社などの支援を受けて、十分に配慮しつつ行うことが重要となる。

　合併は会社の大きな変動であり、従業員も将来に不安感を抱いている。また、余剰人員が出ることについて、何よりも従業員自身が敏感となっている。それだけに、上手に退職勧奨を行えば、希望退職に応募者が集まることが少なくない。退職勧奨が裁判紛争となるのは、常識的な線を著しく超過した特別な事情がある場合であろう。退職勧奨をする側も、上司が部下を見るような視線ではなく、同じ立ち位置に立っての説得を試みる姿勢が必要である（参照：前掲・東京高判平成24・10・31）。退職する側にとっては、退職勧奨する人はもはや上司ではない。

(3)　合併後の整理解雇

　合併後に整理解雇が行われることは少ない。解雇権濫用法理が適用され、整理解雇の4要件論であれ総合考慮説であれ、整理解雇が厳格に制約されることは、合併の前後で変わりがない。

　合併の前と比較すると、希望退職などで余剰人員が少なくなっている。このため、整理解雇の必要性が低くなることが、整理解雇を選択するうえで障害となる。裁判例でも、事業譲渡に関する事案であるが、ほとんどの当該事業部門の従業員が転籍したことによりリストラ目的は達成され人員余剰の状況ではないとされたものがある（千代田化工建設事件・東京高判平成5・3・31労判629号19頁）。ただし、解雇通知前に解雇の可能性に言及していれば解雇が有効となった余地があることを示唆している点で、興味深い。

実務的にも、合併後に整理解雇を行うことは合併が成功しなかったものと、従業員や関係者から理解されることになる。優秀な従業員は、「ねずみが沈没船から逃げ出す」かのように、率先して退職の途を選ぶことであろう。労務管理上は避けるべきである。

(4) **合併後の希望退職募集**

合併後に希望退職募集を行うことは、合併の失敗を意味するものとも理解される。ポストの争奪などで出身会社による従業員間の対立が潜在的に存在するところに、希望退職募集が始まれば、従業員のモチベーションは著しく低下する。

やむを得ず合併後に希望退職を募集する場合、対象者の募集要項の設定については、合併前と同様に考えれば足りる。合併期日という期限はないが、モチベーション管理のためには、合併前にも増して、短期間に希望退職手続を完了することが求められる。

2　労働条件変更および統一の実務

(1) **賃　金**

合併に際しては労働条件を統一するのが通例である。特に、労働条件の中でも重要な賃金に関する制度や水準額を統一する必要性は高い。このため、吸収合併であったり大企業に合併されたりする場合には、事実上吸収する側の高水準の賃金に統一されるため、労働者にとっては有利なことも多い。しかしながら、近時は組織再編が活発になり、ひとつの組織再編で完結することは少ない。むしろ、数次の組織再編で一応の形ができ、事後の機会を待つこともある。このため、ことさらに賃金を統一する必要性は薄れてきている。単純な合併という形態をとらずに、株式移転などでホールディングス会社を作ったうえで経営統合し、賃金水準の差を維持していく手法も行われる。賃金体系が個別化柔軟化したことからも、このような手法は今後さらに適合性を増していくであろう。今後、多様な正社員論のように雇用形態が多様化した場合、コアな幹部の「正社員」については統一の必要性が認められ

るが、その他の多様な社員については統一の必要性が弱くなる可能性がある。

　賃金を統一する場合、労働協約の変更および就業規則の変更という方法による。労働組合の組織率は低いので、実務的には就業規則の変更によることが多い。この就業規則変更では合理性が求められるが、その判断要素は、労働契約法10条で、①労働者の受ける不利益の程度、②労働条件の変更の必要性、③変更後の就業規則の内容の相当性、④労働組合等との交渉の状況、⑤その他の就業規則の変更に係る事情、と整理された。最高裁判例は賃金に関する変更については高い必要性が求められるとしているが、合併は一般的には高い必要性を肯定する事由に該当する。実際には、①労働者の受ける不利益の程度と、④労働組合等との交渉の状況が重視されることが多い。これは、成果主義賃金に賃金制度を変える場合の裁判例と共通する。一方で、大企業で労働組合がある場合、または一方会社に労働組合がある場合には、労働組合の統一・拡大のあり方を含めて、要検討事項が多くなる。

　合併で賃金が下がる場合、「調整金」などの名目で労働者の受ける不利益の程度を緩和する例がある。また、経過措置を講じることによって、労働者の不利益に配慮する。しかしながら、裁判例は、必ずしもこのような緩和措置や経過措置を高く評価しない（ノイズ研究所事件・横浜地裁川崎支判平成16・2・26労判875号65頁。なお、この判断は控訴審・上告審で覆されている）。賃金変動の幅の限界についても、一般的な基準は立てにくい。このため、プロセスとしての④労働組合等との交渉の状況が、実際には重視されることになる。労働組合がない場合には、従業員に対しどれだけ情報を提供し、従業員の意見を聴取する機会を確保したかが問われる。ここにおいては、従業員の意見を取り入れて「納得」を得ることが求められるのではなく、そのようなプロセスが求められていると理解すれば足りる。

(2) 退職金

　退職金は退職時に発生する債権であり、退職金に関する在職中の変更は既得権を失わせるものではない。このため、月例賃金と比較すると、合併時の

退職金に関する就業規則の変更は容易に認められる。

　しかし、たとえば55歳を超えた従業員であれば、予定された退職金に関する期待は強い。期待にとどまるといっても、日本企業においては一般的に退職金の額は大きく、また賃金の後払い的性格としての具体的権利性も高くなってくる。このため、定年を数年後に控えた従業員の退職金に関する就業規則の変更は、合理性の判断が厳格になる。この点、この年齢層の労働者についての就業規則不利益を合理的でないと判断した最高裁判例が参考となる（朝日火災海上保険事件・最三小判平成8・3・26民集50巻4号1008頁、みちのく銀行事件・最一小判平成12・9・7労判787号6頁）。

　また、ポイント制退職金のように賃金の後払い的性格を強く有する退職金は、その性質上、就業規則の変更によって、少なくとも過去分の積み上げ相当額を剥奪することは困難である。近年の確定拠出型年金をとっている場合には、この種の問題は小さくなる。

　実務では、この退職金の処理について、多種の取扱いが見られる。たとえば、合併に際して、一定の年齢以上の従業員に関して、合併までの退職金を清算してしまう例も見られる。また、調整金名目で、変更後の退職金制度に移行することの代償金を支払う例も見られる。紛争としないことが重要であり、当該合併の事情を踏まえて、変更の影響を受ける従業員に配慮した施策が講じられる。

(3) 労働時間

　合併では、通常、「たすきがけ人事」に象徴されるように、出身会社別の公平感とともに、人心の統一感が重視される。このため、日常的な労働条件である労働時間の統一は、同一事業場内では当然のように実現される。事業場が異なっても労働時間の統一は早期に実現すべき課題とされる。

　ここでは、各日の始業・終業時刻および所定労働時間はもちろん、休日の設定およびその日数が問題となる。就業規則変更の合理性判断においては、変更の必要性は認められるが、労働者の不利益の程度は決して小さくない場合もある。賃金が下がるのに所定労働時間が増加し休日が減少すれば、賃金

の時間単価の下落は大きい。

　実際には、労働者個人単位でみたとき、労働時間で労働条件が厳しくなっても、他の労働条件が良くなることが多く、労働者の不利益は全体としてはそれほど大きくないことが多い。また、労働時間に関する部分だけで裁判紛争となることは稀である。

(4)　配転・転勤

　合併に伴って人員の再配置が行われることが通常である。そもそも企業内での配転または転勤では、無効となる場合はほとんどない。配転命令・転勤命令が無効とならないのは、労働者が雇用保障される代償として、使用者に強い人事権が認められるからである。

　合併した場合には余剰人員が生じざるを得ないから、そこでの雇用保障のために、使用者に配転・転勤命令が認められる必要性は高まる。一方、労働者からみたとき、配置・転勤の範囲が広くなるので、不利益が大きい面もある。たとえば、これまで一地方だけで事業展開してきた会社が全国展開の会社と合併した場合、統一した就業規則によれば、全国を範囲とする配転・転勤が認められることになる。それでも、権利濫用としないのが通常の裁判例である。実際にも、会社は転勤に関して相応の配慮とプロセスを講じている。

　実務的には、丁寧な労務管理を行う企業では、配転・転勤の範囲が広がる労働者に対し、地域限定社員の選択肢を残すこともある。もっとも、この場合には、賃金が配転・転勤を受ける従業員よりは低くなることが一般的である。これに合わせて希望退職の提案をすることによって、実際には一部の労働者を除き、地域限定社員の選択がなされることは多くない。

Ⅲ 合併における新しい労務管理の実務

1 複合型の組織再編

　たしかに合併は組織再編における伝統的かつ典型的な手法である。しかし、組織再編が活発化した今日では、合併は組織再編のプロセスの一場面でしかない。たとえば、会社分割された事業を他の会社と合併したり、合併後に会社分割や事業譲渡を行うことも多い。資産の評価替えを行う目的とする場合には、特に複雑なプロセスを選択することがある。

　これに伴い、労働条件の統一といった要請は低くなる。これに代わり、従前の労働条件を維持したり、あるいは出向により一定期間の雇用を保障したりする手法も使われる。会社分割後の合併という手法がとられる場合に、労働契約承継法に基づく強制転籍をあえて行わずに、出向で分割直後の労務トラブルを避けることもある。組織の変動が激しい場合には、労働者が出向から戻ろうとしても受け入れ先がなく、結局は転籍を受け容れざるを得なくなる例も見られる。管理職だけを強制的に転籍させ、非管理職を当初は出向扱いにして数年後に同意を得て転籍させることもある。労働組合のある企業では、少なからず見られる形態である。

　このように組織再編が複合化したことで、迅速かつ柔軟な労務管理が求められるようになる。単純に雇用保障がどうなるか、労働条件を統一するかといった視点よりも、将来的な事業構造像をも踏まえた、中長期的な視点での労務管理がなされる。

2 新しい人材ポートフォリオへの契機

　長期雇用システムが変容し、また正規・非正規労働者のあり方も大きく変わりつつある。合併をはじめとする組織再編は、単に「事業の集中と選択」にとどまらず、どのような人材をどのように活用するかを見直す契機となっ

ている。そこでは、従来のような雇用保障と賃金保障の労働者保護法理よりも、むしろ相当にドライな経営判断が前面に出てくる。

　法的に有効か否かという議論は、紛争となった場合に意味がある。現実には大きな裁判紛争となることは少なく、その萌芽が見られれば柔軟に対処する。労働者に必要性を説明したり不利益緩和措置等を講じることにより、紛争とならない形での経営側の目的の実現が図られる。

　先進的な企業の中には、合併を機に正社員数を相当数削減しコア業務だけに限定する一方で、非正規労働力の使用を増やす例も見られる。希望退職者を再雇用して低賃金で相当期間の業務に当たらせることもある。フリー・キャッシュ・フローが改善することで、企業価値（コーポレート・バリュー）を高める結果にもつながる。

　もっとも、これまでの合併の事例においては、人員の削減や労働条件の統一の苦労よりも、むしろ従業員間の対立や「色」の稀薄化が長年の課題となっている。今後の合併をはじめとする組織再編でもこの課題は存在する。しかし、スピードが必要とされる今日の経営では、この人間的な問題に時間をかけることはできない。実際の合併においては、この点を上手に克服する労務管理が求められ、それに応じた施策と手法が選択されるべきである。

　なお、厚生労働省では、政策統括官（労働担当）が担当する研究会として、「組織の変動に伴う労働関係に関する対応方策検討会」が平成28年1月から開催され、同年4月13日付けで報告書が公表された。これを受けて、合併に関する指針（告示）並びに会社分割に係る労働契約承継法に基づく省令および告示の改正が予定されている（平成28年5月末現在）。

第8章
会社合併の登記・担保実務

I 会社合併の登記

1 吸収合併と登記

　吸収合併をする場合、吸収合併契約を締結した後、吸収合併存続会社および吸収合併消滅会社において、株主総会決議等の承認手続、株主保護手続、新株予約権者の保護手続、債権者保護手続等を行い、吸収合併契約で定めた効力発生日にその効力が生じる（法750条1項・6項）。これらの手続を行う順序は法定されておらず、株主総会の承認決議は効力発生日の前日までに了すればよい（法783条1項、795条1項）。

　スケジュール的に最も日数を要するのは、債権者保護手続であり、官報に掲載手続をとってから掲載までに2～3週間を要することを踏まえ、手続期間満了予定日を確認したうえで、効力発生日を定めることが必要である。

　また、吸収合併消滅会社が許認可事業を営んでおり、監督官庁の許認可が合併の効力発生要件である場合には、事前に許認可を取得しなければならず、標準処理期間が2～3カ月であることを踏まえて、スケジュールを組む必要がある。

●コラム●

目的上事業者

　吸収合併消滅会社が定款に掲げた許認可事業を現実に営んでおらず、当該事業に係る許認可を受けていない「目的上事業者」である場合もあり得る。このような場合、合併について認可を要しない旨の主務官庁の証明書を添付することにより、合併の登記をすることができるものとされている（松井信憲『商業登記ハンドブック〔第3版〕』（商事法務）179頁）。

　吸収合併消滅会社が許認可事業を営んでいる場合であっても、吸収合併存続会社にとって当該事業が重要でないときは、スケジュールの迅速を優先する観点から、当該事業を廃止して、主務官庁から上記証明書の発行を受け、合併の登記を

することを検討せざるを得ない場合もあり得るであろう。

(1) 吸収合併契約の締結

　吸収合併をする場合においては、吸収合併存続会社は、吸収合併消滅会社との間で、吸収合併契約を締結しなければならない（法748条）。吸収合併存続会社が複数の吸収合併消滅会社と同時にする吸収合併を行うことは可能であるが、会社法上は、1個の吸収合併ではなく、複数の吸収合併が同時に行われたものと取り扱われる。ただし、登記の申請は、1通の申請書によりすることができる。

> 【参考先例】
> 存続会社が1通の吸収合併契約書により複数の消滅会社との間で吸収合併をする場合の登記の取扱いについて（通知）〔平成20年6月25日付け法務省民商第1774号民事局商事課長通知〕
>
> 　1通の吸収合併契約書に基づきA株式会社が存続会社となりB株式会社及びC株式会社が消滅会社となる吸収合併をした場合であっても、吸収合併は、消滅会社ごとに各別に行われたものであることから、Aについての吸収合併による変更の登記の申請は、各消滅会社ごとに行うべきである。

　吸収合併契約に関して、会社法上は書面または電磁的記録の作成は義務付けられていない。しかし、登記手続においては、書面または電磁的記録を作成して、添付することが必要である（商業登記法80条1号、19条の2）。書面を作成した場合には、印紙税4万円が課税される（印紙税法別表第一㈤1）。

　なお、契約を締結する前提として、各当事会社における機関決定を経る必要があり、取締役会設置会社においては取締役会の決議（法362条2項1号）、取締役会設置会社でない株式会社においては取締役の過半数の決定（法348条2項）によるのが通常であるが、これらの決定を証する書面は登記の申請書に添付することを要しない（簡易合併、略式合併の場合を除く）。

(2) 吸収合併契約の内容における留意点
(ア) 吸収合併の対価に関する事項

　吸収合併に際して、吸収合併存続会社が、吸収合併消滅会社の株主に対して、承継する権利義務の対価として、金銭その他の財産を交付する場合に定める必要がある事項である。吸収合併の対価を全く交付しない、いわゆる無対価合併も可能である。

　吸収合併の対価の全部または一部が吸収合併存続会社の株式である場合においては、吸収合併存続会社の「資本金及び準備金の額に関する事項」（法749条１項２号イ）を定める必要があり、この定めは、会社計算規則35条または36条の規定に従う必要がある。そして、資本金の額が会社法445条５項の規定に従って計上されたことを証する書面が登記申請書の添付書面となっている（商業登記法80条４号）。

●コラム●

吸収合併と新株の発行・自己株式の処分

　会社法では、吸収合併に際して交付する株式について、新株の発行または自己株式の処分のいずれを行うのかにつき明確な定めを要求されていないように解されるが、新株を発行する場合には当然発行済株式の総数が増加し、その変更の登記が必要となるので、吸収合併契約において明確に定めを置くことが実務上要求される。新株の発行と自己株式の処分が混合する場合は、吸収合併契約においてそれぞれの数を定めることが難しいこともあるが、この場合は、資本金の額が会社法445条５項の規定に従って計上されたことを証する書面において明らかにすることになる。

　吸収合併の対価として吸収合併存続会社の株式をまったく交付しない場合には、資本金の額を増加させることはできない。ただし、「発行しない場合」ではなく、「交付しない場合」であり、募集株式の発行等の場合と異なり、自己株式の処分のみを行う場合であっても、資本金の額を増加させることが可能である。

(イ)　吸収合併消滅会社の新株予約権の承継に関する事項

　吸収合併消滅会社が発行している新株予約権の新株予約権者に対して、吸収合併存続会社の新株予約権を交付する場合、すなわち吸収合併存続会社が吸収合併により新株予約権に係る義務を承継するときは、この事項を定める必要があり（法749条1項4号）、登記（法911条3項12号）をする必要がある。

　なお、新株予約権を発行する際に、その内容として、当該会社が吸収合併を行う場合において当該新株予約権の新株予約権者に対して吸収合併存続会社の新株予約権を交付することとする旨およびその条件を定めておくことができる（法236条1項8号イ）が、このような定めがあり、その旨の登記がされている場合であっても、吸収合併契約の内容とする必要はなく、当該定めに拘束されない。ただし、新株予約権買取請求の対象となり得る（法787条1項1号）。

　(ウ)　効力発生日

　吸収合併は、吸収合併契約に定めた効力発生日（法749条1項6号）に効力を生じる。たとえば、1月1日を効力発生日と定めることも可能である。確定日を定めることを要し、その決定を代表取締役等に委任することはできない。

　効力発生日までに法定の諸手続が完了していない場合には、吸収合併はその効力を生じない（法750条6項）こととなるので、効力発生日を変更することが必要である。変更手続を経ずに効力発生日を徒過した場合には、すべての手続が無効となるので、注意を要する。

　吸収合併消滅会社は、吸収合併存続会社との合意により、効力発生日を変更することができ（法790条1項）、その場合には、変更前の効力発生日の前日までに、変更後の効力発生日を公告しなければならない（同条2項）。ただし、公告手続を行う必要があるのは、吸収合併消滅会社のみである。

　なお、効力発生日を変更した場合、その変更を証する書面（取締役会設置会社においては取締役会議事録、取締役会設置会社でない株式会社においては取締役の過半数の決定を証する書面等）を登記の申請書に添付することを要する

が、公告をしたことを証する書面は添付を要しない。

　　(エ)　法定記載事項以外の事項

　旧商法においては、吸収合併存続会社が合併により定款の変更をするときは、吸収合併契約にその規定を記載しなければならないとされ、また、合併に際して吸収合併存続会社の取締役、監査役に就任する者があるときは、吸収合併契約に記載することにより選任することを要するとされていたが、会社法においては、これらは法定の記載事項から外れている。したがって、仮にこれらに関する条項を置いたとしても、吸収合併契約の内容とはならないので、合併に際してこれらの変更を行う場合には、別途、所定の手続をとることが必要である。

●コラム●

合併に際して就職する取締役または監査役の任期の起算点

　会社法における取締役または監査役等の任期の起算点は、「選任の時」であることから、合併に際して就職する取締役または監査役等の任期の起算点は、合併による就任の日ではなく、選任決議を行った合併契約承認株主総会等の日ということになる。

　たとえば、3月決算の株式会社が、効力発生日を4月1日とする吸収合併契約の承認決議を臨時株主総会で行い、併せて4月1日に就任するものとして取締役または監査役等を選任するようなケースは多いと思われるが、旧商法に比して、任期が1年異なることになる。

　「選任決議をした時」と解されている点については、株主総会の選任決議と就任承諾との間に長期間の隔たりがある場合などにおいて、任期の終期が株主総会の意思に反する事態が生じかねないことを避けて、株主総会のコントロールを及ぼしめる趣旨であると解説されている（相澤哲ほか編著『論点解説　新・会社法千問の道標』商事法務、285頁）が、合併の際に就職する取締役等のケースのように将来の日に選任の効力が生じるものとする条件付決議の場合には、株主総会のコントロールが及んでいることから、当該効力発生日を任期の起算点とする取扱いも採り得るのではないだろうか。

　ただし、この場合、定款に増員取締役に関する任期短縮の定めがあれば、その

適用があるのはもちろんである。

　なお、吸収合併に際して新株を発行する場合には、発行可能株式総数を増加させる定款の変更を併せて行う必要がある場合があり、吸収合併存続会社が吸収合併消滅会社よりも相当に小規模である場合（いわゆるめだかがくじらを飲み込むような合併の場合）には、４倍規制（法113条３項１号）に抵触する可能性があるが、登記実務上、枠外発行の数を前提とする発行可能株式総数の増加に係る条件付定款変更の決議をすることは可能であると解されている。

【参考先例】
吸収合併に際しての発行可能株式総数を超えた株式の発行及び当該枠外発行の数を前提とする発行可能株式総数の増加に係る条件付定款変更の可否について（通知）〔平成20年９月30日付け法務省民商第2665号民事局商事課長通知〕

　吸収合併に際し、公開会社である吸収合併存続会社が、吸収合併消滅会社の株主に対して合併対価として当該吸収合併存続会社の株式を交付するために、当該株式をその発行可能株式総数を超えて発行することとするとともに、あらかじめ当該吸収合併の効力発生前に当該吸収合併存続会社の株主総会において当該効力発生を停止条件としてその枠外発行の数を前提とする当該発行可能株式総数の増加に係る定款の変更の決議をすることは可能である。

---

(3)　**吸収合併契約の承認**
　　㋐　株主総会の承認
　吸収合併をする場合には、吸収合併存続会社および吸収合併消滅会社において、原則として、吸収合併契約を株主総会の特別決議により承認することが必要である（法783条１項、795条１項、309条２項）。
　後述の簡易合併または略式合併の要件を満たす場合であっても、吸収合併の対価として吸収合併存続会社の譲渡制限株式が交付されるとき（吸収合併

存続会社が公開会社でない場合に限る）は、株主総会の承認決議が必要である（法796条1項ただし書・2項ただし書）。また、吸収合併の対価として吸収合併存続会社の譲渡制限株式が交付されるとき（吸収合併消滅会社が公開会社である場合に限る）は、種類株式発行会社でない株式会社においては、吸収合併消滅会社の株主総会の承認決議が必要であり（法784条1項ただし書）、種類株式発行会社においては、交付される譲渡制限株式の種類株主を構成員とする種類株主総会の決議があることが必要である（法795条4項、324条2項）。

また、吸収合併に際して吸収合併存続会社に差損が生じる場合には、簡易合併の要件を満たすときであっても、吸収合併存続会社の株主総会の承認決議が必要である（法796条2項ただし書）。ただし、この場合であっても、略式合併は可能である。

●コラム●

債務超過会社の吸収合併

会社法では、債務超過会社を消滅会社とする吸収合併が認められているが、簡易合併は不可とされている。したがって、親会社が債務超過子会社を吸収合併する場合に、増資等により債務超過状態を解消してから合併手続に着手するケースがあるようであるが、このような場合も簡易合併は不可であるケースが多いので、要注意である。

消滅会社が簿価資産超過であったとしても、存続会社における消滅会社株式の帳簿価額が消滅会社の純資産額よりも大きいときは、抱き合わせ損が発生する。増資によって、消滅会社の簿価債務超過を解消したとしても、その結果、存続会社が有する消滅会社株式の帳簿価額が増加することとなるので、そのままの状態で吸収合併を行えば、やはり抱き合わせ損が発生し、差損が生ずることになって、簡易合併によることはできない（相澤哲編著『Q&A 会社法の実務論点20講』金融財政事情研究会、168頁以下）。

上場企業が子会社を消滅会社として吸収合併をするような場合において、このような問題に該当するとき、合併前に子会社株式の評価替えをして、特別損失を計上し、抱き合わせ損が発生しないようにして、簡易合併を行うケースがしばしば見受けられる。

なお、連結配当規制の適用を受ければ、債務超過の子会社を吸収合併する場合

に簡易合併によることも可能である（施行規則195条３項）。

　なお、株主総会の承認を得た場合、登記の申請書には、株主総会議事録を添付しなければならない（商業登記法46条２項、80条６号）。

●コラム●
株主リストの添付
　現在予定されている商業登記規則の改正（平成28年法務省令第32号）により、株主総会決議が必要な登記申請の場合の添付書面に、株主総会議事録に加えて、主要な株主を証する「株主リスト」が要求されることになる。
　具体的には、登記すべき事項につき株主総会または種類株主総会の決議を要する場合には、申請書に、総株主の議決権の数に対するその有する議決権の数の割合が高いことにおいて上位となる10名の株主またはその有する議決権の数の割合を当該割合の多い順に順次加算し、その加算した割合が３分の２に達するまでの人数の株主の氏名または名称および住所、当該株主のそれぞれが有する株式の数および議決権の数並びに当該株主のそれぞれが有する議決権に係る当該割合を証する書面の添付を求めることとするものである（新設される商業登記規則61条２項、３項）。
　また、商業登記規則21条を改正し、附属書類の閲覧の申請人に対し、その住所および閲覧する部分の記載を求めるとともに、利害関係を証する書面の添付を求めることとされている。
　本改正の施行は、平成28年10月１日である。

(イ)　種類株主総会の承認

　吸収合併存続会社または吸収合併消滅会社が吸収合併に関する拒否権付種類株式（法108条１項８号）を発行している場合には、当該種類の株式の種類株主を構成員とする種類株主総会の決議があることが必要である（法323条）。

　また、吸収合併存続会社または吸収合併消滅会社が種類株式発行会社である場合に、吸収合併がある種類の株式の種類株主に損害を及ぼすおそれがあるときは、当該種類の株式の種類株主を構成員とする種類株主総会の決議が

なければならない（法322条1項7号）。

なお、これらの場合には、登記の申請書には、種類株主総会議事録を添付しなければならない（商業登記法46条2項）。

　　(ウ)　**簡易合併**

会社法796条2項に定める要件を満たす場合には、吸収合併存続会社の株主総会の承認決議を要しない。

ただし、吸収合併存続会社が、この要件を満たす場合においても、会社法施行規則197条で定める数の株式（会社法795条1項の株主総会において議決権を行使することができるものに限る）を有する株主が会社法797条3項の規定による通知または同条4項の公告の日から2週間以内に吸収合併に反対する旨を吸収合併存続会社に対し通知したときは、当該吸収合併存続会社は、効力発生日の前日までに、株主総会の決議によって、吸収合併契約の承認を受けなければならない（法796条3項）。

なお、簡易合併を行った場合、登記の申請書には、簡易合併の要件を満たすことを証する書面および取締役会設置会社においては取締役会の議事録、取締役会設置会社でない株式会社においては取締役の過半数の一致があったことを証する書面、並びに反対株主が存する場合にはその有する株式の数が会社法施行規則197条で定める数に達しないものであったことを証する書面を添付しなければならない（商業登記法80条2号）。たとえば、貸借対照表および上申書等がこれに該当する。

●コラム●

簡易合併における株式買取請求

中小企業における合併においては、従来、簡易組織再編の要件を満たすか否かについて疑義があることから、念のため、組織再編について株主総会で承認を得ておくという選択をする場合が多かったと思われる。通常の株主総会の決議を経ることが容易であったためである。したがって、簡易合併の要件を満たすか否かの精査は、登記実務においては、あまりされなかった嫌いがある。

しかし、会社法の平成26年改正により、会社法796条2項本文が定める簡易合

Ⅰ　会社合併の登記

併の要件を満たす場合には、原則として反対株主の株式買取請求が認められない（法797条１項ただし書）こととなった。したがって、たとえ株主総会の承認を得る形で手続をとる場合であっても、会社法797条１項ただし書に該当するか否かを精査することが肝要である。すなわち、株主総会で組織再編の決議に反対した株主から株式買取請求がなされたときには、簡易組織再編の要件を満たさないのであれば、会社側が買取請求に応じなければ違法となる一方で、簡易組織再編の要件を満たすときには、会社側が買取請求に応じて自己株式を取得することは違法となるからである。今後、簡易組織再編のニーズが増加すると思われるので、「差損が生じない」等の要件充足の見極めが重要となるといえよう。

【書式８－１】　簡易合併の要件を満たすことを証する書面（証明書）
(a)　記載例①

　　　　　　　　　　　　　　　　　　　　　　　　　　平成○年○月○日
○○法務局法人登記部門　御中

　　　　　　　　　　　　　証　明　書

　当会社が吸収合併存続会社、株式会社△△が吸収合併消滅会社として、吸収合併を行うにあたり、次のとおり簡易合併の要件を満たしていることを証明する。

１．当会社は、株式会社△△の株式を100％所有しており、吸収合併に際して対価を交付しない。
２．合併差損は生じない。
　①　承継債務額は、承継資産額を超えない。
　②　当会社が有する株式会社△△の株式の帳簿価額は、同社の簿価純資産額を超えない。
３．会社法施行規則第197条の規定により定まる数の株式を有する株主から合併に反対する旨の当会社に対する通知はなかった。

　　　　　　　　　　　　　　　　　　　　　　　　　　　　　　　　以上

　　　　　　　　　○○県○○市○○町○丁目○番○号

　　　　　　　　　株式会社○○
　　　　　　　　　代表取締役　　○○○○　　㊞

(b)　記載例②

　　　　　　　　　　　　　　　　　　　　　　　　平成○年○月○日
○○法務局法人登記部門　御中

　　　　　　　会社法第796条第2項に該当する旨の証明書

１．会社法第796条第2項第1号の額　　　　金○○円　（①＋②＋③）
　　①　会社法796条2項1号イの額　　　　　金○○円
　　②　同号ロの額　　　　　　　　　　　　金○○円
　　③　同号ハの額　　　　　　　　　　　　金○○円
２．会社法第796条第2項第2号の額　　　　金○○円（注１）
　　（①＋②＋③＋④＋⑤＋⑥－⑦）
　　①　資本金の額　　　　　　　　　　　　金○○円
　　②　資本準備金の額　　　　　　　　　　金○○円
　　③　利益準備金の額　　　　　　　　　　金○○円
　　④　会社法第446条に規定する剰余金の額　金○○円
　　⑤　最終事業年度の末日における評価・　金○○円
　　　　換算差額等に係る額
　　⑥　新株予約権の帳簿価額　　　　　　　金○○円
　　⑦　自己株式及び自己新株予約権の帳簿　金○○円
　　　　価額の合計額
３．１に掲げた額÷２に掲げた額　　　　　　○○
　　３の割合は５分の１を超えないこと及び会社法796条及び会社法施行規則196条
　の規定に従って計算されたことに相違ありません。

　　　　　　　　　○○県○○市○○町○丁目○番○号
　　　　　　　　　　株式会社○○
　　　　　　　　　　代表取締役　　○○○○　　㊞（注２）
（注）１　２の額については、計算した結果、500万円を下回る場合は500万円とな
　　　　ります。

2 登記所に届け出た印鑑を押印します。

(エ) 略式合併

　吸収合併存続会社が吸収合併消滅会社の特別支配会社である場合には、吸収合併消滅会社における株主総会の承認が不要であり（法784条1項）、吸収合併消滅会社が吸収合併存続会社の特別支配会社である場合には、吸収合併存続会社における株主総会の承認が不要である（法796条1項）。

　なお、略式合併を行った場合、登記の申請書には、略式合併の要件を満たすことを証する書面を添付しなければならない（商業登記法80条2号）。たとえば、株主名簿等がこれに該当する。

【書式8－2】　略式合併の要件を満たすことを証する書面（証明書）

平成○年○月○日

○○法務局法人登記部門　御中

証　明　書

　株式会社○○が吸収合併存続会社、当会社が吸収合併消滅会社として、吸収合併を行うにあたり、次のとおり証明する。

1．当会社の株主名簿は、次のとおりであり、株式会社○○が当会社の株式を100％所有しているので、略式合併の要件を満たしている。

【株主名簿】

株主の氏名及び住所	株主の有する株式の数	株券の番号	取得年月日
○○県○○市○○町○丁目○番○号　株式会社○○	普通株式　○○○株	不所持申出により不発行	平成○年○月○日

以上

```
            △△県△△市△△町△丁目△番△号
                    株式会社△△
              代表取締役　○○○○　㊞
```

(4) 債権者保護手続

　吸収合併存続会社の債権者は吸収合併存続会社に対し、吸収合併消滅会社の債権者は吸収合併消滅会社に対し、吸収合併について異議を述べることができる（法789条1項1号、799条1項1号）。したがって、吸収合併においては、必ず債権者保護手続を行うことを要する（法789条2項、799条2項）。

　吸収合併存続会社が会社法799条2項、吸収合併消滅会社が789条2項の規定による公告を、官報のほか、当該会社が定款で定めた公告方法である日刊新聞紙または電子公告によりするときは、債権者に対する各別の催告は、することを要しない（法799条3項、789条3項）。

　なお、債権者保護手続を行った場合には、登記の申請書には、その履行を証する書面を添付しなければならない（商業登記法80条3号・8号）。異議を述べた債権者がいない場合においては、その旨の上申書を各当事会社の代表取締役名義で作成する必要がある。

【書式8－3】　債権者等から異議が出なかった場合の上申書例（吸収合併存続会社）

```
                上　申　書

　当社は、会社法第799条第2項の規定に基づいて、別添平成○年○月○日付官
報及び別添平成○年○月○日付○○新聞朝刊第○面のとおり公告を行いました
が、所定の期間内に異議を述べた債権者はありませんでした。


平成○年○月○日
                          ○○県○○市○○町○丁目○番○号
                                  株式会社○○
                              代表取締役　　○○○○
```

※定款で定める公告方法が時事に関する日刊新聞紙である場合の記載例である。

【書式8－4】 債権者等から異議が出なかった場合の上申書例（吸収合併消滅会社）

上　申　書

　当社は、会社法第789条第2項の規定に基づいて、別添平成○年○月○日付官報のとおり公告を行い、かつ、別紙催告書のとおり別紙債権者一覧表記載の知れている債権者に各別に催告しましたが、所定の期間内に異議を述べた債権者はありませんでした。

平成○年○月○日

　　　　　　　　　　　　　△△県△△市△△町△丁目△番△号
　　　　　　　　　　　　　　　株式会社△△
　　　　　　　　　　　　　　　代表取締役　　○○○○

※定款で定める公告方法が官報の場合の記載例である。

　なお、公告および催告の内容として両当事会社の最終の事業年度に係る貸借対照表に関する事項を記載しなければならず（施行規則188条、199条）、旧商法時代に比して細かく区分されているので、注意を要する。

　たとえば、特例有限会社は、吸収合併存続会社となることができない（整備法37条）ので、前提として通常の株式会社への移行の手続を行う必要があり、その後に吸収合併手続を行うことになるが、このような場合、会社法施行規則199条5号ではなく、同条7号が適用され、特例有限会社時における最終事業年度に係る貸借対照表の要旨の内容を公告および催告に掲載する必要がある。なお、公告および催告の後、吸収合併の効力発生日までの間に、通常の株式会社への移行を完了しても無効とはされないと解されているようであるが、前提として移行するのが望ましいであろう。

　また、当事会社が会社法440条4項に規定する株式会社であり、かつ、会社法439条前段の特則の適用がある株式会社である場合において、計算書類

について会社法436条3項の取締役会の承認を得てから同計算書類に関する有価証券報告書を内閣総理大臣に提出するまでの間に、会社法施行規則188条または199条に基づく公告または催告を行うときは、最終事業年度に係る有価証券報告書が提出されていないことになるので、3号ではなく7号が適用され、最終事業年度に係る貸借対照表の要旨の内容を公告または催告に掲載する必要がある。

●コラム●

公告と催告の内容

　公告または催告の内容とすべきは、「最終事業年度に係る貸借対照表の要旨の内容」であることから、定款で定める公告方法が官報であり、決算公告を怠っていた株式会社が、当該公告と同時に決算公告を行う場合においては、旧商法時代とは異なり、公告掲載日に先んじて催告書を送付することが可能である。

　たとえば、ぎりぎりのスケジュールで官報に公告を掲載する場合、公告掲載後に催告書を送付するのでは、到達主義の関係で、1カ月の期間を確保できないこともある。このような場合には、公告掲載に先んじて催告書を送付することになるが、催告書には、「最終事業年度に係る貸借対照表の要旨の内容」を掲載しなければならない。

　また、定款で定める公告方法が官報以外の株式会社が、官報公告の内容として「最終事業年度に係る貸借対照表の要旨の内容」（この場合は、いわゆる決算公告とはならない）を掲載することも可能である。

●コラム●

登記されたアドレス

　たとえば、会社の合併等において、債権者保護手続として官報に公告を載せる場合に、定款で定める公告方法が電子公告である株式会社は、「会社法第911条第3項第28号イに掲げる事項」をその内容としなければならない（施行規則188条1号ハ等）。この場合の「会社法第911条第3項第28号イに掲げる事項」は、「登記されたアドレス」を意味するので注意を要する。

　官報のパンフレット等に、「公告が掲載されているホームページ等のアドレス」とあることから誤解が生ずるのかもしれないが、合併公告等に際して、誤って決

算公告を掲載したアドレスをダイレクトに載せている株式会社が散見される。しかし、合併公告の内容として掲載するURLの末尾が「.pdf」で終わることは、本来あり得ないものである。

決算公告に辿り着ければよい、という善解もありうるのかもしれないが、基本としては、法令遵守で、「登記されたアドレス」を掲載すべきである。

(5) 吸収合併の登記手続

吸収合併の場合には、吸収合併存続会社の本店の所在地を管轄する登記所に対し、吸収合併存続会社についての吸収合併による変更の登記と、吸収合併消滅会社についての解散の登記を同時に申請する必要がある（商業登記法82条）。

(ア) 吸収合併存続会社がする吸収合併による変更の登記

(A) 登記申請期間

吸収合併存続会社は、吸収合併の効力が生じた日から2週間以内に、その本店の所在地において、吸収合併による変更の登記をしなければならない（法921条）。

(B) 登記すべき事項

登記すべき事項は、次のとおりである。ただし、複数の吸収合併消滅会社と同時にする吸収合併を行う場合は、後掲別紙記載例のとおり、各合併ごとに記載することが必要である。

① 合併をした旨並びに吸収合併消滅会社の商号および本店（商業登記法79条）

② 発行済株式の総数並びにその種類および種類ごとの数

③ 資本金の額

④ 吸収合併により変更される登記事項があるときはその事項

　　吸収合併存続会社が吸収合併により新株予約権に係る義務を承継したときは、新株予約権に関する登記（法911条3項12号）をする必要がある。

(C) 添付書面

吸収合併存続会社がする吸収合併による変更の登記の申請書には、次の書面を添付しなければならない（商業登記法80条）。

① 吸収合併契約書（同条1号）
② 吸収合併存続会社および吸収合併消滅会社の株主総会議事録または取締役会議事録（6号、同法46条2項）
③ 吸収合併存続会社および吸収合併消滅会社の債権者保護手続の履行を証する書面（3号、8号）
　ⓐ 公告をしたことを証する書面
　　公告を掲載した官報もしくは日刊新聞紙または電子公告調査機関の調査報告書である。
　ⓑ 催告をしたことを証する書面
　　たとえば、催告書のひな形と催告対象債権者リストを合綴し、代表者が「別紙のとおりの催告書によって、別紙債権者リスト掲載の債権者に対し各別に催告した」旨を証明した書面である。
　ⓒ 代表者の上申書等
　　異議を述べた債権者がいる場合には、債権者の異議申立書、債権者作成の弁済金の領収証、担保契約証書、信託証書または債権者を害するおそれがないことを代表者が証明した書面等である。
　　異議を述べた債権者がいない場合については、その旨の上申書を代表取締役名義で作成する必要がある。
④ 吸収合併存続会社の資本金の額が増加するときは、資本金の額が会社法445条5項の規定に従って計上されたことを証する書面（4号）

　吸収合併存続会社の吸収合併後の資本金の額は、会社計算規則35条または36条に基づき計上される。したがって、いずれかの規定に従った計上に関する書面を作成して、添付しなければならない。同書面は、吸収合併存続会社の代表取締役名義で作成する必要がある。

　なお、吸収合併存続会社の資本金の額が増加しない場合については、

この書面を添付する必要はない。

【書式8－5】 資本金の額の計上に関する証明書
(a) 吸収合併が支配取得に該当する場合（会社計算規則35条）

資本金の額の計上に関する証明書

　吸収合併存続会社の資本金の額は、会社法第445条第5項及び会社計算規則第35条の規定に従って、次のとおり計上された。

(1)　吸収合併存続会社の合併直前資本金額　　　金〇〇円

(2)　株主資本等変動額（会社計算規則第35条第1項第1号）
　　吸収型再編対価時価又は吸収型再編対象財産の時価を基礎として算定する方法に従い定まる額
金〇〇円（※）

(3)　(2)の範囲内で、吸収合併契約の定めに従い定めた増加額（会社計算規則第35条第2項）
　　①　資本金の増加額　　　金〇〇円
　　②　資本準備金の増加額　　　金〇〇円
　　③　その他資本剰余金の増加額　　　金〇〇円

(4)　吸収合併後資本金額〔(1)+(3)①〕　　　金〇〇円

上記のとおりに相違ないことを茲に証明する。

平成〇年〇月〇日

〇県〇市〇町〇丁目〇番〇号
株式会社　　〇〇
代表取締役　〇〇〇〇　㊞

※吸収合併消滅会社による支配取得に該当する場合は、後記③による。

(b) 共通支配下関係にある場合（会社計算規則35条）

資本金の額の計上に関する証明書

　吸収合併存続会社の資本金の額は、会社法第445条第5項及び会社計算規則第35条の規定に従って、次のとおり計上された。

(1) 吸収合併存続会社の合併直前資本金額　　金〇〇円

(2) 株主資本等変動額（会社計算規則第35条第1項第2号）〔①＋②〕
　① 吸収型再編対価時価又は吸収型再編対象財産の時価を基礎として算定する方法に従い定まる額（支配取得に該当する部分）　　金〇〇円
　② 吸収型再編対象財産の吸収合併の直前の帳簿価額を基礎として算定する方法に従い定まる額（支配取得に該当しない部分）　　金〇〇円
　∴　①　＋　②　＝　金〇〇円

(3) (2)の範囲内で、吸収合併契約の定めに従い定めた増加額（会社計算規則第35条第2項）
　① 資本金の増加額　　金〇〇円
　② 資本準備金の増加額　　金〇〇円
　③ その他資本剰余金の増加額　　金〇〇円

(4) 吸収合併後資本金額〔(1)＋(3)①〕　　金〇〇円

　上記のとおりに相違ないことを茲に証明する。

　平成〇年〇月〇日

　　　　　　　　　　　　　　　　〇県〇市〇町〇丁目〇番〇号
　　　　　　　　　　　　　　　　　　株式会社　〇〇
　　　　　　　　　　　　　　　　　　代表取締役　〇〇〇〇　㊞

(c) (a)および(b)以外の場合

　(b)と同様である（会社計算規則35条1項3号）。

(d) 株主資本等を引き継ぐものとして計算することが適切である場合（会社計算規則36条1項）

資本金の額の計上に関する証明書

　吸収合併存続会社の資本金の額は、会社法第445条第5項及び会社計算規則第36条第1項の規定に従って、次のとおり計上された。

(1)　吸収合併存続会社の合併直前資本金額　　金○○円

(2)　株主資本等変動額（会社計算規則第36条第1項）
　　　　吸収合併消滅会社の合併直前資本金額　　金○○円
(3)　吸収合併後資本金額〔(1)+(2)〕　　金○○円

　上記のとおりに相違ないことを茲に証明する。
　平成○年○月○日

　　　　　　　　　　　　　　　　○県○市○町○丁目○番○号
　　　　　　　　　　　　　　　　　　　　株式会社　　○○
　　　　　　　　　　　　　　　　　　　　代表取締役　○○○○　㊞

---

⑤　簡易合併をする場合においては、会社法796条3項の要件を満たすことを証する書面（たとえば、貸借対照表および上申書等がこれに該当する）（2号）（前掲【書式8−1】）

⑥　略式合併をする場合においては、株主名簿等（2号）（前掲【書式8−2】）

⑦　吸収合併消滅会社の登記事項証明書（5号）
　　その作成後3カ月以内のものに限る（商業登記規則36条の2）。ただし、申請書に会社法人等番号を記載した場合には、添付することを要しない（商業登記法19条の3）。

⑧　吸収合併消滅会社が株券発行会社であるときは、株券提出手続を行ったことを証する書面（株券を現実に発行していないときは、株主名簿等

⑨　吸収合併消滅会社が新株予約権を発行しているときは、新株予約権提出手続を行ったことを証する書面

⑩　資本金の額が増加するときは、登録免許税の計算に関する証明書（登録免許税法施行規則12条5項）

　　登録免許税法施行規則12条5項の規定により添付を要する書面である。当該書面に記載すべき事項は、吸収合併契約の基礎となった額（契約に変更があった場合には、当該変更後の契約の基礎となった額）による（登録免許税法施行規則12条6項）。登録免許税の具体的算定については、後掲【参考】を参照のこと。

　　なお、資本金の額が増加する場合であっても、新株以外交付財産が存しないときは、本証明書は添付を要しないとも解されるが、登記実務は添付しなければならないものと取り扱われているようである。

【書式8－6】　登録免許税の計算に関する証明書

登録免許税法施行規則第12条第5項の規定に関する証明書

1　吸収合併により消滅する□□株式会社に係る登録免許税法施行規則第12条第5項に掲げる額は、次のとおりである。

①　吸収合併により消滅する会社の当該消滅の直前における資産の額（登録免許税法施行規則第12条第5項第1号）
　　　　　　　　金〇〇円

②　吸収合併により消滅する会社の当該消滅の直前における負債の額（登録免許税法施行規則第12条第5項第1号）
　　　　　　　　金〇〇円

③　吸収合併後存続する株式会社が当該吸収合併に際して当該吸収合併により消滅する各会社の株主に対して交付する財産（当該吸収合併後存続する株式会社の株式を除く。）の価額（登録免許税法施行規則第12条第5項第2号）

```
                    金〇〇円

④  ③の交付する財産のうち当該吸収合併後存続する株式会社が有していた自
   己の株式の価額（登録免許税法施行規則第12条第5項第3号）


上記の額に相違ないことを証明する。


平成〇年〇月〇日

                            〇県〇市〇町〇丁目〇番〇号
                                  株式会社    〇〇
                                  代表取締役  〇〇〇〇  ㊞
```

（注1） 吸収合併により消滅する会社が複数である場合、各会社ごとに①から④
   　　までの額を記載する。ただし、証明書はまとめて1通として差し支えない。
（注2） 登記所届出印を押印する。

⑪ 代理人によって登記を申請する場合には、委任状（同法18条）

(D) 登録免許税

登録免許税は、増加した資本金の額に1000分の1.5の税率を乗じて計算した額であり（登録免許税法別表第一第24号㈠ヘ、登録免許税法施行規則12条2項）、財務省令で定めるものを超える資本金の額に対応する部分（後掲「登録免許税の算定方法」参照）については、1000分の7を乗じて計算した額である。

これによって計算した税額が3万円に満たないときは、金3万円（登録免許税法別表第一第24号㈠ヘ）であり、資本金の額が増加しない場合には、金3万円である（登録免許税法別表第一第24号㈠ツ）。

なお、目的の変更等を同時に行う場合であっても、「合併による変更」ではないので、別途登録免許税を要する。ただし、資本金の額を増加しない場合に、同区分（登録免許税法別表第一第24号㈠ツ）であるものについては、別途要しない。

【参考】 登録免許税の算定方法

【旧商法】
　増加する資本金額のうち、消滅会社の資本金額を超えない部分については1000分の1.5、それを超える部分については1000分の7を乗じることとされていた。

【会社法】
　増加する資本金の額のうち、新株以外交付財産（存続会社の自己株式を含む）の交付に関連するものとみるべき部分については、軽減税率ではなく、1000分の7の税率を適用することとされた。

① 株式を交付しない場合
　　資本金の額は増加しない。
② 新株以外交付財産の額が零である場合（対価が新株のみである場合）
　　旧商法の取扱いと同様である。
③ 「新株以外交付財産(3)」がある場合（自己株式の処分等がある場合）
　ア 「消滅会社の純資産の額(2)」が「消滅会社の資本金の額(1)」を超える場合
　　ⅰ） 新株以外交付財産の額(3) ＞ 消滅会社の純資産の額(2)
　　　　増加する資本金の額に1000分の7を乗じる。
　　ⅱ） 新株以外交付財産の額(3) ≦ 消滅会社の純資産の額(2)
　　　　増加する資本金の額のうち、{(2)−(3)}÷(2)×(1)を越えない部分については1000分の1.5の、当該額を超える部分については1000分の7の各税率が適用される。
　イ 「消滅会社の純資産の額(2)」が「消滅会社の資本金の額(1)」を超えない場合
　　　※ 消滅会社の資本金の額(1)を消滅会社の純資産額(2)とみて算定する。
　　ⅰ） 新株以外交付財産の額(3) ＞ 消滅会社の資本金の額(1)
　　　　増加する資本金の額に1000分の7を乗じる。
　　ⅱ） 新株以外交付財産の額(3) ≦ 消滅会社の資本金の額(1)
　　　　増加する資本金の額のうち、{(1)−(3)}÷(1)×(1)を越えない部分については1000分の1.5の、当該額を超える部分については1000分の7の各税率が適用される。

Ⅰ　会社合併の登記

(イ)　吸収合併消滅会社の解散の登記
　　(A)　登記すべき事項
　登記すべき事項は、解散の旨並びにその事由および年月日である（商業登記法71条1項）。
　　(B)　添付書面
　登記の申請書には、委任状を含め、他の書面の添付を要しない。
　　(C)　登録免許税
　登録免許税は、金3万円である（登録免許税法別表第一24号(一)レ）。
(6)　**吸収合併による変更の登記の申請書（書式）**
　(ア)　吸収合併存続会社の変更の登記

【書式8－7】　吸収合併存続会社の変更登記申請書

```
                                        ○○○○-10-○○○○○○
                    株式会社変更登記申請書

1．商号　　　　株式会社○○
1．本店　　　　○○県○○市○○町○丁目○番○号
1．登記の事由　　吸収合併による変更
1．登記すべき事項　　別紙のとおり
1．課税標準金額　　金○○円（注）
1　登録免許税　　金○○円
1．添付書類
　　吸収合併契約書　1通
　　吸収合併存続会社の株主総会議事録　1通
　　吸収合併消滅会社の株主総会議事録　1通
　　吸収合併消滅会社の会社法人等番号（○○○○-10-△△△△△△）
　　公告及び催告をしたことを証する書面　○通
　　異議を述べた債権者はいない旨の上申書　○通
　　株券提出公告を行ったことを証する書面　1通
　　資本金の額が会社法の規定に従って計上されたことを証する書面　1通
```

登録免許税の計算に関する書面　1通
　　　委任状　1通

　上記のとおり登記を申請する。
平成○年○月○日

本店　　○○県○○市○○町○丁目○番○号
商号　　株式会社○○
代表者　　○○県○○市○○町○丁目○番○号
　　　　代表取締役　○○○○
上記申請代理人　　○○県○○市○○町△丁目△番△号
　　　　司法書士　○○○○　　㊞
　　　　TEL（○○○）○○○−○○○○
○○（地方）法務局○○支局（出張所）御中

（注）　吸収合併存続会社の増加した資本金の額を記載する。複数の吸収合併消滅会社と同時にする吸収合併を行う場合は、各合併の資本金増加額の合計額を記載する。
　　　吸収合併が官庁の許認可を効力要件としている場合は、登記の申請書には、届出をした年月日を記載し、期間の短縮があったときは、その期間をも記載しなければならない（商業登記規則110条）。
　　　なお、「私的独占の禁止及び公正取引の確保に関する法律」15条の規定により一定規模の合併（すべての合併会社が同一の企業結合集団に属する場合を除く）が制限されており、同条2項に該当する場合には、あらかじめ公正取引委員会への届出を必要とし、届出受理の日から30日を経過するまでは、合併をしてはならない（同法15条3項、同法10条8項）。ただし、この期間は、短縮されることがある（同項ただし書）。

〔記載例8−1〕　簡易吸収合併の場合の添付書類

1．添付書類
　　吸収合併契約書　1通
　　簡易合併の要件を満たすことを証する書面　1通

吸収合併存続会社の取締役会議事録　1通
　　　吸収合併消滅会社の株主総会議事録　1通
　　　吸収合併消滅会社の会社法人等番号（○○○○-10-△△△△△△）
　　　公告及び催告をしたことを証する書面　○通
　　　異議を述べた債権者はいない旨の上申書　○通
　　　株券提出公告を行ったことを証する書面　1通
　　　資本金の額が会社法の規定に従って計上されたことを証する書面　1通
　　　登録免許税の計算に関する書面　1通
　　　委任状　1通

〔記載例8－2〕　略式吸収合併の場合の添付書類

1．添付書類
　　　吸収合併契約書　1通
　　　略式合併の要件を満たすことを証する書面　1通
　　　吸収合併存続会社の株主総会議事録　1通
　　　吸収合併消滅会社の取締役会議事録　1通
　　　吸収合併消滅会社の会社法人等番号（○○○○-10-△△△△△△）
　　　公告及び催告をしたことを証する書面　○通
　　　異議を述べた債権者はいない旨の上申書　○通
　　　株券提出公告を行ったことを証する書面　1通
　　　資本金の額が会社法の規定に従って計上されたことを証する書面　1通
　　　登録免許税の計算に関する書面　1通
　　　委任状　1通

別　紙

「吸収合併」
平成○年○月○日△△県△△市△△町△丁目△番△号株式会社△△を合併
「発行済株式の総数」○○株
「資本金の額」金○○円
「原因年月日」平成○年○月○日変更

別　紙（※複数の吸収合併消滅会社と同時にする吸収合併を行う場合）

```
「吸収合併」
平成○年○月○日△△県△△市△△町△丁目△番△号株式会社△△を合併
「発行済株式の総数」○○株
「資本金の額」金○○円
「原因年月日」平成○年○月○日変更
「吸収合併」
平成○年○月○日△△県△△市△△町△丁目△番△号株式会社□□を合併
「発行済株式の総数」○○株
「資本金の額」金○○円
「原因年月日」平成○年○月○日変更
```

【書式8－8】　吸収合併消滅会社の解散登記申請書

```
                                        ○○○○-10-△△△△△△
                  株式会社解散登記申請書

    1．商号　　　　株式会社△△
    1．本店　　　　△△県△△市△△町△丁目△番△号
    1．登記の事由　　吸収合併による解散
    1．登記すべき事項　　別紙のとおり
    1．登録免許税　　金3万円
    1．添付書類　　　※要しない。


    上記のとおり登記を申請する。
    平成○年○月○日


    本店　　△△県△△市△△町△丁目△番△号
    商号　　株式会社△△
    本店　　○○県○○市○○町○丁目○番○号
    商号　　株式会社○○
    代表者　　○○県○○市○○町○丁目○番○号
```

```
              代表取締役  ○○○○
上記申請代理人  ○○県○○市○○町△丁目△番△号
              司法書士  ○○○○   ㊞
              TEL（○○○）○○○－○○○○
○○（地方）法務局○○支局（出張所）御中
```

別　紙

```
「登記記録に関する事項」
平成○年○月○日○○県○○市○○町○丁目○番○号株式会社○○に合併し解散
```

(7)　吸収合併の無効の登記の嘱託

　会社の吸収合併の無効は、吸収合併の効力が生じた日から6カ月以内に限り、訴えをもってのみ主張することができる（法828条1項7号）。会社の吸収合併の無効の訴えに係る請求を認容する判決が確定した場合には、裁判所書記官は、職権で、遅滞なく、各会社の本店の所在地を管轄する登記所に、吸収合併存続会社についての変更の登記および吸収合併消滅会社についての回復の登記を嘱託しなければならない（法937条3項2号）。

　なお、株式会社の吸収合併の無効の訴えに係る請求を認容する判決が確定した場合であっても、吸収合併存続会社の資本金の額は減少しない（計算規則25条2項3号）。

(8)　登記記録例

　後記Ⅲ1を参照のこと。

(9)　公告または催告の内容としての最終事業年度に係る貸借対照表の開示状況

　会社合併において債権者保護手続を行う場合、会社法789条2項3号、799条2項3号および810条2項3号の規定における計算書類に関する事項として、会社法施行規則188条、199条および208条に定めがあり、公告対象会社（株式会社である場合に限る。以下同じ）の最終事業年度に係る貸借対照表の開示状況について、次の区分に応じて、公告または催告の内容とする必要が

ある。

① 最終事業年度に係る貸借対照表またはその要旨につき公告対象会社が官報で決算公告をしている場合

```
掲載紙      官報
掲載の日付   平成〇年〇月〇日
掲載頁      〇〇頁（号外〇〇号）
```

② 最終事業年度に係る貸借対照表またはその要旨につき公告対象会社が時事に関する事項を掲載する日刊新聞紙で決算公告をしている場合

```
掲載紙      〇〇新聞
掲載の日付   平成〇年〇月〇日
掲載頁      〇〇頁
```

③ 最終事業年度に係る貸借対照表またはその要旨につき公告対象会社が電子公告により決算公告をしている場合または会社法440条3項に規定する措置（インターネットによる開示）をとっている場合

```
http://www.・・・・・・.html
```

（注）登記アドレスを記載する。

④ 公告対象会社が有価証券報告書提出会社である場合において、当該株式会社が金融商品取引法24条1項の規定により最終事業年度に係る有価証券報告書を提出しているとき

```
金融商品取引法による有価証券報告書提出済み。
```

（注）公告対象会社が有価証券報告書提出会社であり、かつ、会社法439条前段の特則の適用がある株式会社である場合において、計算書類について会社法436条3項の取締役会の承認を得てから同計算書類に関する有価証券報告書を内閣総理大臣に提出するまでの間に、公告または催告を行うときは、最終事業年度に係る有価証券報告書が提出されていないことになるので、下記⑧による。

⑤ 公告対象会社が特例有限会社である場合

> 計算書類の公告義務はありません。

 （注） 特例有限会社が通常の株式会社に移行した後、確定した事業年度がない場合には、下記⑧による。

⑥ 公告対象会社につき最終事業年度がない場合

> 確定した最終事業年度はありません。

 （注） 最初の事業年度が終了していない場合または決算が確定していない場合。

⑦ 公告対象会社が清算株式会社である場合

> 清算株式会社です。

⑧ 上記①～⑦以外の場合
　会社計算規則第6編第2章の規定による最終事業年度に係る貸借対照表の要旨の内容

2 新設合併と登記

　新設合併をする場合、新設合併契約を定めた後、新設合併消滅会社において、株主総会決議等の承認手続、株主保護手続、新株予約権者の保護手続、債権者保護手続等を行い、設立の登記をすることによって新設合併設立会社は成立する（法754条1項、922条）。これらの手続を行う順序は法定されていない。

　スケジュール的に最も日数を要するのは、債権者保護手続であり、官報に掲載手続をとってから掲載までに2～3週間を要することを踏まえ、手続期間満了予定日を確認したうえで、会社成立の日（登記申請日）を予定して進めることが必要である。

(1) 新設合併契約の作成

　新設合併をする場合においては、新設合併消滅会社は、新設合併契約を締

結しなければならない（法748条）。3以上の新設合併消滅会社が新設合併を行うことは可能であり（法2条28号）、何社の合併であっても、1個の新設合併である。

　新設合併契約に関して、会社法上は書面または電磁的記録の作成は義務付けられていない。しかし、登記手続においては、書面または電磁的記録を作成して、添付することが必要である（商業登記法81条1号、19条の2）。

(2) 新設合併契約の内容における留意点

(ア) 新設合併の対価に関する事項

　新設合併に際して、新設合併設立会社が、新設合併消滅会社の株主に対して、承継する権利義務の対価として交付するものに関する事項である。少なくとも1社に対して株式を割り当てれば、他の会社に対しては対価を全く交付しない、いわゆる無対価合併も可能である。

　また、新設合併設立会社の「資本金及び準備金の額に関する事項」（法753条1項6号）を定める必要があり、この定めは、会社計算規則45条から48条までの規定に従う必要がある。そして、資本金の額が会社法445条5項の規定に従って計上されたことを証する書面が登記申請書の添付書面となっている（商業登記法81条4号）。

(イ) 新設合併消滅会社の新株予約権の承継に関する事項

　新設合併消滅会社が発行している新株予約権の新株予約権者に対して、新設合併設立会社の新株予約権を交付する場合、すなわち新設合併設立会社が新設合併により新株予約権に係る義務を承継するときは、この事項を定める必要があり（法753条1項10号）、登記（法911条3項12号）をする必要がある。

　なお、新株予約権を発行する際に、その内容として、当該会社が新設合併を行う場合において当該新株予約権の新株予約権者に対して新設合併設立会社の新株予約権を交付することとする旨およびその条件を定めておくことができる（法236条1項8号イ）が、このような定めがあり、その旨の登記がされている場合であっても、新設合併契約の内容とする必要はなく、当該定めに拘束されない。ただし、新株予約権買取請求の対象となり得る（法808条

1項1号)。

　(ウ)　設立時の役員に関する事項

　新設合併設立会社の役員は、新設合併契約の定め（法753条1項4号・5号）に基づいて選任される。

　(3)　**新設合併契約の承認**

　　(ｱ)　株主総会の承認

　新設合併をする場合には、新設合併消滅会社において、新設合併契約を株主総会の特別決議により承認することが必要である（法804条第1項、309条2項)。

　なお、株主総会の承認を得た場合、登記の申請書には、株主総会議事録を添付しなければならない（商業登記法81条6号)。

　　(ｲ)　種類株主総会の承認

　新設合併消滅会社が新設合併に関する拒否権付種類株式（法108条1項8号）を発行している場合には、当該種類の株式の種類株主を構成員とする種類株主総会の決議があることが必要である（法323条)。

　また、新設合併消滅会社が種類株式発行会社である場合に、新設合併がある種類の株式の種類株主に損害を及ぼすおそれがあるときは、当該種類の株式の種類株主を構成員とする種類株主総会の決議がなければならない（法322条1項7号)。

　なお、これらの場合には、登記の申請書には、種類株主総会議事録を添付しなければならない（商業登記法46条2項)。

　(4)　**債権者保護手続**

　新設合併をする場合、新設合併消滅会社の債権者は、新設合併消滅会社に対し、新設合併について異議を述べることができる（法810条1項1号)。したがって、新設合併消滅会社においては、必ず債権者保護手続を行うことを要する（法810条2項)。

　新設合併消滅会社が会社法810条2項の規定による公告を、官報のほか、当該会社が定款で定めた公告方法である日刊新聞紙または電子公告によりす

るときは、債権者に対する各別の催告は、することを要しない（法810条3項）。

　なお、債権者保護手続を行った場合には、登記の申請書には、その履行を証する書面を添付しなければならない（商業登記法81条8号）。異議を述べた債権者がいない場合においては、その旨の上申書を代表取締役名義で作成する必要がある。

　なお、公告および催告の内容として新設合併消滅会社の最終の事業年度に係る貸借対照表に関する事項を記載しなければならず（施行規則208条）、旧商法時代に比して細かく区分されているので、注意を要する。

　たとえば、新設合併消滅会社が会社法440条4項に規定する株式会社であり、かつ、会社法439条前段の特則の適用がある株式会社である場合において、計算書類について会社法436条3項の取締役会の承認を得てから同計算書類に関する有価証券報告書を内閣総理大臣に提出するまでの間に、会社法施行規則208条に基づく公告または催告を行うときは、最終事業年度に係る有価証券報告書が提出されていないことになるので、同条3号ではなく7号が適用され、最終事業年度に係る貸借対照表の要旨の内容を公告または催告に掲載する必要がある。

【書式8－9】　債権者等から異議が出なかった場合の上申書

上　申　書

　当社は、会社法第810条第2項の規定に基づいて、別添平成○年○月○日付官報のとおり公告を行い、かつ、別紙催告書のとおり別紙債権者一覧表記載の知れている債権者に各別に催告しましたが、所定の期間内に異議を述べた債権者はありませんでした。

平成○年○月○日

　　　　　　　　　　　　　　　　△△県△△市△△町△丁目△番△号
　　　　　　　　　　　　　　　　　　株式会社△△

|代表取締役　乙野次郎|

(5) 新設合併の登記手続
(ア) 新設合併による設立の登記
(A) 登記申請期間および申請人

新設合併設立会社の設立の登記は、新設合併に必要な法定の手続をすべて終了したときは、その本店の所在地において、会社法922条1項に規定する日から2週間以内にしなければならない。登記の申請は、新設合併設立会社の設立時代表取締役がする（商業登記法47条1項）。

(B) 登記すべき事項

登記すべき事項は、一般の設立の登記と同一の事項（法911条3項）のほか、合併をした旨並びに新設合併消滅会社の商号および本店である（商業登記法79条）。

なお、新設合併設立会社が、新設合併により新株予約権に係る義務を承継したときは、新設合併による設立の登記と同時に新株予約権に関する登記（法911条3項12号）をする必要がある。

(C) 添付書面

新設合併による設立の登記の申請書には、次の書面を添付しなければならない（商業登記法81条）。

① 新設合併契約書（同条1号）
② 新設合併設立会社の定款（同条2号）
　　新設合併設立会社の定款には、公証人の認証（法30条1項）は不要である。
③ 設立時取締役が設立時代表取締役を選定したときは、これに関する書面

●コラム●
代表取締役の全員が日本に住所を有しない内国株式会社の設立の登記
　従来、代表取締役の全員が日本に住所を有しない内国株式会社の設立の登記については受理されない取扱いであったが、「内国株式会社の代表取締役の全員が日本に住所を有しない場合の登記の申請の取扱いについて（通知）」〔平成27年3月16日付け法務省民商第29号〕が発出され、同日以降受理される取扱いに変更された。

④　設立時取締役、設立時監査役および設立時代表取締役（設立しようとする株式会社が監査等委員会設置会社である場合にあっては設立時監査等委員である設立時取締役およびそれ以外の設立時取締役並びに設立時代表取締役、設立しようとする株式会社が指名委員会等設置会社である場合にあっては設立時取締役、設立時委員、設立時執行役および設立時代表執行役）が就任を承諾したことを証する書面（商業登記法47条2項10号）

⑤　設立時取締役、設立時監査役または設立時執行役の本人確認証明書（商業登記規則61条5項）
　　新設合併による設立の登記の場合には、商業登記規則61条2項または3項の規定の適用が除外されているため、すべての設立時取締役、設立時監査役または設立時執行役の本人確認証明書を添付しなければならない。

⑥　本店の所在場所の決定を証する書面
　　本店の具体的所在場所が新設合併契約の内容となっていない場合には、決定を証する新設合併消滅会社の取締役会議事録等の添付を要する。

⑦　新設合併消滅会社の株主総会議事録等（6号）

⑧　新設合併消滅会社の登記事項証明書（5号）
　　その作成後3カ月以内のものに限る（商業登記規則36条の2）。ただし、申請書に会社法人等番号を記載した場合には、添付することを要しない（商業登記法19条の3）。

⑨　株券提供公告等の手続の履行を証する書面（新設合併消滅会社が株券発行会社である場合）（9号）
⑩　資本金の額が会社法445条5項の規定に従って計上されたことを証する書面（4号）

　新設合併設立会社の資本金の額は、会社計算規則76条から79条までの規定に基づき計上される。したがって、いずれかの規定に従った計上に関する書面を作成して、添付しなければならない。同書面は、新設合併設立会社の設立時代表取締役名義で作成する必要がある。

　なお、新設合併設立会社の設立時資本金額は、新設合併消滅会社の業務執行の決定機関（取締役会等）が決定した額を計上する。

【書式8－10】　資本金の額の計上に関する証明書
(a)　支配取得に該当する場合（計算規則45条1項・2項）

資本金の額の計上に関する証明書

　新設合併設立会社の資本金の額は、会社法第445条第5項及び会社計算規則第45条1項及び第2項の規定に従って、次のとおり計上した。

(1)　新設合併設立会社の設立時の株主資本等変動額〔①＋②〕
　①　新設合併取得会社に係る部分
　　　当該新設合併取得会社の財産の新設合併の直前の帳簿価額を基礎として算定する方法により定まる額
　　　　　　金〇〇円

　②　新設合併取得会社以外の新設合併消滅会社に係る部分
　　　当該新設合併消滅会社の株主等に交付される新設型再編対価時価又は新設型再編対象財産の時価を基礎として算定する方法により定まる額
　　　　　　金〇〇円
　∴　①　＋　②　＝　金〇〇円

(2) (1)の範囲内で、新設合併契約の定めに従い定めた額（会社計算規則第45条第2項）

　①　資本金の額　　金〇〇円

　②　資本準備金の額　　金〇〇円

　③　その他資本剰余金の額　　金〇〇円

上記のとおりに相違ないことを茲に証明する。

平成〇年〇月〇日

　　　　　　　　　　　　　　　〇県〇市〇町〇丁目〇番〇号
　　　　　　　　　　　　　　　株式会社〇〇（新設合併設立会社）
　　　　　　　　　　　　　　　設立時代表取締役　　〇〇〇〇　㊞

(b)　**支配取得に該当する場合（計算規則45条3項）**

資本金の額の計上に関する証明書

　新設合併設立会社の資本金の額は、会社法第445条第5項及び会社計算規則第45条第1項及び第3項の規定に従って、次のとおり計上した。

(1) 新設合併の直前の新設合併取得会社の資本金の額（会社計算規則第45条第3項第1号）

　　　　　　　　　　　　金〇〇円

(2) 新設合併取得会社以外の新設合併消滅会社に係る株主資本等変動額（会社計算規則第45条第3項第2号）

　　当該新設合併消滅会社の株主等に交付される新設型再編対価時価又は新設型再編対象財産の時価を基礎として算定する方法により定まる額

　　　　　　　　　　　　金〇〇円

(3) (2)の範囲内で、新設合併契約の定めに従い定めた額（会社計算規則第45条第3項第2号、同条第2項）

　①　資本金の額　　金〇〇円

　②　資本準備金の額　　金〇〇円

③ その他資本剰余金の額　　金○○円

(4) 新設合併設立会社の設立時の資本金の額（会社計算規則第45条第3項）
　　　　　　　　(1)+(3)① ＝ 金○○円

上記のとおりに相違ないことを茲に証明する。

平成○年○月○日

　　　　　　　　　　　　　　　○県○市○町○丁目○番○号
　　　　　　　　　　　　　　　株式会社○○（新設合併設立会社）
　　　　　　　　　　　　　　　設立時代表取締役　　○○○○　㊞

(c) 共通支配下関係にある場合（計算規則46条）

資本金の額の計上に関する証明書

　新設合併設立会社の資本金の額は、会社法第445条第5項及び会社計算規則第46条の規定に従って、次のとおり計上した。

(1) 新設合併の直前の株主資本承継消滅会社の資本金の額（会社計算規則第46条第2項第1号）
　　　　　　　　　　金○○円

(2) 非株主資本承継消滅会社に係る株主資本等変動額（会社計算規則第46条第2項第2号、同条第1項）〔①＋②〕

　① 当該新設合併消滅会社の株主等に交付される新設型再編対価時価又は新設型再編対象財産の時価を基礎として算定する方法により定まる額（会社計算規則第45条第1項第2号に規定する方法によるべき部分）
　　　　　　　　　　金○○円

　② 新設型再編対象財産の新設合併の直前の帳簿価額を基礎として算定する

方法に従い定まる額（会社計算規則第45条第1項第2号に規定する方法によらない部分）

$$金○○円$$

∴ ① ＋ ② ＝ 金○○円

(3) (2)の範囲内で、新設合併契約の定めに従い定めた額（会社計算規則第46条第2項第2号、第45条第2項）
　① 資本金の額　　金○○円
　② 資本準備金の額　　金○○円
　③ その他資本剰余金の額　　金○○円

(4) 新設合併設立会社の設立時の資本金の額（会社計算規則第46条第2項）

$$(1)+(3) ＝ 金○○円$$

上記のとおりに相違ないことを茲に証明する。

平成○年○月○日

　　　　　　　　　　　　　　　○県○市○町○丁目○番○号
　　　　　　　　　　　　　　　株式会社○○（新設合併設立会社）

　　　　　　　　　　　　　　　設立時代表取締役　○○○○　㊞

(d) 株主資本を引き継ぐものとして計算することが適切である場合（計算規則47条1項）

資本金の額の計上に関する証明書

新設合併設立会社の資本金の額は、会社法第445条第5項及び会社計算規則第47条第1項の規定に従って、次のとおり計上した。

(1) 新設合併の直前の各新設合併消滅会社の資本金の額
　① 新設合併消滅会社　A　　金○○円

②　新設合併消滅会社　　B　　　金○○円

(2)　新設合併設立会社の資本金の額（会社計算規則第47条第1項）
　　　　　　　　(1)①＋(1)②　＝　　金○○円

上記のとおりに相違ないことを茲に証明する。

平成○年○月○日

　　　　　　　　　　　　　　　　○県○市○町○丁目○番○号
　　　　　　　　　　　　　　　　株式会社○○（新設合併設立会社）
　　　　　　　　　　　　　　　　設立時代表取締役　　○○○○　㊞

(e)　株主資本を引き継ぐものとして計算することが適切である場合において非対価交付消滅会社があるとき（計算規則47条2項）

資本金の額の計上に関する証明書

　新設合併設立会社の資本金の額は、会社法第445条第5項及び会社計算規則第47条第2項の規定に従って、次のとおり計上した。

(1)　新設合併の直前の各新設合併消滅会社の資本金の額
　　①　新設合併消滅会社　　A　　　金○○円
　　②　新設合併消滅会社　　B　　　金○○円
　　③　新設合併消滅会社　　C　　　金○○円

(2)　本新設合併においては、新設合併消滅会社Bは、非対価交付消滅会社である（Bの株主等に交付する新設型再編対価が存しない。）。

(3)　新設合併設立会社の資本金の額（会社計算規則第47条第2項）
　　　　　　　　(1)①＋(1)③　＝　　金○○円

上記のとおりに相違ないことを茲に証明する。

平成○年○月○日

　　　　　　　　　　　　　　　　　○県○市○町○丁目○番○号
　　　　　　　　　　　　　　　　　株式会社○○（新設合併設立会社）
　　　　　　　　　　　　　　　　　設立時代表取締役　　○○○○　㊞

⑫　登録免許税の計算に関する証明書

　　登録免許税法施行規則12条3項の規定により添付を要する書面である。なお、登録免許税の具体的算定については、後掲【参考】を参照のこと。

【書式8－11】　登録免許税の計算に関する証明書

登録免許税法施行規則第12条第3項の規定に関する証明書

1　消滅会社□□株式会社に係る登録免許税法施行規則第12条第3項に掲げる額は、次のとおりである。
　①　新設合併により消滅する会社の当該消滅の直前における資産の額（登録免許税法施行規則第12条第3項第1号）
　　　　　　　　　　　　　金○○円
　②　新設合併により消滅する会社の当該消滅の直前における負債の額（登録免許税法施行規則第12条第3項第1号）
　　　　　　　　　　　　　金○○円
　③　新設合併により設立する株式会社が当該新設合併に際して当該新設合併により消滅する各会社の株主に対して交付する財産（当該新設合併により設立する株式会社の株式を除く。）の価額（登録免許税法施行規則第12条第3項第2号）
　　　　　　　　　　　　　金○○円

2　消滅会社△△株式会社に係る登録免許税法施行規則第12条第3項に掲げる額は、次のとおりである。

① 新設合併により消滅する会社の当該消滅の直前における資産の額（登録免許税法施行規則第12条第3項第1号）
　　　　　　　　　　　金○○円
② 新設合併により消滅する会社の当該消滅の直前における負債の額（登録免許税法施行規則第12条第3項第1号）
　　　　　　　　　　　金○○円
③ 新設合併により設立する株式会社が当該新設合併に際して当該新設合併により消滅する各会社の株主に対して交付する財産（当該新設合併により設立する株式会社の株式を除く。）の価額（登録免許税法施行規則第12条第3項第2号）
　　　　　　　　　　　金○○円

上記の額に相違ないことを証明する。

平成○年○月○日

　　　　　　　　　　　　　　　　○県○市○町○丁目○番○号
　　　　　　　　　　　　　　　　株式会社○○（新設合併設立会社）
　　　　　　　　　　　　　　　　設立時代表取締役　○○○○　㊞

（注1）　新設合併により消滅する各会社ごとに、①から③までの額を記載する。
（注2）　今回登記所に新たに届け出る設立時代表取締役の印鑑を押印する。

⑬　代理人によって登記を申請する場合には、委任状（商業登記法18条）その他、必要に応じて次の書類を添付する。
⑭　新株予約権証券提供公告等の履行を証する書面（10号）
⑮　株主名簿管理人を置いたときは、その者との契約を証する書面
　　　株主名簿管理人の氏名または名称および住所並びに営業所が新設合併契約の内容となっていない場合には、契約を証する書面に加えて、決定を証する新設合併消滅会社の取締役会議事録等の添付も要する。
⑯　設立しようとする株式会社が指名委員会等設置会社であるときは、設立時執行役の選任並びに設立時委員および設立時代表執行役の選定に関

する書面
⑰ 設立時会計参与または設立時会計監査人を選任したときは、次に掲げる書面
　イ　就任を承諾したことを証する書面
　ロ　これらの者が法人であるときは、当該法人の登記事項証明書
　　その作成後3カ月以内のものに限る（商業登記規則36条の2）。ただし、申請書に会社法人等番号を記載した場合には、添付することを要しない（商業登記法19条の3）。
　ハ　これらの者が法人でないときは、設立時会計参与にあっては会社法333条1項に規定する者であること、設立時会計監査人にあっては同法337条1項に規定する者であることを証する書面
⑱ 会社法373条1項の規定による特別取締役（同項に規定する特別取締役をいう。以下同じ）による議決の定めがあるときは、特別取締役の選定およびその選定された者が就任を承諾したことを証する書面

(D) 登録免許税

　登録免許税は、新設合併設立会社の資本金の額に1000分の1.5の税率を乗じて計算した額であり（登録免許税法別表第一第24号㈠ホ、登録免許税法施行規則12条1項1号）、財務省令で定めるものを超える資本金の額に対応する部分（後掲【参考】）については、1000分の7を乗じて計算した額である。

　これによって計算した税額が3万円に満たないときは、金3万円（登録免許税法別表第一第24号㈠ホ）である。

【参考】　登録免許税の算定方法

【旧商法】
　新設合併設立会社の資本金額のうち、新設合併消滅会社の資本金額を超えない部分については1000分の1.5、それを超える部分については1000分の7を乗じることとされていた。

【会社法】
　新設合併設立会社の資本金の額のうち、新株以外交付財産の交付に関連するものとみるべき部分については、軽減税率ではなく、1000分の7の税率を適用することとされた。

① 新株以外交付財産の額が零である場合（対価が新株のみである場合）
　旧商法の取扱いと同様である。すなわち、各新設合併消滅会社の資本金の額の合計額については、1000分の1.5、それを超える部分については1000分の7を乗じる。
② 新株以外交付財産がある場合（新株以外の対価を交付する場合）
　ア 「消滅会社の純資産の額(2)」が「消滅会社の資本金の額(1)」を超える場合
　　ⅰ） 新株以外交付財産の額(3) ＞ 消滅会社の純資産の額(2)
　　　　増加する資本金の額に1000分の7を乗じる。
　　ⅱ） 新株以外交付財産の額(3) ≦ 消滅会社の純資産の額(2)
　　　　増加する資本金の額のうち、{(2)−(3)}÷(2)×(1)を越えない部分については1000分の1.5の、当該額を超える部分については1000分の7の各税率が適用される。
　イ 「消滅会社の純資産の額(2)」が「消滅会社の資本金の額(1)」を超えない場合
　　※消滅会社の資本金の額(1)を消滅会社の純資産額(2)とみて算定する。
　　ⅰ） 新株以外交付財産の額(3) ＞ 消滅会社の資本金の額(1)
　　　　増加する資本金の額に1000分の7を乗じる。
　　ⅱ） 新株以外交付財産の額(3) ≦ 消滅会社の資本金の額(1)
　　　　増加する資本金の額のうち、{(1)−(3)}÷(1)×(1)を越えない部分については1000分の1.5の、当該額を超える部分については1000分の7の各税率が適用される。

(イ) 新設合併による解散の登記

(A) 登記申請期間等

　新設合併による解散の登記の申請については、新設合併消滅会社の本店の所在地を管轄する登記所の管轄区域内に新設合併設立会社の本店がないとき

は、新設合併設立会社の本店の所在地を管轄する登記所を経由して（商業登記法82条2項）、新設合併設立会社の設立の登記の申請と同時にしなければならない（同条3項）。

　(B)　登記すべき事項

　登記すべき事項は、合併により解散をした旨、年月日、他の新設合併消滅会社の商号および本店並びに新設合併設立会社の商号および本店である（商業登記法71条1項）。

　(C)　添付書面

　登記の申請書には、委任状を含め、他の書面の添付を要しない。

　(D)　登録免許税

　登録免許税は、金3万円である（登録免許税法別表第一第24号㈠レ）。

(6)　新設合併の登記申請書（書式）

【書式8－12】　新設合併設立会社の登記申請書

```
　　　　　　　　会社合併による株式会社設立登記申請書

1．商号　　　　株式会社○○（新設合併設立会社）
1．本店　　　　○○県○○市○○町○丁目○番○号
1．登記の事由　　平成○年○月○日新設合併の手続終了
1．登記すべき事項　　別紙のとおり
1．課税標準金額　　　金○○円
1．登録免許税　　　　金○○円
1．添付書類
　　定款　1通
　　新設合併契約書　1通
　　新設合併消滅会社の株主総会議事録　○通
　　設立時代表取締役を選定したことを証する書面　1通
　　就任承諾書　○通
　　本人確認証明書　○通
　　印鑑証明書　○通
```

公告及び催告をしたことを証する書面　○通
　　　異議を述べた債権者はいない旨の上申書　○通
　　　新設合併消滅会社の会社法人等番号
　　　（A　○○○○-10-△△△△△△、B　○○○○-10-△△△△□□）
　　　資本金の額が会社法の規定に従って計上されたことを証する書面　1通
　　　委任状　1通

上記のとおり登記を申請する。
平成○年○月○日
本店　　○○県○○市○○町○丁目○番○号
商号　　株式会社○○（新設合併設立会社）
代表者　○○県○○市○○町○丁目○番○号
　　　　代表取締役　○○○○
上記申請代理人　○○県○○市○○町△丁目△番△号
　　　　　　　　司法書士　○○○○　　㊞
　　　　　　　　TEL（○○○）○○○－○○○○
○○（地方）法務局○○支局（出張所）御中

（注）　新設合併が官庁の許認可を効力要件としている場合は、登記の申請書には、届出をした年月日を記載し、期間の短縮があったときは、その期間をも記載しなければならない（商業登記規則110条）。

　　なお、「私的独占の禁止及び公正取引の確保に関する法律」15条の規定により一定規模の合併（すべての合併会社が同一の企業結合集団に属する場合を除く）が制限されており、同条2項に該当する場合には、あらかじめ公正取引委員会への届出を必要とし、届出受理の日から30日を経過するまでは、合併をしてはならない（同法15条第3項、同法10条8項）。ただし、この期間は、短縮されることがある（同項ただし書）。

別　紙

「登記記録に関する事項」△△県△△市△△町△丁目△番△号株式会社△△及び□□県□□市□□町□丁目□番□号株式会社□□の合併により設立

※通常の設立の登記と同一の登記事項である。

【書式8－13】　新設合併消滅会社の解散登記申請書

```
                                    ○○○○-10-△△△△△△

                    株式会社解散登記申請書

1．商号　　　株式会社△△（新設合併消滅会社）
1．本店　　　△△県△△市△△町△丁目△番△号
1．登記の事由　　　新設合併による解散
1．登記すべき事項　　　別紙のとおり
1．登録免許税　　　金3万円
1．添付書類　　　※要しない。


上記のとおり登記を申請する。
平成○○年○○月○○日
本店　　　△△県△△市△△町△丁目△番△号
商号　　　株式会社△△（新設合併消滅会社）
本店　　　○○県○○市○○町○丁目○番○号
商号　　　株式会社○○（新設合併設立会社）
代表者　　　○○県○○市○○町○丁目○番○号
　　　　　代表取締役　甲野太郎
上記申請代理人　　　○○県○○市○○町△丁目△番△号
　　　　　司法書士　丙野三郎　　印
　　　　　TEL（○○○）○○○－○○○○
○○（地方）法務局○○支局（出張所）御中
```

別　紙

```
「会社合併」
平成○○年○○月○○日□□県□□市□□町□丁目□番□号株式会社□□と合併
して○○県○○市○○町○丁目○番○号株式会社○○を設立し解散
```

(7) 新設合併無効の登記の嘱託

　会社の新設合併の無効は、新設合併の効力が生じた日から6カ月以内に限り、訴えをもってのみ主張することができる（法828条1項8号）。会社の新設合併の無効の訴えに係る請求を認容する判決が確定した場合には、裁判所書記官は、職権で、遅滞なく、各会社の本店の所在地を管轄する登記所に、新設合併設立会社についての解散の登記および新設合併消滅会社についての回復の登記を嘱託しなければならない（法937条3項3号）。

　この場合、新設合併の無効による解散の登記を登記記録区にしたうえで、その登記記録は閉鎖される（商業登記規則80条1項4号・2項）。

(8) 登記記録例

　後掲Ⅲの「登記・担保実務関係先例」1を参照のこと。

3　会社更生法と会社合併の登記

(1) 吸収合併

(ア)　株主総会の決議等に関する法令の規定等の排除

　更生計画において更生会社が吸収合併をすることを定めた場合には、会社法その他の法令または定款の規定にかかわらず、更生会社の株主総会の決議その他の機関の決定を要しない（会社更生法210条1項）。

(イ)　吸収合併に関する特例

　会社更生法180条1項の規定により更生計画において更生会社が吸収合併消滅会社となることを定めた場合には、会社法789条の債権者保護手続の規定は、更生会社については、適用されない（会社更生法220条2項）。

　また、会社更生法180条3項の規定により更生計画において更生会社が吸収合併存続会社となることを定めた場合には、会社法799条の債権者保護手続の規定は、更生会社については、適用されない（会社更生法220条6項）。

(ウ)　登記の嘱託

　更生計画において更生会社が吸収合併存続会社となることを定めた場合において、吸収合併が効力を生じたときは、裁判所書記官は、職権で、遅滞な

く、吸収合併による変更の登記を更生会社の本店の所在地の登記所に嘱託しなければならない（会社更生法261条1項）。この場合において、裁判所書記官は、吸収合併の相手方である他の会社の解散の登記をも嘱託しなければならない（会社更生法261条2項1号）。

　更生計画において更生会社が吸収合併消滅会社となることを定めた場合に、吸収合併が効力を生じたときにおける更生会社の解散の登記は、吸収合併存続会社の申請による（会社更生法261条3項）。

　　(エ)　添付書面

　更生計画の定めにより更生会社が吸収合併消滅会社となる吸収合併（吸収合併存続会社が株式会社であるものに限る）をした場合には、上述のとおり更生計画の遂行については更生会社の株主総会等の決議は不要であり、また債権者保護手続を不要とする特例が定められているため、吸収合併存続会社が申請する吸収合併による変更の登記の申請書には、商業登記法80条各号に掲げる書面のうち、4号に掲げる書面並びに更生会社に関する同条6号および8号に掲げる書面の添付を要せず（会社更生法施行令3条2項、10条1項）、更生計画の認可の決定の裁判書の謄本を添付しなければならない（会社更生法施行令3条1項）。

　また、更生計画の定めにより更生会社が吸収合併存続会社となる吸収合併がされた場合には、上述のとおり債権者保護手続を不要とする特例が定められているため、更生会社に関する当該吸収合併による変更の登記の嘱託書または申請書には、商業登記法80条各号に掲げる書面のうち、2号から4号までに掲げる書面の添付を要せず（会社更生法施行令3条2項、10条3項）、更生計画の認可の決定の裁判書の謄本を添付しなければならない（会社更生法施行令3条1項）。

　　(オ)　登録免許税の特例

　更生計画において更生会社が吸収合併をすることを定めた場合における当該吸収合併による資本金の増加の登記の登録免許税の税率は、登録免許税法9条の規定にかかわらず、1000分の1である（会社更生法264条6項）。

ただし、吸収合併により増加した資本金の額のうち、同法別表第一第24号(一)への税率欄かっこ書に規定する部分に相当する金額に対応する部分については、1000分の3.5を乗じて計算する。

【書式8－14】　更生会社が吸収合併存続会社となる場合の変更登記嘱託書

```
                                              ○○○○-10-○○○○○
                          登記嘱託書

1．商号　　　株式会社○○（更生会社）
1．本店　　　○○県○○市○○町○丁目○番○号
1．登記の事由　　吸収合併による変更
1．登記すべき事項　　別紙のとおり
1．課税標準金額　金○○円
1．登録免許税　　金○○円（会社更生法第264条第6項）
1．添付書類
　　更生計画認可決定謄本　　　　　　　1通
　　更生計画書謄本　　　　　　　　　　1通
　　吸収合併契約書　　　　　　　　　　1通
　　吸収合併消滅会社の株主総会議事録　1通
　　吸収合併消滅会社の会社法人等番号（○○○○-10-△△△△△△）
　　吸収合併消滅会社において
　　　公告及び催告をしたことを証する書面　　　　　　　　　○通
　　　異議を述べた債権者はいない旨の上申書　　　　　　　　○通
　　　株券提出手続又は新株予約権証券提出手続をしたことを証する書面　○通


　上記のとおり登記の嘱託をする。
平成○年○月○日

                            ○○地方裁判所第○民事部
                            裁判所書記官　○○○○　㊞
                            TEL（○○○）○○○－○○○○
○○地方法務局○○出張所　御中
```

別　紙

```
「会社合併」
平成〇年〇月〇日△△県△△市△△町△丁目△番△号株式会社△△を合併
「発行済株式の総数」〇〇株
「資本金の額」金〇〇円
「原因年月日」平成〇年〇月〇日変更
```

【書式8－15】　更生会社が吸収合併存続会社となる場合の解散登記嘱託書

```
                                        〇〇〇〇-10-〇〇〇〇〇
                    登記嘱託書

1．商号　　　株式会社△△（他の会社）
1．本店　　　△△県△△市△△町△丁目△番△号
1．登記の事由　　吸収合併による解散
1．登記すべき事項　　別紙のとおり
1．登録免許税　　金3万円
1．添付書類　※要しない。

上記のとおり登記を嘱託する。
平成〇年〇月〇日
                            〇〇地方裁判所第〇民事部
                            裁判所書記官　〇〇〇〇　㊞
                            TEL（〇〇〇）〇〇〇－〇〇〇〇
〇〇地方法務局〇〇出張所　御中
```

別　紙

```
「会社合併」
平成〇年〇月〇日〇〇県〇〇市〇〇町〇丁目〇番〇号株式会社〇〇に合併し解散
```

【書式8－16】 更生会社が吸収合併消滅会社となる場合の変更登記申請書

○○○○-10-△△△△△△

登記申請書

1．商号　　　株式会社△△（他の会社）
1．本店　　　△△県△△市△△町△丁目△番△号
1．登記の事由　　吸収合併による変更
1．登記すべき事項　　別紙のとおり
1．課税標準金額　　金○○円
1．登録免許税　　金○○円（会社更生法第264条第6項）
1．添付書類
　　更生計画認可決定謄本　　　　　　　1通
　　更生計画書謄本　　　　　　　　　　1通
　　吸収合併契約書　　　　　　　　　　1通
　　吸収合併存続会社の株主総会議事録　1通
　　吸収合併消滅会社の会社法人等番号（○○○○-10-○○○○○○）
　　吸収合併存続会社において
　　　　公告及び催告をしたことを証する書面　　　○通
　　　　異議を述べた債権者はいない旨の上申書　　○通
　　吸収合併消滅会社において
　　　　株券提出手続又は新株予約権証券提出手続をしたことを証する書面　○通

　上記のとおり登記の申請をする。
平成○年○月○日

本店　　　△△県△△市△△町△丁目△番△号
商号　　　株式会社△△
代表者　　○○県○○市○○町○丁目○番○号
　　　　　代表取締役　　○○○○
上記申請代理人　　○○県○○市○○町△丁目△番△号
　　　　　　司法書士　○○○○　㊞
　　　　　　TEL（○○○）○○○－○○○○

○○（地方）法務局○○支局（出張所）御中

別　紙

「会社合併」
平成○年○月○日○○県○○市○○町○丁目○番○号株式会社○○を合併
「発行済株式の総数」○○株
「資本金の額」金○○円
「原因年月日」平成○年○月○日変更

【書式8－17】　更生会社が吸収合併消滅会社となる場合の解散登記申請書

　　　　　　　　　　　　　　　　　　　　　○○○○-10-○○○○○○

　　　　　　　　　　　　　登記申請書

1．商号　　　株式会社○○
1．本店　　　○○県○○市○○町○丁目○番○号
1．登記の事由　　吸収合併による解散
1．登記すべき事項　　別紙のとおり
1．登録免許税　　金3万円
1．添付書類　※要しない。

上記のとおり登記を申請する。
平成○年○月○日
本店　　　○○県○○市○○町○丁目○番○号
商号　　　株式会社○○（更生会社）
本店　　　△△県△△市△△町△丁目△番△号
商号　　　株式会社△△
代表者　　○○県○○市○○町○丁目○番○号
　　　　　代表取締役　　○○○○
上記申請代理人　　○○県○○市○○町△丁目△番△号
　　　　　　　　　司法書士　　○○○○　　㊞
　　　　　　　　　TEL（○○○）○○○－○○○○

○○（地方）法務局○○支局（出張所）御中

別　紙

「会社合併」
平成○年○月○日△△県△△市△△町△丁目△番△号株式会社△△に合併し解散

(2)　新設合併

(ア)　株主総会の決議等に関する法令の規定等の排除

　更生計画において更生会社が新設合併をすることを定めた場合には、会社法その他の法令または定款の規定にかかわらず、更生会社の株主総会の決議その他の機関の決定を要しない（会社更生法210条1項）。

(イ)　新設合併に関する特例

　会社更生法181条の規定により更生計画において更生会社が新設合併をすることを定めた場合には、会社法810条の債権者保護手続の規定は、更生会社については、適用されない（会社更生法221条2項）。

(ウ)　登記の嘱託

　更生計画において更生会社が新設合併をすることを定めた場合においては、裁判所書記官は、職権で、遅滞なく、新設合併設立会社の設立の登記をその本店の所在地の登記所に、また新設合併の相手方である他の会社の解散の登記をも嘱託しなければならない（会社更生法261条2項2号）。ただし、新設合併消滅会社の本店の所在地を管轄する登記所の管轄区域内に新設合併設立会社の本店がないときは、新設合併設立会社の本店の所在地を管轄する登記所を経由して（商業登記法15条、82条2項）、新設合併設立会社の設立の登記の嘱託と同時にしなければならない（商業登記法15条、87条3項）。

(エ)　添付書面

　更生計画の定めにより更生会社が新設合併（新設合併設立会社が株式会社であるものに限る）をした場合には、上述のとおり更生計画の遂行については更生会社の株主総会等の決議は不要であり、また債権者保護手続を不要とする特例が定められているため、当該新設合併による変更の登記の嘱託書また

は申請書には、商業登記法81条各号に掲げる書面のうち、4号に掲げる書面並びに更生会社に関する同条6号および8号に掲げる書面の添付を要せず（会社更生法施行令3条2項、10条4項）、更生計画の認可の決定の裁判書の謄本を添付しなければならない（会社更生法施行令3条1項）。

また、更生計画の定めにより選任された設立時取締役、設立時監査役および設立時代表取締役（設立しようとする株式会社が監査等委員会設置会社である場合にあっては設立時監査等委員である設立時取締役およびそれ以外の設立時取締役並びに設立時代表取締役、設立しようとする株式会社が指名委員会等設置会社である場合にあっては設立時取締役、設立時委員、設立時執行役および設立時代表執行役）が就任を承諾したことを証する書面（商業登記法47条2項10号）は、原則どおり添付しなければならず、就任による変更の登記の特則である会社更生法施行令4条1項の規定は適用されない。

(オ) 登録免許税の特例

更生計画において更生会社が新設合併をすることを定めた場合における当該新設合併による株式会社または合同会社の設立の登記の登録免許税の税率は、登録免許税法9条の規定にかかわらず、1000分の1である（会社更生法264条6項）。

ただし、新設合併設立会社の資本金の額のうち、同法別表第一第24号㈠ホの税率欄かっこ書に規定する部分に相当する金額に対応する部分については、1000分の3.5を乗じて計算する。

【書式8-18】 嘱託書（新設合併設立会社）

登記嘱託書

1．商号　　　　　　株式会社○○
1．本店　　　　　　○○県○○市○○町○丁目○番○号
1．登記の事由　　　更生計画に基づく新設合併
1．登記すべき事項　別紙のとおり

1．課税標準金額　　　金○○万円
1．登録免許税　　　　金○○円（会社更生法第264条第6項）
1．添付書類
　　更生計画認可決定謄本　1通
　　更生計画書謄本　1通
　　定款は、更生計画書謄本の記載を援用する。
　　更生会社以外の会社の株主総会議事録　○通
　　更生会社以外の会社の債権者保護手続をしたことを証する書面　○通
　　就任承諾書　○通
　　本人確認証明書　○通
上記のとおり登記の嘱託をする。
平成○年○月○日

　　　　　　　　　　　　　　　　　　○○地方裁判所第○民事部
　　　　　　　　　　　　　　　　　　裁判所書記官　　○○○○　　㊞
　　　　　　　　　　　　　　　　　　TEL（○○○）○○○－○○○○

○○地方法務局○○出張所　御中

別　紙

【略】※
「登記記録に関する事項」○○県○○市○○町○丁目○番○号株式会社○○及び△△県△△市△△町△丁目△番△号株式会社△△の合併により設立

※通常の設立の登記と同一の登記事項である。

【書式8－19】　嘱託書（新設合併解散会社）

```
                              ○○○○－○○－○○○○○○

              登記嘱託書

1．商号　　　　　　株式会社△△
1．本店　　　　　　△△県△△市△△町△丁目△番△号
1．登記の事由　　　新設合併による解散
1．登記すべき事項　別紙のとおり
```

第8章　会社合併の登記・担保実務

```
1．登録免許税　　　金3万円（※）
1．添付書類　　　　※要しない。


上記のとおり登記の嘱託をする。
平成○年○月○日
                          ○○地方裁判所第○民事部
                          裁判所書記官　○○○○　㊞
                          TEL（○○○）○○○－○○○○
○○地方法務局○○出張所　御中
```

※登録免許税法第9条別表第一第24号㈠レ

別　紙

```
「会社合併」
平成○年○月○日○○県○○市○○町○丁目○番○号株式会社○○と合併して○
○県○○市○○町○丁目○番○号株式会社○○を設立し解散
```

Ⅱ　会社合併に係る不動産登記

1　会社合併による権利義務の承継と登記

(1)　吸収合併

　吸収合併により吸収合併存続会社は、効力発生日に、吸収合併契約の定めに従い、吸収合併消滅会社がその事業に関して有する権利義務の全部を承継する（法750条1項、2条27号）。したがって、吸収合併の登記（法921条）の前であっても、吸収合併契約をもって登記原因証明情報として、吸収合併による承継を登記原因とする権利の移転の登記の申請を可とすることもありえるところである。

　しかし、吸収合併の登記が効力発生要件ではなくなったことから、効力発生日から吸収合併の登記がされるまでの間、登記上は、吸収合併消滅会社がなお存在し、吸収合併消滅会社の代表者であった者が依然として代表権を有するような外観を呈することとなる。このため、本来吸収合併の効力発生により吸収合併存続会社に承継されている吸収合併消滅会社の不動産について、吸収合併消滅会社の代表者であった者が吸収合併の登記までの間に第三者に譲渡するような事態が生じ、その場合の法律関係が不明確となるおそれがある。

　そこで、吸収合併消滅会社の消滅の効果については、吸収合併の登記をするまでの間は、第三者の善意または悪意を問わず、対抗することができない（法750条2項、752条2項）こととされている。したがって、上記のような場合には、吸収合併存続会社は、当該第三者に対して当該不動産を引き渡すべき義務を負うこととなる。すなわち、吸収合併存続会社が当該第三者よりも先に権利の移転の登記を了したとしても、対抗問題（民法177条）とはならないのである。

　このような事情に鑑み、第三者対抗力を有していない吸収合併に伴う権利

変動を登記することは妥当でないことから、「会社法等の施行に伴う不動産登記事務の取扱いについて（通達）」（平成18年3月29日法務省民二第755号。後掲Ⅲ3参照）によって、吸収合併による承継を登記原因とする権利の移転の登記の申請においては、吸収合併契約をもって登記原因証明情報とすることはできず、合併の記載がある吸収合併存続会社の登記事項証明書を、登記原因証明情報として申請情報と併せて提供しなければならないとされている。ただし、当該存続会社の会社法人等番号を提供したときは、吸収合併による承継を証する情報の提供に代えることができる（平成27年10月23日付け法務省民二第512号民事局長通達）。なお、吸収合併消滅会社に商号変更または本店移転がある場合には、当該変更を証する情報の提供を省略することはできず、当該消滅会社の登記事項証明書を添付しなければならない。

(2) 新設合併

新設合併により新設合併設立会社は、その成立の日（設立の登記の日）に、新設合併契約の定めに従い、新設合併消滅会社がその事業に関して有する権利義務の全部を承継する（法754条1項、2条28号）。したがって、新設合併による承継を登記原因とする権利の移転の登記の申請においては、合併の記載がある新設合併設立会社の登記事項証明書を、登記原因証明情報として申請情報と併せて提供しなければならない。ただし、当該設立会社の会社法人等番号を提供したときは、新設合併による承継を証する情報の提供に代えることができる（平成27年10月23日付け法務省民二第512号民事局長通達）。なお、新設合併消滅会社に商号変更または本店移転がある場合には、当該変更を証する情報の提供を省略することはできず、当該消滅会社の登記事項証明書を添付しなければならない。

2　確定前の根抵当権の取扱い

(1) 根抵当権者に会社合併があった場合

元本の確定前に根抵当権者を吸収合併消滅会社とする吸収合併または新設合併消滅会社とする新設合併があったときは、当該根抵当権は、合併の時に

存する債権のほか、吸収合併存続会社または新設合併設立会社が合併後に取得する債権を担保する（民法398条の9第1項）。ただし、吸収合併の場合において、吸収合併存続会社が吸収合併前から有していた債権は、当該根抵当権では担保されないので、担保させるためには、所要の変更契約および登記が必要である（後掲コラム参照）。

　根抵当権者を吸収合併存続会社とする会社合併があった場合、当該根抵当権は、吸収合併によって影響を受けない。吸収合併消滅会社が吸収合併前から有していた債権は、当該根抵当権では担保されないので、担保させるためには、当該債権を特定債権として被担保債権の範囲に加える変更契約および登記が必要である。

●コラム●

吸収合併後の追加設定における問題

　根抵当権者が消滅会社となる吸収合併が行われた後に、存続会社が当該根抵当権に追加設定を行う際に、吸収合併により承継した根抵当権であることがわかるような表示をすべきかという問題がある。

　すなわち、追加設定物件における登記に何らかの記載がなければ、「当該根抵当権によっては、存続会社が合併前に債務者に対して有していた債権は担保されない」ということが不明であり、また、「当該根抵当権によって担保されていた消滅会社が合併前に債務者に対して有していた債権が担保されている」ということも不明なのである。

　そこで、追加設定の際に、債権の範囲に特定債権として「平成○年○月○日合併前の○○銀行に係る債権」と表示したり、根抵当権の表示として、「（○○市○○区○○町○番地　○○銀行（平成○年○月○日合併）の承継会社）」と冠記したりする必要があるのではないかというものである（登記研究794号127頁参照）。

　「債権の範囲」が根抵当権の重要な要素であり、不動産登記において公示すべきものとされていることに鑑みると、被担保債権の範囲に加わっている「特定債権」については、法律上担保されているとしても、登記により公示することが登記制度の趣旨に適うと考えられるので、上記のように何らかの記載を工夫すべきである。

　また、存続会社が合併前に取得していた特定債権を担保したいのであれば、当

該特定債権を被担保債権の範囲に加える変更の登記をすべきという議論がされがちであるが、逆の発想をすべきではないかと考える。

　すなわち、債権の範囲の変更契約をすることによって、債権の範囲は「リセット」されるため、「存続会社が合併前に取得していた特定債権」は、通常の「銀行取引　手形債権　小切手債権」で担保され、逆に「存続会社が合併により消滅会社から承継した特定債権」を被担保債権の範囲に加えることをしないと、当該承継債権がこぼれ落ちてしまうと考えるべきなのである。従来の実務とは逆転の発想であるだけに、受容し難いと思われるが、いかがであろうか。

(2)　根抵当権の債務者に会社合併があった場合

　元本の確定前に債務者を吸収合併消滅会社とする吸収合併または新設合併消滅会社とする新設合併があったときは、当該根抵当権は、合併の時に存する債務のほか、吸収合併存続会社または新設合併設立会社が合併後に負担する債務を担保する（民法398条の9第2項）。ただし、吸収合併の場合において、吸収合併存続会社が合併前から負担していた債務は、当該根抵当権では担保されないので、担保させるためには、所要の変更契約および登記が必要である（前掲コラム参照）。

　根抵当権の債務者を吸収合併存続会社とする吸収合併があった場合、当該根抵当権は、吸収合併によって影響を受けない。吸収合併消滅会社が吸収合併前から有していた債務は、当該根抵当権では担保されないので、担保させるためには、当該債務を特定債権として被担保債権の範囲に加える変更契約および登記が必要である。

(3)　根抵当権設定者による元本の確定請求

　元本の確定前に根抵当権者を吸収合併消滅会社とする吸収合併または新設合併消滅会社とする新設合併があったときは、根抵当権設定者は、担保すべき元本の確定を請求することができる（民法398条の9第3項）。また、元本の確定前に根抵当権の債務者を吸収合併消滅会社とする吸収合併または新設合併消滅会社とする新設合併があった場合においても、その債務者が根抵当

権設定者であるときを除いて、根抵当権設定者は、担保すべき元本の確定を請求することができる（同項）。根抵当権設定者による元本の確定請求があったときは、担保すべき元本は、合併の時に確定したものとみなされる（民法398条の9第4項）。また、根抵当権設定者は、会社合併のあったことを知った日から2週間を経過したときは、元本の確定請求をすることができない（民法398条の9第5項）。合併の日から1カ月を経過したときも、同様である。

3　権利の承継の登記

(1)　吸収合併

吸収合併による権利の移転の登記は、吸収合併存続会社が登記権利者となり、単独で申請する（法62条）。登記原因は「合併」とし、その日付は吸収合併契約で定めた効力発生日である。登記原因証明情報として、吸収合併存続会社の登記事項証明書を添付することを要する。ただし、吸収合併存続会社の会社法人等番号を提供することで、登記事項証明書の添付を省略することができる。

(2)　新設合併

新設合併による権利の移転の登記は、新設合併設立会社が登記権利者となり、単独で申請する（法62条）。登記原因は「合併」とし、その日付は新設合併設立会社の成立の日（設立の登記がされた日）である。登記原因証明情報として、新設合併設立会社の登記事項証明書を添付することを要する。ただし、新設合併設立会社の会社法人等番号を提供することで、登記事項証明書の添付を省略することができる。

4　会社合併による不動産登記に係る登録免許税

会社合併を原因とする不動産登記に係る登録免許税の課税標準および税率は、次のとおりである。

① 所有権の移転

- 課税標準　不動産の価額
- 税率　1000分の4（登録免許税法別表第一　第一号㈋イ）

② 地上権、永小作権、賃借権または採石権の移転
- 課税標準　不動産の価額
- 税率　1000分の2（登録免許税法別表第一　第一号㈢ロ）

③ 先取特権、質権または抵当権の移転
- 課税標準　債権金額または極度金額
- 税率　1000分の1（登録免許税法別表第一　第一号㈥イ）

④ 確定前の根抵当権の一部譲渡
- 課税標準　一部譲渡後の共有者の数で極度金額を除して計算した金額
- 税率　1000分の2（登録免許税法別表第一　第一号㈦）

〈参考文献〉

・松井信憲著『商業登記ハンドブック〔第3版〕』（商事法務）
・江頭憲治郎著『株式会社法〔第6版〕』（有斐閣）
・相澤哲編著『立案担当者による新・会社法の解説』（商事法務）
・金子登志雄著『商業登記全書第7巻　組織再編の手続』（中央経済社）
・小松岳志＝和久友子『ガイドブック会社の計算M&A編』（商事法務）

Ⅲ　登記・担保実務関係先例

1　会社法施行に伴う商業登記事務の取扱いについて（抄）
（平成18年3月31日付け法務省民商第782号民事局長通達）

第2　合併

1　合併の手続
　(1)　当事会社
　　すべての種類の会社は、すべての種類の会社と合併することができ、吸収合併存続会社又は新設合併設立会社の種類も限定されないとされた（会社法第748条から第756条まで）。
　(2)　吸収合併の手続
　　ア　合併契約
　　　(ア)　株式会社が存続する場合
　　　　吸収合併存続会社が株式会社であるときは、吸収合併契約において、次の事項を定めなければならないとされた（会社法第749条）。
　　　　a　当事会社の商号及び住所
　　　　b　吸収合併消滅会社の株主又は社員に対してその株式又は持分に代わる吸収合併存続株式会社の株式その他の金銭等を交付するときは、その内容等
　　　　c　bの場合には、当該金銭等の割当てに関する事項
　　　　d　吸収合併消滅会社が新株予約権を発行しているときは、吸収合併存続株式会社が新株予約権者に対して交付する当該新株予約権に代わる吸収合併存続株式会社の新株予約権又は金銭の内容等
　　　　e　dの場合には、当該新株予約権又は金銭の割当てに関する事項
　　　　f　効力発生日
　　　　　ただし、施行日から1年間は、bとして、吸収合併存続株式会社の株式以外の金銭等の交付を定めることはできない（会社法附則第4項）。
　　　(イ)　持分会社が存続する場合
　　　　吸収合併存続会社が持分会社であるときは、吸収合併契約において、

次の事項を定めなければならないとされた（会社法第751条）。
　　　　a　当事会社の商号及び住所
　　　　b　吸収合併消滅会社の株主又は社員が吸収合併存続持分会社の社員となるときは、当該社員の氏名、住所及び出資の価額等
　　　　c　吸収合併存続持分会社が吸収合併消滅会社の株主又は社員に対してその株式又は持分に代わる金銭等（吸収合併存続持分会社の持分を除く。）を交付するときは、その内容等
　　　　d　cの場合には、当該金銭等の割当てに関する事項
　　　　e　吸収合併消滅会社が新株予約権を発行しているときは、吸収合併存続持分会社が新株予約権者に対して交付する当該新株予約権に代わる金銭の額又はその算定方法
　　　　f　eの場合には、当該金銭の割当てに関する事項
　　　　g　効力発生日
　　　　　ただし、施行日から1年間は、c及びdを定めることはできない（会社法附則第4項）。
　　イ　合併契約の承認
　　(ｱ)　吸収合併存続株式会社における承認
　　　　a　株主総会の特別決議
　　　　　吸収合併存続株式会社は、効力発生日の前日までに、株主総会の特別決議によって、合併契約の承認を受けなければならない（会社法第795条第1項、第309条第2項第12号）。
　　　　b　種類株主総会の特別決議
　　　　　合併対価として吸収合併存続株式会社の譲渡制限株式を交付する場合には、吸収合併は、当該譲渡制限株式の種類株主総会の特別決議がなければ、その効力を生じないとされた（会社法第795条第4項、第324条第2項第6号）。
　　　　　また、合併によりある種類の株式の種類株主に損害を及ぼすおそれがある場合も、種類株主総会の特別決議がなければ、その効力を生じないとされた（会社法第322条第1項第7号、第324条第2項第4号）。
　　　　c　株主総会の決議を要しない場合
　　　　　(a)　略式合併の制度の創設
　　　　　　　吸収合併消滅会社が吸収合併存続株式会社の特別支配会社である場合（吸収合併存続株式会社の総株主の議決権の10分の9（これを

上回る割合を当該会社の定款で定めた場合にあっては、その割合）以上を吸収合併消滅会社及びその完全子会社等が有している場合）には、株主総会の決議を要しないとされた（会社法第796条第1項本文）。

ただし、合併対価として吸収合併存続株式会社の譲渡制限交付株式を交付する場合であって、吸収合併存続株式会社が公開会社でないときは、株主総会の決議を省略することはできないとされた（会社法第796条第1項ただし書）。

(b) 簡易合併の要件の緩和

吸収合併消滅会社の株主又は社員に対して交付する株式等の価額の合計額が吸収合併存続株式会社の純資産額として施行規則第196条の規定により定まる額の5分の1（これを下回る割合を当該会社の定款で定めた場合にあっては、その割合）を超えない場合には、株主総会の決議を要しないとされた（会社法第796条第3項本文）。

ただし、(a)のただし書の場合、吸収合併存続株式会社の承継債務額が承継資産額を超える場合又は合併対価の帳簿価額が承継資産額から承継債務額を控除して得た額を超える場合には、株主総会の決議を省略することはできないとされた（会社法第796条第3項ただし書）。

なお、施行規則第197条の規定により定まる数の株式を有する株主が合併に反対する旨を吸収合併存続株式会社に対し通知したときも、株主総会の決議を省略することはできない（会社法第796条第4項）。

(イ) 吸収合併消滅株式会社における承認

a 株主総会の特別決議

吸収合併消滅株式会社は、効力発生日の前日までに、株主総会の特別決議によって合併契約の承認を受けなければならない（会社法第783条第1項、第309条第2項第12号）。

b 総株主又は種類株主の全員の同意

合併対価が持分会社の持分その他権利の移転又は行使に債務者その他第三者の承諾を要するもの（譲渡制限株式を除く。）である場合には、総株主（種類株式発行会社にあっては、その割当てを受ける種類株主の全員）の同意を得なければならないとされた（会社法第783条

第2項、第4項、施行規則第185条）。
　　　　c　株主総会又は種類株主総会の特殊決議
　　　　　(a)　吸収合併消滅株式会社が種類株式会社発行会社以外の公開会社である場合において、合併対価が譲渡制限株式等であるときは、株主総会の特殊決議を得なければならないとされた（会社法第309条第3項第2号）。
　　　　　(b)　吸収合併消滅株式会社が種類株式会社発行会社である場合において、合併対価が譲渡制限株式等であるときは、吸収合併は、当該譲渡制限株式等の割当てを受ける種類の株式（譲渡制限株式を除く。）の種類株主総会の特殊決議がなければ、その効力を生じないとされた（会社法第783条第3項、第324条第3項第2号、施行規則第186条）。
　　　　d　種類株主総会の特別決議
　　　　　合併によりある種類の株式の種類株主に損害を及ぼすおそれがある場合には、種類株主総会の特別決議がなければ、その効力を生じないとされた（会社法322条第1項第7号、第324条第2項第4号）。
　　　　e　株主総会の決議を要しない場合
　　　　　略式合併の制度として、吸収合併存続会社が吸収合併消滅株式会社の特別支配会社である場合には、株主総会の決議を要しないとされた（会社法第784条第1項本文）。ただし、cの(a)の場合には、株主総会の決議を省略することはできない（会社法第784条第1項ただし書）。
　　(ウ)　吸収合併存続持分会社における承認
　　　　吸収合併存続持分会社は、吸収合併消滅会社の株主又は社員が社員となるときは、定款に別段の定めがある場合を除き、効力発生日の前日までに、合併契約について総社員の同意を得なければならないとされた（会社法第802条第1項）。
　　(エ)　吸収合併消滅持分会社における承認
　　　　吸収合併消滅持分会社は、定款に別段の定めがある場合を除き、効力発生日の前日までに、合併契約について総社員の同意を得なければならないとされた（会社法第793条第1項）。
　ウ　株券提供公告及び新株予約権証券提供公告
　　　吸収合併消滅株式会社がしなければならない株券提供公告等の手続及び新株予約権証券提供公告等の手続（第1の1の(2)のイの手続をいう。以下

同じ。）については、株式会社の組織変更の場合と同様である（会社法第219条第1項第6号、第293条第1項第3号）。
エ　債権者保護手続
　(ｱ)　株式会社
　　　吸収合併存続株式会社及び吸収合併消滅株式会社がしなければならない債権者保護手続については、株式会社の組織変更の場合と同様である（会社法第789条、第799条、第1の1の(2)のウ参照）。
　(ｲ)　持分会社
　　　吸収合併存続持分会社及び吸収合併消滅持分会社がしなければならない債権者保護手続については、計算書類に関する事項の公告を要しないことを除き、(ｱ)と同様である。ただし、吸収合併存続会社が株式会社又は合同会社であるときは、合名会社又は合資会社である吸収合併消滅会社について、債権者に対する各別の催告を省略することはできない（会社法第793条第2項、第802条第2項）。
オ　効力発生日の変更
　　組織変更の場合と同様である（第1の1の(2)のエ、(3)のウ参照）。
カ　合併の効果
　　吸収合併の効力は、登記の日ではなく、効力発生日に生ずるとされた（会社法第750条第1項、第752条第1項）。
　(ｱ)　株式会社が存続する場合
　　　アの(ｱ)のｂの定めがあるときは、吸収合併消滅会社の株主又は社員は、効力発生日に、合併契約の定めに従い、吸収合併存続株式会社の株主、新株予約権者等となるとされた（会社法第750条第3項）。
　　　吸収合併消滅会社の新株予約権は、効力発生日に消滅し、アの(ｱ)のｄの定めがあるときは、その新株予約権者は、合併契約の定めに従い、吸収合併存続株式会社の新株予約権者となるとされた（会社法第750条第4項、第5項）。
　(ｲ)　持分会社が存続する場合
　　　アの(ｲ)のｂの定めがあるときは、吸収合併消滅会社の株主又は社員は、効力発生日に、合併契約の定めに従い、吸収合併存続持分会社の社員となるとされた（会社法第752条第3項）。
　　　吸収合併消滅会社の新株予約権は、効力発生日に消滅する（会社法第752条第5項）。

キ　資本金の額

　　吸収合併存続会社の資本金の額は、計算規則第58条から第62条までに定めるところによる。

ク　吸収合併存続株式会社の取締役等の任期

　　吸収合併存続株式会社の取締役等で合併前に就職したものの任期についての規律（旧商法第414条ノ3参照）は、廃止された。

(3)　新設合併の手続

ア　合併契約

(ア)　株式会社を有する場合

　　新設合併設立会社が株式会社であるときは、新設合併契約において、次の事項を定めなければならないとされた（会社法第753条）。

a　当事会社の商号及び住所

b　新設合併設立株式会社の目的、商号、本店の所在地及び発行可能株式総数

c　bのほか、新設合併設立株式会社の定款で定める事項

d　新設合併設立株式会社の設立時取締役の氏名

e　新設合併設立株式会社が会計参与設置会社、監査役設置会社又は会計監査人設置会社である場合には、設立時会計参与、設立時監査役又は設立時会計監査人の氏名又は名称

f　新設合併設立株式会社が新設合併消滅会社の株主又は社員に対して交付するその株式又は持分に代わる新設合併設立株式会社の株式の数等並びに新設合併設立株式会社の資本金及び準備金の額に関する事項

g　fの株式の割当てに関する事項

h　新設合併設立株式会社が新設合併消滅会社の株主又は社員に対してその株式又は持分に代わる新株予約権等を交付するときは、その内容等

i　hの新株予約権の割当てに関する事項

j　新設合併消滅会社が新株予約権を発行しているときは、新設合併設立株式会社が新株予約権者に対して交付する当該新株予約権に代わる新設合併設立株式会社の新株予約権又は金銭の内容等

k　jの場合には、当該新株予約権又は金銭の割当てに関する事項

　　ただし、施行日から1年間は、h及びiを定めることはできない（会社法附則第4号）。

(イ) 持分会社を設立する場合

新設合併設立会社が持分会社であるときは、新設合併契約において、次の事項を定めなければならないとされた（会社法第755条）。

a 当事会社の商号及び住所
b 新設合併設立持分会社が合名会社、合資会社又は合同会社のいずれであるかの別
c 新設合併設立持分会社の目的、商号及び本店の所在地
d 新設合併設立持分会社の社員についての次に掲げる事項
　(a) 当該社員の氏名又は名称及び住所
　(b) 当該社員が無限責任社員又は有限責任社員のいずれであるかの別
　(c) 当該社員の出資の価額
e c及びdのほか、新設合併設立持分会社の定款で定める事項
f 新設合併設立持分会社が新設合併消滅会社の株主又は社員に対してその株式又は持分に代わる新設合併設立持分会社の社債を交付するときは、その金額等
g fの場合には、当該社債の割当てに関する事項
h 新設合併消滅会社が新株予約権を発行しているときは、新設合併設立持分会社が新株予約権者に対して交付する当該新株予約権に代わる金銭の額又はその算定方法
j hの場合には、当該金銭の割当てに関する事項

ただし、施行日から1年間は、f及びgを定めることはできない（会社法附則第4項）。

イ 合併契約の承認
(ア) 新設合併消滅株式会社における承認

a 株主総会の特別決議

新設合併消滅株式会社は、株主総会の特別決議によって合併契約の承認を受けなければならない（会社法第804条第1項、第309条第2項第12号）。

b 総株主の同意

新設合併設立会社が持分会社である場合には、総株主の同意を得なければならないとされた（会社法第804条第2項）。

c 株主総会又は種類株主総会の特殊決議

吸収合併の場合における吸収合併消滅株式会社と同様である（会社

法第309条第3項第3号、第804条第3項、第324条第3項第2号、(2)のイの(イ)のc参照)。

　　　　　　d　種類株主総会の特別決議
　　　　　　　吸収合併の場合における吸収合併消滅株式会社と同様である（会社法第322条第1項第7号、第324条第2項第4号、(2)のイの(イ)のd参照)。
　　　　(イ)　新設合併消滅持分会社における承認
　　　　　新設合併消滅持分会社は、定款に別段の定めがある場合を除き、合併契約について総社員の同意を得なければならない（会社法第813条)。
　　ウ　株券提供公告及び新株予約権証券提供公告
　　　新設合併消滅株式会社がしなければならない株券提供公告等の手続及び新株予約権証券提供公告等の手続については、株式会社の組織変更の場合と同様である（会社法第219条第1項第6号、第293条第1項第3号、第1の1の(2)のイ参照)。
　　エ　債権者保護手続
　　　(ア)　株式会社
　　　　新設合併消滅株式会社がしなければならない債権者保護手続については、株式会社の組織変更の場合と同様である（会社法第810条、第1の1の(2)のウ参照)。
　　　(イ)　持分会社
　　　　新設合併消滅株式会社がしなければならない債権者保護手続については、計算書類に関する事項の公告を要しないことを除き、(ア)と同様である。ただし、新設合併設立会社が株式会社又は合同会社であるときは、合名会社又は合資会社である新設合併消滅会社については、債権者に対する各別の催告を省略することはできない（会社法第813条第2項)。
　　オ　合併の効果
　　　(ア)　株式会社を設立する場合
　　　　新設合併消滅会社の株主又は社員は、会社成立の日に、合併契約の定めに従い、新設合併設立株式会社の株主、新株予約権者等となるとされた（会社法第754条第2項、第3項)。
　　　　新設合併消滅会社の新株予約権は、会社成立の日に消滅し、アの(ア)のjの定めがあるときは、その新株予約権者は、合併契約の定めに従い、新設合併設立株式会社の新株予約権者となるとされた（会社法第754条

第 4 項、第 5 項)。
　(ｲ)　持分会社を設立する場合
　　　新設合併消滅会社の株主又は社員は、会社成立の日に、合併契約の定めに従い、新設合併設立持分会社の社員となるとされた（会社法第756条第 2 項)。
　　　新設合併消滅会社の新株予約権は、会社成立の日に消滅する（会社法第756条第 4 項)。
　カ　資本金の額
　　　新設合併設立会社の資本金の額は、計算規則第76条から第79条までに定めるところによる。
2　合併の登記の手続
(1)　吸収合併による変更の登記
　ア　株式会社が存続する場合の添付書面
　　　本店の所在地における吸収合併存続株式会社の変更の登記の申請書には、次の書面を添付しなければならない（商登法第80条）
　(ｱ)　吸収合併契約書
　　　効力発生日の変更があった場合には、吸収合併存続株式会社において取締役の過半数の一致があったことを証する書面又は取締役会の議事録（商登法第46条）及び効力発生日の変更に係る当事会社の契約書（商登法第24条第 9 号参照）も添付しなければならない。
　(ｲ)　吸収合併存続株式会社の手続に関する次に掲げる書面
　　　a　合併契約の承認に関する書面（商登法第46条）
　　　　　合併契約の承認機関（ 1 の(2)のイの(ｱ)参照）に応じ、株主総会、種類株主総会若しくは取締役会の議事録又は取締役の過半数の一致があったことを証する書面を添付しなければならない。
　　　b　略式合併又は簡易合併の場合には、その要件を満たすことを証する書面（簡易合併に反対する旨を通知した株主がある場合にあっては、その有する株式の数が施行規則第197条の規定により定まる数に達しないことを証する書面を含む。)
　　　　　略式合併の要件を満たすことを証する書面としては、具体的には、吸収合併存続株式会社の株主名簿等がこれに該当する。
　　　c　債権者保護手続関係書面
　　　d　資本金の額が会社法の規定に従って計上されたことを証する書面

(ウ)　吸収合併消滅会社の手続に関する次に掲げる書面
　　　a　吸収合併消滅会社の登記事項証明書
　　　b　吸収合併消滅会社が株式会社であるときは、合併契約の承認機関（１の(2)のイの(イ)参照）に応じ、株主総会若しくは種類株主総会の議事録又は総株主若しくは種類株主の全員の同意があったことを証する書面（略式合併の場合にあっては、その要件を満たすことを証する書面及び取締役の過半数の一致があったことを証する書面又は取締役会の議事録）
　　　c　吸収合併消滅会社が持分会社であるときは、総社員の同意（定款に別段の定めがある場合にあっては、その定めによる手続）があったことを証する書面
　　　d　債権者保護手続関係書面（合名会社又は合資会社である吸収合併消滅会社について、各別の催告をしたことを証する書面を省略することはできない。）
　　　e　当該会社が株券発行会社であるときは、株券提供公告等関係書面
　　　f　当該会社が新株予約権を発行しているときは、新株予約権証券提供公告等関係書面
　イ　持分会社が存続する場合の添付書面
　　本店の所在地における吸収合併存続持分会社の変更の登記の申請書には、次の書面を添付しなければならない（商登法第108条第１項、第115条、第124条）。
　(ア)　吸収合併契約書
　　　効力発生日の変更があった場合には、吸収合併存続持分会社において社員の過半数の一致があったことを証する書面（商登法第93条等）及び効力発生日の変更に係る当事会社の契約書（商登法第24条第９号参照）も添付しなければならない。
　(イ)　吸収合併存続持分会社の手続に関する次に掲げる書面
　　　a　合併契約の承認があったことを証する書面（商登法第93条等）
　　　　吸収合併消滅会社の株主又は社員が吸収合併存続持分会社の社員となる場合には総社員の同意があったことを証する書面を、その余の場合には社員の過半数の一致があったことを証する書面を添付しなければならない。
　　　b　債権者保護手続関係書面

　　　　c　法人が当該持分会社の社員となるときは、法人社員関係書面
　　　　d　吸収合併存続会社が合資会社であるときは、有限責任社員が既に履行した出資の価額を証する書面
　　　　e　吸収合併存続会社が合同会社であるときは、資本金の額が会社法及び計算規則の規定に従って計上されたことを証する書面（商登規第92条、第61条第5項）
　　(ｳ)　吸収合併消滅会社の手続に関する次に掲げる書面
　　　　a　アの(ｳ)のaからcまで、e及びfの書面
　　　　b　債権者保護手続関係書面（吸収合併存続会社が合同会社であるときは、合名会社又は合資会社である吸収合併消滅会社について、各別の催告をしたことを証する書面を省略することはできない。）
(2)　新設合併による設立の登記
　ア　株式会社を設立する場合の添付書面
　　　本店の所在地における新設合併設立株式会社の設立の登記の申請書には、次の書面を添付しなければならない（商登法第81条）。
　　(ｱ)　新設合併契約書
　　(ｲ)　新設合併設立株式会社に関する次に掲げる書面
　　　　a　定款
　　　　b　株主名簿管理人を置いたときは、その者との契約を証する書面
　　　　c　設立時取締役が設立時代表取締役を選定したときは、これに関する書面
　　　　d　新設合併設立株式会社が委員会設置会社であるときは、執行役の選任並びに設立時委員及び設立時代代表執行役の選定に関する書面
　　　　e　設立時取締役、設立時監査役及び設立時代表取締役（委員会設置会社にあっては、設立時取締役、設立時委員、設立時執行役及び設立時代表執行役）が就任を承諾したことを証する書面
　　　　f　設立時会計参与又は設立時会計監査人を選任したときは、次に掲げる書面
　　　　　(a)　就任を承諾したことを証する書面
　　　　　(b)　これらの者が法人であるときは、当該法人の登記事項証明書
　　　　　(c)　これらの者が法人でないときは、会社法第333条第1項又は第337条第1項に規定する資格者であることを証する書面
　　　　g　特別取締役による議決の定めがあるときは、特別取締役の選定及び

　　　　その選定された者が就任を承諾したことを証する書面
　　　h　資本金の額が会社法の規定に従って計上されたことを証する書面
　(ウ)　新設合併消滅会社の手続に関する次に掲げる書面
　　　a　新設合併消滅会社の登記事項証明書
　　　b　新設合併消滅会社が株式会社であるときは、合併契約の承認機関（１の(3)のイの(ア)参照）に応じ、新設合併契約の承認その他の手続があったことを証する書面（株主総会又は種類株主総会の議事録）
　　　c　新設合併消滅会社が持分会社であるときは、総社員の同意（定款に別段の定めがある場合にあっては、その定めによる手続）があったことを証する書面
　　　d　債権者保護手続関係書面（合名会社又は合資会社である新設合併消滅会社について、各別の催告をしたことを証する書面を省略することはできない。）
　　　e　当該会社が株券発行会社であるときは、株券提供公告等関係書面
　　　f　当該会社が新株予約権を発行しているときは、新株予約権証券提供公告等関係書面
　イ　持分会社を設立する場合の添付書面
　　本店の所在地における新設合併設立持分会社の設立の登記の申請書には、次の書面を添付しなければならない（商登法第108条第２項、第115条、第124条）。
　(ア)　新設合併契約書
　(イ)　新設合併設立持分会社に関する次に掲げる書面
　　　a　定款
　　　b　法人が当該持分会社の社員となるときは、法人社員関係書面
　　　c　新設合併設立会社が合資会社であるときは、有限責任社員が既に履行した出資の価額を証する書面
　　　d　新設合併設立会社が合同会社であるときは、資本金の額が会社法及び計算規則の規定に従って計上されたことを証する書面（商登規第92条、第61条第５項）。
　(ウ)　新設合併消滅会社の手続に関する次に掲げる書面
　　　a　アの(ウ)のａ、ｃ、ｅ及びｆの書面
　　　b　新設合併消滅会社が株式会社であるときは、総株主の同意があったことを証する書面

c　債権者保護手続関係書面（新設合併設立会社が合同会社であるときは、合名会社又は合資会社である新設合併消滅会社について、各別の催告をしたことを証する書面を省略することはできない。）

2　会社法施行に伴う商業登記記載例について（抄）（平成18年4月26日付け法務省民商第1110号民事局長依命通知）

第18　合併に関する登記

1　新設合併の場合
(1)　新設会社（本店の所在地でする場合）

商号	中央化学工業株式会社
本店	東京都中央区日本橋茅場町一丁目2番1号
公告をする方法	東京都において発行される日本新聞に掲載してする
会社成立の年月日	平成19年10月1日
目　的	1　化学薬品、医薬品、獣医薬品の製造及び販売 2　化成燐肥その他の肥料類の製造及び販売 3　前各号に関連する一切の業務
発行可能株式総数	200万株
発行済株式の総数並びに種類及び数	発行済株式の総数 　　　50万株
資本金の額	金2億5000万円
株式の譲渡制限に関する規定	当会社の株式は、取締役会の承認がなければ譲渡することができない
役員に関する事項	取締役　　　　甲　野　太　郎
	取締役　　　　乙　野　次　郎
	取締役　　　　丙　野　五　郎
	東京都世田谷区赤堤二丁目3番5号 代表取締役　　甲　野　太　郎
	監査役　　　　丁　野　六　郎

支店	1 東京都港区北青山三丁目5番1号
取締役会設置会社に関する事項	取締役会設置会社
監査役設置会社に関する事項	監査役設置会社
登記記録に関する事項	東京都台東区上野二丁目1番1号山本肥料株式会社及び東京都中央区日本橋本町二丁目8番1号中央薬品工業株式会社の合併により設立 　　　　　　　　　　　　　　　　　　平成19年10月1日登記

〔注〕　新設会社が合併に際して新株予約権を発行したときは、上記の登記と同時に、発行した新株予約権の登記を次のようにする（会社法第753条）。

合併に際して新株予約権を発行した場合

新株予約権	第1回新株予約権 　新株予約権の数 　　100個 　新株予約権の目的たる株式の種類及び数又はその算定方法 　　普通株式　5000株 　募集新株予約権の払込金額若しくはその算定方法又は払込を要しないとする旨 　　無償 　新株予約権の行使に際して出資される財産の価額又はその算定方法 　　100万円 　新株予約権を行使することができる期間 　　平成25年3月31日まで 　新株予約権の行使の条件 　　　この新株予約権は、行使の日の属する事業年度の直前の事業年度における当会社の税引前利益が1億円以上である場合に行使することができる。

〔注〕　新設会社の支店の所在地で登記する場合は、次の例による。

商号	中央化学工業株式会社
本店	東京都中央区日本橋茅場町一丁目2番1号

会社成立の年月日	平成19年10月1日
支店	1 東京都港区北青山三丁目5番1号
登記記録に関する事項	平成19年10月1日東京都台東区上野二丁目1番1号山本肥料株式会社及び東京都中央区日本橋本町二丁目8番1号中央薬品工業株式会社の合併により設立 平成19年10月8日登記

(2) 消滅会社（本店の所在地でする場合）

登記記録に関する事項	平成19年10月1日東京都台東区上野二丁目1番1号山本肥料株式会社と合併して東京都中央区日本橋茅場町一丁目2番1号中央化学工業株式会社を設立し解散 平成19年10月1日登記 平成19年10月1日閉鎖

〔注〕 解散の年月日は、合併の効力の生じた日、すなわち、新設会社の設立の登記をした日である。

2 吸収合併の場合

(1) 存続会社（本店の所在地でする場合）

発行済株式の総数並びに種類及び数	発行済株式の総数 150万株	
	発行済株式の総数 250万株	平成19年9月28日変更 平成19年10月1日登記
資本金の額	金7億5000万円	
	金12億5000万円	平成19年9月28日変更 平成19年10月1日登記

吸収合併	平成19年9月28日東京都中野区野方一丁目34番1号新田商事株式会社を合併 平成19年10月1日登記

〔注〕 吸収合併の年月日及び発行済株式総数等の変更年月日は、合併契約において定められた効力発生日を記録する。

(2) 消滅会社（本店の所在地でする場合）

登記記録に関する事項	平成19年9月28日東京都文京区西片一丁目36番1号岡村物産株式会社に合併し解散 平成19年10月8日登記 平成19年10月8日閉鎖

〔注〕 解散の年月日は、合併契約において定められた効力発生日を記録する。

3 合併無効の判決が確定した場合

吸収合併の場合

存続会社

発行済株式の総数並びに種類及び数	発行済株式の総数 　150万株	
	発行済株式の総数 　250万株	平成19年9月28日変更
		平成19年10月1日登記
	発行済株式の総数 　150万株	平成19年11月1日東京地方裁判所の合併無効の判決確定により変更
		平成19年11月8日登記
資本金の額	金7億5000万円	
	金12億5000万円	平成19年9月28日変更
		平成19年10月1日登記

吸収合併	平成19年9月28日東京都中野区野方一丁目34番1号新田商事株式会社を合併 平成19年10月1日登記

	平成19年11月1日東京地方裁判所の合併無効の判決確定平成19年11月8日登記

〔注〕 吸収合併無効の判決が確定しても、資本金の額は減少しない（会社計算規則第25条第2項第3号）。

消滅会社

登記記録に関する事項	平成19年9月28日東京都文京区西片一丁目36番1号岡村物産株式会社に合併し解散
	平成19年10月8日登記
	平成19年10月8日閉鎖
	平成19年11月8日復活
	平成19年11月1日東京地方裁判所の合併無効の判決確定により回復
	平成19年11月8日登記

3 会社法等の施行に伴う不動産登記事務の取扱いについて（抄）（平成18年3月29日付け法務省民二第755号民事局長通達）

　会社法（平成17年法律第86号。以下「法」という。）、会社法の施行に伴う関係法律の整備等に関する法律（平成17年法律第87号。以下「整備法」という。）商業登記規則等の一部を改正する省令（平成18年法務省令第15号。以下「改正省令」という。）及び非訟事件手続法による財産管理の報告及び計算に関する書類並びに財産目録の謄本又は株主表の抄本の交付に関する手数料の件の廃止等をする省令（平成18年法務省令第28号。以下「整備省令」という。）が平成18年5月1日から施行されることとなりましたので、これに伴う不動産登記事務の取扱いについては、下記の点に留意するよう、貴管下登記官に周知方取り計らい願います。

記

1　会社の合併又は分割による権利の移転の登記
　(1)　新設合併又は新設分割の効力の発生
　　　新設合併又は新設分割の場合は、新設会社は、その本店の所在地において設立の登記をすることによって成立し、その成立の日に新設合併消滅会社又

は新設分割会社の権利義務を承継することとされた（法第922条、第924条、第49条、第579条、第754条第1項、第756条第1項、第764条第1項、第766条第1項）。したがって、新設合併による承継を登記原因とする権利の移転の登記の申請においては合併の記載がある新設会社の登記事項証明書（不動産登記令（平成16年政令第379号）第11条の規定により登記事項証明書の提供に代えて送信しなければならないこととされている情報を含む。以下同じ。）を、新設分割による承継を登記原因とする権利の移転の登記の申請においては分割契約書及び会社分割の記載がある新設会社の登記事項証明書を、それぞれ登記原因を証する情報として申請情報と併せて提供しなければならない。

(2) 吸収合併又は吸収分割の効力の発生

吸収合併又は吸収分割の場合は、「効力発生日」を合併契約書又は分割契約書において定めることとされ（法第749条第1項第6号、第751条第1項第7号、第758条第7号、第760条第6号）、吸収合併存続会社又は吸収分割承継会社は、その効力発生日に吸収合併消滅会社又は吸収分割会社の権利義務を承継することとされた（法第750条第1項、第752条第1項、第759条第1項、第761条第1項）。これにより、その本店の所在地における吸収合併又は吸収分割の登記（法第921条、第923条）は、吸収合併又は吸収分割の効力発生要件ではなく、第三者対抗要件とされた（法第908条第1項）。しかし、第三者対抗力を有していない吸収合併又は吸収分割に伴う物権変動を登記することは妥当ではない。したがって、吸収合併による承継を登記原因とする権利の移転の登記の申請においては合併の記載がある吸収合併存続会社の登記事項証明書を、吸収分割による承継を登記原因とする権利の移転の登記の申請においては分割契約書及び会社分割の記載がある吸収分割承継会社の登記事項証明書を、それぞれ登記原因を証する情報として申請情報と併せて提供しなければならず、合併契約書又は分割契約書のみをもって登記原因証明情報とすることはできない。

4 登録免許税法施行規則及び租税特別措置法施行規則の一部を改正する省令の施行に伴う商業登記事務の取扱いについて（平成19年4月25日付け法務省民商第971号民事局長通達）

　登録免許税法施行規則及び租税特別措置法施行規則の一部を改正する省令（平成19年財務省令第35号。「改正省令」という。）が本年5月1日から施行されますが、これに伴う商業登記事務の取扱いについては、下記の点に留意するよう、貴管下登記官に周知方お取り計らい願います。

記

第1　本通達の趣旨

　本通達は、改正省令の施行に伴い、会社の新設合併、組織変更及び吸収合併の際の登録免許税の算定の方法及び登記の申請書の添付書面について、登録事務処理上留意すべき事項を明らかにしたものである。

第2　登録免許税の算定の方法について

1　新設合併による株式会社又は合同会社の設立の登記に係る登録免許税の算定について

　　登録免許税法（昭和42年法律第35号）別表第一第24号（一）ホにおいては、新設合併による株式会社又は合同会社の設立の登記に係る登録免許税の額は、新設合併により設立される株式会社又は合同会社の資本金の額の1000分の1.5（新設合併により消滅した会社の当該新設合併の直前における資本金の額として財務省令で定めるものを超える資本金の額に対応する部分については、1000分の7）とされている。この「財務省令で定めるもの」は、従前は、新設合併により消滅した会社の当該新設合併の直前における資本金の額（当該消滅会社が合名会社又は合資会社である場合にあっては、900万円）と規定されていたところ、改正省令による改正後の登録免許税法施行規則（昭和42年大蔵省令第37号。以下「改正後施行規則」という。）においては、以下の(1)から(3)までの各額を基礎とし、(4)の割合を求めた上で、(5)の計算に従い算定した額とされた（改正後施行規則第12条第1項第1号）。

(1)　新設合併により消滅する会社の当該消滅の直前における資本金の額（当該消滅する会社が合名会社又は合資会社である場合にあっては、900万円）（改正後施行規則第12条第1項第1号イ）

(2)　新設合併により消滅する会社の当該消滅の直前における資産の額から負債

の額を控除した額（当該控除した額が(1)に掲げる額以下である場合にあっては、(1)に掲げる額）（改正後施行規則第12条第1項第1号ロ（1））

(3) 新設合併により設立する株式会社又は合同会社が当該新設合併に際して当該新設合併により消滅する会社の株主又は社員に対して交付する財産（当該新設合併により設立する株式会社の株式及び合同会社の持分を除く。）の価額（改正後施行規則第12条第1項第1号ロ（2））

(4) (2)の額から(3)の額を控除した額（当該控除した額が零を下回る場合にあっては、零）が(2)の額のうちに占める割合（改正後施行規則第12条第1項1号ロ）

(5) 当該新設合併により消滅する各会社の(1)の額に(4)の割合を乗じて計算した額の合計額（改正後施行規則第12条第1項第1号）

2　組織変更による株式会社又は合同会社の設立の登記に係る登録免許税の算定について

　　組織変更による株式会社又は合同会社の設立の登記に係る登録免許税の算定について、1と同様とされた（改正後施行規則第12条第1項第2号）。

3　吸収合併による株式会社又は合同会社の資本金の増加の登記に係る登録免許税の算定について

　　吸収合併による株式会社又は合同会社の資本金の増加の登記に係る登録免許税の額は、増加する資本金の額の1000分の1.5（合併により消滅した会社の当該合併の直前における資本金の額として財務省令で定めるものを超える資本金の額に対応する部分については、1000分の7）とされている（登録免許税法別表第一第24号（一）ヘ）ところ、この「財務省令で定めるもの」についても、従前は、吸収合併により消滅した会社の当該吸収合併の直前における資本金の額とされていたが、改正後施行規則においては、1と同様に、以下の(1)から(3)までの各額を基礎とし、(4)の割合を求めた上で、(5)の計算に従い算定した額とされた（改正後施行規則第12条第2項）。

(1) 吸収合併により消滅する会社の当該消滅の直前における資本金の額（当該消滅する会社が合名会社又は合資会社である場合にあっては、900万円）（改正後施行規則第12条第2項第1号イ）

(2) 吸収合併により消滅する会社の当該消滅の直前における資産の額から負債の額を控除した額（当該控除した額が(1)に掲げる額以下である場合にあっては、(1)に掲げる額）（改正後施行規則第12条第2項第1号ロ（1））

(3) 吸収合併後存続する株式会社又は合同会社が当該吸収合併に際して当該吸

収合併により消滅する会社の株主又は社員に対して交付する財産（当該吸収合併後存続する株式会社の株式（当該株式会社が有していた自己の株式を除く。）及び合同会社の持分を除く。）の価額（改正後施行規則第12条第2項第1号ロ（2））

(4) (2)の額から(3)の額を控除した額（当該控除した額が零を下回る場合にあっては、零）が(2)の額のうちに占める割合（改正後施行規則第12条第2項第1号ロ）

(5) (1)の額に(4)の割合を乗じて計算した額（2以上の会社が吸収合併により消滅する場合にあっては、当該消滅する各会社の(1)の額に(4)の割合を乗じて計算した額の合計額。改正後施行規則第12条第2項第1号）

4　1から3までの計算をする際に基礎とすべき額について

　改正後施行規則第12条第1項又は第2項の規定により「財務省令で定めるもの」を計算する場合には、会社法（平成17年法律第86号）第753条第1項（株式会社を設立する新設合併契約）若しくは第755条第1項（持分会社を設立する新設合併契約）に規定する新設合併契約、第749条第1項（株式会社が存続する吸収合併契約）若しくは第751条第1項（持分会社が存続する吸収合併契約）に規定する吸収合併契約又は第744条第1項（株式会社の組織変更計画）若しくは第746条第1項（持分会社の組織変更計画）に規定する組織変更計画の基礎となった額（これらの契約又は計画に変更があった場合には、当該変更後の契約又は計画の基礎となった額）によることとされた（改正後施行規則第12条第8項）。

第3　新設合併による株式会社若しくは合同会社の設立の登記、組織変更による株式会社若しくは合同会社の設立の登記又は吸収合併による株式会社若しくは合同会社の資本金の増加の登記を申請する際の添付書面について

1　新設合併による株式会社又は合同会社の設立の登記を申請する際の添付書面について

　新設合併による株式会社又は合同会社の設立の登記を申請する際の添付書面として、以下の事項を記載し、当該新設合併により設立する株式会社又は合同会社の代表者が証明した書面の添付を要することとされた（改正後施行規則第12条第5項）。当該書面の記載は、別紙1によるものとする。

(1) 新設合併により消滅する各会社の当該消滅の直前における資産の額及び負債の額（改正後施行規則第12条第5項第1号）

(2) 新設合併により設立する株式会社又は合同会社が当該新設合併に際して当

該新設合併により消滅する各会社の株主又は社員に対して交付する財産（当該新設合併により設立する株式会社の株式及び合同会社の持分を除く。）の価額（改正後施行規則第12条第5項第2号）
2 組織変更による株式会社又は合同会社の設立の登記を申請する際の添付書面について

　組織変更による株式会社又は合同会社の設立の登記を申請する際の添付書面として、以下の事項を記載し、当該組織変更により設立する株式会社又は合同会社の代表者が証明した書面の添付を要することとされた（改正後施行規則第12条第6項）。当該書面の記載は、別紙2によるものとする。
　(1) 組織変更をする会社の当該組織変更の直前における資産の額及び負債の額（改正後施行規則第12条第6号第1号）
　(2) 組織変更後の株式会社又は合同会社が当該組織に際して当該組織変更の直前の会社の株主又は社員に対して交付する財産（当該組織変更後の株式会社の株式及び合同会社の持分を除く。）の価額（改正後施行規則第12条第6項第2号）
3 吸収合併による株式会社又は合同会社の資本金の増加の登記を申請する際の添付書面について

　吸収合併による株式会社又は合同会社の資本金の増加の登記を申請する際の添付書面として、以下の事項を記載し、当該吸収合併後存続する株式会社又は合同会社の代表者が証明した書面の添付を要することとされた（改正後施行規則第12条第7項）。当該書面の記載は、別紙3によるものとする。
　(1) 吸収合併により消滅する会社の当該消滅の直前における資産の額及び負債の額（改正後施行規則第12条第7項第1号）
　(2) 吸収合併後存続する株式会社又は合同会社が当該吸収合併に際して当該吸収合併により消滅する各会社の株主又は社員に対して交付する財産（当該吸収合併後存続する株式会社の株式及び合同会社の持分を除く。）の価額（改正後施行規則第12条第7項第2号）
　(3) (2)の交付する財産のうち当該吸収合併後存続する株式会社が有していた自己の株式の価額（改正後施行規則第12条第7項第3号）
第4　その他（租税特別措置法施行規則（昭和32年大蔵省令第15号）の一部改正）
　租税特別措置法（昭和32年法律第26号）第79条第1項第2号、第80条第1項第2号及び第80条の2第1項第2号に規定する財務省令で定めるものについても、改正後施行規則第12条第1項、第2項及び第8項の規定が準用されることとされ

た（改正省令第 2 条）。

第 5　経過措置

　改正省令は、本年 5 月 1 日から施行されるが、改正省令第 1 条の規定による改正後施行規則第12条第 1 項、第 2 項及び第 5 項から第 8 項までの規定は、当該施行の日以後に受ける登記について適用があり、同日前に受ける登記については、なお従前の例によるとされた（改正省令附則第 1 項、第 2 項）。

　なお、改正省令第 2 条の規定による改正後の租税特別措置法施行規則（昭和32年大蔵省令第15号）第30条第 1 項、第30条の 2 第 2 項及び第30条の 3 第 2 項の規定についても、同様とされた（改正省令附則第 3 項）。

別紙 1

登録免許税法施行規則第12条第 5 項の規定に関する証明書

1　消滅会社□□株式会社に係る登録免許税法施行規則第12条第 5 項に掲げる額は、次のとおりである（注 1 ）。
　①　新設合併により消滅する会社の当該消滅の直前における資産の額（登録免許税法施行規則第12条第 5 項第 1 号）
　　　　　　　　　　　　　　　　金〇〇円
　②　新設合併により消滅する会社の当該消滅の直前における負債の額（登録免許税法施行規則第12条第 5 項第 1 号）
　　　　　　　　　　　　　　　　金〇〇円
　①　新設合併により設立する株式会社又は合同会社が当該新設合併に際して当該新設合併により消滅する各会社の株主又は社員に対して交付する財産（当該新設合併により設立する株式会社の株式及び合同会社の持分を除く。）の価額（登録免許税法施行規則第12条第 5 項第 2 号）
　　　　　　　　　　　　　　　　金〇〇円

2　消滅会社△△株式会社に係る登録免許税法施行規則第12条第 5 項に掲げる額は、次のとおりである。
　①　新設合併により消滅する会社の当該消滅の直前におる資産の額（登録免許税法施行規則第12条第 5 項第 1 号）
　　　　　　　　　　　　　　　　金〇〇円
　②　新設合併により消滅する会社の当該消滅の直前における負債の額（登録免許税法施行規則第12条第 5 項第 1 号）

金〇〇円
③ 新設合併により設立する株式会社又は合同会社が当該新設合併に際して当該新設合併により消滅する各会社の株主又は社員に対して交付する財産（当該新設合併により設立する株式会社の株式及び合同会社の持分を除く。）の価額（登録免許税法施行規則第12条第5項第2号）
金〇〇円

上記の額に相違ないことを証明する。
　平成〇年〇月〇日
　　　　　　　　〇県〇市〇町〇丁目〇番〇号
　　　　　　　　〇〇株式会社
　　　　　　　　　代表取締役　　〇〇　印（注2）

(注) 1　新設合併により消滅する各会社ごとに、①から③までの額を記載するものとする。ただし、証明書はまとめて1通として差し支えありません。
　　 2　今回登記所に新たに届け出る印鑑を押印してください。

別紙2

登録免許税法施行規則第12条第6項の規定に関する証明書

登録免許税法施行規則第12条第6項に掲げる額は、次のとおりである。
① 組織変更をする会社の当該組織変更の直前における資産の額（登録免許税法施行規則第12条第6項第1号）
金〇〇円
② 組織変更をする会社の当該組織変更の直前における負債の額（登録免許税法施行規則第12条第6項第1号）
金〇〇円
③ 組織変更後の株式会社は合同会社が当該組織変更に際して当該組織変更の直前の会社の株主又は社員に対して交付する財産（当該組織変更後の株式会社の株式及び合同会社の持分を除く。）の価額（登録免許税法施行規則第12条第6項第2号）
金〇〇円

上記の額に相違ないことを証明する。

平成○年○月○日
　　　　　　　　　○県○市○町○丁目○番○号
　　　　　　　　　　○○株式会社
　　　　　　　　　　　　代表取締役　　○○　印（注）

（注）　今回登記所に新たに届け出る印鑑を押印してください。

別紙3

　　　　　　登録免許税法施行規則第12条第7項の規定に関する証明書

1　吸収合併により消滅する□□株式会社に係る登録免許税法施行規則第12条第7項に掲げる額は、次のとおりである（注1）。
　①　吸収合併により消滅する会社の当該消滅の直前における資産の額（登録免許税法施行規則第12条第7項第1号）
　　　　　　　　　　　　　　金○○円
　②　吸収合併により消滅する会社の当該消滅の直前における負債の額（登録免許税法施行規則第12条第7項第1号）
　　　　　　　　　　　　　　金○○円
　③　吸収合併後存続する株式会社又は合同会社が当該吸収合併に際して当該吸収合併により消滅する各会社の株主又は社員に対して交付する財産（当該吸収合併後存続する株式会社の株式及び合同会社の持分を除く。）の価額（登録免許税法施行規則第12条第7項第2号）
　　　　　　　　　　　　　　金○○円
　④　③の交付する財産のうち当該吸収合併後存続する株式会社が有していた自己の株式の価額（登録免許税法施行規則第12条第7項第3号）

2　吸収合併により消滅する△△株式会社に係る登録免許税法施行規則第12条第7項に掲げる額は、次のとおりである。
　①　吸収合併により消滅する会社の当該消滅の直前における資産の額（登録免許税法施行規則第12条第7項第1号）
　　　　　　　　　　　　　　金○○円
　②　吸収合併により消滅する会社の当該消滅の直前における負債の額（登録免許税法施行規則第12条第7項第1号）

　　　　　　　　　　　　　金○○円
　③　吸収合併後存続する株式会社又は合同会社が当該吸収合併に際して当該吸収合併により消滅する各会社の株主又は社員に対して交付する財産（当該吸収合併後存続する株式会社の株式及び合同会社の持分を除く。）の価額（登録免許税法施行規則第12条第7項第2号）

　　　　　　　　　　　　　金○○円
　④　③の交付する財産のうち当該吸収合併後存続する株式会社が有していた自己の株式の価額（登録免許税法施行規則第12条第7項第3号）

　上記の額に相違ないことを証明する。

　　平成○年○月○日
　　　　　　　　○県○市○町○丁目○番○号
　　　　　　　　○○株式会社
　　　　　　　　　　代表取締役　　○○　印（注2）

（注）1　吸収合併により消滅する会社が複数である場合、各会社ごとに①から④までの額を記載するものとする。ただし、証明書はまとめて1通として差し支えありません。
　　　2　登記所届出印を押印してください。

5　存続会社が1通の吸収合併契約書により複数の消滅会社との間で吸収合併をする場合の登記の取扱いについて（平成20年6月25日付け法務省民商第1774号民事局民商事課長通知）

　標記の件について、別紙1のとおり東京法務局民事行政部長から照会があり、別紙2のとおり回答しましたので、この旨貴管下登記官に周知方取り計らい願います。

別紙　1

1法登記1第643号
平成20年6月13日

法務省民事局商事課長　殿

東京法務局民事行政部長

存続会社が1通の吸収合併契約書により複数の消滅会社との間で吸収合併をする場合の登記の取扱いについて（照会）

1通の吸収合併契約書に基づきA株式会社存続会社となりB株式会社及びC株式会社が消滅会社となる吸収合併をした場合であっても、吸収合併は、消滅会社ごとに各別に行われたものであることから、Aについての吸収合併による変更の登記の申請は、各消滅会社ごとに行うべきとであると考えますが、いささか疑義がありますので照会します。

別紙　2

法務省民商第1773号
平成20年6月25日

東京法務局民事行政部長　殿

法務省民事局商事課長

存続会社が1通の吸収合併契約書により複数の消滅会社との間で吸収合併をする場合の登記の取扱いについて（回答）

本月13日付け1法登記1第643号をもって照会のあった標記の件については、貴見のとおりと考えます。

【解説】

1　本通知の趣旨
　　本件は、1通の吸収合併契約書に基づき2以上の会社を消滅会社とする吸収合併をする場合において存続会社が行う吸収合併による変更の登記の申請方法等について照会があり、これに対する見解を示したものである。
2　吸収合併契約書において2以上の会社が消滅会社として定められている場合についての考え方
　　会社法（平成17年法律第86号）の施行前においては、2以上の会社を消滅会社とする吸収合併も観念し得るものと解されていたところであるが、会社法においては、吸収合併は、単一の存続会社と単一の消滅会社との間で行われるものと整理されている（会社法第2条第27号、第749条参照）ことから、1通の吸収合併契約書において2以上の会社が消滅会社として定められている場合であっても、吸収合併契約は法的には消滅会社ごとに各別のものと考えられる。
3　登記の申請書の記載等
　　2のような場合における存続会社についての吸収合併による変更の登記の申請書には、消滅会社ごとに登記すべき事項を記載すべきである。例えば、2以上の合併について一括して「平成○年○月○日○県○市○町○丁目○番○号 B株式会社及び○県○市○町○丁目○番○号 C株式会社を合併」と記載することは相当ではない。また、各合併ごとに存続会社の発行済株式の総数、資本金の額等が増加する場合には、各合併ごとに、これらの変更すべき事項を登記すべき事項として申請書に記載すべきである。
　　なお、このように各合併ごとに登記すべき事項を登記の申請書に記載すべきことは、存続会社が上記のような場合においてすべき変更の登記の申請書を常に各合併ごとに各別のものとしなければならないことを意味するものではない。登録免許税法施行規則（昭和42年大蔵省令第37号）第12条第2項第1号の規定は、同一の存続会社につき2以上の会社が消滅会社となる場合において、各吸収合併の効力の発生が同時であるときにおける存続会社がすべき変更の登記の申請については、1通の申請書によりされ得ることを前提としており、同条第7項の規定に関する証明書の様式を定めた平成19年4月25日付け民商第971号民事局長通達における別紙3も、同様のことを想定したものである。

6 吸収合併に際しての発行可能株式総数を超えた株式の発行及び当該枠外発行の数を前提とする発行可能株式総数の増加に係る条件付定款変更の可否について（平成20年9月30日付け法務省民商第2665号民事局商事課長通知）

　標記の件について、別紙1のとおり福岡法務局民事行政部長から照会があり、別紙2のとおり回答しましたので、この旨貴管下登記官に周知方取り計らい願います。

別紙　1

法登第181号
平成20年9月22日

法務省民事局商事課長　殿

福岡法務局民事行政部長

　　吸収合併に際しての発行可能株式総数を超えた株式の発行及び当該枠外発行の数を前提とする発行可能株式総数の増加に係る条件付定款変更の可否について（照会）

　吸収合併に際し、公開会社である吸収合併存続会社が、吸収合併消滅会社の株主に対して合併対価として当該吸収合併存続会社の株式を交付するために、当該株式をその発行可能株式総数を超えて発行することとするとともに、あらかじめ当該吸収合併の効力発生前に当該吸収合併存続会社の株主総会において当該効力発生を停止条件としてその枠外発行の数を前提とする当該発行可能株式総数の増加に係る定款の変更の決議をすることは可能であると考えますが、いささか疑義がありますので照会します。

別紙　2

法務省民商第2664号
平成20年 9 月30日

福岡法務局民事行政部長　殿

　　　　　　　　　　　　　　　　法務省民事局商事課長

　吸収合併に際しての発行可能株式総数を超えた株式の発行及び当該枠外発行の数を前提とする発行可能株式総数の増加に係る条件付定款変更の可否について（回答）
　本月22日付け法登第181号をもって照会のあった標記の件については、貴見のとおりと考えます。

〔編集代表〕

今 中 利 昭（いまなか　としあき）

〔略歴〕　昭和10年5月15日兵庫県川西市生まれ。昭和35年関西大学大学院修了、昭和37年4月弁護士登録、昭和57年大阪弁護士会副会長、大阪弁護士会（昭和56年消費者保護委員会、同63年総合法律相談センター運営委員会、平成2年研修委員会、同4年司法委員会、同7年司法修習委員会）各委員長、平成10年日本弁護士連合会司法制度調査会委員長、平成5年大阪府建設工事審査会会長、平成12年芦屋市建築審査会会長（現職）など多くの公職を歴任。昭和52年東邦産業株式会社保全管理人、同管財人、平成4年第一紡績株式会社保全管理人、同管財人、平成7年木津信抵当証券特別清算人に就任するなど、多くの倒産、更生事件を手がける。現在、株式会社池田泉州ホールディングス社外監査役、学校法人兵庫医科大学監事、平成19年法学博士。弁護士法人　関西法律特許事務所

〔主な著書・論文〕「企業倒産法の理論と全書式〔新訂版〕」（共著、商事法務研究会）、「現代会員契約法」（民事法情報センター）、「会員権紛争の上手な対処法」（監修、民事法研究会）、「今中利昭著作集—法理論と実務の交錯（上・下）」（民事法研究会）、「ゴルフ場倒産と金融機関の対応」（編集、金融・商事判例別冊）、「手形交付の原因関係に及ぼす影響」（著作集（上）所収）、「取締役の第三者に対する責任に関する考察」、「法人格否認論適用の限界」（司法研修所論集所収）、「株式会社の清算人の選任とその権限」（企業法判例の展開所収）、「ゴルフ法判例72」（編集、金融・商事判例別冊）、「会員権問題の理論と実務〔全訂増補版〕」（共著、民事法研究会）、「詳解　会社法の理論と実務〔第2版〕」（編集、民事法研究会）、「新倒産法体系」（甲南法務研究①）、「動産売買先取特権に基づく物上代位論（学位論文）」（民事法研究会）、「実務　倒産法講義〔第3版〕」（共著、民事法研究会）、「会社分割の理論・実務と書式〔第6版〕」、「事業譲渡の理論・実務と書式〔第2版〕」（いずれも編集代表、民事法研究会）など、多数

〔事務所所在地〕　〒541-0041　大阪市中央区北浜2-5-23　小寺プラザ12階
　　　　　　　　　TEL 06-6231-3210　FAX 06-6231-3377

〔編　者〕

赫　高規（てらし　こうき）

〔経歴〕　1969年生まれ。京都大学法学部卒業、京都大学大学院法学研究科（専修コース）修了、平成12年弁護士登録、関西法律特許事務所入所。平成18年株式会社高速取締役

〔主な著書・論文〕「預託金制ゴルフクラブの会員権の法的性質およびこれが譲渡担保に供された場合の法律関係」（共著、金融商事判例別冊ゴルフ法判例72）、「会社分割の理論・実務と書式〔第6版〕」、「事業譲渡の理論・実務と書式〔第2版〕」、「平成13年・14年改正商法の理論・実務と書式」、「改正担保・執行法の理論・実務と書式」（いずれも共著、民事法研究会）、「再生債権認否書および再生債権者表をめぐる諸問題」（『最新倒産法・会社法をめぐる実務上の諸問題』所収、共著、民事法研究会）、「詳解　会社法の理論と実務〔第2版〕」（共著、民事法研究会）など

〔事務所所在地〕　編集代表と同じ

〔第1章～第4章監修〕

竹内陽一（たけうち　よういち）

〔略歴〕　昭和18年生まれ。昭和42年京都大学工学部中退。昭和61年税理士登録、竹内税理士事務所開設。平成21年一般社団法人FIC設立、代表理事就任

〔主な著書・論文〕「事業譲渡の理論・実務と書式〔第2版〕」（共著、民事法研究会）、「新・会社法と会計・税務の対応―『資本の部』を中心として―」（共著、新日本法規）、「資本の部の実務」（共編、新日本法規）、「会社法関係法務省令逐条実務詳解」（共編、清文社）、「組織再編税制と株主資本の実務」（共編、清文社）、「Q&A　株主資本の実務」（共編、新日本法規）、「詳説自社株評価Q&A」（共編、清文社）、「Q&A　新公益法人の実務ハンドブック―移行・設立・運営・会計・税務―」（共編、清文社）、「新事業承継税制のしくみと使い方」（監修、中央経済社）、「平成14～21年度税制改正の要点解説」（共編、清文社）、「グループ法人税制完全マニュアル」（共著、ぎょうせい）など

〔事務所所在地〕　〒530-0054　大阪市北区南森町1-4-19　サウスホレストビル4階
　　　　　　　　　TEL 06-6312-5788　FAX 06-6312-5799

〔第5章・第6章監修〕

編者代表・編者・執筆者紹介

丸 尾 拓 養（まるお　ひろやす）

〔略歴〕　昭和39年生まれ。平成元年東京大学法学部卒業。コンピュータメーカ勤務を経て平成11年弁護士登録。石嵜信憲法律事務所を経て、平成19年丸尾法律事務所を設立。人事労務（経営側）事件を多く取り扱う

〔主な著書・論文〕　「労働契約の理論と実務」（共著、中央経済社）、「人事担当者が使う図解労働判例選集」（労務行政）、「解雇・雇止め・懲戒（補訂版）」（労務行政）、「請負・労働者派遣とこれからの企業対応」（日本法令）、「派遣・パート・臨時雇用・契約社員〔第3版〕」（共著、中央経済社）、「事業譲渡の理論・実務と書式〔第2版〕」、「実務企業統治・コンプライアンス講義〔改訂増補版〕」、「公益通報者保護法と企業法務」（いずれも共著、民事法研究会）、「法的視点から考える人事の現場の問題点」（NIKKEI NET Biz-Plus）など

〔事務所所在地〕　〒104-0061　東京都中央区銀座6-4-6　花の木ビル2階
　　　　　　　　　TEL 03-6413-8711　FAX 03-3289-5300

〔第7章執筆〕

内 藤　　卓（ないとう　たかし）

〔略歴〕　昭和38年生まれ。京都大学法学部卒業。平成11年5月司法書士登録。現在、京都司法書士会、日本司法書士会連合会商業登記・企業法務推進対策部部委員

〔主な著書・論文〕　「会社分割の理論・実務と書式〔第6版〕」、「事業譲渡の理論・実務と書式〔第2版〕」（いずれも共著、民事法研究会）、「会社法定款事例集〔第3版〕」（編著、日本加除出版）、「商業登記全書第3巻　株式・種類株式〔第2版〕」（編著、中央経済社）など

〔事務所所在地〕　〒602-0856　京都市上京区河原町通荒神口東入荒神町120番地
　　　　　　　　　平田ビル3階　はるかぜ総合司法書士事務所
　　　　　　　　　TEL 075-229-3310　FAX 075-229-3311

〔第8章執筆〕

〔執筆者〕

浅 野　　洋（あさの　ひろし）

〔略歴〕　昭和23年岐阜県生まれ。昭和46年専修大学法学部卒業。昭和58年税理士登録。しんせい綜合税理士法人代表社員。名古屋税理士会税務研究所長、名古屋経済大学大学院非常勤講師

〔主な著書・論文〕　「事業譲渡の理論・実務と書式〔第2版〕」（共著、民事法研究会）、「争点相続税法」（共著、剄草書房）、「Q&A自社株評価」（共著、近代セールス社）、「相続税物納実務の取扱い事例Q&A」（共著、日本法令）、「生命保険を活用した納税資金対策」（共著、近代ライフプラン社）、「税制改正と資産税の実務Q&A」（共著、清文社）、「逆転採決例精選50」（共著、ぎょうせい）、「企業組織再編税制の解説」（共著、日本法令）、「会社分割・合併の法務と税務」（共著、清文社）、「国税裁決例実務活用マニュアル」（共著、ぎょうせい）、「現代税法入門塾」（共著、清文社）、「自社株評価Q&A」（共著、清文社）、「Q&A農業・農地をめぐる税務」（共著、新日本法規）など。そのほか、「月刊税理」「速報税理」等に原稿を執筆

〔事務所所在地〕　〒452-0821　名古屋市西区上小田井2-302
　　　　　　　　　　しんせい綜合税理士法人
　　　　　　　　　　TEL 052-504-1133　FAX 052-504-1134

〔第6章担当〕

鳥 山 昌 久（とりやま　まさひさ）

〔略歴〕　昭和43年生まれ。平成4年3月同志社大学商学部卒業。平成13年3月公認会計士登録。大手監査法人、株式会社TFR総合研究所を経て、平成20年7月に公認会計士鳥山事務所を設立。平成20年8月税理士登録。

〔主な著書〕　「事業譲渡の理論・実務と書式〔第2版〕」（共著、民事法研究会）、「会社法対応　企業組織再編の実務（補訂版）－法務・会計・税務－」（共著、新日本法規）、「Q&A株主資本の実務」（共著、新日本法規）、「会社法関係法務省令逐条実務詳解」（共著、清文社）など

〔事務所所在地〕　〒102-0083　東京都千代田区麹町3-1-8　メイゾン麹町6階
　　　　　　　　　　公認会計士・税理士鳥山事務所

TEL 03-3221-8415　FAX 03-3221-8417
〔第5章担当〕

〔執筆者一覧〕

伊藤　隆啓（レオーネ北浜法律事務所・弁護士、第2章Ⅰ～Ⅳ）
市川　裕子（市川法律事務所・弁護士、第1章Ⅲ～Ⅴ）
緒方　雅子（水都法律事務所・弁護士、第3章第2節第4・第5）
栗本　知子（弁護士法人関西法律特許事務所・弁護士、第1章Ⅲ、第3章第1節第2）
佐合　俊彦（弁護士法人関西法律特許事務所・弁護士、第4章Ⅳ）
佐藤　　潤（弁護士法人関西法律特許事務所・弁護士、第3章第1節第3・第4）
岨中　良太（北船場法律事務所・弁護士、第2章Ⅴ）
髙木　大地（弁護士法人関西法律特許事務所・弁護士、第3章第2節第1～第3）
田上　洋平（弁護士法人関西法律特許事務所・弁護士、第2章Ⅴ）
張　　泰敦（張泰敦法律事務所・弁護士、第4章Ⅰ～Ⅲ、Ⅴ）
速見　禎祥（インテリクス特許法律事務所・弁護士、第2章Ⅰ～Ⅳ）
山崎　　笑（山崎法律事務所・弁護士、第1章Ⅰ・Ⅱ）
横山　純子（みどり法律事務所・弁護士、第3章第1節第1）

（50音順）

【事業再編シリーズ②】
会社合併の理論・実務と書式〔第3版〕

平成28年6月11日　第1刷発行
令和2年12月4日　第2刷発行

　　　　　　　　　　　　　　　　　　定価　本体5,400円+税

編集代表　今中利昭
編　　者　赫　高規　竹内陽一　丸尾拓養　内藤　卓
発　　行　株式会社　民事法研究会
印　　刷　株式会社　太平印刷社

発行所　株式会社　民事法研究会
　　〒150-0013　東京都渋谷区恵比寿3-7-16
　　　〔営業〕TEL 03(5798)7257　FAX 03(5798)7258
　　　〔編集〕TEL 03(5798)7277　FAX 03(5798)7278
　　　http://www.minjiho.com/　　info@minjiho.com

落丁・乱丁はおとりかえします。　　ISBN978-4-86556-089-3　C3332　¥5400E

カバーデザイン／袴田峯男

■平成24年10月最判、会社法制の見直しに関する要綱案に対応！■

事業再編シリーズ①

会社分割の理論・実務と書式〔第6版〕
―労働契約承継、会計・税務、登記・担保実務まで―

編集代表　今中利昭　編集　髙井伸夫・小田修司・内藤　卓

A5判・702頁・定価 5,880円（税込 本体 5,600円）

▷▷▷▷▷▷▷▷▷▷▷▷▷▷ **本書の特色と狙い** ◁◁◁◁◁◁◁◁◁◁◁◁◁◁

▶経営戦略として会社分割を活用するための理論・実務・ノウハウについて、事業再編のスキームとそれに伴う労働契約承継、会計・税務、登記・担保実務の各分野のそれぞれの専門家が分担執筆した実践的手引書の決定版！

▶第6版では、平成24年8月公表の「会社法制の見直しに関する要綱案」、詐害行為取消権に基づく新設分割取消しを認めた平成24年10月最判、公正取引委員会の企業結合ガイドライン、平成23年・平成24年税制改正によって細分化された会社分割による不動産登記に係る登録免許税率等に対応し、大幅改訂増補！

▶手続の流れに沿って具体的実践的に解説をしつつ、適宜の箇所に必要な書式、わかりやすい図表等を収録しているので極めて至便！

▶会社関係者、公認会計士、税理士をはじめ、弁護士、司法書士などの法律実務家の必携書！

✧✧✧✧✧✧✧✧✧✧✧✧ **本書の主要内容** ✧✧✧✧✧✧✧✧✧✧✧✧

第1章　会社分割法の概要
第2章　会社分割の実務と書式
　第1節　新設分割
　第2節　吸収分割
　第3節　簡易分割
　第4節　略式分割
第3章　会社分割の会計処理
　第1節　規定等
　第2節　会計処理事例
第4章　会社分割の瑕疵
第5章　会社分割の特別法上の取扱い
第6章　会社分割と労働契約承継の実務と書式
第7章　会社分割と税務
第8章　会社分割と登記・担保実務
第9章　関連資料編

発行　民事法研究会

〒150-0013　東京都渋谷区恵比寿3-7-16
（営業）TEL. 03-5798-7257　FAX. 03-5798-7258
http://www.minjiho.com/　info@minjiho.com

▶すべての問題に迅速・的確に対処できる実践的手引書！

事業再編シリーズ❸

事業譲渡の理論・実務と書式〔第2版〕

―労働問題、会計・税務、登記・担保実務まで―

編集代表　今中利昭　編集　山形康郎・赫　高規・竹内陽一・
丸尾拓養・内藤　卓

A 5 判・304頁・定価　本体 2,800円＋税

本書の特色と狙い

- ▶第2版では、企業結合に関するガイドライン等の改定・策定に対応させるとともに、最新の判例・実務の動向を織り込んで大幅に改訂増補！
- ▶経営戦略として事業譲渡を利用・活用しようとする経営者の立場に立った判断資料としての活用とともに、企画立案された後の実行を担う担当者が具体的事例における手続確定作業に役立つよう著された関係者必携の書！
- ▶手続の流れに沿って理論・実務を一体として詳解するとともに、適宜の箇所に必要な書式を収録しているので極めて至便！
- ▶事業譲渡手続を進めるにあたって必須となる、労働者の地位の保護に関わる労働問題や会計・税務問題、登記および担保実務まで周辺の諸関連知識・手続もすべて収録！
- ▶企業の経営者や企画・法務・税務担当者、弁護士、司法書士、公認会計士、税理士等の法律実務家にとっても必備の書！「会社分割」「会社合併」に続くシリーズの第3弾！

本書の主要内容

- 第1章　事業譲渡の意義と法的諸問題
- 第2章　組織再編手法の1つとしての事業譲渡選択のポイント
- 第3章　事業譲渡の類型別による法律と実務
- 第4章　事業譲渡の瑕疵と紛争
- 第5章　事業譲渡・譲受けの会計処理
- 第6章　事業譲渡・譲受けの税務
- 第7章　労務分野における事業譲渡の諸問題
- 第8章　事業譲渡の登記・担保実務

発行　民事法研究会

〒150-0013 東京都渋谷区恵比寿 3-7-16
(営業) TEL.03-5798-7257　FAX.03-5798-7258
http://www.minjiho.com/　info@minjiho.com

■**労務、会計・税務、登記、独禁法等あらゆる論点を網羅！**■

事業再編シリーズ④

株式交換・株式移転の理論・実務と書式
―労務、会計・税務、登記、独占禁止法まで―

編集代表　土岐敦司　編集　唐津恵一・志田至朗・辺見紀男・小畑良晴

Ａ５判・354頁・定価 3,465円（税込 本体 3,300円）

本書の特色と狙い

▶株式交換・株式移転手続を企業活動の効率化・活性化を図るツールとしてとらえ、その知識とノウハウを豊富な書式を織り込み詳解！

▶ビジネスプランニングからスケジュールの立て方・留意点、訴訟手続、経営者の責任から少数株主の保護までを丁寧に網羅！

▶会社法上の手続はもとより、独占禁止法、労務、税務・会計、登記まで株式交換・株式移転手続をめぐる論点を、わが国を代表する研究者や実務家がわかりやすく解説！

▶機動的・戦略的経営が求められる最前線に立つすべての方に向けて研究者、経済団体関係者、弁護士、税理士が論及！

本書の主要内容

第１章　株式交換・株式移転を利用したビジネスプランニング
第２章　株式交換・株式移転の意義
第３章　株式交換・株式移転の手続
第４章　株式交換・株式移転と独占禁止法
第５章　株式交換・株式移転の労務
第６章　株式交換・株式移転の会計処理
第７章　株式交換・株式移転の税務
第８章　株式交換・株式移転の登記手続
第９章　株式交換・株式移転をめぐる訴訟
第10章　株式交換・株式移転と取締役の善管注意義務
第11章　株式交換・株式移転と少数株主の保護

発行　民事法研究会

〒150-0013　東京都渋谷区恵比寿3-7-16
（営業）TEL. 03-5798-7257　FAX. 03-5798-7258
http://www.minjiho.com/　info@minjiho.com

■適切なタイミングで効果的な一手を打つための手法を紹介！

成功する！
M&Aのゴールデンルール
―中小企業のための戦略と基礎知識―

弁護士　奥山倫行　著

A5判・216頁・定価　本体2,300円＋税

本書の特色と狙い

▶各手続のメリット・デメリットから、外部協力者との連携、相手の見つけ方、契約書の内容からトラブルポイントまで丁寧に解説！
▶事業承継、事業拡大等を成功に導くための考え方を紹介！
▶中小企業の経営者や事業者はもとより弁護士、司法書士等法律実務家にも必携の１冊！

本書の主要内容

第１章　M&Aにおける誤解
1　当事者の誤解　M&Aは合併と買収？
2　当事者の誤解　M&Aは本当に必要なのか？
3　当事者の誤解　M&Aは大企業だけのもの？
4　当事者の誤解　M&Aはすぐにできる？
5　当事者の誤解　M&Aに必要な外部協力者？
6　当事者の誤解　M&Aは必要な場面で考える？
7　当事者の誤解　情報管理はそんなに大事？
8　売り手の誤解　赤字や債務超過の会社は売れない？
9　売り手の誤解　経営権を完全に手放さないとダメ？
10　売り手の誤解　会社は会社にしか売れないのか？
11　売り手の誤解　会社の売り時は今？
12　買い手の誤解　M&Aを行えばシナジーが生まれる？
13　買い手の誤解　少しでも早く、１円でも安く？

第２章　M&Aにおける心掛け
1　トラブルの特徴　M&Aにおけるトラブルの特徴
2　トラブルになるポイント　M&Aの４つのトラブル
3　手続①　M&Aの検討開始
4　手続②　外部協力者の選定と契約の締結（トラブルポイント①）
5　手続③　企業価値評価
6　手続④　相手の探し方
7　手続⑤　秘密保持契約の締結（トラブルポイント②）
8　手続⑥　基本条件の交渉
9　手続⑦　基本合意書の締結（トラブルポイント③）
10　手続⑧・手続⑨　詳細調査の実施と調査結果に基づく交渉
11　手続⑩　最終合意書の締結（トラブルポイント④）
12　手続⑪　M&A手続の実行

第３章　M&Aの具体的方法
1　総論　基本的な考え方
2　各論　事業譲渡
3　各論　株式譲渡
4　各論　新株発行
5　各論　株式交換
6　各論　株式移転
7　各論　会社分割
8　各論　合併
・おわりに～M&Aの活用で豊かな社会の実現を～

発行　民事法研究会

〒150-0013　東京都渋谷区恵比寿3-7-16
（営業）TEL. 03-5798-7257　FAX. 03-5798-7258
http://www.minjiho.com/　info@minjiho.com